世界传世藏书

【图文珍藏版】

旅游大百科

赵然⊙主编

第二册

线装书局

四、导游服务

导游在现代旅游活动中扮演着重要的角色。旅游服务业是为旅游者提供最贴身的服务，而这种服务的好坏，只有通过具体的旅游行为才能体现出来。旅游者在旅游中，希望享受到的是最优质的服务，使旅游过程丰富、充实。

导游的一言一行都是旅游服务质量的体现，导游服务到位，能使旅游者感受到旅游的轻松和快乐。导游的个人业务素质的高低，在某种程度上决定着导游能否调动起旅游者的兴趣，让旅游成为一种大家参与的活动。

导游及导游员

导游是现在旅游活动中非常重要的一项服务项目，通过导游工作，游客对其所旅游地的自然景观、人文历史等有了更加明确的认识，使旅游活动成为一项有意义的事情。同时，对于我国旅游者去外国旅游，或者外国旅游者来我国旅游，旅行社为其提供以翻译为主的各项服务，不但为其旅游提供了方便，也加深了我国与世界各国的文化交流。

一般来说，导游有两方面的服务内容，其一是用文字、图表、书画、声像等，为旅游者的行程旅游提供向导；其二是翻译，导游人员为旅游者参观游览的景点进行讲解，行使向导的职责。

导游活动的主体便是导游员，导游员一般称为导游，是指为旅行团或旅行者组织安排游览事项，提供向导、讲解和旅途服务的人员。中华人民共和国公民，具备法律规定的一定条件，在经过国家旅游局的考试合格后，就可以从事旅游工作，一般来说，导游人员可以分为全程陪同导游人员、地方陪同导游人员、定点导游人员。

全程陪同导游人员是指受旅行社或旅游公司的委派或聘用，为跨省、自治区、直辖市范围的旅游者随旅行团并为其提供导游服务的人员。

地方陪同导游人员是指受旅行社或旅行公司委托或聘用，在省、自治区、直辖市范围内为旅游者提供导游人员。

定点导游人员，是指受旅行社或旅游公司的委托或聘用，在固定的参观点内为旅游者提供导游服务的人员。

导游人员是指依照《导游人员管理条例》的规定取得导游证，接受旅行社的委派或聘用，依法为旅游者提供向导、讲解及相关旅游服务的人员。其合法权益受国家法律保护，任何单位或个人不得非法干涉其执行导游任务。同时，导游在接受旅行的任务后，应该按照旅行社计划，安排组织旅游者参观、游览，负责向游客导游，讲解旅游景点的有关情况，并配合其他部门的工作。

具体而言，导游员给游客提供的服务主要包括以下几个方面：

（1）接受旅行社的任务，按照接待计划安排和组织旅行者参观、游览。全陪和地陪导游应该按照旅行社的接待计划，为游客参观过程进行讲解和安排游客的食宿、购物、文娱等活动，并处理一些突发事件。

（2）向旅行者进行导游、讲解，传播中国文化。导游在带领旅游者参观时，应向旅游者介绍本地区的风土人情和自然景观、人文景观的历史背景、特色、地位、价值等内容。使游客不但获得旅游的乐趣，也对中国文化有一个切身的体会。

（3）配合和督促有关部门安排旅游者的交通、食宿，保护旅游者的人身和财产安全。为了保障旅游的顺利进行，旅行社要对履行过程中的涉及游客食宿、交通、游览等活动事前进行安排，而具体的实施就应该由导游配合其他部门来进行。

（4）反映游客的要求和意见，协助安排会见、座谈等活动。旅行团或旅行者在旅行过程中会有各种意见和要求，导游人员作为旅行社的代表，应将旅游者的意见和要求反映给旅行社或有关部门。对属于接待计划以内的，应该尽量满足游客，超出计划的，应做好解释和协调；对一些专题旅游，如修学旅游、商务旅游、保险旅游等，导游人员应该妥善安排接待活动。

（5）解答旅游者的问讯，协助处理旅途中遇到的问题。对于游客在旅游过程中遇到的各种各样的问题，如游客走散、游客退团等，导游应该积极进行处理，对于游客的疑问，应该给予解答。

导游人员应严格遵守有关法律以及旅行社的规定，认真负责，不得从事危害国家安全、社会道德以及导游职业道德的行为。对于违规导游，有关部门可以进行处理。

导游是一项专业性很强的职业，导游人员的素质、职业道德水平、所提供的服务质量直接关系到国家旅游业的形象，与旅游业的发展、旅游者合法权益的维护密切相关。因此，《导游人员管理条例》第四条规定："在中华人民共和国境内从事导游活动，必须取得导游证。"

我国对于导游人员实行考试制度以及导游职业登记制度。

经考试合格者，由国家旅游局委托省、自治区、直辖市旅游行政管理部门代为颁发导游人员资格证书，取得该证的人员在与旅行社签订聘用合同或在导游服务公司登记后，办理注册登记手续，领取导游证和导游员胸卡，就可以担任导游工作了。

对于有下列行为的，有关机关可以不予发放导游证书：

（1）有违纪行为，受到记过以上处分，经教育后不悔改的；

（2）有违纪行为，组织上正在审查，尚未做出结论和处理的；

（3）工作不负责，导游服务质量差，引起旅游者不满的。

导游人员有下列行为的，由旅行社或报请旅游行政管理部门，根据情节轻重，可以扣留导游证书，暂行停止导游工作，直到吊销导游证书，取消导游注册：

（1）工作不负责，不认真履行导游人员的各项职责，引起旅游者强烈不满的；

（2）违反外事纪律，泄露国家机密的；

（3）私收小费或回扣的；

（4）无理拒绝旅游行政部门监督管理的。

根据我国法律规定，导游员不管是中文导游还是外语导游，都分为四个级别，即初级、中级、高级和特级。不同等级的导游有不同的要求，等级越高，对导游的知识要求、技能要求、业绩要求就更高。

导游人员的权利和义务

导游人员作为公民的一员，依法享有广泛的政治、经济、文化和社会等各种权益。《导游人员管理条例》对导游人员的权利与义务进行了明确规定，根据这些规定，导游人员应该享有一定的权利，同时他也要承担相应的法律义务。

（一）导游人员的权利

1. 导游人员享有人格尊严不受侵犯权。

《导游人员管理条例》第十条规定："导游人员进行导游活动时，其人格尊严应当受到尊重，其人身安全不受侵犯。导游人员有权拒绝旅游者提出的侮辱其人格尊严或者违反其职业道德的不合理要求。"

人格权是宪法规定的公民权利之一，在实践中，个别旅游者在旅行游览活动中，遇有不顺其心意的事情，就肆意侮辱谩骂导游人员，甚至还发生殴打导游人员的事件。针对这种情形，《导游人员管理条例》明确规定导游人员在进行导游活动时，其人格尊严应当受到尊重，其人身安全不受侵犯。此外，在旅行游览中，个别旅游者对导游提出一些有辱其人格尊严或者违反其职业道德的不合理要求，例如在出境旅游中，要求导游人员带其到色情场所等等。对于这些无理要求，《导游人员管理条例》规定导游人员有权拒绝。

2. 导游人员在旅游活动中享有调整或变更接待计划权。

《导游人员管理条例》第十三条第二款规定："导游人员在引导旅游者旅行、游览过程中，遇有可能危及旅游者人身安全的紧急情形时，经征得多数旅游者的同意，可以调整或变更接待计划，但是应当立即报告旅行社。"根据该条法规的规定，导游人员享有调整或变更接待计划的权利。但是，导游人员行使这一权利时，必须符合下列条件：

①必须是在引导旅游者旅行、游览过程中。也就是说，必须是在旅游活动开始后。在旅行、游览活动开始之前，导游人员不得行使这一权利。在旅游合同订立之后，旅游活动开始之前，如果出现不利于旅游活动的情形，应当由旅行社与旅游者进行协商，达成一致意见后，由旅行社调整或者变更旅游接待计划。

②必须是遇有可能危及旅游者人身安全的紧急情形时，导游人员才可以行使这一权利。例如，导游人员李某带团旅游中，得到前方某旅游目的地发生暴风雪的消息，如果团队继续前往，就有可能被困，使旅游者的人身安全发生危险。在此紧急情况下，由于导游人员只身执行带团任务，为了避免可能危及旅游者人身安全情形的发生，导游人员就需要当机立断地调整或变更旅游行程计划。

③必须是征得多数旅游者的同意。这是一个非常重要的条件。即在旅行游览中，遇有可能危及旅游者人身安全的紧急情形

《导游人员管理条例》

时，导游人员如果要调整或变更接待计划，必须要征得旅游团中多数旅游者的同意。这是因为，旅游合同包括旅游接待计划一经双方确认订立后，就应当严格按照合同约定履行。如果需要调整或变更旅游计划，应当经过双方协商一致。但是，由于发生了可能危及旅游者人身安全的紧急情形，所以，导游人员只要征得多数旅游者的同意，就可以调整或变更旅游接待计划，而不必得到全体旅游者的同意。

④必须立即报告旅行社。这是因为旅游接待计划是由旅行社确定的，是得到旅游者认可的，而导游人员是受旅行社的委派而执行旅游接待计划。调整或变更旅游接待计划并不是导游人员的职责权限。但是，由于导游人员在执行带团旅游任务的

途中，遇到可能危及旅游者人身安全的紧急情形，为了避免旅游者人身安全发生危害，在征得多数旅游者同意后，导游人员依法可以调整或变更接待计划。导游人员在调整或者变更接待计划后，必须立即报告旅行社，以得到旅行社的认可。

（二）导游人员的义务

导游人员的法律义务是指导游人员依法承担的必须履行的责任。导游人员是接受旅行社的委派，为旅游者提供向导、讲解及相关旅游服务的人员。导游人员依法承担而且必须履行的义务往往是与其职务活动联系在一起的，因此导游人员的法律义务也就是其依法承担并必须履行的职责。

根据《导游人员管理条例》规定，导游人员应当履行的义务或者职责主要如下：

1. 导游人员应当不断提高自身业务素质和职业技能。

导游人员自身业务素质的高低，职能、技能的优劣，直接关系到导游服务质量，影响到能否为旅游者提供优良的导游服务。而旅游者也往往是通过导游去认识一家旅行社、一个城市乃至一个民族、一个国家的。可以说，导游人员的业务素质及其导游职业技能紧紧维系着旅游业的发展，所以《导游人员管理条例》将此作为导游人员的一项义务加以明确规定。

2. 导游人员进行导游活动时，应当佩戴导游证。

如前所述，导游证是国家准许从事导游工作的证件。为此，《导游人员管理条例》规定导游人员佩戴导游证是导游人员执行导游任务时的一项法定义务。导游人员在工作中佩戴导游证，一则是为了给旅游者提供规范服务的需要，便于旅游者识别导游人员，及时得到导游人员的帮助和服务；二则是便于旅游行政管理部门的监督检查。

导游人员进行导游活动时，应当佩戴导游证。既然是一项法定义务，那么不履行这项义务，则属违法，必须承担相应的法律责任。为此，《导游人员管理条例》第二十一条规定："导游人员进行导游活动时未佩戴导游证的，由旅游行政部门责令改正；拒不改正的，处 500 元以下的罚款。"

3. 导游人员进行导游活动，必须经旅行社委派。导游人员不得私自承揽或者以其他任何方式直接承揽导游业务，进行导游活动。

上述导游人员法定义务的规定，是为了规范旅游市场秩序，切实维护旅游者的合法权益。因为，根据《旅行社管理条例》的规定，招待、接待旅游者，为旅游者安排食宿等有偿服务的经营活动均属旅行社的经营范围，而导游人员只能是接受旅行社的委派，为旅游者提供向导、讲解及相关旅游服务。为此，《导游人员管理条例》第十九条规定："导游人员未经旅行社委派，私自承揽或者以其他任何方式直接承揽导游业务，进行导游活动的，由旅游行政部门责令改正，处 1000 元以上 3 万元以下的罚款，有违法所得的，并处没收违法所得；情节严重的，由省、自治区、直辖市人民政府旅游行政部门吊销导游证并予以公告。"

4. 导游人员进行导游活动时，应当自觉维护国家利益和民族尊严，不得有损害国家利益和民族尊严的言行。

这是关于导游人员承担的必须维护国家利益和民族尊严的义务的规定。《导游人员管理条例》之所以做此规定，是因为热爱祖国、拥护社会主义制度、以自己的一言一行来维护国家利益和民族尊严，是导游人员必须具备的政治条件和业务要求。特别是在接待海外旅游者时，导游人员就是国家对外形象的一个"窗口"，如果其在进行导游活动时，有损害国家利益和民族尊严的言行，所产生的影响是极其恶劣的。为此，《导游人员管理条例》第二十条规定："导游人员进行导游活动时，有损害国家利益和民族尊严的言行的，由旅游行政部门责令改正；情节严重的，由省、自治区、直辖市人民政府旅游行政部门吊销导游证并予以公告；对该导游人员所在的旅行社给予警告直至责令停业整顿。"

上述规定之所以要对旅行社进行处罚，是因为导游人员是由旅行社委派的，旅行社有责任加强管理和教育，如果导游人员在进行导游活动时，有损害国家利益和民族尊严的言行，旅行社应对此承担管理不严的责任。

5. 导游人员进行导游活动时，应当遵守职业道德，着装整洁，礼貌待人，尊重旅游者的宗教信仰、民族习俗和生活习惯。导游人员进行导游活动时，应当向旅游者讲解旅游地点的人文和自然情况和风土人情；但是，不得迎合个别旅游者的低级趣味，在讲解、介绍中掺杂庸俗下流的内容。

这是导游人员在讲解导游过程中应当遵循的。导游人员讲解服务的根本内容，应当是向国内外旅游者介绍我国的大好河山、悠久历史、灿烂文化、勤劳好客的各族人民及其各具特色的风土人情和习俗。在旅游者这个群体中，绝大多数是健康的、友好的，但确实也存在个别旅游者在旅游过程中，会提出一些低级趣味的讲解要求。对于这种无理要求，导游人员应当予以拒绝，不得在讲解、介绍中掺杂庸俗下流的内容。导游人员应当遵守的职业道德主要是指爱岗敬业、诚实守信、办事公道、服务游客、奉献社会。

6. 导游人员应当严格按照旅行社确定的接待计划安排旅游者的旅行、游览活动，不得擅自增加、减少旅游项目或者中止导游活动。

这是导游人员必须履行的按接待计划组织旅游的义务。由旅行社确定的接待计划也即旅游行程计划是经旅游者认可的，是旅游者与旅行社订立的旅游合同的一个组成部分。旅游行程计划一般包括乘坐交通工具、游览景点、住宿标准、餐饮标准、娱乐标准、购物次数等内容的安排。因此，导游人员接受旅行社的委派带团旅游时，应当严格按照旅行社确定、经旅游者认可的旅游接待计划，安排旅游者的旅行、游览活动，不得擅自增加、减少旅游项目或者中止导游活动。这也是我国《合同法》所规定的："当事人应当按照约定全面履行自己的义务"；否则，就有可能承担违约责任。

当然，导游人员在引导旅游者旅行、游览过程中，遇有可能危及旅游者人身安全的紧急情形时，经征得多数旅游者的同意，也可以调整或者变更接待计划，并应当立即报告旅行社。

但是，导游人员在进行导游活动时，无论遇到何种情形，均不得擅自中止导游活动。所谓中止导游活动，是指在导游过程中，擅自中止导游活动的行为。一般来说，构成中止导游活动必须具备以下条件：一是必须在导游活动结束之前，也就是说，必须是在旅游接待计划执行完毕之前。导游活动的中止不是导游活动的终止，它必须是出现在执行旅游接待计划过程当中；如果旅游接待计划已经执行完毕，当然也就谈不到中止的问题。二是必须是擅自中止。这是中止导游活动的最主要的特征。如果不是擅自中止导游活动，而是旅行社的决定或其他外部作用影响，致使导游人员中止导游活动，就不是《导游人员管理条例》所称的"擅自中止导游活动"情形了。三是必须是彻底中止。这里所说的"彻底"中止，是指导游人员彻底放弃了原来的导游活动。如果导游人员因某种原因，暂时放弃了正在进行的导游活动，待该种原因消失后又进行了导游活动，这是导游活动的中断进行，而不是导游活动的中止。以上三个条件必须同时具备，缺少其中任何一个，都不能认为是导游活动的中止。

《导游人员管理条例》第二十二条规定，导游人员擅自增加或者减少旅游项目的，擅自变更接待计划的，擅自中止导游活动的，由旅游行政部门责令改正，暂扣导游证3至6个月；情节严重的，由省、自治区、直辖市人民政府旅游行政部门吊销导游证并予以公证。

7. 导游人员在引导旅游者旅行、游览过程中，应当就可能发生危及旅游者人身、财物安全的情况，向旅游者做出真实说明和明确警示，并按照旅行社的要求采取防止危害发生的措施。

这是关于导游人员必须履行的"说明"和"警示"义务的规定。

旅游是一种体验或者经历活动，在旅游过程中，有赏心悦目的体验，也可能会遇到危难的经历，尤其是在探险旅游中，可能危及旅游者人身、财物安全的情形往往是客观存在的。遇有这类情形，导游人员应当就可能发生危及旅游者人身、财物安全的情况，向旅游者做出真实的说明和明确的警示。说明和警示要求真实、准确、通俗易懂，不致发生歧义；同时，导游人员要按照旅行社的要求采取防止危害发生的措施，否则导游人员和旅行社就要承担相应的法律责任。

8. 导游人员进行导游活动时，不得向旅游者兜售物品或者购买旅游者的物品，不得以明示或者暗示的方式向旅游者索要小费。

这是导游人员在执行导游任务中必须履行的两项义务，而这两项义务的履行是以"不作为"的形式表现的。导游人员在进行导游活动时，他的职责，也就是他可以进行的行为是为旅游者提供向导、讲解及相关的旅游服务，而向旅游者兜售物品或者购买旅游者的物品，不属于其职责范围，也是与其导游身份所不相称的。同时，由于导游人员这一特定的身份，如其向旅游者兜售物品或者购买旅游者的物品，极易造成交易上的不公平与不公正，侵害旅游者的合法权益，损害导游人员的职业形象，也极易因此造成纠纷。为此，《导游人员管理条例》规定，导游人员在进行导游活动中，不得向旅游者兜售物品或者购买旅游者的物品。

以明示或者暗示的方式向旅游者索要小费，是我国旅游法规历来禁止的。1987年8月17日，经国务院批准，国家旅游局就发布了《关于严格禁止在旅游业务中私自收受回扣和收取小费的规定》，明确规定导游人员不得向旅游者索要小费。《导游人员管理条例》又进一步明确了这一规定，即导游人员在进行旅游活动中不得以明示或暗示的方式向旅游者索要小费。所谓"明示的方式"，是指导游人员以语言、文字或者其他直接表达意思的方法向旅游者索取小费的形式；所谓"暗示的方式"，是指导游人员以含蓄的言语、文字或者示意的举动等间接表达意思的方法向旅游者索要小费的形式。而"小费"则是指旅游者额外给导游人员等旅游服务人员的钱，也叫小账。一般来说，小费是旅游者出于对导游人员的优质服务的感谢或奖赏，主动给予导游人员的钱。《导游人员管理条例》之所以规定导游人员不得以明示或暗示的方法向旅游者索要小费，是因为在旅游实际中，有些导游人员不是以自己的优质服务赢得旅游者的感谢或奖赏，而是不择手法，以明示或暗示的方法向旅游者索取小费，给旅游业的声誉造成了极其恶劣的影响。

为了惩治上述行为，《导游人员管理条例》第二十三条规定："导游人员进行导游活动，向旅游者兜售物品或者购买旅游者的物品的，或者以明示或暗示的方式向旅游者索要小费的，由旅游行政部门责令改正，处1000元以上3万元以下的罚款；有违法所得的，并处没收违法所得；情节严重的，由省、自治区、直辖市人民政府旅游行政部门吊销导游证并予以公告；对委派该导游人员的旅行社给予警告直至责令停业整顿。"

9. 导游人员进行导游活动，不得欺骗、胁迫旅游者消费或者与经营者串通欺骗、胁迫旅游者消费。

这也是导游人员在进行导游活动中必须履行的义务。所谓"欺骗"，是指导游人员或者导游人员与经营者串通起来，故意告知旅游者虚假情况，或者故意隐瞒真实情况，诱使旅游者做出错误消费的意思表示的行为。前者是导游人员故意欺骗旅游者消费；后者是导游人员与经营者串通起来欺骗旅游者消费。例如在旅游购物中，导游人员明知是虚假、伪劣商品，却告知旅游者是货真价实的商品，或者故意对旅游者隐瞒该商品的真实情况，诱使旅游者做出购买该商品的错误选择。在这其中，可能是导游人员个人欺骗旅游者，也可能是导游人员与商品经营者串通欺骗旅游者。但不论何种形式，都属于欺骗旅游者消费的行为。

所谓"胁迫"，是指以给旅游者及其亲友的生命健康、名誉、荣誉、财产等造成损害为要挟，迫使旅游者做出违背真实的消费意思表示的行为。胁迫旅游者消费，既可以是导游人员个人胁迫旅游者消费，也可以是导游人员与经营者串通起来，胁迫旅游者消费。

欺骗、胁迫旅游者消费或者与经营者串通欺骗、胁迫旅游者消费的行为，是严重侵害旅游者合法权益的行为。为此，《导游人员管理条例》第二十四条规定："导游人员进行导游活动，欺骗、胁迫旅游者消费或者与经营者串通欺骗、胁迫旅游者消费的，由旅游行政部门责令改正，处1000元以上3万元以下的罚款；有违法所得的，并处没收违法所得；情节严重的，由省、自治区、直辖市人民政府旅游行政部门吊销导游证并予以公告；对委派该导游人员的旅行社给予警告直至责令停业整顿；构成犯罪的，依法追究刑事责任。"

五、旅游消费

　　旅游也是一种消费，与其他商品消费相比，旅游这一消费的特殊性在于，旅游者消费的是旅游产品和旅游服务，因此，旅游是一种特殊的消费。在旅游过程中，旅游者除了消费旅游外，同时还涉及购物、餐饮、娱乐等一般意义上的消费。

　　消费纠纷是当今社会最突出的一种矛盾，当然，在旅游活动中，由此引发的纠纷也是很多的。例如，旅行社通过增加购物的时间来缩短行程，再比如，在导游的劝说下，旅游者购买了不合格的商品等等。这些纠纷的发生，有些是因为旅游者自身的原因产生的，但是，更多的则是经营者的违规所致。经营者在消费活动中弄虚作假，不但对旅游者造成直接的侵害，同时，也使旅游者对旅游消费望而生畏。

　　其实，旅游者不必因为某些旅游消费问题而放弃正常的旅游消费，对于大多数旅游者来说，树立自己的权利意识，在旅游消费时尽量避免各种各样的诱惑，不要钻进商家设置的圈套，这才是正确的态度。

　　作为消费者，旅游享有一般消费者规定的权利，对于损害自身权利的行为，旅游者可以依照《中华人民共和国消费者权益保护法》等法律法规的规定，来主张自己的权利，从而做一个明白的消费者，度过一个美好的旅游。

消费者的权利

　　从消费的本质来看，消费就是在社会成员之间进行的一种资源的互换，也就是消费者的金钱付出与消费提供者提供的产品和服务之间的一种交换，从这一点来说，消费者既然付出了金钱，那就有获得相应服务的权利，即消费者的权利。消费者的权利是国家法律鼓励消费行为的表示，也是消费者在支付价款后进行消费的前提保证。我国《民法通则》《消费者权益保护法》等法律法规对消费者的权利进行了总括性规定，根据这些规定，消费者享有的权利主要包括安全权、知情权、自主选择权、公平交易权、求偿权、结社权、获得有关知识产权、人格尊严和民族风俗习惯受尊重权、监督权等九项权利，这是消费者进行消费活动必不可少的权利。

（一）消费者的安全健康权

安全健康权指消费者在购买、使用商品和服务时，享有保障身体器官及其机能的完整以及生命不受危害的权利。《消费者权益保护法》第七条规定："消费者在购买、使用商品和接受服务时，享有人身、财产安全不受损害的权利。消费者有权要求经营者提供的商品和服务，符合保障人身、财产安全的要求。"任何个人和组织违反了此项规定，则构成了对消费者该项权利的侵害。

人身权是宪法和民法通则赋予公民最基本的权利之一。在现代社会，消费者的安全健康权已成为公民进行消费前的第一考虑。消费者在进行消费前，首先考虑的是该商品或服务是否构成对人身的伤害，是否存在卫生安全等因素，而一旦出现安全问题，轻者产生疾病，使身体某一部分受到损伤，重者导致死亡。所以商品和服务的安全是消费者最为关心的。

（二）消费者的知情权

消费者的知情权，是指消费者在购买、使用商品或接受服务时，有权询问、了解商品或服务的真实情况。提供商品或服务的经营者有义务向消费者真实地说明产品或服务的真实情况。《消费者权益保护法》第八条规定："消费者享有知悉其购买、使用的商品或者接受的服务的真实情况的权利。消费者有权根据商品或服务的不同情况，要求经营者提供商品价格、产地、生产者、用途、性能、规格、等级、主要成分、生产日期、有效期限、检验合格证明、使用方法说明书、善后服务，或者服务的内容、规格、费用等有关情况。"

消费者只有在消费前对商品或服务的真实情况有了全面的了解，才能正确选择商品或服务，从而达到消费的最终目的。但在市场上，经营者提供的商品或服务种类各异，名目众多，令消费者在短时间难以选择。即使是同类产品，由于厂家所使用的原料、生产工艺等区别，由此带来产品质量和价格的不同。在这种情况下，允许消费者对商品或服务的真实情况进行了解，是消费活动所必需的。与此相对应的是提供商品或服务的经营者，在推销商品或服务时必须恪守诚实信用的原则。不得隐瞒商品或服务的缺陷，更不能弄虚作假欺骗顾客，否则将承担由此产生的经济责任、刑事责任。

（三）消费者的自主选择权

消费者的自主选择权是指消费者在消费过程中，有权选择商品品种或服务方式以及选择自己确信的经营者，对于经营者提供的商品或服务，消费者有权自主决定购买或者不购买任何一种商品、接受或者不接受任何一项服务。

《消费者权益保护法》第九条规定："消费者有自主选择商品或服务的权利。消费者有权自主选择提供商品或服务的经营者，自主选择商品品种或者服务方式，自主决定购买或者不购买任何一种产品、接受或者不接受任何一项服务。消费者在自主选择商品或服务时，有权进行比较、鉴别和挑选。"因此，选择商品是消费者的一项法定权利，经营者或他人不得强迫消费者进行消费或选择服务。

在消费领域中，每个消费者的个人愿望和需求各异，因此对商品或服务的要求也各不相同。消费者有权根据自己的兴趣、需要，选择满意的商品或服务。

消费者在充分了解商品或服务的真实情况后，有权进行比较、鉴别和挑选。只有这样消费者的自主选择权才能得以保证和实现。消费者自主选择权有两个特征：一是消费者自主选择商品或服务的行为必须是自愿的。二是消费者自主选择商品或服务的行为必须是合法行为，即消费者必须依照法律的规定，遵守社会公德，不侵害国家、集体和他人的合法权益。

（四）消费者的公平交易权

《消费者权益保护法》第十条规定："消费者享有公平交易的权利。消费者在购买商品或者服务时，有权获得质量保障、价格合理、计量准确等公平交易条件，有权拒绝经营者的强制交易行为。"

消费者购买商品或接受服务是一种市场交易行为，按照法律法规和交易惯例，这种行为应该在平等自愿、等价有偿、公平和诚实信用的原则下进行。从而使消费行为能够持久进行和消费目的得以实现。从更远的方面说，它也能够实现经营者之间的公平竞争，建立一个完善的市场秩序。

影响公平交易，主要有质量、价格、计量等几个因素。质量是指商品或服务的优劣程度，它反映商品或服务的使用价值。保障商品或服务质量是消费者对经营者的基本要求，它涉及消费者身体健康和安全的重大问题。价格是商品或服务价值的货币表现，交易中坚持等价交换，质价相符，计量准确才能保证消费者的经济利益。强行交易，违背消费者意愿，违背公平、诚实、信用的原则。只有在质量、价格、计量等方面实现了消费者与经营者的交易目的与要求，则能保证旅游者的公平交易权。

（五）消费者的损害求偿权

损害求偿权是指消费者因购买、使用商品或接受服务受到人身、财产损害时，享有依法赔偿的权利。

消费者在购买商品或接受服务时，如果因为商品或服务自身的原因，而造成消费者人身、财产的损害，消费者就可以要求产品或服务提供者承担赔偿责任。

经济赔偿是消费者因商品或服务而受损时要求赔偿的主要形式。但是，消费者也可以主张其他的赔偿方式，根据法律规定，可以要求经营者恢复原状、赔礼道歉、修理、重做、更换、消除影响、恢复名誉等。

（六）消费者的结社权

结社是消费弱势的一种体现，在现代社会，消费者与经营者相比无论是在经济实力或是在资源占有上都有很大差距。随着科学技术的不断发展，商品和服务日趋复杂化，消费者所掌握的商品和服务的有关知识是有一定限度的，往往依赖或借助于广告、说明书等，易于受骗。在此情况下，法律允许消费者结社，通过消协这样的社会团体，将广大消费者联系起来，伸张消费者的权利，同时也构成了对经营者的有效监督。

（七）消费者的知识权

《消费者权益保护法》第十三条规定："消费者享有获得有关消费和消费者权益保护方面的知识的权利。消费者应当努力掌握所需商品或者服务的知识和使用技能，正确使用商品，提高自我保护意识。"

消费者获得有关知识的权利，是取得其他权利如知情权、自主选择权等的保障。消费者获得有关知识权利，主要包括以下两方面的内容：

1. 获得有关消费方面的知识的权利

（1）有关消费态度方面的知识，科学地指导自己的消费行为。

（2）有关商品服务的有关知识，以购买自己满意的商品和接受使自己满意的服务。

（3）有关市场的基本知识，以指导自己做出正确的消费选择。

（4）掌握有关保护消费者合法权益的法律、法规，依法保护自己的消费行为。

2. 获得掌握商品和服务的知识，正确使用和提高自我保护意识

（1）现代社会的商品和服务越来越复杂，如不掌握其性能和正确的使用方法，将会危及自身的安全。对违反操作规程而造成的危害，经营者是不负法律责任的。

（2）提高自我保护意识，是社会保护的基础。广大消费者经常性的自我保护行动，减少各类事故和纠纷的发生，维护社会的安定团结，有利于社会生活质量的提高。

（3）保持正确的消费态度，掌握必要的商品和服务知识及市场变化信息，掌握自我保护的途径、程序和方法，是消费者提高自我保护意识的关键所在。

（八）消费者人格尊严、民族风俗习惯的尊重权

《消费者权益保护法》第十四条规定："消费者在购买、使用商品和服务时，享有其人格尊严、民族风俗习惯得到尊重的权利。"

我国《宪法》规定："中华人民共和国公民的人格尊严不受侵犯。禁止用任何方法对公民进行侮辱、诽谤和诬告陷害。"人格尊严是指人的自尊心、自爱心。在市场交易过程中消费者的人格尊严受到尊重，是消费者享有的起码权利。在消费领域内侵犯消费者人格尊严权利的时有发生。如在消费者购买商品时进行比较、挑选，往往受到营业人员的嘲讽，甚至辱骂；有些营业人员以貌取人，对购物者歧视，甚至遭到无礼的搜查和殴打等。《宪法》及《消费者权益保护法》对"人格尊严"的保护，对纠正不良风气，保护消费者合法权益有其重要意义。

我国是多民族国家，在各民族的长期历史发展中，在饮食、礼仪、居住、服饰、婚丧、节庆等方面都有禁忌。尊重少数民族的民族感情、民族意识、民族尊严，关系到民族平等、民族团结的大问题。贯彻执行民族政策，万万不可粗心大意。

（九）消费者的监督权

《消费者权益保护法》第十五条规定："消费者享有对商品和服务以及保护消费者权益工作进行监督的权利。消费者有检举、控告侵害消费者权益的行为和国家机关及其工作人员在保护消费者权益上做出的违法失职行为，有权对保护消费者权益工作提出批评，建议。"

消费者的监督权是指广大消费者对有关商品或服务的价格、质量、品种、供应量、供应方式、服务态度、侵权行为等问题，以及保护消费者权益工作，向有关经营者或有关机构提出意见、建议或者进行检举、控告的权利。通过消费者的监督，可以促使经营者提高产品和服务质量，促使从事保护消费者权益的国家机关及其工作人员改进工作作风，更好地为消费者服务。

检举控告是指对消费者合法权益的侵权行为，向有关部门举报，揭发或提起诉讼。

消费者还可以对消费者权益保护机构实施监督，使该机构真正完全彻底地为保护消费者的权益服务。消费者行使监督权，不能无理取闹做出违反法律的行为。

经营者的义务

在经营活动中，经营者除了要维护消费者的权利外，还要履行法律规定的一些义务，这些义务主要包括：

（一）经营者有保证产品质量和履行合同的义务

消费者权益保护法第十六条规定："经营者向消费者提供的商品或者服务，应当依照《中华人民共和国产品质量法》和其他有关法律、法规的规定履行义务。经营者和消费者有约定的，应当按照约定履行义务，但双方的约定不得违背法律、法规的规定。"

在经营活动中，经营者要保证产品质量，维护消费者的合法权益，并接受国家质量部门的监督，比如，在价格执行上，要履行《物价管理条例》所规定的义务；在卫生安全方面，要履行《食品卫生法》所规定的义务等等。经营者如果没有履行法定的义务，造成消费者人身、财产损害的，应该承担相应的法律责任。

（二）经营者有接受消费者监督的义务

在市场经济的条件下，经营者之间在竞争中求利润、求生存、求发展。经营者听取消费者对商品或服务的意见，有利于提高产品质量，改进服务技术和态度，占领产品市场。同时，通过消费者的有效监督，把经营者提供的产品或服务置于消费者有效的监督之下，是企业按照法律规定的要求从事商品活动，合法经营，公平竞争，能够避免侵害消费者权利的行为的发生。

因此，《消费者权益保护法》第十七条规定："经营者应当听取消费者对其提供的商品或服务的意见，接受消费者的监督。"这条规定，将监督的权利赋予了消费者。

（三）经营者履行保证商品和服务安全的义务

《消费者权益保护法》第十八条规定："经营者应当保证提供的商品或者服务符合保障人身、财产安全的要求。对可能危及人身、财产安全的商品或服务，应向消费者做出真实的说明和明确的警示，并说明和标明正确使用商品或接受服务的方法以及防止危害发生的方法。经营者发现其提供的商品或者服务存在严重缺陷，即使正确使用商品或服务仍然可能对人身财产安全造成危害的，应当立即向有关行政部门报告和告之消费者，并采取防止危害发生的措施。"

（四）经营者有向消费者提供商品和服务真实信息的义务

《消费者权益保护法》第十九条规定："经营者应当向消费者提供有关商品或者服务的真实信息，不得作引人误解的虚假宣传。经营者对消费者就其提供商品或者服务的质量和使用方法等问题提出的询问，应当做出真实明确的答复。商店提供的商品应当明码标价。"

引人误解的虚假宣传，是指经营者宣传的内容与服务、商品本身的情况不符，是消费者在选择该商品或服务时做出了与其心理不符的决定。在现代社会，商品宣传成为经营者推销商品的重要手段。在不断更新产品及其功能的情况下，对消费者来说决定自己的购买趋向，并实施购买，多数取决于广告信息的宣传，因此，如果经营者宣传的内容与实际的商品或服务不符，会诱使消费者做出不正确的决策的行为，从而最终损害消费者的正当权利。

此项义务要求经营者，第一，商店提供商品应当明码标价。商品的价格信息是消费者选择购买商品的依据。国家规定对商品明码标价的措施，是为保证商品在市场交换中的正常流转，防止商店的不当得利，以保消费者合法权益。第二，对消费者提出的有关商品或服务质量、使用方法等问题做出真实、明确答复。消费者了解商品质量情况及服务性能，是决定购买某种商品或服务的前提，对其询问如得不到真实、明确的答复必然产生误导消费，使其受害。

（五）经营者有标明其真实名称和标记的义务

《消费者权益保护法》第二十条规定："经营者应当标明其真实名称和标记。租赁他人柜台或场地的经营者，应当标明其真实名称和标记。"

企业名称和营业标记，必须在工商行政管理机关，依法注册登记，它是该企业区别于其他企业、商品或服务的独特标识，是企业、商品在消费者心目中信誉的化身，在市场交易中起着对企业识别和选择商品服务决定性作用，同时它也是"防假堵伪"的法律依据。

虚假企业名称或标记从事经营的，大都发生商品的伪假，直接侵害消费者的合法权益，并给注册企业，或商品服务的声誉带来损失。

（六）经营者有向消费者出具购货凭证或服务单据的义务

《消费者权益保护法》第二十一条规定："经营者提供商品或者服务，应当按照国家有关规定或者商业惯例向消费者出具购货凭证或者服务单据；消费者索要购货凭证或者服务单据的，经营者必须出具。"

购货凭证是指商品销售者在购买合同履行后向商品购买者出具的证明合同履行的书面凭证。服务单据是指服务的提供者在服务合同履行后向服务对象出具的证明合同履行的书面凭证。商业惯例是指某个行业的经营者在销售商品或提供服务时普遍遵循的做法。

经营者向消费者出具购货凭证、服务单据的重要意义：

1. 购货凭证或单据，两者虽名称不同，但它们都是证明经营者、服务提供者与消费者之间履行合同的凭证。是双方权利、义务记载的证明和排解纠纷的基本依据。

2. 购货凭证、服务单据是经营者进行营业统计、经营状况分析的依据，同时又是国家向其本单位应征税赋的凭证。

3. 经营者、服务提供者应主动向消费者出具购货凭证和服务单据，对出售的商品和提供的服务质量负责，对购货凭证和服务单据的各项内容认真填写，保持良好的商业信誉；消费者对购货凭证和服务单据在其规定的有效期内应妥善保存。对未出具购货凭证和服务单据的，消费者有权索要，经营者必须予以满足。一旦彼此发生矛盾，便于查证。

（七）经营者有保证商品或服务质量、性能、用途、有效期及其真实宣传商品和服务质量的义务

《消费者权益保护法》第二十二条规定："经营者应当保证，在正常使用商品或者接受服务的情况下其提供的商品或者服务应当具有的质量性能、用途和有效期限；但消费者在购买商品或者接受该服务前已经知道其存在瑕疵的除外。经营者以广告、产品说明、实物样品或者其他方式表明商品或者服务的质量状况的，应当保证其提供的商品或者服务的实际质量与表明的质量状况相符。"

所谓"正常使用商品或接受服务的情况"，是指商品的使用者或服务的接受者，一般对某些商品的质量、性能、用途、期限等可以凭感观、经验做出正确的判断；而对有些产品质量或服务的使用规则必须具有专门的知识或特别训练才能做出良莠的判断，经营者必须做出真实、具体、详尽的说明，以此证明产品的质量性能等。对于在购买前已知商品瑕疵的消费者自愿购买其商品的经营者对产品质量不承担责任，但故意弄虚作假的除外。

现代社会的广告、产品说明、实物样品等是经营者推销其产品或服务的重要手段，也是广大消费者选择购买商品和接受服务的重要依据，任何商品或服务与实际质量状况不相符的宣传，都会损害消费者合法权益，经营者必须对其承担责任。

（八）经营者有对其销售的商品或服务承担"三包"的义务

"三包"是企业对其产品服务进行允诺的一种标志，在我国，实行商品"三

包"的主要是指家用电器。如电脑、手机等产品。在法律规定的期限内，当这些产品因产品本身的缘故出现故障等，商家有义务按照规定包退、包换或包修，消费者也有权要求经营者承担此项责任。但是，如果属于用户自己的责任，造成产品出现故障而无法继续工作，即使在三包期内，经营者也并不一定承担三包义务，而是根据具体情况，实行收费修理，在此情况下，经营者有权要求用户支付合理的维修费与配件费用。

（九）经营者有尊重消费者人格权的义务

《消费者权益保护法》第二十五条规定："经营者不得对消费者进行侮辱、诽谤，不得搜查消费者的人身及其携带的物品，不得侵犯消费者的人身自由。"

根据此项规定，我们可以看出，经营者不得散布捏造虚伪事实，侮辱、诋毁消费者的人格尊严，如在购物中经常发生对顾客询问不耐烦的回答，挖苦等。也不得以商品丢失为名，无根据地搜查顾客人身及其携带的物品，如果经营者有以上行为，消费者则可以要求赔偿。

经营者的责任怎样承担？

《消费者权益保护法》第四十条规定："经营者提供商品或者服务有下列情形之一的，除本法另有规定外，应当依照《中华人民共和国产品质量法》和其他有关法律、法规的规定，承担民事责任。"因此，下列行为属于经营承担民事责任的范围。

（1）商品存在缺陷的。

（2）不具备商品应当具备的使用性能而出售时未做说明的。

（3）不符合在商品或者其包装上注明采用的商品标准的。

（4）不符合商品说明、实物样品等方式表明的质量状况的。

（6）服务的内容和费用违反约定的。

（7）对消费者提出的修理、重做、更换、退货、补足商品数量、退还货款和服务费用或者赔偿损失的要求，故意拖延或者无理拒绝的。

（8）生产国家明令淘汰的商品或者销售失效、变质的商品的。

（9）法律、法规规定的其他损害消费者权益的情形。

那么当出现上述的行为，经营者应该承担怎样的民事责任呢?

根据《消费者权益保护法》《人损害承担民事责任的形式，消费者可以要求经营者承担下列的民事责任：

（1）造成受害者死亡的，支付丧葬费、死亡赔偿金及由死者生前扶养人必需的生活费等费用；构成犯罪的依法追究刑事责任。

（2）造成人身伤害的，支付医疗费、治疗期间的护理费、因误工减少的收入等费用；造成残疾的，支付残疾者生活自助费、生活补助费、残疾赔偿金及有其扶养的人所必需的生活费用等，构成犯罪的依法追究刑事责任。

（3）经营者违反《消费者权益保护法》第二十五条规定，侵害消费者的人格尊严或者侵犯消费者人身自由的，应当停止侵害、恢复名誉、消除影响、赔礼道歉并赔偿损失。

（4）造成财产损害的，应当按消费者的要求以修理、更换、退货、补足商品数量、退还货款和服务费用或者赔偿损失。商品消费者与经营者另有约定的，按照约定履行。

（5）《民法通则》对承担民事责任的形式规定了10种，即停止侵害、排除妨碍、消除危险、返还财产、恢复原状、修理、重作、更换、赔偿损失、支付违约金，消除影响，恢复名誉，赔礼道歉。

同时，对于经营者应该承担行政及刑事责任的，有关部门可以对其进行查处。

六、旅游纠纷

旅游纠纷是旅游者在旅游过程中因为服务质量等问题与旅行社等旅游经营者产生的法律争议，近几年来，随着旅游市场的进一步火爆，旅游纠纷的问题也越来越突出。

旅游者在旅行游览过程中，不仅涉及旅行社、合同、交通、饭店等旅游问题，还涉及旅游消费、产品质量等问题，当侵权行为发生时，旅游者为了维护自身的权利，就必然要采取一定的措施来实现自身权利的救济。

旅游纠纷怎么解决，很多旅游者对于这个问题并不是非常清楚，因此，只有旅游者对旅游纠纷解决的途径、程序等问题有一个清晰的了解后，才能在发生纠纷后，积极地维护自身的权利。相反，很多旅游经营单位也是利用了这一点，使旅游者有权不能伸张。

解决旅游纠纷的几种办法

根据我国有关法律、法规的规定，视旅游纠纷的具体的情节与性质不同，解决旅游纠纷问题的方法主要有协商、调解、仲裁、诉讼这四种。因此，出现旅游纠纷时，旅游者可以自由选择以下几种方法。

1. 协商

协商是指当发生旅游纠纷后，双方当事人在自愿的前提下，依据法律和有关规定，采取摆事实，讲道理，找出原因，分清是非，在互谅、互让的基础上自行解决纠纷的方式。协商是一种最简单也是最直接的解决纠纷的办法。

与其他方法相比，协商有以下的优点：第一，由于协商是在当事人自愿的基础上进行的，所以，一旦双方当事人达成一致协议，则表明他们相互能够接受协议的结果，这样一来，协议的执行相对要容易一点，因为这是他们自愿达成的。第二，协商不需要什么严格的程序，因此，对于许多时间很宝贵的人来说，它可以节省时间和费用，短期内解决问题。第三，在涉及外国人的旅游纠纷中，由于协商不必严格按照有关法律、法规的规定来做出决定，这样可由当事人根据实际情况尽快解决问题。第四，协商一般是在当事人之间进行，气氛比较温和，最后的结果也是大家在协商后达成的，因此，不但能够解决纠纷，还能够加深彼此的了解，增进友谊，在以后的合作中避免纠纷。

但是，协商的局限性也是明显的，首先，在争议的双方分歧比较严重时，协商是无法帮助当事人达成一项大家都认可的协议的，在此情况下，协商的弱点是显而易见的。其次，协商是一个妥协的过程，在此过程中必然会涉及利益的忍让，而在一般情况下，实力较弱、讨价还价能力弱的一方的利益不能得到较好的保护，这样就使旅游者的合法利益不能完全得以实现。再次，协商达成的协议效力是有限的，当事人可能不能完全实现协议的结果。在实践中，经常是达成协议的一方无故毁约，另一方也没有办法，因此，最后得求助于其他途径。

在协商时，当事人应该遵循平等自愿，依法协商，互让互谅的原则，对自己应该承担的责任不要推卸，使纠纷尽快得以解决。

2. 调解

调解是指发生纠纷的双方当事人，在有关第三者（调解人）参与下，通过说服教育和劝导协商的方法，分清是非，在双方当事人互相谅解的基础上，平息争端达成协议，使纠纷得到解决的方式。

一般来说，调解人应当是比较熟悉双方当事人的情况，能耐心听取双方当事人意见，秉公办事，并不把个人意见强加于任何一方。调解人还应当是能比较熟练地掌握运用有关法律、法规及规定，在双方都能接受的情况下达成调解协议。

按调解的性质划分，调解的形式有以下三种：

①行政调解。纠纷当事人双方，在业务主管部门，旅游行政管理部门的主持

下，依据调解原则，达成调解协议解决争议的方法。

②仲裁调解。在仲裁机关，仲裁员主持依法对旅游纠纷案件，贯彻"先行调解"原则。在双方当事人，充分协商分清是非责任的情况下，达成调解协议，使纠纷得到解决的方法。

③司法调解（亦称庭内调解）。人民法院受理旅游纠纷案件后，贯彻"先行调解"原则，在审判员的主持下，使矛盾双方充分发表意见，分清是非，明确责任，依照法律、法规的规定，促使纠纷双方签订调解协议，使纠纷得到解决的方法。

纠纷双方达成调解协议后，在法定时限内均无异议的，按调解协议自觉执行。调解协议不具有强制性，如当事人一方不愿调解，或签订调解协议后又反悔，对调解协议不服的，可直接向有管辖权的人民法院提起诉讼。调解方式解决旅游纠纷，不伤双方和气，维护双方的合法权益；有利于今后的继续合作与各自获得既定的经济效益，保证双方良好的信誉。

3. 仲裁

仲裁，亦称"公断"。当事人双方，对事件或纠纷（争执），通过非诉讼的形式，由第三人居中调解，根据事实和法律按仲裁程序，做出对双方有约束力的判断或裁决的制度。该第三者为双方选定的仲裁人，或为行政机关组织的仲裁机构。

仲裁包括民事仲裁、国际仲裁、海事仲裁、对外贸易仲裁等形式。旅游纠纷的仲裁属于民事仲裁的范围。它具体分为，国内旅游仲裁和涉外旅游仲裁两种。

国内旅游仲裁是涉及当事人均为中国公民的仲裁。比起涉外旅游仲裁，它具有涉及法律关系简单、容易解决等特点，一般而言，国内旅游中才可以分为仲裁的申请与受理、仲裁前准备、仲裁、仲裁的执行、仲裁监督这五个步骤。

①仲裁申请是指由旅游纠纷的当事人，向仲裁机关递交仲裁申请书并载明下列事项：申请人的名称、地址、法定代表人姓名、职务；被诉人名称、地址、法定代表人姓名和职务；请求事项和要求；证据、证人姓名地址。仲裁的受理，是指仲裁机关对递交的仲裁申请经审查符合仲裁规定的予以受理。在7天内立案，通知申请方按规定交纳案件受理费，并提交法定代表人、证明书或代表人委托代理书；不符

合仲裁受理规定申请的，应在 7 日内通知申请人不予受理。

②仲裁前准备。包括被诉人按期提出答辩书和有关证据，审阅申请书和被诉人的答辩书，仲裁机关调查取证，全面分析案情，对需要采取保全措施的裁定要保全。

③仲裁。是指首先组成仲裁庭，然后进行调解，调解不成的应做出仲裁裁决。制定仲裁决定书时，要载明双方当事人的基本情况，申请的理由，争议的事实和要求，裁决认定的事实、理由和适用法律条款，裁决结果和仲裁费用负担，不服裁决起诉的期限，仲裁员签名，仲裁单位盖章。

④仲裁的执行。依法履行仲裁决定，逾期不履行，一方可向有管辖权的人民法院申请执行。

⑤仲裁监督。是指当事人对已经发生法律效力的仲裁决定书，认为确有错误的，可向原仲裁机关，或者向上级仲裁机关申请复议。

涉外仲裁是指当事人一方或双方与外国公民的旅游纠纷的仲裁，由于涉及外国人士，在法律适用和程序上就比较复杂，同时，如果仲裁不当，可以引起国际间的关系变化，同时，对于我们的旅游形象也有比较大的影响。因此，涉外旅游仲裁的进行要在坚持独立自主原则、平等互利原则、参照国际惯例原则的情况下进行。涉外仲裁程序，包括申请仲裁、受理、仲裁庭、涉外仲裁决定为终局裁定四个步骤。

①申请仲裁。是指当事人一致同意向仲裁机关递交仲裁申请书或仲裁协议。根据国际惯例，可向我国或对方国仲裁机关递交上述文件，也可向第三国仲裁机构申请仲裁。

②受理。是指经仲裁机关对仲裁申请书、协议书、审查符合规定的立案受理。

③仲裁庭。是指对于涉外案件，仲裁庭的组成有两种情况：其一是独任仲裁，即由一名仲裁员对案件进行审理。该仲裁员的选择是由双方当事人在仲裁委员会中选一名仲裁员；其二是合议仲裁庭，由两人以上的仲裁员组成。其中仲裁员的选择，可由双方当事人在仲裁委员会中选定，也可委托仲裁委员会主席指定仲裁员，在其仲裁员中共同推选一名仲裁员为首席仲裁员，组成仲裁庭，对案件进行审理。

④涉外仲裁决定为终局裁定。双方当事人必须执行仲裁决定，不得再向法院提起诉讼。对仲裁决定拒不执行的，另一方可向有管辖权的法院申请强制执行，在国外的可通过司法协助，由外国法院协助强制执行。

4. 诉讼解决纠纷的方式。

诉讼，俗称"打官司"，是由司法机关和案件当事人，在其他诉讼参与人参加下为解决案件所进行的全部活动。诉讼按案件的性质划分，主要有三大类：其一是民事诉讼，即适用民事法律解决民事权益纠纷问题；其二是刑事诉讼，即适用刑事法律，解决被告人刑事责任问题；其三是行政诉讼，即适用行政诉讼法来解决行政争议问题。诉讼全过程主要是由起诉、审判、执行三部分组成的。旅游诉讼，是指人民法院接案受理旅游纠纷。经当事人一方请求，人民法院依照国家法律、法规，以及有关旅游的方针政策等规定，人民法院依法对案件进行审判处理的全部活动。

司法诉讼在解决旅游纠纷方面具有这样的优点：首先，法院一般都能按照法律的规定对当事人的争议进行审判，因此经法院判决的纠纷，能够使当事人的权益得到最充分的保护，避免了不公平的现象。其次，法院的判决有强制约束力，当事人对判决的信服力也比较强。终审的判决不能再上诉或更改，因此，如果一方不执行法院所做出的判决，另一方可以要求法院强制执行。再次，法律是保护个人权利的最后一道栅栏，通过诉讼结局问题既符合现在社会的理念，也使个人的权利得到了最好的保护。

但是，由于法律运作的周期比较长，费用也比较高，因此，对于那些争议小的，当事人希望在短期内解决的问题，应该选择其他的方式解决。只有当事人分歧较大，不通过法律无法解决问题，或争议事实复杂、涉及经济数额较大时，当事人选择诉讼是一种最好的方式。

怎样进行旅游投诉

旅游投诉是指旅游者、海外旅行商、国内旅游经营者为维护自身和他人的旅游合法利益，对损害其合法利益的旅游经营者和有关服务单位，以书面或口头的形式向旅游行政管理部门提出投诉，请求处理的行为。

（一）旅游投诉的条件

依据《旅游投诉暂行规定》的有关规定，旅游行政部门受理的旅游投诉必须具备以下内容：

1. 旅游投诉者与本案有直接的利害关系。

旅游投诉者与本案有着直接的财产关系或人身关系，一般是指投诉者在财产上或人身上受到了损害，从而向旅游行政管理部门提出投诉。如果投诉者与本案没有直接的利害关系，则不具备投诉的资格，旅游行政管理机关可以对其投诉不予受理。

2. 旅游投诉者必须指明被投诉者，提出具体投诉请求和理由。

旅游投诉者必须有明确的投诉对象。一般而言，一旦个人的权利遭到侵害，则必然会有一个侵害其权利的对象，这个对象是明确的，可知的，不是想象中的。也就是说，侵害人已经通过一定的行为实施了侵害，并且这种侵害是具体的。如果没有这样一个对象，受理机关就无法对事情的真相进行调查，也无法确定受害人受到的伤害有多大，因此，指明一个被投诉者至关重要。

投诉请求是投诉者向投诉机关提出的，要求被投诉者履行有关义务的请求。这是投诉受理机关处理投诉案件的重要条件，他在一定程度上可以反映出投诉者受到的损害的内容、程度等，没有具体的投诉请求则使受理机关无法处理，同时，投诉请求应该是明确的，需要相应的证据来支持。投诉者不得编造事实，弄虚作假，受理机关有权对证明材料的真实性进行审查，查明真相。

3. 该投诉应该属于法律规定的投诉范围，根据《旅游投诉暂行规定》第九条的规定，下列行为属于投诉范围：

（1）认为旅游经营者不履行合同或协议的；

（2）认为旅游经营者没有提供质价相符的服务的；

（3）认为旅游经营者故意或过失造成投诉者行李或物品损毁、丢失的；

（4）认为旅游经营者故意或过失造成被投诉人身伤害的；

（5）认为旅游经营者故意欺诈投诉者、损害投诉者利益的；

（6）旅游经营单位职工私自收受回扣和索要小费的；

（7）其他损害投诉者利益的。

以上三个条件是旅游行政管理机关受理旅游投诉的必备条件。

（二）旅游投诉管理机关

旅游行政管理机关是旅游投诉的受理机关，也是保护投诉主体合法权利的机关。根据《旅游投诉暂行规定》，县级（含县级）以上旅游行政管理机关受理各种旅游投诉案件。当旅游者、国内旅游经营者、海外旅行商的合法权利被侵害后，应该向哪个地区、哪一级的旅游行政管理机关进行投诉。这就涉及旅游投诉的管辖。即哪一级旅游行政管理机关受理哪一种旅游投诉。在我国，旅游投诉管辖分为级别管辖和地区管辖两种。

1. 级别管辖

级别管辖就是旅游行政管理机关内部对于旅游投诉的上下级分工。根据《旅游投诉暂行规定》，我国的旅游投诉管理机关分为国家旅游投诉机关和地方旅游投诉管理机关。地方旅游投诉管理机关又分为省级（直辖市、自治区）、市级和县级三种。国家旅游投诉管理机关管辖在全国范围内有重大影响的或地方投诉管理机关处理有困难的旅游投诉案件，地方各级旅游投诉管理机关分别处理本辖区内发生的旅游投诉案件。

2. 地区管辖

地区管辖是指不同地区的旅游投诉机关对于旅游投诉案件的管辖，它属于横向上的管辖权划分。对于如何区分主要有以下三个标准：

（1）被投诉人所在地，也就是被投诉者的住所地或主要活动地。根据《民法通则》的规定："公民以它的户籍所在地的居住地为住所，经常居住地与住所不一致的，经常居住地视为住所。"法人以生产、经营活动的场所或主要办公地为住所。

据此，如果是公民，该公民的住所地的旅游行政管理机关就有权管辖，如果是法人，该法人的场所地的旅游投诉管理机关就有权管辖。

（2）损害行为发生地，即被投诉者实施损害行为的地方。由损害地旅游投诉管理机关管辖，有助于进行调查，及时查明真相，解决旅游投诉。

（3）损害结果发生地，即造成投诉者人身、财产或其他权利损害后果的发生地。在通常情况下，致害人实施损害行为后，损害结果随即会显现出来。但在一定条件下，损害行为发生后，损害结果要经过一段时间才能出现。因此，赋予损害结果地旅游投诉管理机关以管辖权，能够保证事实真相的查明，并能适应与现代社会快节奏的生活。

地区管辖的三种情况，并没有统一的标准，投诉者可以根据自己的情况，选择管辖机关。对于跨地区的旅游投诉，各投诉管理机关意见不一致的，协商再定，或者由其共同上级机关指定管辖机关。

（三）旅游投诉的处理程序

1. 受理

（1）投诉者提出投诉请求。这是受理旅游投诉的第一个程序，提出方式包括投诉状和口头投诉两种。投诉状应该载明：投诉者的姓名、性别、年龄、国籍、职业、单位名称及地址；被投诉者的单位名称或姓名、所在地；投诉请求、根据、事实和理由、证据。这些事项必须齐全，真实。

（2）审查。这是决定旅游投诉是否受理的关键环节。旅游投诉管理机关主要对投诉是否符合投诉的条件进行审查，对于符合条件的则及时受理，对于不符合条件的则不予受理。

（3）决定是否受理。根据《旅游投诉暂行规定》的规定"旅游投诉管理机关接到投诉状或口头投诉，经审查，符合本规定受理条件的，应当及时调查处理；不符合本规定受理条件的，应当在 7 日内通知投诉者不予受理，并说明理由。"

那么，哪些投诉属于不予受理的情况，根据规定，主要有以下几种：

①投诉者的诉状，不属于该旅游投诉管理机关的管辖范围；

②投诉者与本案没有直接的利害关系；

③投诉者没有指明具体的被投诉者或者没有具体的投诉请求和事实根据；

④投诉者的投诉不属于《旅游投诉暂行规定》所列的投诉范围；

⑤投诉者的投诉超过了60天的投诉时效。

2. 处理

（1）通知被投诉者做出答复。被投诉者在接到旅游投诉管理机关受理投诉的通知后，在30日内要做出书面答复，对旅游投诉的有关情况进行辩解和答复。被投诉者可以通过答复书对投诉进行辩驳，主张自己的权利。根据法律规定，被投诉者的书面答复应包括以下内容：被投诉的事由；调查核实的过程；基本事实和证据；责任及处理意见。旅游投诉管理机关在收到书面答复后，对其进行审查，查明真正的事实，以便了解真相，最后做出处理。

（2）调解。根据《旅游投诉暂行规定》第十八条的规定"旅游投诉管理机关处理投诉案件，能够调解的，应当在查明事实，分清责任的基础上进行调解，促使投诉者与被投诉者互相谅解，达成协议。"因此，调解是旅游投诉管理机关处理投诉的一项重要的步骤。同时调解应该遵循自愿的原则，不能强迫双方进行调解。只有双方对调解的结果完全同意，调解才算是成功。否则，就不能进行调解。调解完成后，应当制作调解协议书，双方在调解协议书上签字或盖章，最后由旅游投诉管理机关加盖公章。调解协议书和旅游投诉管理机关的处理决定具有同样的效力，一旦在协议书上签字，任何一方就不能反悔。

3. 做出处理决定

对于调解不成或不适应于调解的旅游投诉，投诉管理机关应该在查明事实的基础上做出处理。具体的处理步骤包括：

第一，明确责任，做出处理决定。属于投诉者自身过错的，可决定撤销立案，通知投诉者并说明理由。对投诉者无理投诉、故意损害被投诉者权益的，可责令投诉者向被投诉者赔礼道歉，或者依据有关法律、法规承担赔偿责任。

第二，属于投诉者与被投诉者共同过错的，可以决定由双方各自承担相应的责任。双方各自承担责任的方式，可以由双方当事人自行协商确定，也可以由投诉管理机关决定。

第三，属于被投诉者过错的，可以决定由被投诉者承担责任。可以责令被投诉者向投诉者赔礼道歉、赔偿损失、承担全部或部分调查处理投诉费用。

第四，属于其他部门过错的，可以交由有关部门处理。

4. 申请复议和提起诉讼

投诉者或者被投诉者对旅游管理机关做出的处理决定或行政处罚不服的，可以在接到处理决定通知之日起 15 日内向上一级旅游投诉管理机关申请复议，也可以直接向人民法院提起诉讼。但是，超过此期限的，则不能申请复议或起诉。

怎样打旅游官司

旅游官司也就是旅游诉讼，它主要是指旅游者在旅游过程中因为旅游服务等问题而与其他单位或个人形成的诉讼。一般来说，旅游者和旅行社因人身、财产伤害而引起的赔偿纠纷，属于一种民事诉讼，因此，打旅游官司，实际上也是一种民事案件，它应该遵循《民事诉讼法》的有关规定来进行。

我们结合《民事诉讼法》的有关规定，来看看旅游者怎样打旅游官司。

（一）管辖

打官司首先要明确该向哪一级法院或哪一个法院起诉，这就是管辖，即各级人民法院和同级人民法院受理和解决第一审旅游纠纷案件的内部分工和权限。旅游者如果选择向没有管辖权的法院起诉，即使起诉的事实和理由都很充分，法院也不受理，因此，分清管辖是打旅游官司的第一步，根据我国法律规定，管辖有级别管辖和地域管辖之分。

1. 级别管辖

根据我国《民事诉讼法》规定，基层人民法院管辖第一审民事案件（法律另有规定的除外）；中级人民法院管辖的第一审案件是：重大涉外案件，在本辖区有重大影响的案件，最高人民法院确定由中级人民法院管辖的案件；高级人民法院管辖在本辖区有重大影响的第一审案件；最高人民法院管辖在全国有重大影响和认为应当由本院审理的案件。

2. 地域管辖

我国《民事诉讼法》在地域管辖方面做了具体规定。《民事诉讼法》第二十二条规定："对法人或者其他组织提起民事诉讼，由被告住所地人民法院管辖。"第二十四条规定："因合同纠纷提起的诉讼，由被告住所地或合同履行地人民法院管辖。"第二十五条规定："合同的双方当事人可以在书面合同中协议选择被告住所地，合同履行地、合同签订地、原告住所地、标的物所在地人民法院管辖，但不得违反本法对级别管辖和专属管辖的规定。"由此规定了地域管辖的三个原则：即被告住所地管辖原则、选择管辖原则和约定管辖原则。旅游是跨省市、跨地区、跨国度的活动，涉及的地方较多，但它们都有一个共同之处，即旅游者都要回到始发地。所以从方便诉讼当事人特别是原告诉讼的角度出发，旅游纠纷案件由原告住所地或旅游合同签订地人民法院管辖为宜。但同样不得违反《民事诉讼法》关于级别管辖和专属管辖的规定。

（二）程序

在我国，由于实行的是"两审终审"制，所以，一般来说，诉讼一般经过一审、二审两个过程，同时，为了保障诉讼的顺利进行和诉讼的结果有效执行，还会产生执行程序、审判监督程序等，这些构成了整个审判过程。

1. 第一审程序

第一审程序也就是当事人起诉到法院做出判决的这一过程。在这一过程中，包括如下步骤：

（1）起诉和受理

起诉是指旅游纠纷一方当事人向人民法院提出请求，要求解决与对方当事人之间的争议，保护自己合法权益的行为。

按照《民事诉讼法》的规定，起诉必须符合下列条件：

①原告是与本案有直接利害关系的公民、法人或其他组织。

②有明确的被告。

③有具体的诉讼请求、事实和理由。

④案件属于人民法院主管和受诉人民法院管辖。

原告起诉应当向人民法院递交起诉状，并按被告人数提出起诉状副本。起诉状应写明下列事项：

①当事人的姓名、性别、年龄、民族、职业、工作单位和住所，法人或者其他组织的名称、住所和法定代表人的姓名、职务。

②诉讼请求所根据的事实和理由。

③证据和证据来源，证人的姓名和住址。

人民法院收到起诉状后，经审查认为符合受理条件的，应当在 7 日内立案；认为不符合受理条件的，应当在 7 日内通知原告不予受理。原告不服的，可以上诉。

（2）审理前的准备

①人民法院立案后，应当在 5 日内将起诉状副本发送被告，被告在收到起诉状副本之日起 15 日内提出答辩状。人民法院应当在收到答辩状之日起 5 日内将答辩状副本送达原告。被告不提出答辩状的，不影响人民法院对旅游案件的审理。

②旅游纠纷案件一般应由 3 名审判员或者审判员、陪审员共 3 人组成合议庭来进行审理。合议庭组成人员确定后，应当在 3 日内告知旅游纠纷双方当事人。

（3）开庭审理

审理旅游纠纷案件，除涉及国家秘密和商业秘密的以外，应当公开进行。

事实清楚、权利义务关系明确、争议不大的简单的旅游纠纷案件，可以由基层人民法院和其他派出的法庭适用简易程序进行审理。

2. 第二审程序

第二审即在一审判决做出后，当事人对判决结果不服进行上诉的过程。根据

《民事诉讼法》的规定，当事人不服第一审判决的，有权在判决书送达之日起 15 日之内，向上一级人民法院上诉，提起第二审程序。逾期不上诉的，判决即发生法律效力，当事人应当执行。

第二审人民法院对上诉案件，应当组成合议庭，对上诉请求的有关事实和适用法律进行审查，并进行调解。调解达成协议的，应当制作调解协议书并送达当事人，原审人民法院的判决应视为撤销；调解不成的，依法判决。第二审人民法院的判决是终审判决，一经送达当事人即发生法律效力。

3. 执行程序

按照《民事诉讼法》的规定，人民法院做出的判决书、裁定书和调解书，在发生法律效力后，当事人必须依照法律文书所确定的期限履行义务。一方当事人逾期不履行或不完全履行；对方当事人可以向人民法院申请执行，由人民法院对负有义务的当事人强制其履行义务。按照规定，人民法院执行的措施主要包括：冻结、划拨被执行人的存款；扣留、提取被执行人的收入；查封、扣押、变卖、拍卖被执行人的财产等。

通过执行程序，使判决产生了应有的效力，保障了旅游者的合法权利。

4. 审判监督程序

审判监督程序是指当判决发生效力后，如果发现判决有误，有关的机关可以按照一定的程序要求人民法院进行重审，使错案得以纠正的程序。

七、旅游陷阱防范

旅游合同陷阱防范

在旅游过程中，旅游合同是规范双方权利义务的重要法律文本，也是旅游者维权的法宝。一旦出现旅游纠纷，旅游者就可以凭借旅游合同的有关规定，主张自己的权利。

但在实践中，由于旅游者对合同缺乏一个比较清晰地认识，对自己应该享有的权利不能通过合同的形式来体现，再加上一些旅行社在签订合同时，故意设定了一些对旅游者不利的法律条款，而广大旅游者却被蒙在鼓里。当双方出现纠纷时，旅行社就会拿出这些旅游合同来证明，结果旅行者得不到应有的法律保护，真正哑巴吃黄连，有苦说不出。

所以，在签订旅游合同时，旅游者应该对旅行社提供的旅游合同的条款逐条进行分析，对一些歧义的有疑问的条款要求旅行社具体解释并在合同中细化，只有旅游者真正掌握一定的合同知识，签好旅游合同，才能放心地去旅游。

（一）合同的一般常识

合同，又称契约，是日常生活中常见的一种有约束力的文件。通常情况下，当事人为了实现一定目的，在相互协商之后，就通过合同的方式来确定双方的权利义务，并使它产生一定效力。合同是一种法律行为，一旦当事人签订或认可，就在签约方之间产生相应的法律效力。当事人就应该严格按照合同的规定履行合同义务，不履行者要承担相应的法律责任。

1. 合同的订立

在订立合同时，当事人要对合同的具体条款进行反复协商，双方取得一致意见后，才能签订书面的协议。因此，合同的订立，必须是当事人享有充分的知情权和选择权，在充分的思考之后做出。从法律的角度来说，合同的订立过程，经过要约与承诺两个阶段。

（1）要约，它是指当事人一方向另一方提出订立合同的建议和要求的行为，如甲某向乙某提出购买乙某的房屋即是一项要约。一般来说，旅行社宣传册上的报价和旅游行程就相当于旅行社向消费者发出的要约。要约可以以口头形式做出，讲明承诺的期限、内容、条件等，对方同意时，合同即成立；要约也可以以书面形式做出，即以书信、电报、电传等形式做出，要约人在规定的时间内收到对方的答复，则宣告合同成立。

要约是一种法律行为，当对方接受要约人的条件，对要约做出承诺时，要约人就有义务与之签订合同；如果拒绝，则属于违约行为，要约人要承担一定的法律责任。

（2）承诺，它是指受要约人对要约人提出的条件完全接受，愿意与之建立合同关系的行为。要约一经承诺即表明双方就合同的主要条款达成协议，合同即告成立。

2. 合同的基本内容

根据我国《中华人民共和国合同法》（以下简称《合同法》）第十二条规定："合同的内容由当事人约定，一般包括以下条款：（一）当事人的名称或者姓名和住所；（二）标的；（三）数量；（四）质量；（五）借款或者报酬；（六）履行期限、地点和方式；（七）违约责任；（八）解决争议的方法。"当事人可以参照各类合同的示范文本订立合同。一般合同应该具备以上条款，但是，合同的条款可以分为必备条款与非必备条款。必备条款合同是不可或缺的条件，一旦缺乏将影响合同的效力，但是非必备条款缺乏并不影响合同的成立。

3. 合同的解除

合同的解除是指在合同依法成立后而未完全履行前，当事人基于协商、法律规定或者当事人约定而使合同关系归于消灭的一种法律行为。此行为的解除，导致合同关系不复存在，当事人各方要承担相应的法律责任。根据《合同法》的有关规定，合同的解除可以分为下列三种：

协议解除。即当事人在协商一致的情况下，可以解除原合同。这是其自由选择的一种表现。

约定解除，当事人可以在合同中约定解除合同的条件，当这些条件出现时，享有解除权的一方或多方就可以解除合同。也就是说，该项解除是合同中一项条款，当事人行使解除权，这是履行合同的需要。

法定解除，当事人给予法律的规定而解除合同。该项解除权是法律所赋予的，任何人不得剥夺。

那么，在什么条件下可以解除合同，或者说合同解除的原因是什么？具体而言，主要有下面的几种：

（1）因不可抗力致使合同的目的无法实现。合同的执行，当事人要达到一定的目的。因此，当出现一些当事人在签订合同时无法预料的情况，如战争、天灾等，使合同的目的不能实现，在此情况下，当事人继续履行合同已经没有多大的意义。当事人可以解除合同。

（2）在履行期限届满之前，当事人一方明确表示或者以自己的行为表明不履行主要义务。不管当事人采取明示的形式，还是暗示，只要能够表明其已经不愿意履行主要义务，那么合同的旅行就没有必要了，如果要求另一方当事人在合同履行期届满以后才补救，则不利于对其的保护。因此，解除合同是最好的办法。

（3）当事人一方迟延履行主要债务，经催告后在合理期限内仍未履行。这表明他已经没有履行的诚意，或根本不能履行合同，在此情况下，应该允许另一方解除合同。但是，如果当事人未履行的是非主要债务，那么就不能解除合同。

（4）当事人一方迟延履行债务，使另一方当事人的权利不能得到合理的满足，也就是说延误履行的一方已经违反合同的约定，在这种情况下就可以要求解除合同。

4. 合同的无效与撤销。

无效合同是指合同虽然已经成立，但因其在内容上违反了法律、行政法的规定和社会公共利益而无法律效力的合同。主要包括：一方以欺诈、胁迫手段而订立的损害国家利益的合同；恶意串通，损害国家、集体或第三人利益的合同；以合法形式掩盖非法目的的合同；损害社会公共利益的合同；违反法律、行政法规的强制性规定的合同。

可撤销的合同是指当事人在订立合同时，因意思表示不真实，法律允许撤销权人通过行使撤销权而使已经生效的合同归于无效。根据《民法通则》和《合同法》

的有关规定，可撤销的合同主要包括以下情形：因重大误解订立的合同；显失公平的合同；因欺诈、胁迫而订立的合同；乘人之危的合同。

不管是合同被确认无效还是撤销，其效力将溯及以往，即合同在成立之日起就是无效的。原合同关系将不复存在，当事人也不能基于原合同要求另一方承担违约责任。但是，这并不意味着没有法律后果。无效合同的违法性，决定了法律不仅要使这些行为无效并使当事人负返还财产、赔偿损失的民事责任，甚至当事人还要承担起其他的法律责任。而可撤销的合同被撤销后，当事人之间也应承担返还财产和赔偿损失的责任。

（二）旅游合同

旅游合同有两层含义。广义上旅游合同，是指在进行旅游服务过程中，旅行者与有关的单位签订的一系列的合同，主要有旅行社服务合同、旅游运输合同、旅游住宿合同等等。狭义的旅游合同仅指旅行社服务合同，即旅行社与旅游者签订的，旅行社为旅游者提供一系列的旅游服务并收取一定费用的合同。

在我国，旅游合同主要分为国内旅游合同与出境旅游合同两种。

1. 旅游合同的内容

一个比较健全的旅游合同应该包含以下的一些条款：旅行社的名称及地址；旅游者的姓名，如果合同是为他人订立，应写明该人的姓名；旅游开始及终止的日期和地点；各种旅游服务项目及详细说明；与合同规定提供的所有服务相一致的总价格；在必要时所要求的最低限度的旅游者应到达的人数；双方要求解决合同的条件及责任；合同的争议解决条款；旅行社责任条款；旅游者责任条款；旅游价格构成条款；当事人一致同意有必要加入的其他条款等。

而在旅游合同中，最关键的也是最容易出现问题的是下列的规定：

（1）旅游价格构成条款

价格是旅游者选择旅行社与服务的重要因素，旅游者也希望花最少的钱享受更优惠的服务，因此，价格对于双方都是很重要的。相反，如果在这一条款上含糊其词，引起的纠纷也是最多的。在我国，旅游组团的包价主要包括下列四个部分：

①综合服务费，其中包括餐饮费、基本汽车费、茶费、翻译导游费、领队减免费、全程陪同费、组团费、接团手续费、宣传费等；

②房费，游客可以根据需要，预定高、中、低各档次饭店；

③城市间交通费，即飞机、火车、轮船、内河及运河的车船票；

④转向附加费，包括汽车超公里费、游江湖费、特殊游览景点费、风味餐费、专业活动费等。但这些费用不是直接写入合同，而是采取列举的方法或计算总数写入。

（2）关于旅游服务的详细说明条款

由于旅游服务名目众多，一般旅行社都是采用一个比较详细的行程表向旅游者说明。此行程表是旅游合同非常重要的一部分，是涉及旅游者切身利益的法律文件，具有和旅游合同本文一样的法律效力。

（3）合同的争议条款

旅行社与旅游者应当首先确定如果发生合同纠纷，争议解决的途径，在通常情况下主要有司法解决和仲裁解决两种途径。

（4）双方的权利义务

在履行过程，双方各自有不同的权利，同时也承担相应的义务，对此应该写清楚。

（5）关于合同解除、变更等情况的条款。

2. 旅游合同的解除

旅游合同的解除包括合同履行前的解除和合同履行中的解除。同时，依据解除合同的主体不同可以分为旅游者解除合同和旅行社解除合同两种。

（1）履行合同履行前的解除

属于旅游者解除合同的情况是：

①旅游者在按规定缴纳一定的取消费时，可以要求解除合同。取消费以总旅费的百分比提取，距离旅游时间越近，取消费就越高；

②当发生地震、火山、战乱等不可抗力事件，使旅游合同的内容发生变化或旅游不能安全进行时，旅游者可以解除旅游合同，不必支付取消费，并可收回预付款；

③当汇率调整或运输价目变更，使旅行社不得不提高旅游费用时，旅游者可以解除合同，收回预付款。但是，旅游价格的变化要在一定的幅度之内，并不是所有的价格上调都可以引起旅游者解除合同；

④由于旅游者的配偶或直系亲属病故，旅游者被迫中止旅游，在此情况下，旅游者可以解除合同，免收取消费。

属于旅行社解除合同的情况是：

①在旅行社规定的期限内，旅游者未缴纳旅游费用，旅行社可以解除合同，并要求旅游者支付必要的违约金；

②有不可抗力使旅游不能或不可能顺利进行；

③客人人数不够公布召集的最低旅游人数；

④参加的客人明显不符合旅行社规定的所接纳的客人的条件。但是，在解除合同的同时，旅行社应该全额退还旅游者的旅游费用。

（2）旅游合同履行过程中的解除

属于旅游者解除的情况有：

①游客随意中途退团，将被视为放弃旅游权；

②非旅游者的原因，旅游者得不到旅游日程表上某些旅游项目，旅游者可以据此解除不能提供服务的那部分合同。旅行社应该从旅游总费用中退还那部分费用。

属于旅行社解除合同的情况是：

①由于不可抗力使旅游不能再进行时；

②由于游客生病或其他原因，确实不能坚持旅游。在这两种情况下，旅行社解除合同后，应扣除已经履行的那部分费用，将余款还给游客。

（三）旅游者的权利

旅游者属于消费者，但又和一般的消费者有所不同。旅游者除了享受一般消费者的权利外，作为旅游的主体，旅行者在旅游过程中，依法可以享受以下的权利：

1. 旅游者有对旅游商品的知情权。作为一名消费者，旅游者除了有权获得正常的旅游服务外，还有权获得与旅游产品相关的信息的权利。因此，旅行社不得采用欺诈手段或提供虚假信息、做虚假的宣传等方式，诱使旅游者上当受骗，购买其旅游产品。否则，旅游者有权请求有关部门依法追究旅游经营者的责任，受到损失的，还可以要求旅行社进行赔偿。例如，在旅游者向旅行社报名时，旅行社应该提供给旅游者有关旅游服务以及旅行社的真实信息，在旅游过程中，旅行社应该对旅游景点或者行程安排向旅游者进行说明。而这些也应该反映在合同里，让旅游者权利落到实处。

2. 旅游者有自由选择权。旅游是一种高级消费活动，主要用于满足旅游者的精神需求，其目的非常明确，旅游者应该在充分了解旅游产品的情况后，自主选择有关的旅游产品。旅行社不得强迫旅游者购买其产品，更不得强迫旅游者购买其旅游产品中的某一特定商品。

3. 旅游者有要求签订合同的权利。合同是双方权利义务法律化、书面化的载体，因此，旅游者有权要求旅行社与之订立旅游合同。在签订合同时，旅行社有义务详细介绍合同的有关条款，旅游者应该仔细核实旅游合同，对合同的内容没有疑问后再签订合同。

4. 旅游者的合同变更权。合同是双方真实意思的表达，旅游者有权对旅行社提供的格式合同提出修改意见，在旅行社对合同规定不清的条款进行修改后签订合同，旅行社不得拒绝。

5. 旅游者有解除合同的权利。主要分为两种情况：一是在旅游合同履行前，出现一些自然或人为的因素，使旅游者不能从事旅游活动，旅游者可以解除旅游合同，但如果是旅游者自身的因素，应该向旅行社支付一定的取消费；二是在旅游合同履行中，旅游者中途退团，或因对旅行社的某一服务不满意而要求解除该项合同。

6. 旅游者有获得质价相符的旅游产品的权利。旅行社向旅游者提供服务，旅游者对此支付相应的价款，这是双方履行义务的表现，也是对方权利实现的需要。如果一方不履行自己的义务，或履行义务不符合要求，就会破坏等价有偿和公平交易的原则。一旦旅游者按照约定向旅行社支付了价款，就有权要求旅行社遵守合同的要求，为其提供与价款相应的旅游产品和服务。例如，旅游者住进五星级饭店，按照五星级饭店的价格支付了费用，那么，该旅游者就有权要求饭店提供商品、设施和服务符合五星级要求。

7. 旅游者的人身权、财产权不受侵害的权利。人身权、财产权是一个国家公民的最基本的权利，我国宪法和民法通则都明确规定，公民的人身权、财产权受法律的保护，任何组织和个人不得侵犯。旅游者和其他公民一样，人身权、财产权应该受保护。同时，来华旅游的外国游客，其合法权利也受保护。

具体而言，旅游者的人身权是指旅游者依法享有的与其人身不可分离的无直接财产内容的权利。它分为人格权和身份权。主要包括生命健康权、姓名权、肖像权、人身自由权等。旅游者的财产权是指旅游者依法享有的具有物质性质的权利。主要有财产所有权、债权、继承权、著作财产权等。作为旅游者，财产权是旅游者从事旅游活动的物质保障，因此，保护旅游者财产权对于旅游业的发展也有很大意义。

那么，旅游者的人身权、财产权怎么样保护呢？

（1）任何组织或个人不得以任何方式故意侵害旅游者的人身权、财产权，对旅游者人身、财产损害的违法行为，要依法追究法律责任。

（2）旅游经营者向旅游者提供旅游产品时，必须符合保障旅游者人身、财产安全的要求，如旅行社所推出的旅游路线不得影响旅游者人身、财产安全的隐患存在；旅游饭店向旅游者提供的饮料、食品必须符合卫生要求等。

（3）旅游经营者向旅游者提供服务时，不得侵害旅游者的人身、财产权利。

8. 旅游者因人身、财产受到损害时，依法享有获得赔偿和法律救济的权利。人身和财产是旅游最关心的问题，也是在旅游活动中经常发生的问题。在旅游活动中，因为旅游经营者或第三人的行为造成旅游者人身、财产损害的，如在旅游风景区旅游，经营者因疏忽未在危险区设置警告标志，造成旅游者人身伤亡等。旅游者有权要求旅游经营者赔偿。但如果事故的起因是旅游者自身造成的，旅游经营者不承担责任。

在旅游消费活动中，旅游者人身、财产安全是不可侵犯的，旅游经营者有义务防止这种危害发生，一旦发生，要进行积极的补救，力求将损害减低到最小，从而保证旅游者在安全的环境中进行旅游。旅游者可以选择要求赔偿的多种方式，既可以向致害人直接提出赔偿要求，双方协商，达成赔偿协议。也可以向旅游行政管理部门投诉，由有关行政管理部门做出裁决，进行赔偿。还可以直接向人民法院起诉，经过诉讼获得赔偿。

9. 其他权利。除此之外，旅游者还享有法律、法规赋予的其他权利，如我国《中华人民共和国消费者权益保护法》中规定的有关消费者权益保护方面的权利，对商品和服务以及保护消费者权益工作进行监督的权利等。

（四）旅行社的权利

旅行社依靠为旅游者实现其消费需要提供服务而生存和发展，所以在旅行社和旅游者之间产生了权利义务关系。根据权利义务一致性原则，旅游者应该履行的义务也就是旅行社的权利所在。具体而言，旅行社的主要权利有以下几种：

1. 旅行社有权自主地同任何团体或个人签订旅游合同，有权进行招徕和广告宣传。为了实现旅行社的服务目的，旅行社有权进行广告宣传，招徕旅游者。在与旅游者达成协议的基础上，可以与之签订合同。

2. 旅行社有权要求旅游者提供所需的证件与材料，并保证其真实性。在合同的签订过程中，旅行社有权对旅游者的身份材料进行核实，旅游者也有义务向其提供所需的材料与证明，并保证其真实性。

3. 旅行社有权拒绝一些不符合法律规定的旅游者。在办理出国旅游中，旅行社可以对依照法律不能进行出国旅游的人员，如正在服刑及劳教人员、刑事案件的被告人或嫌疑人等进行拒绝。

4. 旅行社有权向旅游者收取服务费。这是旅行社的一项重要权利，也是旅行社生存的基础。旅行社向旅游者提供导游、翻译、交通、联系食宿、组织旅游等服务项目，向旅游者收取一定的费用是合法的，旅游者不得拒绝。但是，旅行社应该对其收费提供收据或发票，不得多收或增加收费项目。

5. 旅行社有权按照合同规定的时间、路线、方式进行旅游，旅游者不得拒绝或提出反对。在实际旅游前，旅行社已经将旅游的具体时间、路线等进行了规划，并在签订合同时向旅游者进行了说明。可以说，这也是合同规定的内容，双方应该严格按照合同的规定执行，旅游者不得擅自要求改变旅游路线等。如旅游者因为自身的原因造成旅行社损失的，旅行社有权提出赔偿。

（五）旅游合同的陷阱

旅游合同是保障旅游者权利的有力武器，但是有时候，由于旅游者在签订合同时没有细加盘算，仔细斟酌，结果在合同中隐含了许多对自己不利的内容，最后却把自己套在里面。同样，如果不法旅行社在设定合同条款时故意设下陷阱，旅游者很容易误入陷阱之中而浑然不知。

只有知道旅游合同的陷阱在那里，在签订合同时，才能使自身的权利得到最大程度的保护，将合同的主动权紧紧抓在手中。下面是旅游合同的一些常见的陷阱。

1. 含糊其词。合同用语必须准确、明白，使人不能产生歧义或误解，因此，在旅游合同中，某些含糊的词语，比如远眺、近观、路过等，一定要避免。此外，由于旅游者对一些景点的情况不清楚，所以在合同中最好写得明明白白。比如到明十三陵结果可能只到十三陵水库。因此，旅游者一定要小心。

2. 收费猫腻。价格是旅游活动中双方都比较关注的一个条款。有时候，在具体旅游景点和途中还涉及收费的问题，因此，不管是旅游者还是旅行社，都应该在合同中将这些提前约定，避免到时候因为收费问题而弄得大家不欢而散。

3 设定一些对自己有利，而损害旅游者利益的条款，即霸王条款。

4. 合同障眼法。在签订合同时，旅行社虽然将一些基本的条款都写进合同，但由于旅游者对这些条款的具体内容不清楚，结果造成有合同规定但享受不到权利的情况。这就是旅游合同的障眼法在作怪。合同障眼法主要有以下几方面：

（1）酒店障眼法。在合同中，旅游者和旅行社虽然明确约定了住宿的酒店标准。但是往往忽视了酒店的位置。因为酒店的位置不同价格也不一样。靠近景点的、地理方便的酒店就要贵一些。因此，即使旅游合同约定旅行社提供几星级的酒店，但这些饭店可能位置比较偏僻，这样旅行社节省了费用，但旅游者却因此耗费了时间与精力。

（2）行程障眼法。旅游过程中，停留住宿的时间也是非常关键的。如果多次倒车，不但让旅游者受不了，也耽搁了时间。

（3）景点障眼法。一个景点如果细拆为几个小景点，在旅游者看来是不是因为景点多而沾沾自喜，这就是许多旅行社在合同中故弄玄虚，将重要的景点分割，将免费的、低价的景点写入，表面上是旅游者享受到了优惠的服务，可实际上，旅游者接触的都是一些无关紧要的景点，旅游质量并不高。此外，尽管旅行社申明门票已经包含在总费用里了，但是这都是一些大景点的门票，现在的景点很多都是进了大门还需要进小门，是要另收费的。比如游览圆明园，进大水法还要另收费，而这些费用计起来也是不少的。

（4）航班障眼法。航班起飞的时间不同，价格也会变化很大。一般人不会选择在午夜出航，相应的，这个时间的飞机票也优惠一些。很多旅行社安排旅游者在这个时间飞行，结果是旅行社省了钱，但游客却因为时差等问题而在几天之内可能打不起精神，耽误了游程。

（5）旅游班车障眼法。正规的旅游车的司机比较熟悉路线，对交通安全也比较注意，因此，旅游者乘坐他们的车，不但可以节省时间，在安全上也可以有保障。相反，如果旅行社选择的是一些非法的旅游车，这些车有时连保险都没有买，一旦发生交通事故，旅游者的权利就无法实现。

（6）饮食障眼法。在签订合同时，很多旅行社都会写入用餐的次数和标准等，旅游者以为这样就可以放心地就餐了，其实不然，旅游过程中具体的每一餐的标准就无法控制，同样，就餐环境、卫生都是影响饮食价格的因素。在不正规的餐饮单位的就餐，可能会引起食物中毒或肚子不舒服。

（六）如何签订旅游合同

为了不让你的旅行因为纠纷而失色，你需要在签订合同时，就对一些可能包含陷阱、出现问题的事项加以明确的约定，以免让它影响你旅游的心情。如果真的出现纠纷，你也可以凭借合同来主张自己的权利。

因此，对于随团旅游的游客来说，签订合同是非常重要的一步，这一步的正确与否，都直接关系着你旅游的质量。

下面就介绍几种避免合同陷阱的方法。

1. 查验属实：为了使你的旅行能够顺利，你应该选择一家合格的正规的旅行社。很多人是通过广告来选择旅行社的。但是，在看这些广告时，一定要看清旅行社的名称、地址、许可证号、经营范围，一旦发生旅行社违约或服务质量等问题，这些都是投诉的重要依据。要提防两类广告：一是没有社名、地址，只有报价线路和联系电话的，这多数是旅行社挂靠或承包部门打的，不够正规；二是以咨询公司名义经营旅游业务的，游客权益将无法得到很好保护，选择时一定要看清。在签订合同时，看旅行社是否将"许可证"与"营业执照"一起悬挂在营业场所。与游客协商洽谈旅游业务的，应当是旅行社代表人员或持有有效授权委托书的代理人。团队或游客委托代理人为其办理旅游业务必须提交书面委托书，委托书应载明委托事项及范围。代理人在代理权限内以被代理人的名义与旅行社签约，其法律后果直接归于被其所代理的游客。

2. 看清价格：旅游的费用一般由以下七项组成：交通费、住宿费、用餐费、景点门票费、导游服务费、旅游责任保险费和其他旅游过程中要发生的直接费用，即旅游综合服务费。旅行社开出的价格通常有三种：一是全包价，即上述七个方面的价格都包；二是半包价，即旅行社代办一部分，旅游者到时再出一部分钱，如用餐费、景点门票费等；三是小包价，即只代办交通票或异地住宿酒店预订，其余都是旅游者自理。游客在报名时一定要问清收费价格中包括哪些部分，还有哪些需要自理。

3. 了解服务：游客应充分了解旅游线路的行程内容并预约出团日期。旅行社应全面如实向游客介绍其服务的内容。签订合同前，游客应认真阅读合同条款，如对合同条款有不同看法或理解有异议，可请旅行社做出解释，并将解释的结果在合同中注明或以签订补充协议的形式加以确定，否则，一旦发生纠纷，将无法有效维护自身的合法权益。

旅行社应与游客共同签订旅游行程表，一般在出团前召开出团说明会时签订。该表上应列明每日的行程安排，明确游览景点、航班号、酒店名称及标准、用餐次数、购物次数、自费旅游项目等内容。经旅行社通知无故缺席者视同为已签字认可该行程表内容的游客。

4. 事无巨细：合同的每一个细节都值得你注意，如果某个细节被你忽视了，可能吃亏的就是你。一定要注意下面的这些问题。

如果你所乘坐的交通工具是火车，应注明车次及软、硬座卧铺位情况；如果是客运汽车，应就其车型、有无空调、座位数等内容明确描述。

游览景点一项，应包括您在旅行社所做广告中所见的所有旅游点，并明确开始与结束参观时间。必要时，可将旅行社所做的广告日程约定为合同的附件。

住宿标准中应注意对"标准间"一词的理解。一般旅馆、招待所的"标准间"是没有具体意义的，只有旅游涉外星级饭店的"标准间"才有特定的内涵。

购物一项，应明确购物次数、购物点名称及在每个购物点所逗留的时间。当然，最重要的一点是要问明旅行社是否已经购买了保险，保险的险种是什么。

5. 约定权利义务：在合同中，一定将各自的权利义务具体说明，因为只有说得越细，当旅行社或其从业人员出现侵害或危及你自身的权利的行为时，你才可以理直气壮地要求他们停止危害行为，并承担相应的法律责任。在解决纠纷时，你的主张也会有理有据。

6. 明确纠纷解决的方式：在合同中，应该约定一旦出现纠纷，解决纠纷的方式是什么。旅游者和旅行社可以约定选择调解、仲裁、诉讼等方式，这样就使旅游者在发生纠纷时不再因为不知道怎么解决纠纷而苦恼，也使旅行社拖延时间的可能性降低。

7. 索取发票。发票是旅游者交纳费用的凭据，可以证明旅游者已经履行了一定的义务，因此，当旅游者预交一定团费时有权索要发票。在拿到发票时，要对发票进行审核，发票上应该由税务部门的盖章，并有旅行社财务部门的盖章，如果没有，你就要问清楚是怎么回事，以防非法旅行社。

8. 加盖公章。签完合同后，旅游者要签名，旅行社也要加盖公章。这时候，一定要看清合同是否加盖了旅行社公章，经办人是否签了真实姓名。并留下旅行社的联系方式。以备随时咨询。

当你对合同的每一个细节都一斟酌后，合同的陷阱也是离你越来越远，现在，你就可以放心地旅游了。

导游服务中的陷阱防范

（一）陷阱 1：名为进香实敛财

案例回顾：

旅游部门近期频繁接到游客的投诉，称跟随旅行团在某著名景区游览后，被领到景区周边一些寺庙中游览，导游动员游客拜佛、烧香等所谓的"四部曲"活动，每个程序游客都要捐出 50 元至 100 元不等，烧香价格每炷高达 100 元。游客纷纷反映，这是导游借宗教信仰从游客口袋里掏钱。经查实，寺庙开展这样的活动也未得到宗教主管部门的许可，目前，此事已引起当地政府的高度重视。

专家点评：

许多旅游区内都有宗教用地与建筑，许多导游便利用消费者的宗教信仰进行诱惑，从中谋取利益，消费者对此一定要有足够的警惕心理。

防陷绝招：

在外出旅游时若遇到类似情况，要有一定的思想防范。如果你对此感兴趣，务必要先弄明白每炷香的价钱、每样东西的价格等。

（二）陷阱2：偷工减料"一日游"，不是导游"胜"导游

案例回顾：

吉林的谢先生早已向往美丽的江南风光，2005年春暖花开的日子，他约了一伙朋友一起去了江南名城长沙，并参加了"长沙一日游"。

谢先生等人到长沙后参加"长沙一日游"时，是一位省级旅行社的男导游经办的。男导游胸前戴着有编号的导游证，他承诺每人一天含各景点门票在内最多收费不超过70元，只观景，不购物。还给了一张景点路线示意图，谢先生等人觉得还合算，就约定5月11日上车后交款。

但11日在指定地点见到那位男导游后，男导游让谢先生等人上了一辆喷有某旅行社字样的面包车，留下两位没戴胸牌的小姐当导游就走了。这时又上来了几位游客，加起来共14位游客。那两位小姐中年纪略大些的便让司机关起门来开始收费，每人交108元服务费。谢先生等人提醒小姐说，男导游已与他们讲好价了，每位70元。小姐硬说70元是不含门票费的，而且由导游代买景点门票，总得给辛苦费吧！谢先生等人为了节约时间，只好投降，乖乖地每人掏了108元。

谁知一路上两小姐随意"导游"，根本不按约定路线走。路线图上"莫愁湖"等三个景点都没去，本没有安排购物时间，却停车逼大家去珠宝店、百货店、书画店里转。最后草草收兵，不欢而散，谢先生好不后悔！

在回吉林的火车上，谢先生恰好遇到另一批也去长沙旅游走同一条线的游客。他们找的是一家有店面有接待室的旅行社组团的"一日游"，每人连门票才交了60元。谢先生算了算账，他们一车14人，就让那两位不是导游却赚钱有术的小姐宰了近700元！

专家点评：

出门旅游，许多消费者都是早已计划好的，因而不会因为一些小小的变故便改

变计划，许多导游便乘此欺诈消费者，许多消费者只好无奈地接受。

防陷绝招：

消费者外出旅游，即使是短期、短途，也应找正规的旅行社和正式的持证导游，同时，应记下有关旅行社的地址、电话及相关车辆的车号、导游的编号等。其他合同或有效票证也要妥善保存，一旦出现问题便于索赔或投诉。

（三）陷阱3："土著导游"不可轻信

案例回顾：

2006年刚分配到北京工作的成都姑娘刘燕借周末休息的机会约几个同学一起到康西草原游玩。第二天几人到车站但没有赶上发往旅游点的班车，正在犹豫间，一个中年男子走上前来热情地说："几位是想到康西草原玩吧？我们这里有小面包车，直接开到草原跟前。我家就在草原住，一定让你们玩得高兴。旅游班车定点停靠，哪比得上我们'土著'导游方便。"刘燕四人商量了一下觉得机会难得，就坐上了小巴。

中年男子又吆喝了半天，不见有人上车就拉着她们离开了市区。车行至市郊时，刘燕觉得周围景色过于荒凉，不像是通往旅游胜地的路。偏偏此时车又出现故障，该男子一再保证很快就可到达草原并会提供方便低价的住处，四人共收180元。刘燕等人只好听从这位"土著"导游的安排。车开了很长时间才到了一个偏僻的小村庄，她们这才知道180元是睡大通铺的价钱。经过讨价还价四人以360元住进了所谓的"单间"。

第二天出游，"土著"导游极力游说她们骑马去，每人优惠价80元。刘燕等人不想骑马又怕导游不肯带路，于是决定两人骑马两人走路。"土著"导游一路劝说，见四人态度坚决，自己无利可图，就收了钱扬长而去。几个姑娘直到碰见其他游客才找到回城的车站，后来才知道在草原骑马只需40元而且可免门票。

细心的刘燕记下了小面包车的车号，经查实事主姓名后，四人一纸诉状将"土著"导游告上法庭。法庭经庭审得知：该司机和"导游"是无业游民，根本没有导游证却以"土著导游"为名拉客,并在提供服务时索取高价。遂判决两人退还刘燕等人的费用。

专家点评:

随着旅游市场的快速成长,一些旅游景点的当地人也打起了自己的算盘。这些人利用自己在当地熟悉情况的优势,以免门票等优惠的承诺,吸引消费者。而一些游客也贪图小利,认为大不了再将省下来的钱搭进去,一任这些假导游"忽悠"起舞,最后却往往得不偿失,使整个旅行活动变得索然无味。

防陷绝招:

在我国境内从事导游活动,必须先取得导游证。我国考取导游证是有严格的规定,导游者必须具有一定的学历、身体条件,有较强的语言表达能力;并且要必须通过合法成立的旅行社报名,参加全国统一的导游人员资格考试,合格才可取得导游证。因特殊原因需要无证人员从事导游活动的,应有旅行社向旅游行政管理部门申请批准,临时导游证的有效期限不超过三个月,并不得延期。

与导游见面之后旅客应做的第一件事,就是确认导游是否持证上岗,记下导游的姓名或胸卡编号。不要接受无证人员的服务,因为他们一般没有固定的归属单位。一旦出现纠纷,查找起来比较困难,赔偿能力也非常有限。

旅客在接受导游服务后,对其提出的不合理费用,不要轻易支付、有意识地保留收费凭证对追回钱款至关重要。

(四) 陷阱4:昼景夜看腾出时间去购物

案例回顾:

2005年春节刚过,严小姐和侄女就报名参加了由武汉一家旅行社组团的东南亚——香港游。

香港游安排在回程的2月17日至19日。自曼谷乘飞机到港时已是17日中午,按行程表到市区游览结束时,已是傍晚六七点钟了,天已漆黑,导游却带旅客们去了本应次日上午游的浅水湾,使闻名全球的海滨胜地风光变得漆黑一片。大家牢骚满腹吵着要去太平山顶，导游却以封路为借口没让上山，"东方之珠"美丽的夜景也没看上。

半天走马观花跑了四五处，哪处"花"也没看明白。到了次日，严小姐等人才明白了导游的良苦用心：原来是让旅客们多腾出些时间去珠宝店购物，而且不急不催地让他们在两个店里磨了四个小时！而这段时间行程表上明明写的是去浅水湾和海洋公园的活动。不愿购物的旅客哪也不敢去，老老实实呆在车里白白坐等了半天。开车时大家纷纷责问导游，她却振振有词地说行程上有"仅供参考、顺序可调整、景点不变"的说明，自己没违反合同。无奈，严小姐和侄女在第三天自由活动时间自费去了浅水湾。

花万把块钱出游一趟不容易，结果就这么乘兴而去、扫兴而归。

专家点评：

在合同条款上玩文字游戏，也是旅行社对消费者进行欺诈的一种常用手段。消费者向旅行社交了各项费用，对方开具了发票，双方签订了文字协定，本来已经形成了法律效力。但在协定中旅行社往往给自己留有较大的余地，如本案例中游览及购物时间本末倒置，导游反理直气壮不认错，就是利用了行程表仅供参考的陷阱。

防陷绝招：

对此，旅游消费者应事先掌握一些相关法规，选择正规有信誉的大旅行社，并在交费前仔细审阅合同及行程说明中是否有埋伏，保留所有相关票据，一旦对方有违约行为，便可据理力争直至索赔。

（五）陷阱 5：以假充真花样多

案例回顾：

江先生随团去西双版纳旅游时，由导游安排去旅游定点商店某宝石中心购物。导游何先生大力劝购，声称所购宝石由他负责质量，并积极帮助辨认宝石真假，一再保证有假可退换，在此店购物安全放心。

江先生领会到如果在此购物会给导游带来经济上的利益，为了让导游何先生高兴，也为自己今后几天的旅游平安顺利，就花 200 多元人民币买了一枚缅甸翡翠玉。

回家后他将缅甸翡翠玉高高兴兴地送给了夫人，江夫人也是满心欢喜，高兴地戴着缅甸翡翠玉上班，女同事们中有的比较有经验，就说起了这块玉值多少钱是真是假的话题，于是，她就去有关技术鉴定部门做了鉴定。结果技术鉴定部门确定此玉是假货，国家珠宝玉石质量监督检验中心的检验结论上清楚明白地写着该玉为"染色石英岩"。

江夫人顿时感到在同事们面前十分丢面子，回家后就质问先生。江先生满腹委屈，感到满身是嘴也说不清，就向有关部门投诉。有关部门接到投诉后，派专人查处此事。后来，宝石中心的经理解释说，由于当时购物人多，售货小姐将 160 元左右的石英岩错当作缅甸翡翠玉售给旅游者了。

专家点评：

俗话说，从北京到南京，买的没有卖的精。实际上也是，消费者所掌握的消费知识，在商家面前大多数情况下是没有用武之地的，这种情形在旅游地的特产销售中更为明显。对游客而言，大多数地方特产都是陌生的，甚至有一些根本就没有接触过，而商家可以说是其中的专家，消费者在购买时，实际上处于很被动地位，再加上一些导游的诱惑，许多消费者常常在不明不白当中就上了当。

防陷绝招：

（1）旅游者不要轻信导游与销售商的口头承诺，购买珠宝玉石时应验看质量证明，要以权威部门的鉴定作为购买珠宝玉石的依据，防止陷入以假充真的陷阱。

（2）旅游者购买珠宝玉石时要索要正式销售发票，记清销售商地址，看好其合法销售资格证明，以便一旦发生问题，尽快确定责任，维护自己的合法权益。

（六）陷阱 6：导游、商家环环设扣

案例回顾：

2005 年 10 月，广西的申先生来到深圳，第一次参加了深圳一家知名大旅行社

组织的"沙头角一日游"。在车上，导游小姐与客人们闲聊，知道申先生没有带摄像机，就替他惋惜："你来这里一趟不容易，只照相不录像那多遗憾？来沙头角的游客没有不带摄像机的。"接着就一个劲儿地劝申先生买一台摄像机，她负责给带出境，并保证物美价廉。

申先生被说动了心，便答应了。到了沙头角后，一下车，导游小姐将游客交代给另一位男导游，便径直带申先生直奔一家电器商行。申先生挑选了一台价值4000元的摄像机和1300元的空白带及电池。但商行老板说什么也不给开增值税发票，说是开了发票也带不出境，并热心地出主意，让导游带申先生到对面一家商场找老板给想办法。来到对面商场后，商场老板说他经营的摄像机是统一交过关税的，在内地有保修点，但申先生必须换他的机子，再交2800元差价款才可以帮他带出境。申先生埋怨导游为什么一开始不提交关税的事，若知道这么麻烦也并不便宜就不买了。但导游小姐辩解说她也是第一次带团来，第一次知道这些规矩。事到如今，申先生已是欲罢不能，只好听任摆布，经讨价还价后拿出2500元换了一台摄像机。也是只开收据不开正式发票，之后又给了一张没盖任何公章的"保修卡"。导游小姐求老板派人送申先生过关，并嘱咐他们先走，就又返回商场了。回境后，申先生才觉察出，导游小姐好像和买机、换机的老板都认识，绝不是"第一次来沙头角"。但他想已经过了境，再过去谁再送自己回来？申先生摇头叹气，只好认宰了。

专家点评：

香港地区，由于是货物的零关税销售区，因而曾被人一度称为购物天堂。而一些不法商家也趁此打起了主意，他们事先和旅行社的导游串通好，由导游以各种理由和借口将消费者带到这些商家的经营地，然后对消费者实施欺诈。而消费者即便是在购物后发觉上当，也因维权成本太高也不得不放弃，许多消费者的合法权益就这样受到侵害。

此案是导游与两商行老板早已串通好的连环欺诈。他们抓住申先生初次到中英街的单纯无知，一步步诱其上钩。申先生购买的摄像机及电池等也很可能是走私品、伪劣品。不开发票无非有两种可能，进货渠道不正和逃税。而"保修卡"不盖厂家、商家的公章便是废纸一张。若申先生所购摄像机质量尚好便是万幸，不然，发生故障只能自己花钱修。

防陷绝招：

消费者参加出境游应事先了解一些相关的常识，掌握一些到达地的情况，不要轻易相信导游和商家的诱导。若商家不开发票，高档商品最好不买，以免误入购物陷阱。

（七）陷阱 7：免费项目让人掏腰包

案例回顾：

李先生向来对旅游乐此不疲。不过，前一段在张家界的旅游让他"大跌眼镜"。原来，他们一行游过某著名的洞后，导游小姐指着旁边一座修得极其简易的两层建筑物说，你们可以到那里看看民俗表演，是免费的。

不明真相的李先生一行走进去，看到当地土家族的婚礼表演已经开始。这时一个表演者走来，邀请李先生扮做新郎。入洞房了，只听那位表演者宣布：土家族有个习惯，新郎、新娘入洞房前，新郎要给新娘 50 元钱作见面礼。李先生正洋洋得意的笑脸立马窘住了，在众目睽睽之下，李先生体面地掏出了 50 元钱。然而，事情并没有完结，李先生刚刚进得"洞房"，表演者又宣布：按土家族的习惯，新郎在给新娘揭盖头时要给揭盖头钱，这下，李先生傻眼了，本想免费乐和乐和，没想到进了无底洞，当着众人的面，他不得不一路苦撑下去。总算大婚告成，李先生一算，这次免费参观，他交的"赞助费"还真不少。

专家点评：

民俗旅游是当前旅游市场中一项十分火爆的分支，由于各地民风、民俗差异较大，也给一些消费者带来不便。而一些不法分子，也借此风俗习惯欺诈消费者，消费者往往为了尊重有关习惯，最后只好就范。

防陷绝招：

这种礼遇不只国内有，在国外也不新鲜。遇到这种情况，除非心甘情愿，旅游者最好还是别太好奇，因为项目本身就是利用游客的好奇心而让人入套的。

（八）陷阱 8：400 元游九寨——逗你玩

案例回顾：

王顺参加了九寨沟观雪景四日旅游团，殊不知沿途遇上一个又一个旅游陷阱：导游随便停，带团购物，原本说好住星级宾馆却住进了小旅馆，旅馆没有暖气，百元一席的中餐只上了几盘炒菜、一盆清水菜汤等。当问及旅游团队报价多少钱时，他回答，价格便宜得吓人，旅行社最初报价才每人 500 元，一番砍价后降低到 400 元。

专家点评：

许多地方在旅游淡季时为了吸引游客，往往以低价作为吸引手段，有些地方甚至打出了超低价。但是，不管旅游价格如何降低，旅行社都应该是有利润可以赚的，毕竟，赔钱的生意是没有人愿意去做的。指望以超低价格享受高级服务，本身就是不少消费者的一个消费误区。九寨沟的 4 日游正常开销要 800 元，冬季是九寨沟游的淡季，只好用低价赢得游客。导游的收入主要来源于团费和回扣，现在 400 元的团费，当然只有指望购物回扣了。

防陷绝招：

消费者遇到类似情况，首先要摆正好自己的消费心态，不要贪图一时的便宜，另外，还应及时向有关部门举报。

旅行社服务中的陷阱防范

（一）陷阱 1："零团费"旅游的玄机

案例回顾：

刚刚富起来的农民毕先生早就想出国看看，可是又想少花钱，他翻遍了可以找到的旅游广告，最后找到 A 旅行社的一份宣传广告，上面写明收费标准比其他旅行社都要低，只收往返交通费和景点门票费。

　　毕先生经不住这则广告宣传内容的吸引，就去 A 旅行社报了名，交了费，按照预计的行程准备出国旅游了。可是不曾想，到了国外就身不由己了。首先，住的饭店住宿费就很高，你不住又别无选择，毕先生只能掏腰包。住下后得吃饭，一问饭菜价格，也是高得令毕先生直咋舌，一顿可以不吃，可顿顿不吃是不可能的，毕先生又只好忍痛挨宰，掏钱买饭吃。平日里自己家乡产的新鲜水果和蔬菜堆成堆，可在国外花了不少钱，喝的汤里也只有几块萝卜片，吃的米饭可以一粒一粒数。更可气的是购物，毕先生根本对珠宝首饰一窍不通，可经不住珠宝商的三寸不烂之舌的大力鼓动，终于动心了，他被一款式精美的珠宝首饰所吸引，刚刚驻足想仔细看看，珠宝商马上过来热情地赞扬毕先生有眼力，说这是本店最珍贵的一款首饰，如何如何高贵，如何如何有名气，多少时间无人敢问津，今天可遇到了识货的大老板等。一顿吹吹拍拍，把毕先生弄得神志不清，头脑发热，想不买都下不了台了。毕先生正想找台阶下的时候，珠宝商适时地安排好了台阶，说店里为了不辜负这款首饰有大老板赏识，又赶上过节，店里图个喜庆吉利，就把这款首饰以最优惠价格卖给毕先生。毕先生赶紧见台阶就下，花了万元买下这款首饰，满以为几天来的损失在这一笔买卖成交后即将得到弥补。可谁曾想到回国后找鉴定部门一鉴定，原来这款首饰根本就值不了多少钱。

　　此时，毕先生才逐渐明白了，这家旅行社利用"零团费"的广告宣传来吸引游客，是以不正当的手段蒙骗游客，坑害了游客的利益。其实，旅行社早已与接待地的饭店、餐厅、购物点串通一气，旅行社从游客的高价吃、住、购物中得到了回扣和提成。

　　专家点评：

　　这几年，富裕起来的农民多了，腰包里的真金白银多了，自然也就想出去走一走、看一看，但是，旅行费用的偏高仍让许多农民无法接受。许多商家便利用农民又想旅游、又想省钱的心理，以低价吸引农民参加。而农民们一旦参加到这样的旅行活动中后，身在外地的他们最后还是不得不接受旅行团的安排，而在这安排当中，省下的钱自然也就随着这安排大把大把地流失出去了。

防陷绝招：

（1）旅游者不要轻信什么优惠价格、地方差价，要谨防商家利用所谓优惠价、地方差价等手段，处理残次商品或伪劣假冒商品。

（2）旅游者不要寄希望什么免费服务，要谨防旅行社与旅游点的服务接待部门互相勾结，共同坑害旅游者。

（二）陷阱2："分时度假"有问题

案例回顾：

沈阳一对夫妇接到某公司打来的邀请他们参加"分时度假"展示会的电话，在参加会议时，经不住这家公司业务人员的宣传鼓动、软磨硬缠，最后他们同意参加10年期的"分时度假"。随即，这家公司的业务人员又缠着他们立即付款。经不住纠缠，他们只好答应这家公司的业务人员跟随他们一起去银行取款。当天晚上，他们仔细看了协议书和发票，发现了很多问题，第二天便去该公司要求退款，该公司却一再推托，不答应退款，这对夫妇后悔不迭。

专家点评：

随着我国与国际市场的全面接轨，一些原先在国外比较流行的生活方式与消费理念被逐渐引入我国，这些生活方式与消费理念，在经过一段时间与我国固有的国情相结合后，有许多已被国内的消费者所接受，并渐渐融入了整个社会中去，"借贷消费"就是其中比较经典的和成熟的一种；而还有一些方式与理念，在国外比较成熟的市场中可以实行，但在我国当前的社会情形之中难以实行。而一些不法商家也利用国内的大部分消费者对部分生活方式与理念不太了解的实际情况，大力促销诸如"分时度假"之类的生活，吸引或强迫消费者与其签订合同，从中谋取利益。

防陷绝招：

消费者对"分时度假"应谨慎小心，要注意以下几点：

（1）看组织者有无旅游经营资格，无经营资格者根本无法为参加者办理去国外旅游的必要手续。

（2）活动时间跨度有的要40年，一旦遇到什么特殊情况或者不想再参加这项活动了，还不能退款，消费者要考虑清楚自己能否坚持不断参加。

（3）根据我国的国情，"分时度假"的参加者并不一定能顺利得到想去度假国家的签证，所以不要过分相信"保证代办签证"的承诺。

（4）"分时度假"采取会员制的方式，最长时间为40年，最短也是五年，一旦经营者倒闭破产，一次性投资几年甚至几十年的预期消费是否值得。

（5）参加者如要求交换到非所购买使用权的其他地方住宿，还要交纳交换费用。这些费用包括哪些，需要多少，消费者一定要清楚，并要求在协议中列明。

（三）陷阱3："钓鱼"收费的奥秘

案例回顾：

康女士从报纸上看到某旅行社的出境游广告，认为旅游线路好，每位8000元的旅游费价格也适当。康女士随即与该旅行社联系，问8000元是否包括了全部费用，该社的张小姐做了肯定的答复。随后，双方达成口头协议，康女士与先生交了10%的定金，出境的日期为2006年2月2日。

2006年1月21日，旅行社通知康女士每人按10000元付款，并说张小姐已经辞职，张小姐的答复不能算数。无奈，康女士与先生只得按10000元付款。

临出发前，旅行社再次通知每位补交500元，理由是机票涨价了。后来有人问旅行社为何实际收费比广告刊登价位多出2500元？旅行社坦言说是为了吸引游客才刊登了低价位广告。

专家点评：

许多地方上马的工程被国外的一些人称为是"钓鱼工程"，即先设立一个项目，将国家投资的钱要下来，然后以工程预算不足为由再向上级要钱。而在旅游市场中，一些旅行社也常采用"钓鱼"的收费手段，即先用低价位吸引游客，让游客一步步上钩，等游客明白时，由于已交了定金，安排了出行计划等原因而不好选择退路，被旅行社牢牢套住了，只好去进行一次很不愉快的旅行。

防陷绝招：

为此，游客在选择外出旅游时，务必做好以下两点：

（1）旅游收费标准是由价格规律决定的，旅游者不要过分贪图低价位，小心落入"钓鱼"收费的陷阱。

（2）游客最好与旅行社事先签订书面协议，明确双方权利义务，以便出现问题后用法律手段维护自己的合法权益，口头协议往往靠不住。

（四）陷阱4：出境游因"故"加钱

案例回顾：

20名上海游客"十一"期间参加了某旅行社组织"泰国曼谷芭堤亚"旅游线路，每人交纳了4000元团费。在泰国的第三天行程中，导游突然宣布：后三天的行程将增加自费旅游景点，安排"A、B套餐游"，A套餐每人2000元，B套餐每人1800元。游客马上反对，旅行社在上海的出团行程中已经安排了后三天的参观活动，为什么还要增加自费项目并捆绑销售？最后经协商，导游同意将B套餐中减去两项，每人交1400元。由于旅行社只安排一辆车，20名游客只好被迫统一参加了B套餐的行程，有些游客回国时身上的钱已所剩无几。

专家点评：

旅行社常常利用游客们身在异地他乡的情形，临时增加一些收费项目。游客由于旅行时离开旅行社的帮助会使自己陷入困境的原因，常常会无奈地接收旅行社的安排；许多时候，由于这些金额相对来讲不大，一些游客也就抱着花钱买高兴的心态，不愿意和旅行社多计较，使得旅行社这样的行为得逞。

防陷绝招：

旅游时，游客应该具有事前防范和事中防范意识。所谓事前防范，就是在游客与旅行社签约时一定要把所有的情况弄明白，如有可能的话，应在违约条款中规定旅行社应当承担的责任，通过这些条款的规定，达到制约旅行社在境外大搞欺诈游客的行为；所谓事中防范，就是遇到旅行社因故要加钱的时候，游客们一定要据理力争，拿出法律武器，维护自己的合法权益。

（五）陷阱 5：借壳经营

案例回顾：

2005 年 12 月至 2006 年 1 月间，张某、王某等人，以广州某旅行社接待部名义，租用广州某饭店房间作为经营场所，并以该旅行社名义发布广告，在收取游客大量旅游款或定金后携款潜逃，此案涉及游客 380 人，金额 120 万余元，堪称旅游业大案。此案系该旅行社内部管理混乱将部门随意承包所造成的，广州市旅游局在认定责任后，依据有关规定对该社进行了停业整顿，并动用了其 15 万元服务质量保证金对游客进行补偿。

专家点评：

有正规旅行社的名称，有饭店里租用的经营场所，有以旅行社名义所做的广告，这一切，都让人毫不犹豫地相信，这是一家正规的旅行社。然而，一些不法分子行骗利用的却恰恰是这种虚假的真实来骗取善良人们的信任，消费者一定要提高警惕。

防陷绝招：

在此要告诫旅游者，旅游报名时不要怕麻烦，需留心组团单位的资质，问明情况，如在门市部报名不妨找总社核实。对于开具的不是正式发票而是收据，所签旅游合同和收据上的章都是部门章而不是旅行社法人章的，消费者一定要求其使用法人章。如果不成，那还是选择其他旅行社比较好。

（六）陷阱 6：越权经营出境游

案例回顾：

1. 2006 年 1 月，北京市旅游局执法大队根据举报，对某国外旅行社北京代表处进行了突击检查。该代表处是经国家旅游局批准的非经营性旅游办事处，业务范围为旅游方面的咨询和联络。而检查中执法人员发现，该代表处自 2004 年 12 月至案发前，一直组织中国公民出境游的活动，并收取费用，北京市旅游局依法对其进行了查处。

2. 某旅行社的资质系国内旅行社，按规定国内社不得经营出境旅游业务，但该社近年来一直超范围经营出境旅游业务。2005 年 4 月，当地旅游局曾对其进行查处，查处后该社非但不改，2006 年 11 月 29 日，又被发现组织当地 18 名老干部赴港澳泰旅游。最后，当地旅游局正式吊销了该旅行社的《国内旅行社经营许可证》。

专家点评：

大多数消费者在选择旅行社时，往往只注重考察旅行社的名气、服务质量、服务措施等方面的内容，却忽略了旅行社的经营范围与经营内容。这是许多越权旅行社能够屡次侵犯消费者权益并顺利得逞的一个重要原因。

防陷绝招：

对于从事出境游的旅行社一定要特别留意其是否具有相应的经营范围，没有此经营范围的旅行社，通常是不会让消费者看其经营许可证的。为了保护自己的合法权益，消费者一定要坚持看其许可证，否则，说不定下次你就中招了。

（七）陷阱 7：白天买票晚上废，废票不退涨一倍

案例回顾：

某旅游公司承办了江苏无锡大佛寺将在世纪之交"撞钟迎千禧"的旅游项目，消息传来，安徽人肖某在 2005 年 12 月 31 日那天赶到了无锡，和在那儿打工的老乡花了 80 元买了两张门票，准备晚上去享手福、眼福和耳福，让那古老悠扬、充满灵气的钟声给自己带来世纪好运。

谁知好事多磨，晚 8 时进门时让守门的给挡住了，说是他们的票过期作废了，必须买新票用电脑验。

真奇怪！票上明明写着"有效期 12 月 31 日止"再说，怎么能白天买的票，晚上就作废了呢？当时门口聚了好多人都不让进。

更奇怪的是，售票员说奉旅游公司之命，原票不退，要么别进，要进就得再掏70元重买一张。肖某只好咬咬牙，重新买票入寺。

专家点评：

本案是旅游景点以门票宰客的典型案例。承办此项活动的旅游公司抓住千年一次的撞钟机会，摸透游客宁肯多花钱也想图吉利的撞运心理，策划了重复消费陷阱。而许多消费者既乘兴而来，也就不愿败兴而去，最后往往选择屈从。

《旅行社质量保证金赔偿试行标准》第十三条规定："旅行社安排的观光景点，因景点原因不能游览，旅行社应退还景点门票、导游费并赔偿退还费用20%的违约金。"该旅游公司晚上废除白天卖的票，并不是游客的错，应该无条件退票。

防陷绝招：

遇到这种情况时，消费者购票时除了事先要问清具体有效时间外，还应在被迫二次购票后保留新旧两票证据，事后投诉到旅游主管部门或消协以便挽救。

（八）陷阱 8：情人节免费消费藏陷阱

案例回顾：

宋先生准备利用春节去昆明一游，接下来就开始选择旅行社。他看到某旅行社是一类社，并且还能免费参加一次情人节的活动，就想着与夫人也浪漫一回，便到该旅行社交了旅游费，该社王小姐给宋先生办理了 2 月 14 日情人节去 A 饭店活动的手续。宋先生一再询问："这一免费活动包括什么？"王小姐说："你们两人可以免费吃一次自助晚餐，免费打半小时的保龄球，免费在四星级宾馆的标准房中住一宿。"宋先生又问："我们参加这个活动需要拿什么票吗？"王小姐说："你们不是填写表格了吗，只要 2 月 14 日去 A 饭店就可以了，全部资料已输入 A 饭店总服务台的电脑中了。"

2 月 14 日，宋先生与夫人满怀喜悦来到 A 饭店参加情人节活动，可是饭店总服务台在电脑中就是查不出宋先生与夫人的名字，宋先生就详细说了经过，总台才勉强把餐券和房间号给了宋先生。宋先生与夫人吃完自助晚餐后，饭店找来了旅行社经理，旅行社的经理全不认账，非让宋先生交费，并说"旅行社只答应免费住一宿，不管饭。王小姐说管饭是她不清楚。"宋先生被迫交了每人 136 元餐费。当宋先生与夫人入住房间后，不一会儿，饭店服务人员就找上门说要收房费 1600 元，并说没有旅行社替宋先生付费。宋先生与夫人解释了半天也没用，来过情人节的浪漫心情全被气恼愤怒给破坏了，已经没有在饭店住下去的必要了，就要离开饭店，可饭店人员坚持要宋先生付完 360 元服务费后才放行，高先生一气之下，交了 360 元服务费，于深夜 12 点钟，怀着一腔被羞辱的委屈离开了 A 饭店，宋先生与夫人在去 A 饭店回来的路上打车花费了 120 元。宋夫人在回家的途中悔恨交加，泪如泉涌。

专家点评：

在许多情况下，口头协议因为没有相关的证据可以为证，往往会引起很大的纠纷。而一些不法商家也正是利用口头承诺来实施对消费者的欺诈。许多消费者在受欺诈后，往往由于没有证据，最后只好自认倒霉。

防陷绝招：

（1）旅游者不要贪图什么免费和赠予。其实，免费是不存在的，这种承诺要么是不会落实，要么就是这笔钱仍然打在旅费中，如此宣传不过是利用漂亮的语言招徕生意，吸引游客。

（2）游客最好在事先与旅行社就旅行事项和免费提供服务项目签订书面协议，明确双方权利义务，并保存有关证据，以便通过法律途径维护自己的合法权益。

（九）陷阱 9：顺便增加的小把戏

案例回顾：

2005 年"十一"旅游黄金周期间，重庆市红岩旅行社推出了"重庆市内一日游"的旅游路线，包括参观白公馆、渣滓洞、解放碑、朝天门码头等八个景点，价格 100 元。来自北方某城的张彬参加了此次旅游。10 月 2 日早上 7 点，一辆白色面包车准时在张彬的住处等候，出发去歌乐山，同行的还有一名导游和其他 15 名游客。在途中，由于游客太多，塞车的现象极为严重，一两个小时之内根本不可能上山参观。这时导游告诉大家，附近的磁器口是重庆的千年古镇，可以顺便去玩个把小时，待交通状况缓和之后再上歌乐山，问游客是否同意，大家一致表示赞同。于是，面包车把游客带到了古镇磁器口。磁器口位于嘉陵江畔，原是个码头，后来废弃了，由于这里汇聚了山城重庆的多种特色，被开发为一个新的旅游景点，每天接待着中外的游客。张彬等人来到这里后，对每样东西都十分好奇，不知不觉已是中午 11 点多钟，这时导游招呼游客上车，并告诉大家，交通堵塞仍然很严重，还是无法上山，所以歌乐山上的白公馆、渣滓洞等景点不能参观了。否则，下午的行程也要被耽误。此刻，游客们才发觉上当了，便找旅行社理论。游客们坚持认为，是导游说塞车严重，大家才同意去磁器口游玩，原定的计划不能改变，可以下午去歌乐山，晚上去朝天门码头和解放碑。但旅行社则认为，是游客一致要求去磁器口才耽误了时间，不能因此延长旅行社的服务。此时若再不出发耽误了下午的行程，旅行社是不会负责的，游客们只好带着一肚子苦水，无精打采地去参观解放碑、朝天门，原定计划中的白公馆、渣滓洞等景点，最终成为泡影。

专家点评：

如果导游提出建议时，游客们能慎重地行使自己的决定权，坚持等待去游白公馆、渣滓洞的话，那么旅行社的小把戏就不可能施展了。但是游客们没有坚持，而是轻易地通过了导游的提议，殊不知这便更改了与旅行社签订的旅游协议。根据我国《合同法》第七十七条第一款规定："当事人协商一致的，可以变更合同。"游客就这样被旅行社的小把戏骗了。

防陷绝招：

凡是导游或旅行社向游客征求意见的，游客们千万仔细斟酌，或者坚持不去，或者说清楚原定计划不得随意变动。否则，也会像本案中的张彬等游客一样，乘兴而去，败兴而归。

（十）陷阱 10：承诺不兑现，突袭藏陷阱

案例回顾：

合肥某印刷厂的 20 名职工，打算"五一"期间乘船前往普陀山游览，委托某旅行社订购 20 张船票，每张 40 元，某旅行社开具了发票，并约定 4 月 27 日取票。届时，印刷厂代表两次去某旅行社取票，都被告知没买到船票，要求他们另想办法购票，并退给印刷厂 200 元。印刷厂也没有买到船票，便又于 4 月 29 日、30 日再次与某旅行社联系，某旅行社告知，因船票买不到，普陀山旅游予以取消。5 月 18 日，某旅行社派人前往印刷厂退还其余的旅游费，并就赔偿问题双方达成协议：

（1）某旅行社在 7 月份提供一次近郊一日游。

（2）提前一周通知印刷厂。

到了 7 月 15 日，某旅行社突然通知印刷厂次日去近郊一日游。印刷厂当即表示，由于时间仓促，无法安排职工的工作，近郊游要往后推几天，某旅行社以已经订好车和票为由，要求印刷厂安排次日成行，印刷厂告知无法做到。又过了半个多月，由于一直没有接到某旅行社的通知，印刷厂追问某旅行社，某旅行社却认为自己已履行了承诺，于是，双方产生纠纷。印刷厂要求某旅行社继续提供一日游，并承担违约责任。某旅行社认为，旅游费已退给印刷厂，安排一日游是因为印刷厂的原因没有成行，旅行社没有任何责任。

专家点评：

我国《合同法》规定，合同没有约定履行期限的，应协商解决；协商不成的，可随时履行，但应给对方合理的准备时间。对于诸如这样的旅行社，消费者应理直气壮地拿起法律武器，维护自己的权益。

防陷绝招：

旅游者计划出去旅游时，要事先要与旅行社约定好各种事项，当旅行社承诺不能兑现时，应注意解决办法，以免发生纠纷时处理起来麻烦。

（十一）陷阱 11：代理境外游，其中欺诈多

案例回顾：

杨小姐与友人相约利用公休假到香港、泰国旅游，她们与多家旅行社联系，都

因为时间安排问题没能谈成。最后，一位自称是 H 航空旅行社下属业务部经理的姜先生蛮有把握地承诺，保证能在最短的时期内，把杨小姐等人出境游的一切事情都安排好，并说他们目前正准备在一个月内分四批发团去境外，前三批都将在"五一"节前后成行，并向杨小姐等人出示了他们旅行社在某报刊登的办理境外旅游业务的广告。杨小姐等人信以为真，选择了第一批出境游，并对姜先生的办事效率非常满意。立即与姜先生签订了"出境旅游团队协议书"和"中国公民赴境外考察协议书"，支付了签证费、机票费等各种费用共计人民币 8 万元，然后一心一意等着旅行社通知启程了。

可是，不但第一批杨小姐等人没能走成，就是第二批、第三批甚至第四批发团的时间都过了，仍然没有得到姜先生的发团通知。这其间，杨小姐等人多次打电话，派专人前去询问，姜先生都会用种种借口、以种种理由向她们解释。最后，杨小姐等人眼看出境游的事已经毫无希望了，就向姜先生提出要求如数退款更换旅行社，但姜先生不同意。杨小姐等人无奈，被迫投诉到有关部门解决。经有关部门调查，H 旅行社属国内旅行社，根本就没有办理境外旅游的资格，姜先生所说的业务部与 H 旅行社是挂靠关系，未向工商部门注册。

专家点评：

当前，旅游市场资源整合尚未完成，旅游市场中鱼目混珠的情形大量存在。这些"鱼目"，利用管理上的漏洞，以超低的价格、"超值"的服务吸引消费者。消费者一旦轻信其广告内容后，就开始落入他们设置好的陷阱中，酿成纠纷。

防陷绝招：

（1）旅游者在签订旅游合同时一定要事先做好对方主体资格的审查，看其是否具有合法的办理出境旅游的资格，即看其有无《旅行社经营许可证》，《旅行社质量保证金缴纳证书》和工商营业执照。谨防其以签订无效合同坑蒙旅游者的骗子。

（2）旅游者要了解旅行社具体接待人员有无正式合法身份证件，了解其办公地址，不要听信个别人的许愿、承诺，谨防骗子骗取旅游费后携款逃匿。

（十二）陷阱 12："名不副实"的转（并）团

案例回顾：

曾先生夫妻报名参加了武汉市 A 旅行社组织的云南游，并签了合同。但出乎意料的是，当他们来到机场时，随团导游拿的却是 B 旅行社的小旗，一打听，原来自己已被 A 旅行社转给了 B 旅行社。

无奈，曾先生只有随团出发。令他很不满的是，B 旅行社安排的导游一直冷若冰霜，总是像背书一般机械地述说景物介绍，弄得本来游兴很浓的旅游者顿时没了兴致。短短一个下午竟游了五个景点，每个景点只给 20 分钟的自由活动时间，别说拍照、赏景，就连走马观花都做不到，累得大家气喘吁吁。只有当带游客参观工艺品厂时，她才表现得异常热情，再三劝导大家不要空手而归，且迟迟不肯让大家上车，非要磨上一两个小时不可。

专家点评：

许多旅行社为了降低成本，常常会与别的旅行社达成协议，将一条旅行线上的为数不多的游客组织起来，由其中的一家组织旅行。这种行为，常因消费者与旅行社达成的协议比较模糊，消费者不易辨清而难以防范。

防陷绝招：

为了你的合法权益，请在与旅行社签订合同时必须要求旅行社写明是否转（并）团，以及转（并）团旅行社的名称。一旦发现有违规转团现象，应指出并向旅游管理部门举报，一经查实，可以依据有关法律、法规向旅行社提出索赔。

（十三）陷阱 13：住宿条件不符，市区变荒凉地带

案例回顾：

2006 年春节黄金周，王先生一家和几个家庭共十几人，组成小包团，参加了广州某旅行社的西藏之旅，在报名时王先生向旅行社人员说明，他们希望在拉萨的两晚能住在离布达拉宫较近的地方，希望晚上可以看看夜色中的布达拉宫及到周边逛

逛，当时旅行社人员口头承诺给他们安排。但旅行社实际给其安排的酒店远离市区及布达拉宫。

专家点评：

这再一次告诉我们，不要过分相信口头协议，没有文字记录的协议，违约成本是很低的。

防陷绝招：

如果客人对住宿条件或某一细节很在意，如王先生希望住在离布达拉宫近的地方，最保险的办法是立个书面说明，而不要仅仅相信旅行社人员的口头承诺。

（十四）陷阱14：小孩免费是免票还是逃票

案例回顾：

北京的韩先生想乘"五一"长假带着妻儿一同出门游玩。他们在报上看到丽都旅行社的华东五市七天单飞游比较合适，同时该旅行社在广告中明确指出可携带七岁以下的小孩免费出游。韩先生的儿子今年才刚刚六岁，完全在旅行社规定的免票范围之内，因此韩先生愉快地与旅行社签订了合同。

在付过两个人的旅费共 4500 元以后，全家人高高兴兴地出发了。然而在火车上，导游金小姐并没有为韩先生之子购买卧铺票，而是让孩子与大人同睡。结果被火车上的工作人员查出，小孩不仅没有买卧铺票，连应该买的一张半价硬座票都没有。于是导游为孩子补了票，但为了方便报销却把票自己拿着。在上海站出站时，导游先行出站，未与客人同行，结果韩先生一行三人再次被工作人员查出，扣留一小时并再次补票，这严重影响了韩先生一家旅游的兴致。回到北京后，韩先生向丽都旅行社和旅游质监所提出了投诉。质监所经过调查后发现，丽都旅行社的行为的确存在过错，因此做出以下处理决定：第一，丽都旅行社向韩先生一家三口赔礼道歉，第二，韩先生第二次所补的票款由旅行社支付。

专家点评：

韩先生和旅行社可能都忘记了这样一个基本的事实，乘火车时，超过一米的儿童是需要购票的。其实，岂止是韩先生和这家旅行社忽略了这样的基本事实，有不少消费者在旅行时，也会忽略许多最基本的东西，所以才会有那么多的消费者上当受骗。

防陷绝招：

面对这样的问题时，首先，消费者必须明确，小孩虽然不用交旅费，但他也是合同的当事人之一，他也应享有当事人应有的权利和义务，既然根据有关规定必须购买火车票，旅行社就应当为其购买，在这一点上，当事人并不因没有交旅费而理亏。旅行社对这一类顾客也应按照规定的服务标准提供服务。其次，当事人应当注意，在旅行途中的一切凭证（包括车票、机票、门票、发票等）都应自己妥善保管，因为这些钱其实都是当事人自己支付的，应自己携带，以免发生意外时被误解，造成不必要的损失。

旅游购物中的陷阱防范

（一）陷阱1：真金变成铜制品

案例回顾：

2006年10月，在浙江发生了一起25名湖南游客购买珠宝被骗事件，被骗金额共计2.1万元。事情是这样的：浙江某旅行社一导游在未征得旅行社同意的情况下，擅自更改行程，将一队湖南游客带往宁波市某商场购物，销售人员自称也是湖南人，按最低1折的价格将25件珠宝卖给了游客。游客返回湖南后经鉴定发现，所购物品全为假货，戒指、手链等都是铜制品。最终，浙江省旅游监督部门吊销了该导游的导游资格，将游客所购款项悉数退赔。

专家点评：

以较低的价格购买到货真价实的商品，是绝大多数消费者的心理。在工作之余的节假日中，能有这样的机会，更是让人心动不已，买到物美价廉的商品，游的是大好河山，心情岂不愉悦？况且，跑得了和尚跑不了庙，购了假货，导游跑了，旅行社往哪儿跑？正是这样的心理，使得这 25 名消费者全部上当。

防陷绝招：

对于出游的广大消费者来说，行程中没有安排的购物点应拒绝前往。为避免受骗，应尽量不随同导游购物，这样就会避免因导游吃回扣，而使你受骗。如果你确实想要买，尽量买些小东西，价格不高，上当受损的程度也低，可以拿回去留作纪念。

（二）陷阱 2：旅游购物贪图便宜

案例回顾：

小周在某风景区旅游时，得知该地盛产玉器，决定买几块回去送给好友。购买时，小周对几块色泽光润、翠色欲滴的好玉爱不释手，只是觉得价钱贵些。卖主一听，便说了一通什么照顾生意，难遇知音之类的话，给他打了五折。小周满怀喜悦，赶紧买下。谁想，回家拿"美玉"给朋友欣赏时，才发现"美玉"不是玉，是玻璃做的假货。此时，大呼上当的小周，除了自认倒霉外，真不知还能做什么。

专家点评：

去外地旅行，给亲朋好友带点当地的特产回来，是人之常情。但是，现在许多旅游胜地的特产五花八门，让人难以辨认，消费者一旦缺少其中的常识而盲目购买，就会上当受骗。

防陷绝招：

外出旅游，购买一些颇具地方特色的小物品，回去馈赠亲友，的确是件好事。然而旅游者要想购物馈赠亲友，在平时要多学习一些购物方面的技巧，提高防骗的意识。在旅游风景区购物时，要向当地人询问本地特产的特点，掌握辨别真假的主要方法。面对"物美价廉"的诱惑要多多思量，多长几个心眼，千万不要贪图便宜，因为如果不是慧眼独具的话，你是很难买到称心如意、物美价廉的物品的。

（三）陷阱 3：异地购物物不符实

案例回顾：

　　孙先生曾参加由某市 A 旅行社组团交厦门 B 旅行社接团操作的厦门四日游。行程即将结束时，B 旅行社导游介绍：闽茶文化交流中心请大家免费品尝闽茶，如认为好的可以购买。在交流中心，服务员细致地介绍了苦甘露茶的功能并提供试饮，孙先生在质量得到承诺的情况下，花 100 元买了一盒，闽茶文化交流中心也出具了收据。回程后，孙先生觉得所购的苦甘露茶与在交流中心品尝的味道差异较大，有被愚弄的感觉。他向 A 旅行社投诉，提出退货，并要求退一赔一。

　　专家点评：

　　曾有研究表明，许多消费者购物都是冲动性消费，他们往往脑袋一热，便做出购买的决定。而不少商家也正是利用此种心理进行促销，他们以较小的代价吸引住游客，然后乘机以次充好，欺诈消费者。

　　防陷绝招：

　　游客在异地购物时，千万不要被当地的一些所谓特产而迷恋。在购买前，要保持理智的头脑，仔细查看所购商品，看是否与导购员说的那样。如果买了东西最好要他们开具购物发票并保存好，以防万一有质量问题好找其退货及投诉。

(四) 陷阱 4：卖你"吉利"比货贵

　　案例回顾：

　　春节外出旅游买个花瓶图个平安和吉利本是件好事，可到海南旅游的孙先生一家却遭遇了精明商家的"连环套"。

　　孙先生和旅游团外出购物时看上了一个样式不错的花瓶，标价 200 元，最后经过讨价还价，孙先生以 60 元的价格购得了这件心爱物。正当孙先生为此沾沾自喜的时候，售货员小姐说话了："先生，买个这么漂亮的花瓶，怎么也得配个瓶托呀，再说了，你也得把这份平安托稳了呀。"孙先生一琢磨，售货员小姐的话说得有道理："行，就听你的，再来个托，帮我挑个漂亮的，得配得上我这瓶呀。"这边瓶托还没挑选完，又一个售货员小姐凑了过来："先生，你买了个这么漂亮的花瓶，又配上了瓶托，按我们当地人的习俗，有好瓶就得有好盒子装，叫把平安装起来，这样你再把花瓶带回家，所有的平安就都装在里面了，多吉利呀。"听售货员小姐这么一说，孙先生心里又一想："话说得也对，反正都买了，还不如一气买全了呢。"抱着"上当就一回"的心理，孙先生接受了两位售货员小姐的建议。

花瓶配好了瓶托，装进了漂亮的盒子，孙先生一打量，确实增色不少，可一到银台结账，孙先生傻眼了，一共300多块，自己砍了半天价等于白砍不说，还得搭进去100多元。抱着这个高价花瓶，看着售货员小姐的张张笑脸，孙先生真是有苦难言呀。

专家点评：

"一百元买个平安还贵啊！""花点钱买上这个玉佩，保你升官发财。"在旅游购物中，很多旅游者都遇到过这样的推销方式。一些商家在热心询问你的年龄、属相、工作等情况后，进而向你推荐各种"保平安、发财、高升"的商品。对于这类商品，很多人觉得花钱不多，就图个吉利。但是"吉利"远没有真金白银货真价实，许多微笑的背后，都隐藏着商家得意的微笑。

防陷绝招：

专家提醒，出外休闲旅游，平安、顺利是每个人的心愿，但这些保平安的商品实际意义不大，要冷静对待商家的热心。

（五）陷阱5：警惕天价骑马费

案例回顾：

"山间马铃声"是久居都市的人们所向往的，北京市东城区邵先生与同事共15人利用"十一"假期到昆明旅游休闲。刚到金殿旅游景区，十几个农民牵着马匹一拥而至，将邵先生等人团团围住，向他们推荐骑马项目，本来邵先生等人久居城市，就想体会一下回归自然奔驰在草地上的感觉，又加上马夫极力推荐骑马的诸多乐趣，与邵先生同行的同事们本来有人不打算骑马，现在也都来了兴致，最终双方谈妥的价格是每小时50元，并且说明团体购票可以优惠。邵先生等人随马夫来到跑马场，每人选中一匹马后，不由分说就被马夫拉着跑了起来，一圈跑下来足足跑了两个多小时，邵先生和同事们被累得精疲力竭，最后算价钱时，每人按骑两个半小时计算，再加上牵马的人工费每人 100 元，跑了一圈马就花了 225 元，15 个人一共花了 3375 元钱！大家大呼上当，与马夫们理论了起来，但是马夫们却振振有词，并说客人上马之前没有说清楚是跑大圈还是跑小圈，看着大家很有兴致的样子，才决定为客人们跑大圈，要是跑小圈，有一个小时就够了，当邵先生让马夫们以团体价格收取跑马费时，却被告知由于跑大圈较为耗费人力、物力，不给予优惠，一分钱都不能少。邵先生和同事们一致认为这是马夫故意隐瞒实情随意替游客做主造成的结果，觉得这是欺骗了自己的知情权，遂将此情况反映到金殿景区管理部门，要求解决此事。景区管理部门认真调查此事后，认为跑马场马夫存在乱收费的情况，对其做出了退还邵先生等人每人骑马费 100 元的决定（因为骑马费本身包含马夫人工费，不需另计费），另外，对邵先生等人以团体购票计价，进行八折优惠，并对跑马场做出停业整顿一周的处罚。

专家点评：

在风景旅游区跑马原本是一件很惬意的事情，也是久居都市的人们放松心情、亲近自然的良好娱乐项目，但横生价格枝节，未免大煞风景。而且现在的旅游景区跑马娱乐项目的收费标准不尽统一，大多数没有做到明码标价，都是马夫与游客当场口头议定价格，这也就为后来的收费标准、项目带来很多不必要的麻烦，甚至会有一些隐性收费包含其中，使得游客措手不及，如同该案中的牵马费即是很突出的例证。

防陷绝招：

奉劝外出游玩的朋友，到风景区骑马娱乐时一定要问清价格标准，以免最终支付时付出天价。

（六）陷阱 6：老板跟谁都是老乡

案例回顾：

"你们是哈尔滨来的游客吧，咱是老乡呀。老乡见老乡，两眼泪汪汪，咱这是缘分呀。"一个到武夷山旅游的旅游团刚走进一个玉器店，就被一个南方口音的老板给蒙住了。

这还不算完，刚刚进店就被让进老板房间的游客根本没来得及买玉，老板却勒令售货员给游客们退货，"你们买的全能退，自家店只要你说话，我就收本钱，这是咱老乡的一份情意呀。"老板的这通忽悠真让大伙信以为真了，全拿老板当了"亲人"。"把那套 12 生肖的珍藏玉石给这位大娘拿来，标价 1000 元，你就给 100 块吧，赔了赚了你别管，赶紧收起来，咱这是亲情加感情。"

送走了哈尔滨团，一个长沙团又在导游的带领下走进了玉器店，哪知这个刚才还自称哈尔滨人的老板却突然改口，跟长沙人成了"老乡"，还是那套台词。这个"见谁谁是老乡"的老板没想到这套话被混在长沙团里的哈尔滨人都听去了。

专家点评：

老乡关系，是国人十分看重的亲情关系，利用老乡关系实施诈骗，也是不少不法商家的法宝。许多消费者在异地他乡听到乡音后的第一感觉就是：碰上老乡了。此时心情之激动可想而知，警惕心也大为减少，这就给不法分子的诈骗以可乘之机。

防陷绝招：

"老乡见老乡，两眼泪汪汪，我给你个成本价，你也帮我一个忙。"在购物中，很多游客都会遇到这样热情的"老乡"。这时，一些游客就会出于对老乡的信任而慷慨解囊。殊不知这些商家一会儿跟东北人是老乡，一会儿又跟南方人攀亲戚。所以游客在购物中一定要擦亮眼睛，不要被虚假的同乡情而蒙蔽。

（七）陷阱 7：全国各地都产玉

案例回顾：

身为旅游一族的王小姐到过不少地方旅游，可每到一处都会被导游拉到玉石加工厂，不论在哪儿，导游都说这里是名副其实的玉石产地。王小姐说，起初，对于导游的话，她还是深信不疑，到内蒙古旅游，买了几百块钱的玉石，到九寨沟旅游，又在导游的忽悠下买了大大小小几十件玉器，可久而久之，王小姐发现，如果按导游的引导买下去，全国各地就都产玉了。

和王小姐有相同遭遇的旅游者们不在少数，山西出玉石，海南出玉石，北京出玉石……导游们亦幻亦真地介绍，而游客们则无一不是大包小包地买了不少各地"玉器精品"，可回来找专家一看，所谓的精品玉器全都不值钱，最后落得个花钱买教训，而那些"精品玉器"就不知掖在哪个柜子里压箱底儿了。

专家点评：

游客在旅游景点购物，大都图个特色，很多商家就抓住了游客买特色的心理，大肆宣扬所谓的当地特产，吸引消费者上当。就拿本案例来说，辽宁出玉石、新疆出玉石、山西出玉石、北京出玉石……当地商贩们的介绍让人感到几乎全国各地都出美玉，然而买回来找专家一鉴定，结果可就和商贩的宣传大相径庭了。

防陷绝招：

由于普通游客不可能对当地所有的特色都熟悉，所以在购物中要多咨询，或者提前确定自己要买的特色，别被商家的假特色所骗。

（八）陷阱 8：明打折暗加价，巧立名目为销售

案例回顾：

山东蓬莱的张先夫妇到北京旅游度假，二人到某商场购物时发现该商场打出了全场商品八折优惠的促销广告，而且个别柜台的商品销售折扣远远低于八折，甚至有些商品仅以二折出售。久闻北京商品价位高，本以为到北京买不到质优价廉的商品，谁知这样的机会竟然让自己给撞上了，于是张先夫妇不由分说，给亲戚朋友买了一大堆衣物，虽说价格也不是很低，但因为没有在北京购物的经验，二人以为这样的价格已经是天赐良机了，所以对于三四百元的衣服，也是咬咬牙就买下了。尤其是对于一些打的折扣比较多的商品，看着令人咋舌的原价，每件衣服都标价在六七百元，甚至上千元，想想现在打到二至三折，没有理由不买，所以二人真可谓是精挑细选，流连忘返，一转眼，买了三千多元钱的东西了，已渐感囊中羞涩的张先

夫妇这才作罢。

第二天，张先夫妇到其他商场购物时，发现一些与昨天在某商场质地、产地、颜色相同的服装价格比自己买的打折商品还要低，二人不敢相信，仔细一看，果然如此，于是大呼上当，但悔之晚矣。

专家点评：

明打折暗加价是当前大多数商家采用的销售手段，特别是在一些著名旅游景区。因为来旅游的都是外地人，对当地的市场行情并不了解，这就给这些不法商家提供了有利条件。而作为旅游者，外出旅游的目的就是开心，所以，有时也就不太在乎商品价格的昂贵。

防陷绝招：

奉劝外出旅游的游客朋友们，对于所赴地区的打折狂潮，一定不要轻举妄动，要在摸准当地商品价位的基础上有选择地购物，购物要真正达到货价相符，要货比三家，精挑细选，切勿掉进商家设计的明打折暗加价的销售陷阱，以免造成不必要的经济损失。

（九）陷阱 9：解读鲜花后面的奥妙

案例回顾：

到泰国旅游，一直是北京市海淀区的陈忠诚的凤愿，2005 年 7 月，陈忠诚终于成行。初踏泰国大地，不由分说，热情的礼仪小姐马上盛装献上泰国国花一串，并主动合影留念，让游客体味着异域民风的热情与浓烈，拉开了泰国之旅的序幕。接下来，在旅游胜地巴堤雅登游船、骑大象时，会不时地发现有人拿相机伺候，前后左右为你不停拍照，让你有一种随时被关注、被簇拥的感觉，似乎自己走到哪里都是主角。陈忠诚随伙伴们游玩了一整天后，疲惫地回到住处，大家还纷纷议论泰国人的这种热情的服务，甚至觉得泰国人的这种热情是不可婉拒的，并且以为这是泰国的习俗，或是旅游团安排的服务项目，大家认为这是不需要收取费用的。但当问及导游时，才知道如果本人想要得到这些照片是要交纳一定的费用的。正说着，刚才负责照相的摄影师们推门而至，看见自己的照片已经不知道何时被镶进精美的镜框，或是被印在具有泰国特色的瓷盘上窝盘上，大家已是有些爱不释手了。当询问价格时，被告之100到200泰铢不等。为了不想让自己的照片随便被人毁弃，再想想100泰铢也不过合20多元的人民币，加上照片也是蛮有热带风情的，留作纪念未尝不可，所以情愿也好，不情愿也罢；大家纷纷解囊，买下这些多多少少有些违背自己意愿的照片。

专家点评：

境外旅游，因境外与国内在文化、习惯、风俗等方面存在着巨大的差异，许多消费者的行为会在当地造成一定的误解。而消费者也始终用国内的思维方式去判断国外遇到的情形，往往也会给自己的旅行生活带来一些不便，有的甚至还会造成一定的经济损失。

防陷绝招：

对于像该案例中遇到的情况，建议外出旅游的朋友们对有些不了解的情况一定要多思多问，向随团的导游多咨询，了解情况，征求意见和建议，再作决断。同时，如果遇到类似的情况，当有人向你凭空举起相机提供预先服务时，如果不想被动接受这种服务，可以"环顾左右而言他"，或抬头看天或假装低头思索，尽量避开正面的形象给这些摄影人员，相片照出来后，相信摄影师们看着照片的效果也不好意思向你推销了。而且，出门在外，游客们大都自备相机，可以自己随意取景拍摄，在事先有准备的情况下走进镜头，也提高了照片的质量。照一卷照片的价格可能才折抵一张由别人提供服务的照片的价值，何乐而不为呢？既提高了照片的质量，也增加了照片的数量，并且节约了成本，这才是最经济的选择。如果有些游客想要在一些装饰物上印上自己的照片作纪念，相信当地肯定会有提供这种服务的，而且价格肯定要比直接出售带有你本人照片的装饰物的价格要低。

旅游行程中的陷阱防范

（一）陷阱1：运输公司搞旅游

案例回顾：

一名陕西游客投诉陕西省某运输公司，这名游客在该公司的宣传海报中看到："为了拓宽公司收入渠道，积极走向外部市场，我公司从 2002 年开始增加旅游业务，先后推出 16 条长途和 12 条短途路线，并成功运营，创收 30 万元。"于是该游客一家三口参加了该公司组织的"陕西—山西—绵山五日游"，并交纳了 1000 元费用。旅游过程中，一名游客意外受伤并终身致残，运输公司虽然积极参与抢救，但拒绝为他们的过失理赔。

专家点评：

这种以拓宽业务为名的公司通常在组织旅游的过程中，会以比正规旅行社低得多的价格为诱饵，与某些单位联系，由该单位出资，负责其内部员工的旅游组织和安排等，这些情况可能对消费者有很大的诱惑力。

防陷绝招：

对此，不管这种公司以何名义，或给予多大的金钱优惠，只要意志坚定，坚决找有资格的旅行社，就不会上当受骗。同时，也能有效地保护自己的合法权益。

（二）陷阱2：旅游投保切记问清何时生效

案例回顾：

2005 年 4 月 10 日，广东省某市交通银行组织离退休职工外出旅游，旅程 8 天。旅游团由该市某旅行社承办。2005 年 4 月 10 日中午 1 时，由该旅行社的导游带队，一行十余人乘车出发，当晚在车上过夜。2005 年 4 月 11 日上午，该旅游团的游客赵某被发现已在车厢内死亡。后经铁路医院诊断为猝死，死亡时间为 2005 年 4 月 11 日上午 8 时许。交通银行事先已为这次旅游的每一位游客向当地保险公司投保了旅游意外伤害保险，保费 8 元已经付给了旅行社。于是死者家人向保险公司提出索赔要求，却意外遭到了拒赔。

对此引起了争议：

（1）保险公司经调查核实，旅行社为这次旅游买保的时间为 2005 年 4 月 11 日上午 9 时。也就是说，该旅行社是在赵某死亡一个多小时后才去投的保。而且旅行社在 2005 年 1 月至 4 月 11 日期间就没有到保险公司投保过旅游保险。但 2005 年 4 月 11 日以后，旅行社及时把保费都交上来了。基于以上事实，保险公司理赔人员认为保险公司对这件事不负任何责任，有关纠纷应在赵某家属与旅行社之间解决。

（2）旅行社方面则坚持认为应由有关各方共同分担赔偿责任，其理由为：①旅行社事先已同保险公司电话联系过投保事宜，而 2005 年 4 月 11 日保险公司也签收了保费；②造成此次工作失误的一个客观原因是交通银行并未及时将投保的名单提供给旅行社。一直到 2005 年 4 月 11 日早上发现了问题（该社还未拿到名单），该社操作人员才采取补救措施，以最快的速度拿到了名单并到保险公司办理了投保手续；③死者自己是否也要负责？赵某身体不好，长途劳累，又要照顾 4 岁的孙子，这是否也是死亡的原因呢？

专家点评：

参加旅行团活动并且购买保险，这一意识现基本深入人心。消费者将旅行的有关费用交付给旅行社后，自然也就认为旅行社已经为每一位参团人员购买了保险，又哪里会知道旅行社会延误购买保险的时间呢？只是，一旦出现纠纷，这时间差里的纠纷还真是不好处理。

防陷绝招：

出外旅游游客投保十分必要，否则一旦出险，麻烦就大。旅行社与保险公司扯皮，游客吃亏，这也是一个很大的陷阱。因此出外旅游，一定要买保险，买了保险，一定要了解旅行社是否及时投保。否则，一不注意，就会掉入陷阱。

第五章　园林游

北京颐和园

颐和园位于天安门西北 20 公里处，这座迄今留给世人的最完整的清代皇家园林的经典，实际就是"三山五园"中的清漪园。清漪园前身是好山园，当年乾隆为了给自己的母亲做六十寿庆，改瓮山为万寿山，改西湖为昆明湖，改好山园为清漪园。和圆明园一样，清漪园 1860 年被英法联军焚毁。

慈禧太后，大清帝国最后半个多世纪的实际统治者，发迹于风水宝地圆明园里的"天地一家春"。除了对登上权力巅峰的追求，她还念念不忘前朝御苑里的繁华和排场。在三山五园中，也许因为清漪园与祝寿有关，公元 1886 年，在兴办海军学堂的名义下，开始了修复清漪园的工程，直至 1895 年才彻底完工，并取"颐养冲和"之意，改名为"颐和园"。自此，这里不但成为慈禧晚年避暑、游览、做寿的御苑，而且是她进行对内、对外政治活动的行宫。1900 年，八国联军侵入北京，颐和园又遭到破坏，慈禧从西安返回北京后，又动用巨款将颐和园修复。

进东宫门，就是仁寿门，门口两旁各设一块青石，分别呈猴、猪状，象征孙悟空、猪八戒守卫皇家大门。仁寿门内的寿星石是仁寿殿的屏障，殿前有一只麒麟，鹿角、龙头、狮尾、牛蹄，遍身鳞甲，生有避火纹，这种自然界并不存在的怪兽体现了中国传统的审美观和想象力，因据说有祥瑞之兆而屡被皇家选中作为门庭的镇物。当然仁寿门内最抢眼的还是仁寿殿，为显示高贵和荣耀，仁寿殿建造得富丽堂皇因而颇有金銮殿的气派，但装饰摆设显然轻松活泼了许多。这便是颐和园的政治中心所在了，当年慈禧太后和光绪皇帝就在这里接见大臣和外国使节。

颐和园

在富丽舒适的寝宫生活区，最值得一提的当然是慈禧太后的寝宫——乐寿堂。清朝末年，慈禧太后多次在颐和园里接见各国大使和夫人，举行"游宴""游园"，还邀请这些洋夫人到自己的寝宫参观。据说，乐寿堂是中国最早使用电灯的地方，是太监为了讨好慈禧太后而装上去的，而初见到电灯的慈禧太后竟然以为那是挂着的"茄子"。

乐寿堂院内南侧有颐和园内最富传奇色彩、名气最大的一块石头——青芝岫。这是一块罕见的北太湖石，体形庞大，重达20吨，石身遍布孔漏。据说，明代一位叫米万钟的官员，在北京郊区发现了这块奇石，为了装点自己的花园，便花费巨大代价，沿途挖井泼水结冰，在冰上推动石头往城内运送，但运至良乡，家道就败落了，所以后人称这块巨石为"败家石"。后来乾隆皇帝发现这块石头，决定将其运至当时清漪园的乐寿堂，当费了很大人力将巨石运到时，才发现乐寿堂院门太窄运不进来，只好将墙和大门拆开才将其搬运进来。乾隆的母亲知道后认为不祥，说石头"既败米家，又破我门"，因此十分不悦。为讨母亲欢喜，乾隆除解释一番外，还给石头起了个吉祥而好听的名字"青芝岫"，寓意青石形似灵芝，给皇家增添瑞气。

当年的慈禧太后是一个超级戏迷。仁寿殿北侧的德和园就是专供她看戏的地方，其主体建筑是大戏楼，这是当时中国最大的戏楼，也可说是装饰最华丽的戏台了，共有上中下三层舞台，分别名为福、禄、寿。各层之间有天井地井相接，底层舞台底部有水池，顶层舞台上有绞车，演戏到紧要处，神仙鬼怪可以腾云驾雾从天而降，也可以神奇地潜入地下，天上地下来去自如，台上台下还可以喷水冒烟，好不热闹逼真。从专业的角度来看，德和园的大戏楼建造得无疑是成功的，以至于有京剧大家说，站在大戏楼上演唱，总是处于一种说不出的兴奋状态之中。这样，演员的发挥自然就超乎平常了。徽班从地方戏发展为国粹京剧这样一个完美剧种，也是在德和园这样的大戏楼里完成的。

万寿山处在颐和园的中心部位，万寿山南麓古朴雄浑的佛香阁建筑群，起自湖岸边的云辉玉宇牌楼，经排云门、金水桥、二宫门、排云殿、德辉殿、佛香阁、众香界，终至山巅的智慧海，九个层次，沿一条垂直上升的中轴线层层上升，从水面一直到山顶，组成以佛香阁为中心的巨大建筑群，无论是往上仰视，还是向下俯视，一层层升高的宏伟建筑，都展示了皇宫御苑的不凡气派。

"八面三屋四重檐"的佛香阁，被巨大的石造台基高高托举，是颐和园的标志性建筑，在园中许多地方抬头都能看到它的姿影，阁仗山雄，山因阁秀。入排云门，登佛香阁，可从高处一览昆明湖全景。

长廊横亘于昆明湖北岸、万寿山前，东起邀月门，西至石丈亭，长 782 米。长廊的最大看点是廊檐下缤纷的彩绘，内容都是在中国家喻户晓的故事，风景、人物、山水、花鸟、历史故事、神话传说等，题材丰富，应有尽有。更令人叹为观止的是，绘画手法多变而富有创意，14000 多幅图画，竟无一雷同，游园的人尽可细细搜寻辨认。想来为满足慈禧太后的心愿而修，画工自不敢略有怠慢疏忽，画面当力求逼真而多姿。

昆明湖约占全园 3/4 的面积，波光云影，视野开阔，但水面并不单调，湖的北、东面点缀着各种建筑，东西各有长堤。昆明湖中最大的岛是南湖岛，通过十七

昆明湖

孔桥和岸上相连。十七孔桥长 150 米，堪称中国园林中最大的桥梁，经常被比喻为雨过天晴后出现的长虹，在长廊一带望去，可以看到阳光下桥身如玉带般横卧在水波之上，桥沉静而水波漾，让人目光迷离而心向往之。每天都有无数游人在桥上按动快门留下影像。西堤是仿杭州西湖的苏堤而建，一如苏堤又胜过苏堤，堤上遍植桃柳，有 20 棵 400 年的古柳，著名的"西堤六桥"隐现在堤花岸柳之中。不过由于时间关系，游人很少来到这里。

后山后湖一带、北宫门内是苏州街，即乾隆年间的"买卖街"，一条专供帝后妃嫔们逛的商业街，一水两街，沿岸为市肆，招幌牌匾下的 60 多个铺面，分别设有茶馆、酒楼、药房、钱庄、帽店、首饰铺、点心铺等。如从北宫门进来，可先游

览苏州街，或从北宫门离开时游览。时间紧又不需要购物的话，也可以站在桥上欣赏旌旗招展的市肆风光而不必买门票进去。

2008 年奥运会吉祥物"福娃"当中的妮妮，原型是北京雨燕。颐和园是雨燕在北京最重要的家园之一，每年都吸引大量雨燕来此筑巢、繁殖。如果时间充裕，可以放弃走马观花的游览方式，到万寿山后山去聆听鸟语，或乘船徜徉在波光粼粼的昆明湖，而漫步在游人稀少的西堤，更是一种难得的静谧享受。

🔥 旅游小贴士

简介：以颐和园之大，景点之多，历史内涵之丰富，一般游客因时间有限，一次游览很难尽兴。在游园之前，可以对颐和园的分区和景区布局做一个大致了解，根据自己的兴趣爱好以及时间安排，重点参观某一区域，并依据自己要游览的重点，决定从哪个门进入。即使用大半天时间把整个颐和园欣赏一遍，难免还是有匆匆不尽意兴之感——况且这还需要有很好的脚力。

颐和园内有特色的就餐场所是听鹂馆饭庄，中午提供零点菜肴，晚上提供宫廷筵席。园内还有如意饭庄、知春亭餐厅、清华轩餐厅、南湖岛涵虚堂餐厅，一般提供快餐，但一般到了午餐时间这些地方人很多，有时候会出现排队等候的现象，在节假日期间更是十分拥挤。不过园内不少地方设有方便食品的售卖点，游人可随购随用，不过价格较贵。

到达：颐和园共有 5 个门对游人开放，大部分游客从东宫门进园，也有部分游客从北宫门进园，南如意门则是水上游线路的入园通道。

周边景点：香山、圆明园

扬州个园

扬州个园是最具个性的园林，叠石为山，植竹成林，其叠石造景的想象力和表现力，遍览苏、杭、岭南，无出其右者。个园原主人是清嘉庆年间的两淮盐总黄至筠，他酷爱竹，认为翠竹具有本固、心虚、体直、节贞的特点，有君子之风，因而取袁枚"月映竹成千个字"的诗句为自家花园命名。不知道主人对于竹的痴狂，是否受到过"扬州八怪"之一的郑板桥的点拨与教化？

扬州个园湖光十色

个园前部的黄家宅邸是典型的江南民居，灰砖黛瓦，高壁深巷，显得简洁内敛。而雕刻精致的窗扇，儒雅考究的家具陈设，则不断传递着一种低调的奢华，印证着扬州盐商富甲天下的传说。难能可贵的是这里虽为富商宅第，却不乏文人才思，各处楹联内容丰富，蕴含深刻的人生哲理，值得细细品味。"传家无别法非耕即读；裕后有良图惟勤与俭"，楠木厅上"家余风月四时乐；大羹有味是读书"，清颂堂前"几百年人家无非积善；第一等好事只是读书"，无不点出耕读传家、勤俭持家的门风；汉学堂里"咬定几句有用书可忘饮食；养成数竿新生竹直似儿孙"，告诫后代不仅要读书，还要修身、养性，如竹般正直挺拔；"漫研竹露裁唐句；细嚼梅花读晋书"，以漫研竹露、细嚼梅花来喻示读书要认真；至于丛书楼前"清气若兰虚怀当竹，乐情在水静趣同山"，清美堂中"竹宜着雨松宜雪；花可参禅酒可仙"，则无疑是借景抒怀之作，昭示着主人的风月情怀。

绕过宅邸，只见月亮门两边翠竹亭亭、兰蕊吐芳，竹林间瘦骨嶙峋的石笋参差竖立，远远望去，恍如雨后春笋破土而出，一派春意，扑面而来。一年之计在于春，四季叠石之妙，当然自春山始。缕缕阳光将稀疏竹影映射在白墙上，微风乍起，竹叶摇曳，似有仙人手执无形的毛笔，在墙上反复书写着千百"个"字，门上的匾额"个园"，此刻便顺理成章地做了点睛之笔。

沿鹅卵石小径前行，即是四面空灵的"宜雨轩"，四面皆窗，四面皆景，园内四季景色透过窗户一股脑儿地涌到面前。抱柱上有楹联云："朝宜调琴暮宜鼓瑟；旧雨适至今雨初来"，用了与北京中山公园"来今雨轩"一样的典故，以"今雨""旧雨"代指新朋老友，看来这里就是园主与朋友欢聚的客厅了。若在春雨飘洒之时，看堂前竹叶青翠，听雨声珠落玉盘，三两知己散坐，焚香抚琴，煮茶论道，所谓魏晋风流，大抵如此吧。

夏的意境，最佳当为"映日荷花别样红"。有荷必有塘，自宜雨轩西行，穿过竹林便是一池碧水，来时正是仲夏，虽然小荷才露尖尖角，但莲叶已然绿得肥嫩了。池边有山，皆为太湖石叠成，玲珑剔透，夭矫多姿。有的如白鹤独立，孤高自赏；有的似犀牛望月，憨态可掬；有的像石鱼摆尾，身随心动；有的若群猴嬉戏，乐不可支；更有一奇石酷似剔净的鱼骨，跃出水面之上，太湖石"漏、透、皱、瘦"之神韵体现得淋漓尽致。过曲桥钻入山洞，顿觉凉爽清幽，向外望则是浓荫如盖，绿影葱茏，水色天光在那一方池塘中摇曳生姿。徘徊于夏山之中，炎炎暑气尽消，更何况还有轻风送来阵阵竹叶暗香，若没有那此起彼伏的蝉鸣聒噪，倒真的应该在山顶"鹤亭"里睡个惬意的午觉。

扬州个园石山一角

夏山之侧是略有些霸道的抱山楼，大大咧咧地横亘园中，两廊犹如伸出的双臂，左拥右抱，将秋山、夏山一揽入怀，还顶着个"壶天自春"的匾额，一副志得意满的派头。楼这边，夏山以太湖石清新柔美的曲线表现秀雅恬静的意境；楼那边，秋山用黄山石刀劈斧削的直线展示雄伟阔大的壮观。一方是南方山水秀甲天下，一方是北方峰岭险峻雄奇，多亏了抱山楼的过渡连缀，风格迥异的两座山才能如此和谐统一。我以为秋山最宜远观，其外形高峻突兀，拔地而起，咫尺之地，却有千里之景的磅礴气势。石色有的赭黄如穗，有的赤红如染，山崖间丹枫斜出，翠柏傲立，曲干虬枝与嶙峋山势浑然天成，苍绿、殷红的枝叶杂于褐黄山石中，五彩斑斓的秋日长白山似乎被搬到了江南。

美不胜收的秋刚刚走过，冰清玉洁的冬已悄无声息飘然而至。富含石英的宣石垒就冬山，其色洁白如雪，迎光闪闪发亮，背光皑皑露白，无论近看远观，山上似乎永远覆盖着一层未消的残雪，散发着逼人的寒气。山后墙上特意开凿了二十四个孔洞，每有风起，这些洞口便如笛箫上的音孔，发出音调不同的声响，恰似北风呼号。紧依冬山的建筑偏偏被命名为"透风漏月"厅，夏日听来还带着一份诗意的浪漫，若是冬日来临，瑟瑟寒风之中，不知该用怎样的心情欣赏那冬月如镜的清冷？

冬天来了，春天还会远吗？透过冬山西墙的圆形漏窗，已可望见春意融融的翠竹幽兰，构园者通过精妙的布局、高超的借景分景技巧，完美地演绎着冬去春来、周而复始的自然法则。整个园子犹如一幅宏大的画卷，路随景转，景随路换，穿行于梅兰竹菊之间，游走在春夏秋冬的意境中，绕园一圈，如同经历四季轮回。更有竹影婆娑、雕梁画栋、鸟啭莺啼，就让我迷失在竹林山石间吧，这样的园子，宜沐春风而歌，宜邀冬雪共舞，宜举杯对夏月，宜斟茶待秋霜。

🏍 旅游小贴士

简介：游个园一般有两条路线，一是从盐阜东路的北大门入园，先园后宅，是旅行团的常规路线；推荐第二条路线从东关街的南大门入园，先宅后园。个园的精华在园，如果先园后宅，有虎头蛇尾之憾；先宅后园，则有渐入佳境之喜。

扬州是淮扬菜的发源地，蟹黄包、大煮干丝、狮子头、拆烧鲢鱼头都是淮扬名吃，绝对不容错过。富春茶社在个园北门有家分店，不像总店那样人山人海，而且可以零点，推荐前往品尝著名的扬州早茶。此外冶春茶社、共和春等口碑不错的茶社距离个园都不远。

到达：从汽车站乘多路公交车可达，从火车站乘公交车在世纪联华站下车后步行可至。

周边景点：瘦西湖、大明寺、平山堂

承德避暑山庄

　　翻开中国的地形图，可以清楚地看到：北方是一望无际的平原，东南是河湖遍布的水乡，西部则是连绵起伏的山峦。而避暑山庄的地理格局，竟与此如出一辙，活像个微缩的模型。这究竟是一种巧合，还是刻意为之？

承德避暑山庄全景

　　避暑山庄不是一次性建起来的，最初它只是清朝皇家为围猎而建的二十多座行宫之一。这一带山峦层叠、树木葱茏，造就了一方清凉之地。因有温泉自地下喷涌，汇成一条涓涓暖流，即使严冬季节也绝不封冻，因此被称为"热河行宫"。康熙选中了这里，历经数年营建，使之成为一处庞大的离宫，钦定了四字命名的三十六景，并亲自题写匾额"避暑山庄"。到了他的孙子乾隆时，更是大事恢拓，又增加了三字命名的三十六景。前后近一个世纪的经营，使之达到了极盛之势，远非其他行宫可比。

和金碧辉煌的北京紫禁城相比，避暑山庄内的宫殿显得朴实无华。没有高大雄伟的汉白玉台基，没有色彩鲜艳的琉璃瓦铺顶，一律的青砖灰瓦，分外清新与淡雅。然而从山庄正门丽正门开始，一连九进院落的纵深，依轴线层层排列的殿宇，以及连接其间笔直的长廊，又无不透出皇家的威仪与内涵。

承德避暑山庄牌楼

宫殿区之北是一片宽阔的水面，被大大小小的十个岛屿，分割成九片形状不一的湖泊，颇有几分水乡的景致。康熙和乾隆都曾多次到江南巡游，对那里的美景念念不忘。于是他们分别在北京西郊的三山五园以及承德的避暑山庄里大加仿造，不求形似而求神似，虽是模仿却别有风韵，尤其烟雨楼和金山寺，更是成了避暑山庄的标志性景观。还有那曾经珍藏《四库全书》的全国七座藏书楼之一——文津阁，尚完好地矗立在北部的丛林之中，是至今犹存的四阁之一。

湖泊区北面，平原区上高高矗立的永佑寺舍利塔，仿照南京报恩寺塔而建，八角九层楼阁式，是山庄内的最高建筑。其东侧是茂密的树林，象征东北的茫茫林海；西部则是广阔的草原，犹如西北的大漠风光。方寸之地集中了如此迥异的景观，虽是人工却似天成。

而上述全部加起来也仅占整个山庄的五分之一，其余则是西部广阔的山峦区。这里峰峦起伏、林木茂密、清流涓涓，还时有野鹿奔跑，很有山野情趣。山间谷地曾建有园林和寺庙四十余组，其中不乏"梨花伴月""珠源寺"这样的经典之作。可惜这些精美的建筑，都在近代被军阀和侵略者们破坏殆尽，荡然无存了。

盛时的避暑山庄，面积两倍于北京西郊的颐和园，环绕的宫墙长达二十里。一百多组形态各异的建筑，巧妙地穿插于山形水系之间，虽数量众多却绝不觉其繁杂，虽外表质朴却绝不显其粗陋。门、坊、殿、堂、亭、台、楼、阁、塔、桥、轩、榭，几乎每一种建筑元素都能在此找到精美的范本，却都因地制宜，绝不拘泥于古法。避暑山庄，无疑是中国园林的巅峰之作。

皇家对避暑山庄可谓钟爱有加，已经不限于秋狝期间，甚至超越了避暑的初衷。皇帝经常长住于园中，各种政令都由此发出，在此期间山庄就是权力的中心。不仅满汉大臣，就连蒙古、新疆、西藏等地的王公，也常常不远万里来到承德觐见皇帝。山庄周围如众星捧月般拱卫的十二座大型寺庙，就是皇帝出于笼络人心的需要，不惜一掷千金大力营建的。这些寺庙的奢华程度，与占地庞大但外表俭朴的避暑山庄形成强烈的对比，用心之良苦不言而喻。

清朝后期，为躲避英法联军炮火来到避暑山庄的咸丰皇帝，在落寞沉沦中撒手而去。他的皇后慈禧，在此策划了辛酉政变，攫取了最高的统治权，却从此遗弃了这座旷世名园。失去了维护的避暑山庄和周围寺庙，在长年的风雨剥蚀中不断倾颓，在近代动荡的社会中屡遭破坏，至今所存不过十之一二，然而已足以令世人惊艳。宫苑犹在，只是不再是皇家的禁地，而变成游人的天堂。追古忆今，或也有无限感慨。

旅游小贴士

简介：避暑山庄不仅是一处规模宏大的皇家园林，同时也是藏有无数珍宝的文物宝库。昔日正宫现在开辟为博物馆，其他部分景点也设有一些小型展览。

每年5月到10月，在山庄内的多处场所有演出节目。如沧浪屿的苏州评弹、如意洲的京剧曲目、知鱼矶的民乐表演，青枫绿屿的宫廷音乐，还有丽正门的迎宾仪式、万树园的歌舞表演等，十分丰富。

每年11月到次年的5月是封山防火期，在此期间山区各处入口均有工作人员把守，严禁进入。其他时候可在正宫后的松林峪口乘坐电瓶车环绕山区。

山庄内有大量野鹿，均未经驯化，如要与之合影留念，请注意安全。

到达：可先到承德，从市内打车即可到达。

周边景点：普乐寺、安远庙、普宁寺、须弥福寿之庙、普陀宗乘之庙

北海公园

"让我们荡起双桨，

小船儿推开波浪，

海面倒映着美丽的白塔，

四周环绕着绿树红墙……"

那是一群戴红领巾的少先队员，手摇着双桨船，伴随着纯真的欢笑声荡漾在水面上的还有《让我们荡起双桨》这首美妙的儿歌。一切都在白塔的映衬之下，一切又似乎倒流回了过去的时光。

北海公园是怀旧的，对于很多土生土长的北京人来说，北海公园就是他们的童年。

仰头望着大肚子白塔上的小红门，把脚丫儿伸到船外的水中弄沉底了一只凉鞋；在大白杨下趟着树叶子忙活着"拣根儿"，然后把它们悄悄塞进鞋垫下，最后拼命比试着"拔根儿"；顺着那道鱼线波痕拖进眼前的大鱼；夏天里的小豆、双棒儿、熊猫冰棍儿，冬天里的糖葫芦儿、山药豆儿；九龙壁前可以来个"倒挂金钟"的铁栏杆；黄昏时的柳叶儿，先蚕坛前的风筝。玩累了，出北门，接着就往老爸自行车的大梁前那么一趴，然后迷迷糊糊地回家。

北海公园白塔

十几年过去了，接着又是一轮十几年，可不知为什么这进进出出公园的人，恍惚还都觉得这么些年了，北海公园还停在那儿，停在那儿的永远都是挥之不去的烂漫笑脸。既然《让我们荡起双桨》这首歌中，开头几句先提到了依旧在那儿的"美丽的白塔"，那就先由这琼华岛上的白塔说起吧。

从北边出了故宫的神门，沿着筒子河边往西溜达一站地，就是北海公园南门。进去就能看见两座"堆云""积翠"的彩绘牌坊，牌坊南面是砌着灰色圆形城墙的团城，里面藏着的便是用一整块大玉石雕琢而成的元代巨型酒器——"渎山大玉海"。从牌坊下顺桥走过，迎面阳光下醒目耀眼的大肚子白塔，便是印在北海公园门票上的琼华岛的标志性建筑了。此白塔建于清顺治八年（公元1651年），属覆钵形建筑，当时耗白银1700万两。白塔高35.9米，砖石须弥座的塔基上便是最大直径为14米的塔肚，这大肚儿塔身正中面朝太阳的是绘着藏文图案的红色眼光门。这道不让打开的塔门内到底藏了多少镇塔的宝贝呢？那些在康熙年间曾载入《白塔销算细数清册》中的物品："册塔内装脏铸嘛哈噶藏佛一尊，盛贮舍利子银盒一个重一两……"，以及许许多多金银、经文、衣钵、佛教法物、药品、绸缎、茶果等贡品，只有在为数不多的几次白塔大修时，被为数不多的一些人亲眼见到过。

寻宝的好奇心人皆有之，但当白塔周围忽而响起那镏金铃铛悦耳的清脆时，当远望着故宫角楼边的风筝已飞到与白塔一般高的天际时，当山下小亭子里传来老人的歌声与手风琴的欢快声时，当红墙黄瓦的紫禁城与塔身后的北海和塔身前的中海、南海交织了太多皇城的不凡气韵时，此时竟能有幸这般凭栏鸟瞰帝王都城，至于那红门内的宝贝究竟是何模样谁还会惦记太多呢？

北海公园九龙壁

说完了白塔，再说说这塔所在的琼华岛。对于长生不老人人皆渴求，而历代皇帝对于这份渴求还得在前面再加个"更"字，从汉武帝之后代代君王纷纷效仿，极富幻想地用仙山名字来营造属于自己朝代的那"一池三山"的皇家宫苑。跨越了辽、金、元、明、清五个朝代逐渐修建而成的帝王宫苑——北海，就是采用"一池三山"这种构思布局的一个典型。传说在浩瀚的东海上有三座仙山，分别称为"蓬莱""瀛洲""方丈"，山上住着长生不死的神仙。而北海中的"琼华岛"象征的便是蓬莱，原来在水中的"团城"和"犀山台"则象征瀛洲和方丈，北海的大片水域寓意为太液池。北海从辽、金时期便开始挖湖堆山，接着又在元代一步步地建殿扩岛，并以此为中心建造了大都城，至此也就有了"先有北海后有北京"的说法。

琼华岛因它秀丽柔美的湖光山色，引得乾隆亲题了一块"琼岛春阴"碑，立于白塔山的东麓，并把此处列为燕京八景之一。如果是在风和日丽的春日，沿着迂回曲折的游廊下到北面的山麓，看看湖边垂钓与泛舟的人们，累了便在幽静精巧的园中之园"濠濮间"和"画舫斋"里小憩几许，饿了可去西边漪澜堂的仿膳饭庄尝尝皇家园林中的宫廷菜，惬意一番后，这"琼岛春阴"中的自在与闲适自然也就不难体会了。

在《让我们荡起双桨》这首歌中还唱到了"绿树红墙"，由琼华岛眺望北海北岸的几组被绿树包围的红色宗教建筑，那是小西天、大西天、阐福寺、西天梵境，西北面湖边的是亭桥相连如五龙游弋的"五龙亭"，湖的东面红墙边是清代后妃们祭祀蚕神的"蚕坛"，蚕坛的西面是乾隆和后来皇子皇孙们读书的场所静心斋，书斋的西边是翻译和印制大藏经的天王殿，殿的西侧那座用424块七色琉璃砖砌成、总共有635条或戏珠、或跃身、或探海的龙，便是中国绝世的琉璃精品——九龙壁。古人视龙为通天的神兽，君主的化身，吉祥的瑞兽。二百多年来，这些在正脊、垂脊、筒瓦、陇垂上的龙踪迹，依然在雄浑沉稳地延续着有关龙的神话与龙的图腾。

而今天续写这一切的，是那天王殿前用内力推动身体如行云流水般打太极拳的年轻人，是那快雪堂前站在地上练书法的老人，是那携妻带子在先蚕坛前玩羽毛球的小家庭，是衬着白塔与初上的圆月在湖畔拍结婚照的那对新人，是铁影壁旁跟爷爷哭闹着非要"拔根儿"不可的那俩双胞胎小人儿，还有那夏日北海湖中船行朵朵莲花中的唯美盛景……

逛着逛着天儿就暗了，北海公园的太多太多细节也许你还不曾留意。比如白塔前那座上圆下方、精巧华丽，名为善因殿的琉璃小殿，比如用中性火山岩雕凿的铁影壁那上面的狻猊怪兽，比如快雪堂东西两侧廊子里从晋到元的绝世墨迹，比如静心斋里一步一景的红莲与锦鲤……但这会儿已是北海的黄昏了，停在那儿的北海童年还会在谁的梦里常常出现吗？

旅游小贴士

简介：北海公园的最大好处，便是身处其中既可以了解历史的脉络，也可以感知现代的浪漫。在一一寻访古迹之余，建议租只小舟，泛舟湖上，别有的情趣或许就在这双桨荡起的涟漪里。

推荐一个约3个小时的行程，既能游玩主要景点，又可避免走重复路。

东门进入——琼岛春阴——团城——永安桥——永安寺——（南路上）白塔——（西路下）庆霄楼——长廊——漪澜堂——依晴楼——陟山桥——濠濮间——静心斋——九龙壁——五龙亭——小西天——北门出园

北海公园内的仿膳饭庄至今已有八十余年历史，宫廷菜不可不尝，但价格着实不便宜。特色菜有罐焖三鲜、燕尾桃花虾、佛手卷芋奶、八珍豆腐、素炒鳝丝、腰果鸡丁、菊花鱼、鸡油素菜、肉末烧饼、宫廷点心等。另外，公园东边还有一个恒祥居，主要以淮扬菜和新派粤菜口味为主，据说主厨均为扬州餐饮世家的传人，粤菜厨师也全部来自广东顺德。

到达：在北京市区乘多路公共汽车可到。

周边景点：景山公园、故宫

南京瞻园

　　南京，历来被人们视为"虎踞龙盘"之地，诸葛亮曾言"此帝王之宅"。南京也并未辜负这天赐的风水，近两千年来，共有十个政权曾在此建都，前后长达四个多世纪，是我国的七大古都之一。不知是自身的缺陷所在，还是命运对这座古城太不眷顾，几乎每一个王朝都是来去匆匆，而结局又偏偏异常的惨烈。

南京瞻园风景

　　曾经和北京紫禁城一样金碧辉煌的南京故宫，早已在历次战火中沦为一片废墟，只余下些许残垣断壁和零星破碎的石刻，全然没了半点皇家的威仪。曾经仅逊于皇宫的规模宏大的众多王府，连同其奢华的花园，也多湮没于历史的长河之中，所存无几，远不及苏州和扬州的园林之盛。

瞻园是其中最著名的一处，原来是朱元璋登基前的吴王府，后赐给中山王徐达，已有六百多年的历史。徐达是明朝的开国功臣，一生功勋卓著。其子一门两公，三个女儿都嫁给了朱元璋的儿子，可谓显赫一时。瞻园原为王府之西圃，经徐氏几代人的修缮与扩建，到万历年间已颇具规模。园内素以假山著称，中央静妙堂三面环水，把园分为南北两部分，各有假山一座，岁寒亭立于北边假山之上，周边还有一览阁、花篮厅、致爽轩、迎翠轩等建筑，由曲折环绕的回廊连接。园中的石矶和紫藤，都是明代之物，而两块奇石——仙人峰、倚云峰，相传还是宋代花石岗的遗物，奇秀无比。这是南京仅存的一组明代古典园林建筑群，与无锡寄畅园、苏州拙政园和留园并称为"江南四大名园"。

南京瞻园一角

清初之时，该园成为江南行省左布政使署。乾隆巡视江南，曾驻跸此园，取欧阳修诗"瞻望玉堂，如在天上"之意，御题"瞻园"匾额。太平天国攻占南京后，园址成为东王杨秀清的王府，更是大事恢拓，甚至远胜于从前。可惜好景不长，这些农民起义者的骄奢和内讧，终将天朝送上末路，瞻园也毁于天京保卫战中。清末虽然两次重修，仍难复旧观，直到解放后才重新恢复并对外开放。

从瞻园影壁正对的大门进去，是其东部的府邸部分，现在辟为太平天国历史陈列馆。敞空过厅中龙形挡板上的"太平天国历史陈列"匾额，是郭沫若所题写。正厅正中摆放着洪秀全的半身铜像，展厅内有包括天父上帝玉玺、天王皇袍、忠王金冠、大旗、宝剑、石槽等在内的 300 多件文物，向人们展示太平天国短暂而轰烈的一段历史，也为世人留下厚重的警示。这段历史已经和瞻园一起，被深深地载入南京甚至整个中国的史册之中。

🚗 旅游小贴士

简介：瞻园开放夜游，可在园内品南京雨花茶、吃秦淮小点、赏园林夜色、听丝竹音乐，确是一种难得的享受。

到达：南京市内乘公交车可达。

周边景点：夫子庙、煦园、明孝陵、中山陵、灵谷寺

苏州拙政园

拙政园始建于明正德四年（1509 年），为明代进士、御史王献臣弃官回乡后，在唐代陆龟蒙宅地和元代大弘寺旧址处拓建而成，历时 16 年。400 多年来，拙政园屡经易主，曾一分为三，园名各异，或为私园，或为官府，或散为民居。直到 20 世纪 50 年代，才完璧合一，恢复初名"拙政园"。

拙政园是江南园林的典型代表之一，位于苏州市东北街 178 号。该园位居"中国四大名园"（承德避暑山庄、留园、北京颐和园、拙政园）之首、全国重点文物保护单位、全国特殊游览参观点之一、世界文化遗产。迄今，拙政园是同时拥有这

四顶桂冠的唯一园林。

拙政园这一大观园式的古典豪华园林，以其布局的山岛、竹坞、松岗、曲水之趣，被胜誉为"天下园林之母"。园林设置因地制宜，以水景见长；园内景观以花木为胜；疏朗典雅，野趣天然。

苏州拙政园

到了拙政园千万可别忘了去见山楼，那里的景色也非常迷人。

见山楼三面环水，两侧傍山，底层被称作"藕香榭"，临水的外廊迂回曲折，小憩时凭栏可近观各色游鱼，畅游水中，看出水芙蓉，婀娜多姿。品味荷花，香气袅袅。

登楼远望，园内美景如水墨画一般在眼前缓缓展开，看不尽的美景，说不完的故事。

据说，原本苏州城中没有高楼大厦，登此楼望远，可尽览郊外山色。相传此楼是清咸丰年间太平天国忠王李秀成的办公之所。"采菊东篱下，悠然见南山"的境界在这里表现得淋漓尽致。

以荷香喻人品的"远香堂"为中部拙政园主景区的主体建筑，位于水池南岸，隔池与东西两山岛相望。远香堂为四面厅，临水而建，从前面看共有三间房屋。它建于乾隆年间，就在原若墅堂的旧址上，青石屋基还是当时的原物。堂的名字是因荷花而得名，堂前池水清澈见底，夏日池中荷叶田田，荷风扑面，是赏荷的佳处。

拙政园的梧竹幽居也是非常漂亮的一处风景。梧竹幽居设计构思别致巧妙，建筑风格独特。此亭背靠长廊，面对池塘，周围有梧桐参天，郁郁青青；翠竹生情，挺拔就休。亭的绝妙之处在于四周白墙开了四个圆形洞门，洞环洞，洞套洞，在不同的角度可看到重叠交错的分圈、套圈、连圈的奇特景观。

"梧竹幽居"匾额为文徵明体。对联"爽借清风明借月，动观流水静观山"为清末名书家赵之谦撰书，上联连用两个"借"字，点出了人类与风月、与自然和谐相处的亲密之情；下联则用一动一静，一虚一实相互衬托、对比，相映成趣。

太平天国的杰出将领忠王李秀成与拙政园有着深远渊源。清咸丰十年（1860年），李秀成率军东征，破清军江南大营，攻占了苏州。李秀成占领苏州后，就建造了这座宏大的官署、邸宅、花园相结合的建筑群。

据说，李秀成当年很喜欢到后花园的见山楼办公。站在楼上，城内的景观和缥缈远的青山一览无余。

这位叱咤风云的将军，抱负与志向与当年建园人的归隐心态有着根本的区别，于是李秀成就将它的原名"梦隐楼"改为"见山楼"。百余年过去了，英雄已故去，楼榭依然，见山楼依然记载着这段令人难忘的历史风云。

🚗 旅游小贴士

怎么去：市内搭乘游1、游2、游5线，40、78、202、313、529、923路公交车在拙政园站下，往东步行100米即到。

观光：周边景点苏州博物馆（新馆）、留园、狮子林等。

美食：蜜汁豆腐干、采芝斋糖果、玫瑰瓜子、虾子酱油、枣泥麻饼、猪油年糕等，都是苏州脍炙人口的美食，不可不尝。另外，还有芡实（俗称"鸡头米"）、阳澄湖大闸蟹等时令特产。

保定古莲花池

　　古莲花池地处保定市内闹市区，正门坐南朝北。莲花池的"古"源自于其悠久的历史，它始建于蒙太祖二十二年（1227 年），在汝南王张柔重建保州城之时，名为"雪香园"。明清两代经过了大规模的扩建和重修，雍正十一年（1733 年）于此建莲池书院和行宫，乾隆、嘉庆、光绪、慈禧等出巡途经保定时，皆曾在此短暂停留，而乾隆帝更是多次来这里，并赋诗赞美莲池。

　　1921 年，北洋政府总统徐世昌亲笔书写"古莲花池"横匾（此匾现在仍悬于正门的中门上方），自此该名一直沿用至今。古莲花池作为华北地区最古老的园林之一，被评为国家级文物保护单位，是"全国十大名园"之一。因其园景整体布局严谨，错落有致，优雅别致，素有"城市蓬莱"之誉和"小西湖"之美称。

　　古莲花池向来以碑刻众多而闻名遐迩，这里拥有唐、宋、元、明、清各代碑刻近百通、对专家学者及碑刻艺术爱好者学习和研究书法具有极高的价值。

　　园内所藏石刻中既有唐代草圣怀素笔走龙蛇、气势磅礴的"自叙帖"；又有颜真卿浑厚的"多宝塔"；还有一代书圣王羲之的真迹；也有王阳明苍劲有力、潇洒自如的"夜宿天池"；更有清朝康熙皇帝的亲笔题字"龙飞"。

　　此外，有见于著录的唐代书法家苏灵芝的《田琬德政碑》；罕见的宋代书法蔡京的《贺李宗升迁碑》；元代四面刻字的《老索神道碑》；明代理学家王阳明的《大草碑》以及清代帝王康熙、乾隆、嘉庆、道光的御笔碑；还有集怀素、褚遂良、颜真卿、米芾、赵孟頫、董其昌等六家八种笔法的《莲池书院法帖》等，真可谓墨宝荟萃。

保定古莲花池

古莲花池不仅汇集我国碑刻艺术之奇葩，还彰显了我国历史悠久的佛教文化。为数众多的佛教经典自然为古莲花池的佛教文化胜景增色不少，而一套至今仍旧保存完整的《大清三藏圣教真经》，实乃精品中的精品。

《大清三藏圣教真经》是我国唯一一套保存最完整的佛教经书的总集，全集总共七百二十四函，七千二百四十卷，被誉为我国佛教经典中的稀世珍籍。

清光绪二十六年（1900 年），八国联军侵占北京城，慈禧太后携光绪连夜出逃至西安，于第二年"议和"后回京。光绪二十九年（1903 年），慈禧绕道保定到西陵祭祖，直隶总督袁世凯为讨慈禧欢喜，命保定知府建造一座富丽堂皇的行宫。在征召的巧匠中有个老木匠，听说是为慈禧建行宫，就出了个主意来奚落她。

慈禧来到保定后，由知府陪同看戏，忽见楼顶有一个莲叶托着的大寿桃，雕得可真是巧夺天工。于是她笑问知府，这是谁雕的。狗官看见慈禧高兴，忙说是自己派人为慈禧准备的。慈禧一听非常高兴，还吩咐太监打赏工匠，而工匠们却暗暗偷笑，原来这是在骂慈禧在八国联军攻入北京时连（莲）夜（叶）脱（托）逃（桃）。

后来有人把这事报给了慈禧，她气得连拍桌子，让人把保定知府捉来。保定知府知道大事不妙，跪在地上，磕头如捣蒜，请求饶命。慈禧大骂道："是谁刻的莲叶大桃，找不出人来要你狗官的脑袋！滚！"慈禧和保定知府想把工匠们全给抓来，可又怕官逼民反，拆掉戏楼，又怕后人耻笑，最后也只得是哑巴吃黄连——有苦难言了。

旅游小贴士

怎么去：保定没有机场，不过因京广线路经而火车运输发达。在保定市内乘1、4路公交车可达。

观光：周边景点有直隶总督署、保定陆军军官学校、大慈阁。

美食：保定的饮食为北方风味，特点以浓香为主。驴肉火烧、白运章包子、马家老鸡铺卤煮鸡、义春楼白肉罩火烧等是必吃的保定特色小吃。

住宿：保定城不大，城区属于环线围绕的传统结构，各种住宿选择也很多，例如保定电谷锦江国际酒店位于朝阳北大街1888号。

购物：保定有三宝：铁球、面酱、春不老。"保定铁球"（俗称健身球）；"保定面酱"是理想的烹饪调料；"保定春不老"，又名"雪里红"，一种常见蔬菜。

广东清晖园

"千顷鱼塘千顷蔗，万家桑土万家弦"，一代大诗人郭沫若先生，生动而又传神地描述了这座集明清文化、岭南古园林建筑、江南园林艺术以及珠江三角洲水乡特色于一身之胜景——清晖园。

清晖园位于广东省佛山市顺德区大良镇华盖里，故址原为明朝万历丁未状元黄士俊宅第，后当地龙氏碧鉴海支系二十一世龙应时得中进士，将其买下。龙应时长子龙廷槐于清乾隆五十三年（1788年）考中进士，后辞官南归，筑园奉母。嘉庆十一年（1806年），其子龙元任请江苏武进士、书法家李兆洛书写"清晖园"三字于正门上方，以喻父母之恩如日光和煦照耀。其后，经他的儿子龙景灿、孙子龙诸慧一门数代继续精心营建，几经修改加工，至民国初年，全园格局始臻定型。

清晖园内水木清华，幽深清空，景致清雅优美，利用碧水、绿树、镂窗、石山、小桥、曲廊等景致与亭台楼阁交相辉映，充分展现了我国古代建筑、园林、雕刻及诗画之美，尤其突显了我国古园林庭院建筑中"雄、奇、险、幽、秀、旷"的特点。

"未出土时先引节，凌云到处也无心"。碧溪草堂此副砖雕题跋，让人似见园林主人之前而听其教诲。草堂明间专设一座镂空疏竹木雕圆光罩，其工艺精湛且古色古香；两侧由九十六个"寿"字组成的"百寿图"，个中缘由大可让观赏者驻足猜测，如能从中悟出龙氏对儒家之道的另类见解，不失为一文趣。

船厅集清晖园之精粹，别具粤中特色的舫屋与楼厅，木雕镂空的双面图案，还有那看似在缓缓蠕动的石刻蜗牛，倚栏于碧波涟漪的青青池塘之上，宛若泛舟在蕉林浓密、竹荫蔽天的水乡。

广州清晖园

　　船厅南楼之对联"楼台浸明月，灯火耀清晖"，让人心旷神怡。晶莹若玉，芳香四溢的玉堂春，以及罕见的百年紫藤、九里香、米仔兰、佛肚竹等，欣欣向荣，令人身心愉悦。

　　"风过有声皆竹韵，明月无处不花香"，清晖园竹苑正门上的这副对联，点出了其北部景区的雅静风貌。竹苑的格局呈现出楼屋鳞毗、假山阻隔、巷院相通的特点。穿过形似圆月的正门，"梦笔生花馆"映入眼帘，狭长的大型璧山，山势起伏，玲珑浮凸，线条感十足。

　　竹苑景中有景、园中有园，别有洞天的"归寄庐"不禁让人体会到"采菊东篱下，悠然见南山"的情怀。竹中有石，石上有兰，富贵中不乏清新雅致。在如此浓郁文化气息的熏陶下，怎不令人浮想联翩？

　　相传修建清晖园时园主请了顺德的一位十分聪明的工匠来雕刻《百寿图》。由于设计的工匠一时疏忽，每边只排下四十八个寿字。在验收时，园主怎么也数不出一百个寿字出来，非常生气。这个聪明的工匠灵机一动，说道："老爷，之所以这样安排，是因为我们中国人讲究寿不能满，满招损。'九'就是'久'，'六'就是

'禄'，'九十六'也就是'福禄长久'的意思。九十六个寿字那是明摆能看见的，还有四个是藏起来的，藏寿也就是长寿。左边四十八个小寿字，合起来就是个大寿字，右边亦然。还有一个寿字就藏在您身上；而我为您刻《百寿图》也想长寿，不能把'寿'字用尽了，所以最后一个寿字便藏在我身上。"

园主听到这样的解释非常高兴，重赏了工匠，也避免了一场矛盾。

> **旅游小贴士**
>
> 怎么去：搭乘火车前往佛山，市内乘坐禅顺专线、大勒专线，2、5、6、7、9、11、222、263 路城巴均可到达。
>
> 观光：周边景点有西山庙、宝林寺等。
>
> 美食：九层糕、西樵大饼、得心斋酝猪蹄、盲公饼、陈皮烤鹅掌、核桃鱼白田鸡片、花油鸡肝卷、蟠龙大鸭、陶都鸳鸯鲩鱼、石湾鱼腐等都是佛山当地很受欢迎的美食。
>
> 住宿：佛山既有背包客钟情的客栈，也有经济实惠的连锁酒店，当然不乏星级酒店，可以满足游客的多种需求。
>
> 购物：陶塑（石湾公仔，石湾素有"南国陶都"美誉）、雕刻（木、砖、玉、牙、骨雕等）、塑扎（纸扎、纸塑、腊塑等）、绣花（即四大名绣之一的广绣）和剪纸合称为佛山历史上的"五朵金花"，是馈赠亲友的佳品。

扬州何园

"归去来兮……登东皋以舒啸，临清流而赋诗"，此乃何园故名的旧意，因而何园又名"寄啸山庄"，由清光绪年间湖北汉黄道台、江汉关监督及清政府驻法国公使何芷舠在原清乾隆年间双槐园的旧址上所造。

何园位于江苏省扬州市徐凝门街 66 号，于 1988 年被国务院授予第三批全国重点文物保护单位。始建于清同治元年（1862 年）的何园，占地 14000 余平方米，建筑面积 7000 余平方米，园内有两株大槐树，相传为双槐园故物。

光绪九年（1883 年），园主归隐扬州，购入吴氏片石山房旧址，将其扩入园林。何园巧妙地引入西方建筑元素，并借鉴中国皇家园林和江南私家园林的筑园艺术，故被中国文物学会会长、园林泰斗罗哲文先生称其为"晚清第一园"。

读书楼，顾名思义，即为何氏家族各代子孙读书学习之处。谓之奇，一是其别具匠心的建筑风格让人生奇，二是从此处走出了众多达官贵人、文人大家。

据悉，读书楼是何园主人何芷舠的大公子何声灏当年读书的地方。上此楼，要绕过东侧三段小路，寓意"书山有路勤为径"；楼前为用鹅卵石铺成的水波纹地面，寓意"学海无涯苦作舟"。

作为何氏家族文脉象征的翰林公子读书楼，代表着何氏家族厚学重教、诗礼传家的优良门风。据说何家门风影响下的子孙后代，传承祖辈遗志，从这读书楼内走出了众多翰林、画家、院士等名士。

位于何园西园的同仁馆因其特有的文化内涵，而有别于同园的其他楼阁建筑。

以"同仁"为名，是为了纪念曾在此创办的一所学校——同仁中学。当我们轻步慢行于馆阁之间，曾经的琅琅书声，仿佛还在耳边回响。它作为海峡两岸和世界各地的莘莘学子永不忘怀的一片绿洲，至今仍是联结海峡两岸和世界各地炎黄子孙的一条金色纽带。

丰厚的文化底蕴，别具的风格特色，造就了何园诸多"天下第一"。其中，"天下第一廊"专指何园的复道回廊，其上下两层，或直或曲，贯穿全园，被誉为"中国立交桥的雏形"；而被称为"天下第一窗"的是复道回廊上的花窗带，其造型宏伟，为园林花窗之罕见极品；水心亭被誉为"天下第一亭"，是中国仅有的一座水上戏台，在其上轻歌曼舞，借助水面与走廊的回声，共鸣之响不绝于耳；"天下第一山"即为片石山房，作为石涛大师叠石人间的孤本，其景致独步天下，无出

晚清第一园——扬州何园

其右。

自古中华民族的传统美德就非常重视"忠孝两全"，何园主人何芷舠在官居一品，事业如日中天之时，急流勇退、明哲保身，虽有逃避之嫌，但在当时的国情下，实已尽忠则也。而当他修建偌大一个园子，亭台楼阁，水榭山石，带着儿孙孝敬老母之时，实为尽孝则也。

"书山有路勤为径，学海无涯苦作舟"，翰林书楼两侧的对联，表现了园主对于子女教育的重视。而何氏家训中"将功名富贵四字置之度外"，"何必入仕然后谓之能行"，则充分说明了何氏家族在因材施教方面起到的典范作用。人才辈出的何氏家族，使得人们不得不对这座故园充满好奇。

旅游小贴士

怎么去：搭乘火车到扬州，在扬州火车站附近坐22、26路公交车到扬州汽车西站。扬州汽车西站坐游1、游2、19路公交车到何园站下即到。

观光：周边景点有瘦西湖、个园、史公祠等。

美食：扬州菜以"三头"（拆烩鲢鱼头、扒烧整猪头、蟹粉狮子头）为代表，更为出名的是扬州的小吃：三丁包子、千层油糕、双麻酥饼、翡翠烧卖、笋肉锅贴、扬州饼、蟹壳黄、萝卜酥饼、鸡丝卷、三鲜锅饼、桂花糖藕粥、三色油饺、四喜汤团、生肉藕夹、豆腐卷等。

住宿：扬州是座旅游业发达的城市，酒店设施良好，住宿选择多种多样，游客可根据自身需要来选择。

购物：扬州的玉器、漆器被称为"二绝"，其制作工艺考究，是馈赠佳友的上品。此外，扬州剪纸和扬州盆景也很有名。

苏州静思园

"富而思进，静以致远"，由著名社会学家费孝通先生闻之欣然命笔的园名，为静思园的历史又载入了一记重笔。

静思园位于苏州同里古镇往西3公里处，据史书记载："庞山湖南北二十里，东西五六里，自七里港以南，甘泉桥以北，凡西来之水越运河而东者，无不如焉"。湖水北入吴淞江，南入淀山湖，盖泄太湖下流之要处。清朝末年，这里水利失修，疏浚不继，淹废淤塞。至之民国，围湖造田，遂成滩涂。建国之后，躬逢盛世，政通人和，百业俱兴。故园主戴明清厅堂雕梁门楼，采花石纲老坑灵璧巨石，集吴地

苏州静思园

工匠之众长，成今之静思园也。

静思园占地约百余亩，其间风亭雨楼，山石相间，湖水渺渺，荷莲浮动，漫步其中，感受大自然的鬼斧神工，此等奇景无以复制。

静思园中陈列着无数由5亿年前火山喷发岩浆冷却后形成的"灵璧石"，被誉为中国最为著名且难得的奇石。而作为静思园镇园之宝——庆云峰，奇石收藏界人士更是叹为观止。

"庆云峰"体高9.1米，重达136吨，更让人称奇的是，奇石通体有1600余个洞孔，而且孔孔皆通。如果于峰底举燧，则千窍生烟；而又于顶端注水，则出现千泉泄玉之壮景。据历史考证，"庆云峰"为灵璧宋花石纲老坑遗物。

中华民族历史文化可谓源远流长，而在中国建筑文化艺术中占有一席之地的明清建筑，在中国文化史上写下了重重的一笔。

静思园中的明清宅第区，坐落着一片坐北朝南的庞大建筑群，在沿袭古典园林建筑原则的同时，突显了江南园林独特之美。门厅、轿厅、静远堂、小姐楼、走马楼等个体建筑有机组合，当你置身其中，曲房深户，淡雅幽静之感油然而生。

"庆云峰"作为静思园镇园之宝吸引着众多游客，而它所代表的是中国传统的奇石文化。

奇石文化的传承，在中国有着悠久的历史，欣赏奇石、收藏奇石、雕刻奇石，是奇石文化的重要组成部分。而静思园的奇石展览馆为奇石爱好者提供了难得的场所。展览馆汇集精品名石百余件，虎啸、狮吼、迎客松、紫云峰等，应有尽有，在品鉴赏玩之时，无不惊叹大自然的鬼斧神工。

静思园自 1993 年破土动工兴建，历经十个春秋，直至 2003 年正式对外开放，这其中饱含了园主陈金根的一腔心血。

这是一座由当地民营企业家陈金根造出的"江南第一园"，在占地一百余亩之内，90%以上的器物皆为从各处移来的古宅文物，实乃令人叹为观止。而据陈金根自述，建园一为儿时的梦想，二则在于回馈家乡和社会。如今的静思园，已是江苏的"一张名片"，而陈金根耗资 4.5 亿元兴建的这园林每年吸引了上百万的旅游客流，为整个吴江带来无比巨大的旅游收入。

旅游小贴士

怎么去：乘飞机、火车抵达苏州后，在苏州汽车南站或北站乘坐直达静思园的班车，每 15~20 分钟一班。

观光：周边景点有同里、周庄、甪直等古镇。

美食：可在观前街、凤凰街、太监弄等商业街品尝苏州名菜和小吃。名菜有松鼠鳜鱼、响油鳝糊、蟹粉蹄筋、太湖莼菜汤等。小吃有苏式鲜汤面条、松子糖，虾籽鲞鱼，枣泥麻饼，方糕、定胜糕等。

住宿：可选择在吴江市内住宿，这里推荐与静思园只有一墙之隔的静思园豪生大酒店，住宿环境清幽，设施齐全，非常便利。

购物：苏州的名茶碧螺春、苏绣、微型雕刻、苏扇、苏裱、桃花坞木刻年画、苏州湖笔、剪纸等都可在景区附近买到。

苏州留园

留园位于江南古城苏州，是全国重点文物保护单位。留园充分体现了古代艺术家的卓越智慧、高超技艺及江南园林建筑的艺术风格和特点，与苏州拙政园、北京颐和园、承德避暑山庄并称全国四大名园。始为明万历二十一年（1593年），太仆寺少卿徐泰时所建，时称东园。

清嘉庆时归刘恕，名寒碧山庄，俗称刘园。同治年间盛旭人购得，重加扩建，取"留"与"刘"的谐音，始称留园。

1961年，留园被中华人民共和国国务院公布为第一批全国重点文物保护单位之。1997年，包括留园在内的苏州古典园林被列为世界文化遗产。

如果说苏州是全国最负盛名的风景区之一，那么留园就是苏州风景中最令人惊叹的一幕。留园内建筑的数量在苏州诸园中居冠，厅堂楼榭、曲院回廊、洞门粉墙等建筑与杂莳花竹，水池清涟相互辉映，奇巧甲于江南。到了留园，"留园三绝"不可错过。

留园内的冠云峰是太湖石中的绝品，集太湖石的"瘦、皱、漏、透"四奇于一身。

相传这块奇石还是北宋末年花石纲中的遗物。北宋末年，北面金兵来袭，但宋徽宗却在东京城内大兴土木，并要在全国范围内征集奇花异石，为此特地在苏州设立了苏杭应奉局，专门负责搜罗名花奇石。苏杭应奉局的主管朱缅，在民间大肆搜刮，谁敢反抗，就以"大不敬"治罪。他的暴行终于激起了方腊农民起义，与方腊起义军相应，苏州地区也爆发了农民起义。

不久，北宋政权为金所灭，宋徽宗被俘，冠云峰就是未来得及运走的花石纲。

苏州留园

楠木殿是对"五峰仙馆"的俗称，"五峰"因李白的"庐山东南五老峰，晴天削出金芙蓉"而得名。楠木殿内众多家具虽错综复杂，陈设有序，但典雅繁美。仙馆东面设一列装饰简洁精雅的窗户，把窗外的风景借鉴进来，拓展了厅堂的视觉空间，使光线更加充分。

因此，我们走进五峰仙馆没有像以往走进其他老房子那样，感觉阴暗、压抑，相反会感觉宽敞大气。五峰仙馆的建筑用材非常奢华，梁柱全部采用楠木，并采用红木银杏纱制作屏风，可惜的是这座宝殿在抗战时遭到严重破坏。

留园的五峰仙馆内保存有一件号称"留园三宝"之一的大理石天然画"鱼化石"。走进仙馆，只见一面大理石立屏置于墙边，表面中间部分隐隐约约被群山环抱，悬壁重叠，上部白云飘飘，下部流水淙淙。正中上方有一轮白白的圆斑，就像太阳或一轮圆月，这是自然形成的一幅山水画，可谓是鬼斧神工，妙不可言。

园内原本有一瑞云峰，有诗言"高三丈余，研巧甲于江南"。关于这座峰，还有一个美丽的传说。

据说当年一位叫作朱缅的朝臣在太湖中发现了两块造型奇特异常漂亮石头，并分别命名为"大谢姑"和"小谢姑"。

朱缅将"大谢姑"运往东京送于皇上，深得徽宗的喜爱；可那个"小谢姑"就没那么幸运了，竟然在装船启运过程中突然连船带石沉没于太湖深处！

看到心爱的宝贝眼睁睁地消失了，朱缅自然非常惋惜痛心，派了很多人去打捞寻找，结果都没有找到。过了几十年，明朝吴县一个姓陈的人竟然在西洞庭山找到了"小谢姑"！可奇怪的是，陈先生正准备运往苏州时，突然船漏舱破，"小谢姑"又落入湖底，再次失踪！聪明的陈氏赶紧找人在石沉处四周筑成堤围，才将"小谢姑"取出水。

后来浙江董氏花巨资从陈氏手中买下这块奇石后，运输途中，运石船又沉没了，打捞上来后，董氏将此石赠给女婿徐泰时。徐泰时将此石置于自己的"东园"内（现留园的一部分）。"小谢姑"终于不再失踪，有了自己的归宿，这就是现在的瑞云峰。

🏍 旅游小贴士

怎么去：乘飞机、火车抵达苏州后在市区乘坐游1、游3、游5线或6、7、22、33、44、70、85、88、91、317路公交车直达留园。

观光：苏州市内其他景点有拙政园、山塘街、虎丘、观前街等，周边有周庄、同里、昆山。

美食：不能错过的苏式美食有太仓肉松、太湖银鱼、阳澄湖大闸蟹和各种苏式糕点。

住宿：苏州高、中、低档酒店众多，可选择在景点分布密集的苏州古城区内住宿。

购物：苏州的名茶碧螺春、苏绣、微型雕刻、苏扇、苏裱、桃花坞木刻年画、苏州湖笔、剪纸等深受欢迎，是游客必买的珍品。

狮子林

到过承德避暑山庄，那里有座文园狮子林，虽然层层叠落的湖石仍精巧生动，可惜经历岁月侵蚀，现在的建筑已为后世所重修，不复当年之境况。也曾听说，在北京西郊被侵略者焚毁的"万园之园"圆明园中，同样有一座叫狮子林的园中之园，但它到底是什么样子，现在已经无从得见了。不过这两座昔日高贵的皇家园林，都是清朝皇帝巡幸江南后所仿造，它们的原型出自苏州城内那座同名的私家园林。到苏州狮子林一观，所有遗憾也就烟消云散了。

狮子林并不很大，那一弯池水就已占去全园的三分之一，似乎一眼便可尽览。然而那环绕池水而建的假山，湖石玲珑，奇峰林立，却一眼望不到头。太湖石的"皱、漏、瘦、透"之美，在这里随处可见，其中甚至不乏从各处搜集而来的宋代花石纲遗物。都说"卢沟桥的石狮子——数不清"，终究只是夸张之说，毕竟有个定数。然而狮子林里千姿百态的石头，如狮子起舞之状，未必形似而求神似，若要细数却是徒劳。如"含晖""吐丹""玉立""昂霄"诸峰，活灵活现，引人浮想联翩。

那些穿行于假山之间四通八达的小径，曲折盘旋，洞壑众多，置身其中如入迷阵。往往"山穷水复疑无路"，却突然"柳暗花明又一村"，出口处正是各处厅堂楼阁，如燕誉堂、见山楼、荷花厅、问梅阁等。然而这些园林里司空见惯的景致，在狮子林里似乎都成了忠实的点缀，如此精妙的造园艺术，或许也只能在苏州城里得以一见。

狮子林的得名，也正是因为这满园的狮子。此园最初是元代僧人天如禅师为纪念他的恩师中峰神僧而创建的菩提正宗寺中的后花园，该寺又因中峰原住天目山狮

避暑山庄文园狮子林

子岩而称狮林寺。明代洪武年间大书画家倪瓒途经苏州，曾参与造园并题诗作画，使狮子林名声大振。清代乾隆年间此园才成为私产，与寺院隔绝。

1917年，颜料买办商人贝润生（世界著名建筑设计大师贝聿铭的叔祖父）从当时的民政总长李钟钰手中购得此园，经九年扩建，仍命名为狮子林，这就是今天所能见到的格局。园东之贝氏家祠、族学和住宅，就是贝聿铭童年生活过的地方，对其后来的建筑作品有神似的影响。贝润生病故后，狮子林由其孙贝焕章管理，建国后将此园捐献给了国家，成为苏州园林里一颗璀璨的明珠。

旅游小贴士

简介：园旁房舍之内设有苏州民俗博物馆，展示苏州的民间服饰、习俗、节日、婚嫁等，免费开放。

到达：苏州市内乘多路公交车可达。

周边景点：拙政园、留园、网师园、沧浪亭

东莞可园

　　身在北京，我见惯了北方的皇家园林，占地广阔，不惜堆山挖湖，恨不得将人间美景尽揽一园，那种磅礴和大气，似要仰视方可得见。

　　我也曾几度到江南，游览过苏扬一带的私家园林，虽然小巧玲珑，却也处处假山叠石，曲池流水，隐隐透露出一份文人的儒雅之气，让人流连其间。

东莞可园

　　岭南有园林吗？这个问题，对于生于斯长于斯的我来说，曾经也是一无所知。也难怪，虽然和北方园林、江南园林并列为中国三大园林类型，然而在中国四大名园之中，岭南园林竟无一席之地。而清代广东四大名园，恐怕就连长居于此的本地人也未必知晓，外人更大都闻所未闻了。

东莞可园是其中最具代表性的一座，不明"可"为何意，是前人所赞"可羡人间福地，园夸天上仙宫"，还是后人认为"可堪游览"？巧合的是北京和苏州都有可园，大概各自所指并非一回事，而彼此风格，也是大相径庭。

园主对"可"可谓情有独钟：主体建筑称可堂，青砖灰瓦，四根红石柱并列堂前，气派不凡；待客之处为可轩，又名桂花厅，室中埋有铜管，由人从隔壁鼓风，颇似"人工空调"；厅后邀月阁又名可楼，楼高四层，曾是东莞最高建筑，登之可览全园景色；所有亭台楼阁、堂馆轩榭，都以环碧廊连为一体，临湖有可亭延伸入可湖。只要主人喜欢，有何不可？

可园湖

可园创建人张敬修，虽曾官至江西按察使署理布政使，却是例捐所得，身为武官却镇压太平天国不力，只顾自己敛财，终究被免职回乡。他的为官政绩不怎样，却精通琴棋书画，倒也人尽其才。他曾购得一方有 1300 年历史的唐朝古琴，珍藏于绿绮楼中，可惜子孙无能，家道中落，最终没能留住，据说如今流落到了香港。

张敬修的幕宾中也不乏能人，作为岭南画坛先师的居廉、居巢，曾在可园的草草草堂客居多年，创立了花鸟画中撞粉、撞水法。二居还在可园双清室的五彩玻璃上，留下了一首篆字诗，虽仅存不到十数字，却也弥足珍贵。想来这种在西洋的舶来品之上撰写中国传统书法的作品，就是在名闻天下的江南园林也难觅踪迹。岭南文化在吸取外来元素方面，确实先行一步，无怪乎近代在这片方寸之地上，竟诞生出如此之多睁眼看世界的先行者。

可园所在的村庄早已处在东莞市区的包围之中。当年的小县城，如今已是经济发达的中等城市。我曾经和很多人一样，以为广东只是在改革开放之后才发展起来的，经济发达而文化欠缺。一座可园，足以扭转人们的这一观念误区，而岭南文化所拥有的，绝不仅仅只是一座可园。

旅游小贴士

简介：可园建有博物馆，是了解岭南园林和岭南画派的好地方。

到达：从东莞市区乘多路公共汽车或旅游专线到达。

周边景点：南社和塘尾村、虎门炮台及销烟池

第六章　古城游

赣州古城

"郁孤台下清江水，中间多少行人泪。西北望长安，可怜无数山。青山遮不住，毕竟东流去。江晚正愁余，山深闻鹧鸪。"辛弃疾的这首《菩萨蛮》让郁孤台和赣州早在宋代就声名远扬。位于赣江起点的赣州扼赣闽粤湘之要冲，自西汉初年建制至今，已有2100多年的历史，它曾凭借三江直达鄱湖长江的黄金水系和岭南古驿道之便，留下了"南方丝绸之路"的美名。荷兰人约翰·尼霍夫的《荷使初访中国记》，对三百多年前赣州古城面貌有过详细记录，他以中国最著名的城市来称呼赣州。如今，赣江畔的这座城市依然保持着它最初的灵秀和质朴，而老城内保存完好的处处古迹，默默述说着近千年的沧海桑田。

雄伟壮丽的宋代古城墙在江边蜿蜒将近四千米，城砖上历代铭刻的文字记录了古城的兴衰和嬗变。八境台矗立在章江和贡江水汇合之处的古城墙上，多少文人骚客在此大抒诗情。郁孤台上苏东坡、黄庭坚等人的题咏犹在，当然最慷慨而不可一世的要数辛弃疾，因此公园里立起了他的雕塑。一百余艘木舟组合而成的建春门浮桥连接着江水两岸，已与古城相伴有八百多年。还有开创于唐末的通天岩石窟寺，岭南建筑风格的古代县学遗址文庙，宋代知名瓷场七里瓷窑，由宋沿用至今的城市排水系统福寿沟，以及灶儿巷的客家民居和具有浓郁客家风味的采茶戏。随着对这个小城的了解逐渐加深，我对它的喜爱也越来越多，我甚至觉得，这就是自己追寻了多年的新西兰著名作家路易·艾黎曾见到过的中国最美的小城。

赣州古城正面

春节前夕，再一次的夜班火车，将我带到了赣州。上一次到赣南是五年前的初夏，五年过去了，走在熙熙攘攘的街巷，赣州在我眼里依然如故，热情、好客、质朴、简单，仿佛回到了儿时的故乡。古城所在的区域如今被命名为"章贡区"，它与新城分而独立，保持着自古以来的风韵。住在厚德路的赣南宾馆，安静又整洁的政府招待所，地处赣州古城，方便四处步行游览古迹，也方便寻觅美食。

清晨去了文庙，现存文庙建筑群为乾隆年间所建，典型的岭南风格建筑，整体布局和主要建筑均保存完好。东侧是慈云寺及其附属建筑舍利塔，西侧有武庙与其隔街相望。在庙里四处走动观看拍照，平行轴线对称的主体建筑多用朱红色，与周边墨绿的树林交相辉映，地面低陷的灰砖展示着修建年代的久远，庙门口的石狮子，有一只已被抚摩得光滑而看不清五官，有人在一座石碑前虔诚作揖，我没去惊动她便出了门。

如今文庙两侧分别有一所中学和一所小学，我正好遇到学校里的学生在排练采茶戏。她们穿着鲜艳的衣裙，手上拿着扇子，和着音乐边跳边唱。我听不懂她们所唱何意，但大概知道这采茶戏用的是当地方言，唱得多是乡村的日常生活。采茶戏也在非物质文化遗产名录之列。我远远地听了看了一阵，想着来年有机会一定要好好欣赏。

赣州古城墙

冬日的阵雨下了一会儿便停了，从避雨的建春门城墙上往下俯瞰，江面上起了水汽，烟雾缥缈，水面上百来只木舟做桥基，其上架木板为桥身，名副其实的浮桥，行人来来往往，有挑了担子的中年妇女，有背着书包的学生，有老态龙钟的白胡子大爷。江边的渔船上人们正在收拾刚打上来的鱼，大大小小装了满盆，也有前些时候晾干了的鱼，整齐地挂在迎风的绳子上。水边的空地上一字排开几个小摊，售卖的是一些日常生活用品和一些孩子喜欢的小玩意儿，有点儿跳蚤市场的意思。

收回眼光眺望远处，城墙延伸到烟雾笼罩着的遥远的江边，树木和亭台楼阁影影绰绰地浮现，恍如仙境。

我拉着同伴在巷子里逛来逛去，见到路边的小店或小摊就上前询问有什么好吃的，同伴跟我说儿时伙伴存钱上街吃清汤的故事，那是多么奢侈的事情啊！大半天的时间里，米粉鱼、肉丸、炸豆腐、炒粉还有清汤，我们热热辣辣地吃了一路，最后还买了一堆水果，赣州的脐橙可是闻名全国啊。

后来我还去了灶儿巷，这是古城街道的活化石，巷子经历了赣州古城自唐宋至清的变迁，至今还保留着宋时的区划和走向，民居、店铺、作坊、宾馆、钱庄、会馆、衙署等都还是旧时的模样。由于许多衙役曾住在这里，他们身穿衙门统一的黑色服装，即皂色，因此被称作皂役，他们住的这条巷子也就称为"皂儿巷"，后来谐音变成了"灶儿巷"。

雨后的街巷十分清新，潮湿的鹅卵石地面带着泥土的气息。作为江西客家人聚居之处，赣州古城里保留着典型的赣南客家风格建筑，质朴一如这里的客家人，而巷子里也能见到赣中天井式建筑、徽州建筑以及西洋式建筑，共同述说着古城千年历史与辉煌沉淀下来的包容和丰富。

🚗 **旅游小贴士**

简介：赣州古城区和新城区相对独立，在古城区住宿是较好的选择。

市区内交通便捷，公交车和出租车都比较便宜。

赣州菜肴口味偏辣和酸，古城内米粉鱼、米线等各种风味小吃值得品尝，脐橙和柚子等水果也是赣州特产。

到达：乘汽车和火车到达赣州都非常方便。赣州机场的航线和航班都比较少，不建议选择乘飞机。

周边景点：龙南县的客家围屋、小武当山，定南县的九曲十八滩

镇远古城

　　美丽的古镇镇远，位于贵州省东部，地处湘黔两省的怀化、铜仁和黔东南三地区五县接壤交汇之处。

　　镇远古城历史悠久，自秦昭王三十年就已经在此设县，至今已有 2280 多年的置县历史。在两千多年的历史长河中，镇远积累了悠久厚重的历史文化和众多瑰丽的文物古迹和绚丽多姿的民族文化。

镇远古城全景

　　镇远不仅交通便利，更是美丽的低碳示范基地，秀美的景色中渗透着浓厚的历史氛围，让整个古城显得古香古色，1986 年镇远古城被国务院批准为中国历史文化名城。

古城镇远有"传统文化迷宫"之称，这里不仅文化丰富深厚，而且有着如山水画般的秀丽景色。游览镇远，在宁静中回顾历史，在美景中体味自然，所见所享绝非喧闹的城市所能有的。

潕阳河阳河风景区以潕阳河水系为纽带，形成了多系列、多组合的自然景观。

潕阳河蜿蜒而下，河面宽广犹如湖面，两岸尽是青山绿水，瀑布与泉水沿着山间缝隙顺流而下，仿佛是一个顽皮的精灵跃然山间。

潕阳河自西向东呈 S 形，蜿蜒贯通全城，形成了"九山抱一水，一水分两城"的奇妙景致，山、水、城浑然一体，耦合成独特的太极图样，因此被称为"太极古城"。

镇远古城一角

传说景区内有喊泉神灵，有喊必应，呼之水出，止呼水隐；而景区内的石峰形如"孔雀开屏"，形态逼真。美丽的潕阳河仿佛一匹巨大而美丽的绢帘，挂于镇远古镇，多彩而迷人。

铁溪景区地处镇远古城东北角 4 公里处，这里有甘溪、马路河、龙池、翁仲河、独柱峰等景点，景致各有千秋。

以翁仲河的溶洞奇，宝蓝的龙池水深不可测，以及葱郁幽深的森林和峡谷令人神往。

铁溪的名山胜水早在五百年前就吸引了众多南来北往的游客，许多名人雅士曾到此游览逗留。吴敬梓在其文学名著《儒林外史》中也提到过铁溪。

若你化作名著笔下的客人走进铁溪，一条清澈的小溪在你的脚下欢快地流淌着，两岸农家山庄遍布，据考评，铁溪景区的农家山庄规模在贵州省是最大的。走进农家吃一餐正宗的黄焖鸭子，配上七八碟当地无公害无污染的绿色小菜，荤素搭配，再喝点小酒，神仙也不过如此快活罢。

镇远有座"祝圣桥"，是明朝洪武年间修建，传说这座桥的修建与张三丰有关。

据说修建桥的时候，由于桥墩底下淤泥太厚，无法挖到地底，工程就此停顿，张三丰见此说，基脚可以不用挖了，只是还差一样东西，于是他到街上买来一篮豆腐撒到桥墩上。第二天工人一看，桥墩底下是一块大青石，桥墩建在大青石上，非常稳当。

镇远有个贪官知府老爷，由于经常搜刮民脂民膏，长得肥胖不堪。祝圣桥建成，贪官知府要来"踩桥"，想借此炫耀自己。张三丰知道这件事后，急忙来到桥头，看见知府老爷一摇三摆，装腔作势，正准备踩桥。他大喊一声："不准你踩桥！"胖老爷吓得连退几步。张三丰告诉他有位仙人马上就要由此路过，他要先退到后边的岩坎上回避，仙人过后他才能踩桥。胖老爷听说仙人要过路，连忙爬上桥西头的一块岩坎后面，还探头探脑地张望，想看看是哪路仙人。

这时，张三丰施展法力，将胖老爷定在了岩坎后面，直到今天仍然可以在祝圣桥西头的岩坡上看到"他"。

旅游小贴士

怎么去：可在贵阳市乘坐火车或旅游专线巴士前往。

观光：周边可游览景点丹寨、黎平县八舟河、苗族之乡凯里、施秉云台山风景区、肇兴侗寨和黔东南芭沙等。

美食：镇远的小吃丰富而有特色，口味以酸辣为主，如酸汤鱼、豆花火锅、辣鸡面、恋爱豆腐果、丝娃娃、荞凉粉、锅巴粉、侗家杨瘪干锅等。

住宿：镇远县的住宿选择有很多，价格一般在100~400元之间。这里推荐有当地特色的住宿点——高过河三寨村，房间设施齐全，酒店设有土家、苗家、侗家族特色餐厅，每日还会举行篝火晚会。

购物：当地用黄牛肉腌制的肉干、猕猴桃干、姜糖既营养又风味十足，工艺独特而精致的苗族银饰、报京侗族服饰和刺绣也值得购买，还有贵州青酒、天印贡茶和陈年道菜都是有名的镇远特产。

泉州古城

五千年前新石器时代的繁衍，三千年前青铜时代的发展，"海滨邹鲁"的名号，被称为"音乐活化石"的南音和梨园戏，闻名中外的提线木偶和掌上木偶（布袋戏），"万国宗教博物馆"，郑和下西洋……就算这些都忽略不计，仅"海上丝绸之路"就给泉州留下了道不完说不尽的故事。《马可·波罗游记》中对泉州的赞美，更让人对泉州向往不已。"地下文物看西安，地上文物看泉州"，泉州人住的老屋是文物、渡的石桥是文物、逛的小街是文物、拜的寺庙是文物，处处透出一个"古"字。

单单是历史悠久不足为奇，泉州的妙处还在于她无处不在的人情味。那些跌跌宕宕的街巷，石板路，红砖墙，翘屋檐，朱门深锁。清静的承天寺，大气的开元寺，肃穆的清净寺，文庙的灯会，古老的顺济桥，热闹的状元街，清静的聚宝街，西街，东街，打锡街，中山路的钟楼。小城里肃穆的寺庙紧挨着热闹的居民区，宗教与俗世仅一墙之隔。美食一条街聚集了大多数当地的风味小吃，状元街上则全是酒吧，茶馆开在古旧的大厝里，清源山上的夜宵一直吃到午夜。

除了故乡和居住的城市，这个小城是我最熟悉最热爱的地方，记不清有多少次徘徊在老城的街巷里舍不得离开，尤其迷恋那几个去处，依依不舍。

泉州崇武古城牌坊

南门曾经是泉州最繁华之地，街名就足以说明：聚宝街，昔日的繁华和如今的清静；万寿路，朴实平常的李贽故居；顺济桥，犹如新桥恋人的定情桥；天后宫，供奉着神仙姐姐林默娘。那是道让人迷恋的城门，夜深时攀上城墙，站在高处看暮色中的泉州，把自行车扔在聚宝街边，爬过已封闭的顺济桥头，走到那座古老的桥上，透过残缺的栏杆看黑暗中的河水如何被夜色和灯光点燃。

李贽故居装修过了，做了块大牌子放在万寿路入口的一面墙上，很醒目。院子里有故主人的塑像，一个儒雅但倔强的书生。一只猫趴在院里的石碑上，懒洋洋地眯着眼打量我们。我走近，它嗖地起身上了树，在绿色叶子间瞅着我。我走出院门，回头看它上了屋顶，在瓦檐间踱着猫步，好不悠闲自在。夕阳正洒过来，金色光芒笼罩了整个院子。

天后宫边上的秉正石花膏店，说起它只怕很多人要流口水。石花蜂蜜和冰水，还有各式蜜饯、珍珠、水果和豆，可选三种。当然也可以多加钱多选几种。我一口气至少能吃两碗。以前这家店在聚宝街上一间小屋里，夏天每天络绎不绝的人几乎挤破门，现在终于搬了出来。

当然，小城内还有很多美食，像牛肉羹、烧肉粽、面线糊、沙茶面等，看看哪家小店生意最好，进去点上几样旁边有人正在享用的，保准错不了。

清晨的后城最为奇妙。从百源路拐上涂门街，清净寺就在路边。这是我特别喜欢的地方，一面是人声鼎沸的闹市，一面是庄严肃穆的清真寺，一个小小的广场连接了圣地与俗世。坐在寺前的台阶上，恍恍惚惚，是冥想的极好地方。太阳刚刚升起，从清净寺的残垣上射过一缕光芒，给它涂上了金色。清净寺是中国最古老的伊斯兰教建筑，寺里保存了一些拱北，还有一个礼拜殿的遗址。在海原跟当地人聊天，他们有的并不知道福建的厦门和福州，但是一说起泉州，面露虔诚，多是因为这座带有土耳其风格的清真寺。

清净寺边上即是关帝庙。不过清晨六点多，前来烧香许愿的信徒就络绎不绝。年逾古稀的老人和穿戴时髦的女子，点香磕头膜拜的样子一样虔诚。我在边上呆呆地看，感觉自己是闯入圣地的莽撞者。

看过了清真寺和关帝庙，晚上该去文庙广场上听戏。自然是南音，明亮的舞台上几个装扮整齐的女子咿呀唱着，台下是鸦雀无声的一众戏迷。这些年来，我竟然是头一次认真坐在那里听南音。这出戏叫《审月英》，身穿红袄红裤的月英，嗓音婉转动听，身形柔弱婀娜，神态妩媚中带着惆怅，听着听着，我不知不觉就入了戏。

后城的古厝茶馆不可错过，这里被称为泉州的一张名片。古厝意为老房子，是典型的闽南红砖屋，院子里两旁的回廊里安置着竹桌竹椅，很多绿色植物在院子里生长，生机勃勃的样子让人清凉了许多。一只陶缸里养了鱼，几尾红色的小家伙欢快地游弋着。

闽南茶道似乎对姿势要求不那么严，但是讲古的风气很盛。旧时讲古在茶馆里必不可缺，可惜在新派茶馆里几乎绝迹。古厝茶馆的名气，除了年代久远的红砖厝，古色古香的环境，每天下午的讲古也是如今茶馆里难得一见的。刚下午一点，老人们就陆续来了，在院子里坐着聊天、打盹。多是年逾古稀的老人，他们在等着那场"水浒"。讲古的桌子上放着先生的用具，整个院子期待着他的到来。

"此地古称佛国，满街皆是圣人"，泉州在宋元时期是"海上丝绸之路"的起点，世界闻名的贸易大港，政治和经济上的交融带来宗教文化的丰富。许多人到泉州是冲着它的寺院而来的。泉州被称为"世界宗教博物馆"，一是因为拥有宗教流派之多：佛教、道教、基督教、天主教、伊斯兰教、印度教、摩尼教（又称明教），还有极富地方特色的妈祖庙、关帝庙、文庙，几乎所有各主要制度化的宗教都可在泉州找到；二是因为众多宗教教派和教徒在这个小小的城市里能够和睦相处，相安无事并繁衍发展。

承天寺是弘一法师度过晚年并圆寂之地，这里也有全国重要的宗教图书馆。闽南人笃信佛教，许多人家中设有佛堂，寺院香火十分旺盛。人虽多，寺院里却很安静。承天寺尤其如此，因此这也成了我最爱的寺院。最近一次去那里，南方一月午后的暖阳透过龙眼树叶子与叶子的间隙，洒在树下的青石凳子上，把我的脸也晒得有些发热。坐在树下的石凳上，打量着身边被称作广钦佛教图书馆的那幢红砖老屋，竟然忘记自己身在何处。慈悲，宽容，然后才有幸福，图书馆门口的墙上写着这样的故事，我站在那里看了许久。

始建于唐的开元寺中矗立着壮美的双塔，每年春天刺桐花盛开之时，历尽沧桑的双塔与娇艳的花儿相得益彰，这是"刺桐城"泉州最美的时节。

旅游小贴士

简介：泉州的行程以两天为宜，主要在市区游览。如果有更多时间，可到郊县参观。

下表可作为游览泉州的参考：

名称	年代	地址	简介
伊斯兰教圣墓	唐	丰泽区灵山	我国现存最古老、最完好的伊斯兰圣迹
千年古桑	唐	鲤城区开元寺内	我国现存最古老的桑树，树龄 1300 多年
老君造像	宋	清源山老君岩	我国现存最大的道教石雕
清净寺	宋	鲤城区涂门街	我国现存最古老的伊斯兰教寺
祈风石刻群	宋	南安丰州九日山	我国现存最多的祈风石刻
洛阳桥	宋	惠安洛阳	我国现存最早的海港大石桥
天后宫	宋	鲤城区天后路	我国现存建筑规格最高、规模最大、年代最早的妈祖庙
安平桥	宋	晋江安海和南安水头交界处	我国现存最长的古石桥
东西塔	宋	鲤城区开元寺	我国现存最高的石塔，高 48.24 米
草庵摩尼教寺	元	晋江罗山华表山	我国仅存的摩尼教寺庙
喇嘛教三世佛造像	元	清源山碧霄岩	我国现存最早、保护最好的"三世佛"石雕造像
崇武古城	明	惠安崇武	我国现存最完整的花岗岩滨海石城
泉州海外交通史博物馆	现代	丰泽区东湖街	我国现有唯一的反映古代中外海上交通史的专门性博物馆

城市不大，景点分散，出租车是较好的交通工具。

由于老城和新城相对独立，景点几乎全在老城区，建议在老城住宿。

到达：交通十分便利，从临近的晋江机场和厦门高琦国际机场到达泉州市区都只需1个多小时车程；早上6：00到晚上21：00之间每隔约二十分钟就有一班车在泉州与厦门长途汽车站之间对开；泉州与福州之间每天也有多趟班车。

周边景点：厦门鼓浪屿、南普陀寺、厦门大学

阆中古城

蜀中多雨。下午我从成都出发，到达阆中时已华灯初上，下车询问完老城的方向，便在淅淅沥沥的小雨中沿着开有各式专卖店的街道走过去，店铺家家灯火通明，有的还卖力地播放着歌曲，生意却似乎比小雨更加冷清。走过高大的状元石坊，不过窄窄的一街之隔，便跨入了古城的范围，路两旁的广告灯箱忽然消失了踪影，脚下的路也在不知不觉中换成了宽大的条石，寥寥几步，喧嚣已在身后。灯笼微弱的光映在湿漉漉的石板路上，高高低低的瓦脊构成灵动的天际线，黑黢黢的屋檐下，木隔板缝隙中透出缥缈的声音和饭菜的香味。这里有想象中关于古城的一切元素，若将雨衣换作蓑衣，腰佩长剑，头顶斗笠，再牵一匹老马，岂不是可以扮一出仗剑走天涯？

李家大院几乎是老街唯一还开着门亮着灯的店铺，两盏灯笼下，彩绘的木刻门神迎接着我这雨夜旅人，此时此刻，他们的面容没有一丝狰狞，倒带着几分亲切。跨进客栈的第一步，我便喜欢上了这个散发着温暖光泽的院子，暖调的灯光将雕凿

精致的木格窗变成一幅幅生动的剪纸，用木杆支起的一扇隔窗背后，是古色古香的前台，当即决定，就住这里了。那一夜安静极了，只有芭蕉叶上萧萧雨声，一夜滴到天明，忽疾忽徐的节奏，宛如一阕缠绵的琵琶。听得久了，豪侠之气褪尽，竟无端生出几分愁绪来，古人那些惆怅纠结的婉约词，大约都是在这样的情境下写就的吧。

阆中古城远景

次日一早，居然出了太阳，我得以从容地端详整个客栈。院子不算大，看得出来经过了精心的布局，几丛树木被雨水洗过，更加青翠欲滴，石榴花在绿叶中跳动着星星点点的红，恰应了绿肥红瘦；偌大的砂石鱼缸摆在院落正中，只有寥寥几条金鱼，惬意地在水草缝中躲猫猫，对人一副爱答不理的样子，高兴时懒洋洋地摆动一下尾巴，算是打个招呼，不高兴了就一个转身钻入深邃的缸底，让你遍寻不得它的身影。空地上支了几礅矮桌，架了数张木头躺椅，我观鱼到了兴味索然时，便煮上一壶清茶，躺着享受着稀疏的阳光，看天井上空的云飘来飘去，也来体味一番鱼的心情。

川人喜欢阳光，出太阳的日子，街上的人明显多了起来。行色匆匆的身影并不多，几乎个个都高门大嗓地一路踱过来，东家站一站，西家聊一聊，全城的人都互相认识似的。店铺纷纷开门迎客，却不着急做生意，修车的、剃头的、出租图书的，客人来了忙上一阵，手下极利落，也没误了跟路过的熟人寒暄几句；缫丝的、鼓捣根雕的，则一边干活，一边招呼着我随便看看拍拍，好像自己不是卖东西的，而是承担着某种责任要向我这外乡人展示一下阆中的特产绝活，言语中透着自豪。街上最多的还要数茶馆，估计大家都秉持着工作可以放松、娱乐一定要认真的生活理念，因此茶馆里打牌的牌友们是最心无旁骛的，眼睛只顾得盯着牌桌，点燃的香烟夹在指间也忘了吸上一口。就连教堂门口的小坝子上都摆满了竹桌竹椅，居民们在红色十字架下热闹地喝茶、打牌、聊天，我开始相信上帝就住在附近，因为无须四处寻找，这里已是天堂。

阆中人杰地灵，历代名人辈出，但其中名气最大的却是个外地人——燕人张翼德。张飞是三国名将，喝断当阳桥、挑灯战马超等都是耳熟能详的历史故事，再加上传说中豹头环眼、钢髯直立的相貌，无不勾勒出一位勇冠三军的猛将形象，他文治方面的才能，却从没有人提起。其实张飞曾经担任过巴西太守，驻守阆中长达七年，看起来这位父母官受到了百姓的深切爱戴，以至于一千多年以后，古城里的一切仍然愿意与他扯上些许关系。牛肉以张飞命名，平添几分豪爽之气，倒也贴切，但是蚕丝这种从古至今都由女性操持的物品，也被冠上了张飞的名字，就未免有些令人哭笑不得了。城里最负盛名的古迹，就是供奉张飞的桓侯祠。该建筑经过历代重修，无甚特别处，倒是大殿山墙上一块书法颇见功力的石碑引起了我的注意。据说是张飞手迹，很有魏碑体的风范，让我怀疑是后人伪托之作。但人不可貌相，历史上的张飞也许真的文武双全，在武艺超群的同时，也有深厚的书法造诣；祠堂最后面的张飞墓中埋着他的无头尸体，人在江湖，终究是要还的，砍了那么多敌人的头，自己的头颅却在睡梦中被部将砍了下来，没能战死沙场，没能为兄长报仇，应当是张飞最大的遗憾。如果张飞活到今天，看见自己的名号遍地开花，为古城的经济发展发挥着余热，不知会如何反应，是豪饮美酒仰天长啸，还是环眼圆睁暴跳如雷？

从张飞庙出来不远，便是嘉陵江了，江如玉带默默流过，对岸山峦起伏，竹影婆娑，红墙碧瓦若隐若现。江这边建起了一溜仿古街，酒吧、食府林立，却没有声

阆中古城一角

嘶力竭拉客的，任由你坐在江边最好的位置看风景，绿地上杜鹃花自顾自地开得正艳，昨夜的雨珠还在与花瓣缠绵，晶莹剔透。登上飞檐翘角的华光楼，阆中古城尽收眼底，四面一律是黛瓦白墙的三合或四合院，连缀成片，铺展开去，直到被现代建筑包围的古城边缘；错落有致的鱼鳞瓦顶上，几丛绿树羞怯地探出头来，民居被规整的石板路串联分割，路旁各式招幌迎风起舞。就像张飞有着文与武、粗与细的两面一样，这个小城也融汇着古老与现代两种风格。它追随着时代的脚步，但骨子里依旧恪守着静雅质朴之风，热闹但不浮躁，进取而不贪婪。

旅游小贴士

简介：阆中是川北凉粉的发源地。在古镇入口处的川北凉粉店，我吃到了迄今为止吃过的口感最好、调味最为精到的凉粉。曾经有一家川北凉粉店摆在我面前，而我没有珍惜，直到在北京最有名的几家川菜馆尝试数次之后我才追悔莫及，如果给我个机会重来一次的话，我愿意对那个店里的小妹说出四个字：再来一碗！如果非要给这碗凉粉加上一句定语，我愿意是：多放海椒哈。

牛肉凉面是阆中最具特色的早点，要一边吃一边不断挑动面条，最后面净卤净才是最正宗的吃法。阆中三绝是阆中名菜，即馍、牛肉和保宁醋，将馍切成小块入油锅炸酥，配上同样切成小块的张飞牛肉，最后倒入保宁醋，做成一道汤菜，炸馍脆香、牛肉韧软、醋汁开胃，佐以口感绵甜、呈现诱人琥珀色的当地佳酿桂花酒，味道才算完整。

古城街上有很多民居家庭旅馆，其中保留了木雕砖雕等老古董，并做过现代内装修，价格适中。非住宿或吃饭者需要交纳几元钱的参观费，保存最为完好的有杜家客栈以及位于笔向街的冀氏老宅等。

买完车票后可顺便参观车站后面的巴巴寺，是国内少有的伊斯兰建筑群，非常陡峭的盔顶是主体建筑的显著特征。

到达：从成都或重庆经南充到阆中的车程约5小时，在新城汽车站下车后可乘中巴或出租车到古城。

周边景点：巴巴寺、阆中贡院、锦屏山

丽江古城

美丽的丽江古城又名大研镇，位于中国西南部云南省的丽江市，这里民族众多，是一个少数民族自治县。

由于地处青藏高原南端的横断山脉向云贵高原北部过渡的衔接地带上，特殊的地理位置赋予了丽江独特的自然风光，环境十分优美，处处都渗透出浓郁的民族文化气氛。

丽江古城全景

早在十万年前，已有旧石器晚期智人"丽江人"在这里活动。战国时期，丽江属秦国蜀郡，唐代先后归属吐蕃与南诏，宋时臣服于大理国。到元代至元八年

（1271 年），设丽江宣慰司，始称丽江。1961 年 4 月改为丽江纳西族自治县。

丽江古城是一座没有城墙的古城，相传是因为丽江的世袭统治者姓木，如果加上城墙就犹如木字加框，而成"困"字了。丽江古城的纳西名称叫"巩本知"，"巩本"为仓廪，"知"即集市，可知丽江古城古时曾是仓廪集散之地。

美丽的丽江古城人杰地灵，山水相间，相得益彰，游览古城，既可以陶醉于自然的神奇，又可见识独特的少数民族风俗，十分值得。

"城依水存，水随城在"是美丽的丽江古城一大特色。

游览丽江古城，可以临河就水，在傍河的酒吧茶楼里静静享受城市难得的宁静；还可以登高览胜，丽江可谓是在群山的怀抱中；地形巧妙，当然也可以看到独特的美景。古城院落古朴，保留了古老的形态，走街入院，入市过桥，即使走在大街小巷上，也会有意外的收获。

丽江的街道是一道独特的风景，丽江的街道全部都是用红色五花石铺就的，雨季不泥泞，旱季不飞尘。五花石上的花纹图案自然雅致，质感细腻，与整个城市环境相得益彰，十分和谐。

四方街是丽江古街的代表，位于古城的核心位置，是大研古城的中心，也是滇西北地区的集贸和商业中心。四方街是一个大约 4000 平方米的梯形小广场，五花石铺地，街道两旁的店铺鳞次栉比，各有特色。

从四方街四角延伸出四大主街：光义街、七街、五一街和新华街，又从四大主街岔出众多街巷，仿佛蛛网交错，整个小城因这些盘踞的街道而四通八达，形成了以四方街为中心、沿街逐层外延的缜密而又开放的格局。

游览丽江古城，在晨曦中迎着薄雾出发，慢悠悠地行走在小巷中，不时发现令人惊奇的景色，静静地享受这一份娴静，或者捧一杯咖啡，宁静的心情就如水上的薄烟一样，亲切而澄净。

木府原来是丽江世袭土司木氏衙署，在元朝时初建，兴盛在明朝。木府于 1998 年春重建，并在府内设立了古城博物院。

修复重建的木府坐西向东，沿中轴线依地势建有忠义坊、义门、前议事厅、宫驿等 15 幢，衙内挂有几代皇帝钦赐的十一块匾额，上书"忠义""诚心报国""辑宁边境"等，可见当时朝廷对木府的重视。

丽江古城茶马古道

作为当时最重要的管理机构，木府拥有极高的地位，有人评价"木府是凝固的丽江古乐，是当代的创世史诗。"明代徐霞客也惊叹丽江的宫殿是："宫室之丽，拟于王者"。

相传丽江本来是直流而下的，有一次一位仙人下凡，降临到丽江，由于仙人带来的气流太大，改变了丽江的河道，使得丽江变得九曲十八弯，丽江沿岸的居民也因此饱受洪灾的侵扰。

后来仙人发现了自己的过失，带给黎民百姓痛苦，于心不忍，于是设法控制河水的流速，并且根据地形设计出九曲丽江这种控制水流速的河道，大大减少了洪水的暴发，使得两岸人民的生活得以恢复正常，因此才有今天九曲的丽江。

🚗 **旅游小贴士**

怎么去：丽江三义机场有丽江至北京、上海、广州、成都、昆明等城市的航班，下飞机后可乘坐出租车前往古城口。丽江开通有往返大理和昆明的火车，在丽江火车站可乘坐4、18路公交车抵达古城区。

观光：除了游览古城的"小桥流水人家"之景外，周边的玉龙雪山、泸沽湖女儿国、老君山景区、束河古镇也是不错的景点。

美食：纳西族风味菜肴有纳西砂锅菜、张二卤猪脚、土罐罐鸡，经典小吃有丽江蜜饯、米灌肠、鸡豆凉粉和丽江粑粑等。

住宿：丽江的住宿风格多样，这里推荐环境清幽的"爱客栈"和慵懒格调的"悦庭轩"。

购物：丽江的特产总让人眼花缭乱，色彩鲜艳的土布、别致的东巴扎染、编织精细的东巴羊毛挂毯、独特的纳西壁画、造型多样的木雕都值得购买珍藏。

平遥古城

平遥古城位于山西北部，始建于西周宣王时期，旧称"古陶"。春秋时属晋国，战国时属赵国。秦时置平陶县，汉时置中都县，为宗亲代王的都城，在北魏时改名为平遥县。

明代洪武三年扩建，距今已有2700多年的历史。迄今为止，它还较为完好地保留着明、清时期县城的基本风貌，堪称中国汉民族地区现存最为完整的古城。正因为历史悠久，因此平遥古城在1997年12月被列入《世界文化遗产名录》。

平遥古城还是著名的中国第一家票号"日升昌"的诞生地。古城街道两旁，老字号与传统名店铺林立，曾经是最为繁盛的传统商业街。清朝时期平遥的南大街控制着全国百分之五十以上的金融机构，被誉为中国的"华尔街"，还有"大清金融第一街"的称号。

平遥古城美景

平遥古城历史悠久，街道似龟背，城墙十分坚固。站在城墙上，可以看到古老的城墙与城外的现代建筑错落相间，别有一番风景。平遥号称有三宝，游览平遥古城，看古城墙的斑驳印记中渗透的沧桑历史，会有不一样的收获。

古城墙即平遥县城墙，建于明朝洪武三年（1370年），是山西现存历史较早、规模最大的一座城墙。城为方形，墙高12米左右，外表全部砖砌，墙上筑有垛口，墙外有护城河，深宽各4米。城周辟门六道，东西备二，南北各一。有3000个垛口，72座敌楼，据说象征孔子3000弟子及72圣人。

古城街道呈十字形，商店铺面沿街而建。铺面结实高大，檐下绘有彩画，房梁上刻有彩雕，古色古香。整座古城的很多建筑都保持着原来的样子，呈现出一派古朴风貌。

游览古城，目睹历经沧桑依然雄风犹存的古城墙，看滚滚历史洪流也带不走的精神面貌。

镇国寺的万佛殿建于五代（10世纪）时期，目前是中国排名第三的古老木结构建筑，距今已有1000余年的历史。五代时期殿内的彩塑更是不可多得的雕塑艺术珍品。正是因为其历史悠久，又具有极高的价值，因此被称为平遥第二宝。

双林寺位于平遥城的城南，寺庙修建于北齐武平二年（公元571年）。寺内十余座大殿内保存有元代至明代的彩绘泥塑两千余尊，被人们誉为"彩塑艺术的宝库"。

平遥古城街道

平遥古城不仅有著名的城墙，还举办平遥国际摄影节，现代的节日与古城的悠久历史相融合，显示了国内与国际接轨、传统与现代互动的新理念，使平遥古城独特的风貌、古朴的民风更加得到彰显。

相传康熙年间，范村人宋忠原背着一把大伞进平遥古城看病。到了落邑村时见到以前认识的人毋连迟。当时天空乌云密布，眼看就要下一场大雨，不一会儿，天空果然下起大雨，宋忠原见毋连迟没带伞，便好意邀请他一起打伞，毋连迟也没有推辞，赶紧到伞下避雨。

两人边说边笑，不一会儿就到了高林村，宋忠原因打着伞而累得汗流满面，毋连迟见他这么累便接过伞，两人继续前行。不一会儿，雨过天晴了。宋忠原向毋连迟要伞，毋连迟不但不还宋忠原，反而说伞是自己的，两人争吵起来，围拢来不少路人。毋连迟说："伞是我的！"宋忠原说："伞是我的！"宋、毋二人扯夺雨伞，路人谁也断不清这伞是谁的。

两人吵吵闹闹一直闹到了平遥县署，县官听闻了原因，思考了一阵便大发雷霆，说这么小的事也要告到官府，于是折断伞扔到地上，便不再管他们。

原告宋忠原从堂上下来，唉声叹气，被告毋连迟则幸灾乐祸，洋洋得意，两人刚走到照壁南街上，四个衙役就赶了出来，传唤二人重回县衙。知县王杰和颜悦色地判断，伞是原告宋忠原的，被告毋连迟属诬赖，重打四十大板，罚钱十贯，赔原告一把新雨伞。事后宋忠原给王知县送了一块匾额，上刻"明镜高悬"四个大字。

🛵 旅游小贴士

怎么去：北京、太原、西安有火车直达平遥，从平遥火车站乘坐人力车可到达古城。

观光：周边景点有乔家大院、绵山、王家大院、常家庄园等。

美食：平遥的面食乃一绝，品种齐全，口感独到，其中碗脱最具地方特色，集凉粉的清爽和灌肠的浓香于一身，是佐酒的佳品。平遥牛肉也值得品尝，制作工艺独特，有"肥而不腻，瘦而不柴"的特点。

住宿：住宿最好选择古城内，可以进一步体验四合院浓浓的历史气息，这里推荐位于古城内火神庙街3号的平遥润泽苑客栈。

购物：平遥牛肉、长山药、"长升源"黄酒、漆器、特色剪纸、手工布鞋、脸谱等都值得赠送友人或收藏。

凤凰古城

提起凤凰，总让想人起涅槃，凤凰是一种非梧桐不栖的鸟。相传"天方国古有神鸟名菲尼克斯，满五百岁后，集香木自焚。复从死灰中复生，鲜美异常，不再死"。然而湘西凤凰却是一个温柔的小城。当你踏上凤凰这片人杰地灵、奇人辈出

凤凰古城美景

的土地，曾经盘踞脑海多年的渴望与憧憬就在一瞬间盛开在眼前，片刻的恍惚过后，也许一个异乡人就真的会轻易醉倒在别人的家门口。在某个水郲郲、夜冥冥、

思悠悠的时刻，将疲惫的身体任意舒展在一个吊脚楼的廊前，守着一壶袅娜的香茶和一弯幽幽的沱江水，陶醉在"乡下人"柔软又恬静的故土里，醉到不省人事。时间在此流动而不凝固，仿佛温柔地拐了个弯，就渐渐地慢了下来。

到凤凰旅游的人多半是在看过沈从文的《边城》后，直奔着他笔下的那个伶俐乖巧、长在风里、养在水边的"翠翠"而去的。来这个湘西一隅古老的小城，如果不是为了找寻翠翠与黄狗的影子，如果不是为了找寻江边吊脚楼里的灯红人影，如果不是为了找寻那只漂在沱江水上的渡船，如果不是为了找寻在那上面拉渡的白胡子老人，如果不是为了找寻沈先生曾在故乡留下的一点一滴的痕迹，如果不是为了重拾书中的文字、填充并成为自己记忆的一部分，如果不是为了"怀旧"这一永久主题，那来这里为的又是什么呢？

凤凰与吉首的德夯苗寨、永顺的猛洞河、贵州的梵净山相毗邻，是旅游怀化、吉首、贵州铜仁三地之间的必经之路。它位于沱江之畔，群山环抱之中，关隘雄奇却又不失婉约多情。这就是被新西兰著名作家路易·艾黎称为中国最美丽小城之一的凤凰。凤凰城内有条碧绿的江水，从古老的城墙下蜿蜒而过，妩媚的吊脚楼和它身后叠翠的南华山麓倒映江心，江中轻舟数点，河畔浣衣女笑声阵阵。沱江水不深，但清澈碧绿，江中的水草顺水漂游，更让人觉得清透动人。沱江上除了搭有虹桥，还有木板搭成半米宽的"跳岩"和石墩搭就的矴步。黄昏时洗衣服的男女老少，三五成群聚在一起，捣衣声、欢笑声、孩子的嬉戏声此起彼伏，眼前的一切仿佛就是《边城》中还未结束的故事。

来凤凰的过客总想知道，是凤凰成就了《边城》，还是《边城》成就了凤凰？边城的过客也好，人生的过客也罢，行路总是匆匆又匆匆。在浮光掠影的风景中，在大大小小的故事里，做个安静的行者和听众吧，甘愿沉入古城的记忆河流，在飘飘然的散淡闲适中，去体会最先游走到记忆里的凤凰心情。

凤凰古城的清新温婉，更多也因着《边城》中的那个在风里长、在水边养的翠翠，从而加倍翠秀逼人起来。幻想着水边翠翠与二佬的故事，乘着美丽多情的湘女歌声，在古城沉默的石板上与沈先生的文字邂逅，在梦想与现实的朦胧间把心拖入一段梦幻之旅。此刻宁静的，惊喜的，安逸的，精彩的，平凡的，不都是你如此向往的停留理由吗？

在轻烟袅袅中你会不经意地发现，小城似江南小镇般婀娜多姿。细雨中徜徉于江边鳞次栉比的吊脚楼间，以及重重叠叠的亭台楼阁中，叮咚轻响的雨滴反复敲打着石板街，这样的景致让人有恍如隔世之感。雨中的虹桥、雨中的跳岩、雨中的北门城楼、雨中的石板路、雨中的吊脚楼、雨中的沈从文故居、雨中的南华山、雨中

凤凰古城土木建筑群

的一抹轻舟的波痕、雨中的几片酸辣萝卜、雨中的一锅特色"血粑鸭"、雨中的一碗热腾腾米粉、雨中的一杯古城守望者酒吧的咖啡、雨中的蜡染、绣包、银饰、花带……怀旧的情绪自然而然也就随着雨的到来而来了。

沈从文在《湘西》中写道："一切风景静美而略带忧郁，随意割切一段，勾勒纸上，就可成一绝好宋人画本。满眼是诗，一种纯粹的诗。生命另一形式的表现，即人与自然契合，彼此不分的表现，在这里可以和感官接触。一个人若沉得住气，在这种情境里，会觉得自己即或不能将全人格融化，至少乐于暂时忘了一切浮世的营扰。"

凤凰的风景的确是静美而忧郁的，同时凤凰又是如诗而梦幻的，岸边的浣衫女是梦的主人，岸边的写生者是行吟的诗人，岸边的吊脚楼更是湿湿的，湿湿的叫人心疼。

渐渐地，你会发现原来自己也合上了与小城同样的节拍，时间就在慢节奏的闲适中一点一滴悄然流逝，此刻无须任何多余的表达，人像在恋爱中无法自拔。那个名叫凤凰的小城，就成了记忆深处最难以割舍的爱！

🚗 旅游小贴士

简介：小城可以满足你随时随地看景、怀旧、吃喝、玩乐、逛街、休闲、购物等一切旅游需求，如果时间紧张用两个小时便可以大致走完一遍，如果时间充裕，尽可从容消磨时光。

建议在古城沱江边的临水客栈住宿一晚，感受一下吊脚楼民居的风情。

血粑鸭是凤凰第一名菜，苗鱼火锅、腊味火锅、小米粉蒸肉、罐罐菌炒肉、蕨菜炒腊肉等都是不可错过的地道凤凰美食。

在凤凰城外，也有不少值得一去的景点可以去走走逛逛。推荐黄丝桥古城、天下第一桥、山江苗寨、都罗寨等人文风景俱佳的景点。

到达：可先到达吉首或怀化后再转乘汽车到凤凰。

周边景点：张家界、芙蓉镇、梵净山

洪江古城

如果说凤凰恰似一位风情万种的少妇，那么堪与之并肩携手的，就应当是成功男士了，洪江可谓当之无愧。洪江与凤凰同处湘西，凤凰名满天下之际，洪江依旧深藏于群山之间。其实洪江曾是湘西重要的商埠，它地处沅、巫两水交汇处，历来是西南与华南之间物资水运的必经之路，更因其扼守湘、滇、黔、桂、鄂物资集散

洪江古城远景

通道而被称为"五省通衢"。明末清初是洪江的鼎盛时期，商贾云集、店铺如林，桐油、木材、鸦片贸易红极一时。直至抗战期间，洪江还源源不断地为大后方转运物资。这延续数百年的繁华，为洪江留下了一大片自明清至民国的各种建筑，曾经的会馆、作坊、洋行、客栈，乃至烟馆、妓院、学堂、茶楼……，300 多栋古建筑星罗棋布地拥满整片山坡，青瓦粉墙，古色古香。

古商城内的房子随地势错落而建，不讲究坐南朝北，形状也并不十分规整，但一律以高高的封火墙围砌、向外的窗户很少、且位置较高；门极厚实、有的包着铁皮铁钉；四面屋檐皆向内倾斜，形成天井、以纳阳光。这样的屋子看上去犹如立体的地窖，因此被称为"窨子屋"，显然是为了防火防盗。湘西多匪患，水火皆无情，乱世的商人们就用这种独特的建筑来保护自己的产业和家人。同为青瓦粉墙，洪江古商城的民居建筑与其他江南古城相比，最大的不同在于其商业特性。窨子屋院落

多为两进或三进，前院高大轩敞，雕饰精美，多用于店面及仓库，后院安静而内敛，安置家眷，典型的商住两用；其木雕与石雕也不似徽派和浙江民居的极尽繁复，而是贯彻了商家的实用主义，以平面浅浮雕为主，很少看到多层的漏雕和透雕，简洁却不简陋。

古商城地处洪江高处，沿迷宫般的青石板街依山而上，曲曲折折，青石的街巷两旁，一家挨一家粉墙黛瓦的"窨子屋"，墙连墙、檐叠檐、院接院，高低错落，曲径通幽。最妙的自然是洒着绵绵细雨的清晨，湿漉漉的台阶泛着青绿的幽光，听着高跟鞋在小巷间笃笃地响，由远及近，便不由得盼望着自街角闪出一位撑着油纸伞结着幽怨的姑娘。同样在小巷中飘荡的还有油炸粑粑的芳香，背着书包的小学生蹦跳着掠过身旁，小猫毛茸茸的头从门缝中钻出，警惕的大眼睛看看周围，又哧溜一下跑得不见了踪影。只留下我的脚步声，扰动着古商城的宁静。

上午十点过后，便有旅行团涌来，在小旗子指引下，被挂着牌子的景点吞吞吐吐。我一向不喜包装好的景点，便信马由缰地专挑无人的巷子里乱走，贸然踏进一处敞着门的民居，还好，没有吠叫的恶犬从角落蹿出。这是一座两进的宅子，外围的高墙一副不近烟火高不可攀的样子，高墙之内却是另一番景象：柱子皆是粗大的圆木，窗棂皆是繁复的雕花，彰显主人曾经的精致与富足，但墙根屋角散乱堆放的生活用品，证明如今已成为寻常百姓家了。一线天光自高高的天井投射进来，照着被油烟熏黑的花窗，照着挂在木板壁上的腊肉、围裙以及各色锅碗瓢盆，潮湿甚至略带点霉味的气息氤氲在周围，一台洗衣机轰轰地响着，将带着泡沫的水排入比它古老得多的排水口，有泡沫停留在苔藓苍苍的青石壁上，互相挤撞着，良久不去。

一位白发苍苍的老妪正在天井一角择菜，我点头微笑，算是打过招呼，眼睛却还向着屋内逡巡。老人家看出我的心思，操着浓重的湘西口音说："进去看吧，冒事的。"探头看看屋内的陈设，又踏上咿呀作响的木楼梯，上楼转了一圈，整座楼是全木结构，大部分保持完好，有些朽了的地方已经补上新的木板，看得出居者的精心维护。出于礼貌，我赞扬了一句："这房子看着真不错，盖了有多少年了？"老人不无自豪地说："民国前就有了，这里以前是油号呢，那时候修房子，没得偷工

洪江古城一角

减料的，啧啧，除了用火、洗澡不太方便，住起来比现在的房子好得多，冬暖夏凉的……"接着她就絮絮地跟我这个不速之客谈起了对现实社会的一些看法，言语间既有对新单元楼的重重期待，又有对老宅的恋恋不舍，还带着些许愤愤不平。我偶尔附和老人几句，心里确信她将要失去她的老宅了，也许这里的家什，甚至墙角的泡菜坛子，都将原封不动地搬往新城里的新房，但那些关于老屋的记忆，岁月的味道，以及雨水自瓦檐滴落的声音，都将永远地留在这里，然后被永远地遗忘。

自老宅出来，七弯八绕地走在蜿蜒的巷子里，经过的每一个景点，无论是曾经的衙门、会馆，还是妓院、茶楼，门口都挂着一模一样的红灯笼，当年怕是不会有这样的整齐划一吧。其实它们原来的模样又有多少人真正关心呢？挑一个阳光灿烂的日子，短暂地停留在那逝去的繁华中，去演绎某个想象中的角色，貌似是亲近商城历史的最流行方式。商业化或许断送了古商城近几十年来的宁静，但游客们往往更乐于投身其中，以追寻似是而非的跨越时空的感觉。古商城的命运就如同那街边的太平缸，它们在如今的社会已然失去了实用功能，只是一个展品，是过去的生活方式与社会结构的象征。历史的脚步在洪江似乎格外地迟缓，每个时代都在洪江留下了印迹，老砖墙上宣传三民主义的标语依稀可辨，木隔板上的毛主席语录也不过刚刚褪去了鲜红，如今的这个时代会给洪江留下什么呢？

 旅游小贴士

　　简介：要避开蜂拥而至的旅游团，最好选择清晨或傍晚，当袅袅炊烟从连绵的黛瓦屋顶间升腾的时候，看到的才是最本色的古商城。

　　即使在美食遍地的湖南，洪江鸭也是一道名满天下的名菜，最宜以酸辣味炒制。

　　古商城内住宿条件一般，可以选择住在怀化市。

　　到达：从长沙乘坐大巴到洪江市（又名黔城）约5小时，转中巴约半个小时抵达洪江区，也可从怀化市乘车到达。

　　周边景点：凤凰、张家界、高椅古村落

徽州古城

　　徽州古城位于安徽省黄山市，在国家历史文化名城歙县徽城镇中心，是徽州文化的发祥地之一。徽州不仅景色优美，而且历史悠久，建筑富有特色，是值得一游的胜地。

　　徽州秦时开始置县，秦始皇二十六年（公元前221）置歙县，古称新安，自隋唐以来，一直都为州治、府治所在地，史称"徽州府"，唐代宗大历五年（公元770年），废归德县，土地又归歙、休宁二县，州领黟、歙、祁门、休宁、婺源、绩溪六县，因此形成了徽州一府六县的格局。歙县是古徽州政治、经济、文化中心，因此历史悠久，文风昌盛。

徽州古城楼

徽州素有"东南邹鲁""文化之邦"的美誉，是中国三大地域文化之一、徽文化的主要发祥地和集中展示地，也是著名的"中国徽墨之都"和"中国歙砚之乡"，历史的悠久和文化的繁荣造就了徽州特有的吸引力。

徽州是歙县县城中心原徽州府衙一带新建的仿古旅游城，园内规模宏大，极富特色，有"徽州文化大观园"之称。

全省17个地市都在徽园内建有自己的馆园，在各自馆园内以园林的形式向世人展示其历史文化、民俗风情。游览徽园，既可了解安徽悠久的历史，又如亲临全省各个著名的风景名胜景点游览一般，值得一游。

徽园气势宏大，古朴典雅，建筑粉墙黛瓦，与周围风景互为表里，极富文化韵味。园内的雕刻集砖雕、木雕、石雕的"徽州三雕"的精髓，上承古徽州文化的神韵，下创徽派建筑雕刻精华，优美壮观，令人叹为观止。

许国本为明朝嘉靖年间的进士，明万历十一年（1583年），许国以礼部尚书兼东阁大学士入参机务。明万历十二年（1584年），因云南平叛决策有功，晋升少保兼太子太保、礼部尚书、武英殿大学士，赐建牌坊，因此才有了今天的许国石坊。

许国石坊又名大学士坊，俗称八脚牌楼，石坊有八柱，呈口字形平面，结构十分稳固。上有雕塑，图案典雅，许国石坊是徽州石牌坊中最杰出的代表，综合体现

徽州古城巷子

了石坊建造技艺的最高水平，其四柱三楼冲天式石坊形制历经明清数百年，在石坊建筑史上占有突出地位，在全国也是独一无二的。

徽州历史悠久，文化繁荣，著名的徽派建筑享誉国内外，中国历史上的许多文人也都与徽州有着深厚的感情，著名的爱国主义基地陶行知纪念馆即建于歙县城内。

相传，明太祖朱元璋年幼时家里贫困，在富翁家里放牛帮工。白天放完牛后，夜里还要起来和长工们一起磨豆腐。他虽然年龄小，但是做事踏实勤奋，长工们非常喜欢他，不让他干重活。后来富翁知道后非常不满意，就把他赶了出去。

朱元璋又失去了生活的依靠，每天就只有和寺庙里的小孩混在一起，长工们怜悯他，每天从富翁家偷出一些饭菜和鲜豆腐，藏在庙的草堆里，到时朱元璋就悄悄取走。

因为朱元璋最喜欢吃豆腐，开始一段时间，长工们仍照样送来藏放草堆里。一次寺里连续几天忙着办庙会，当庙会完毕，朱元璋记起来去取豆腐，豆腐上已长满了一层白毛，他拿回庙中，偷偷地弄来油煎着吃，觉得味道非常鲜美。此后他就常用此法做豆腐吃。

红巾军反叛后，朱元璋投奔了义师，几年后他升任红巾军左元帅。有一次他带领军队到徽州地方驻营时，特地命随军炊厨留在本地，毛豆腐的做法也被流传下来。后来朱元璋做了天子，油煎毛豆腐更成了御膳房必备之菜，因此才有了今天的徽州毛豆腐。

🚗 旅游小贴士

怎么去：可先乘飞机、火车抵达黄山，之后在黄山市汽车站转乘至歙县的班车；或在上海、景德镇、厦门、南京等地乘坐火车直达歙县。

观光：周边景点有黄山风景区、渔梁歌钓、太极湖、新安碑园等。

美食：徽州美食有纱面、徽州圆子、花菇石鸡、臭鳜鱼等，风味小吃有毛豆腐、芙蓉糕。

住宿：歙县的住宿选择较多，可选择价格实惠、住宿环境不错的农家旅舍，这里推荐位于歙县徽城西街12号的新安宾馆。

购物：值得购买收藏的当地纪念品有歙砚、徽墨、版画、四雕、徽派盆景、徽州竹编等。此外三口蜜橘、金丝琥珀蜜枣、金竹贡菊等土特产也深受欢迎。

阳朔古城

阳朔县位于广西壮族自治区东北部，桂林市区东南面，地处漓江西岸，风景十分秀丽。

阳朔县历史悠久，建县始于隋开皇十年（公元590年），距今已有1400余年。

隋朝开皇十年（公元590年）县址由熙平迁至阳朔镇，县衙建于羊角山下，以"羊角"谐音，改县名为"阳朔"。阳朔县因此而得名，历经各朝，流传至今。

阳朔百里山川，处处奇山秀水，"山青、水秀、峰奇、洞巧"，为天下四绝。自然景观与人文景观交相辉映，被誉为"中国旅游名县"。

阳朔气候温和，四季宜人，山清水秀，属典型喀斯特地貌，因此境内山峰林立，平地拔起，千姿百态。游览阳朔，在县城的山水中寻找乐趣。有一处好风景无甚奇处，难得的是阳朔处处皆景，处处怡人。

漓江景区全线长48公里，是桂林风景区的精华，也是游客到桂林旅游必去之地。

当地主要景点有桃源仙境，浪石胜境、仙人推磨、绣山彩壁、鸳鸯戏水、九马画山、七姐下凡、螺蛳山等二十多处。乘着竹筏游览整个漓江，仿佛行走在画中。喀斯特地貌造就的苍翠群山耸立在两岸，千姿百态，苍翠欲滴。

阳朔古城

漓江江水清澈见底，宛如罗带般蜿蜒在群山之间。静静划船绕行，两旁的民居于树林间若隐若现，清脆的鸟鸣声交叉其间，人也仿佛步入了仙境，融入了名家笔下的山水画轴，因此人们才称其为"百里漓江，百里画廊"；又仿佛有一种"分明看见青山顶，船在青山顶上行"的错觉，好似遨游梦境。

遇龙河全长42.5公里，至书童山汇入漓江，是阳朔县第二大河。遇龙河风景区的主要景点有犀牛塘、水厄风光、五指山、朝阳寨、仙桂桥、遇龙桥、归义古城遗址、汉墓群、东晕岩、八仙过海等近二十处，景点密集且景色宜人。

这一景区有古石桥群，田园风光、宋桥、唐城遗址、汉墓群等，使景区蒙上一层古色古香的神秘色彩。旧县村是唐代开德四年（公元621年）的归义县县城，有唐代的城墙、明代的民居及清代的进士庄园，时间跨度大，古建筑形式多样，工艺精湛，体现了中国不同朝代的建筑艺术，古桥造型典雅，与附近的归义古城遗址、旧县村古建筑和古人类文化遗址等构成遇龙河阳朔历史文化长廊。

有诗句赞美"桂林山水甲天下，阳朔堪称甲桂林，群峰倒影山浮水，无山无水不入神"，阳朔的山水的确为中国一大美景。

阳朔口音里有些音调是混淆的，就因为这个特点，还闹出了一段历史佳话。

1937年的夏天，李宗仁在赴任第五战区司令长官之前，乘船游览漓江，经过漓江的冠岩时，便问船家这个岩洞叫什么名字，船家是阳朔人，"冠"和"光"是不分的，于是告诉他这叫"光岩"。李宗仁一听，觉得名字寓意很好，不正是"光复国土"的意思吗。于是他一时兴起，便提笔写下了"光岩"二字，还命人刻于洞口。

第二年的10月10日，他离开桂林去徐州就职，再过一年又指挥了著名的台儿庄战役，歼灭了许多日军，全国的军民很受鼓舞，捷报传到桂林，人们指着岩洞口的题字说李将军的题字真灵，这个由于方言引起的误会也就被人们淡忘了。事隔70多年，李宗仁的题字依然历历在目。

旅游小贴士

怎么去：可乘坐飞机前往桂林，在桂林机场乘坐机场巴士抵达桂林火车南站，再乘坐快巴直达阳朔。也可在桂林乘坐漓江游船到达阳朔。

观光：周边的景点有龙胜梯田、"银杏之乡"海洋、猫儿山、恭城、八角寨等。

美食：阳朔的美食五花八门，有阳朔十三酿、啤酒鱼、桂花羹、桂花汤圆、粉利等。

住宿：阳朔县城的住宿种类多样，酒店、旅店、客栈一应俱全，这里推荐西街和县前街一带的旅馆客栈，这两个地方是阳朔的心脏地带，酒吧、餐厅一家挨着一家，十分方便。

购物：独具民族特色的手工艺品有竹木制品、阳朔镇纸、阳朔画扇。著名的土特产当属四大名果：沙田柚、金橘、板栗和柿饼。

喀什老城

喀什老城实在是一块瑰宝，一块被岁月把玩得内敛而温润的瑰宝。

这片城区的脚步似乎丝毫没有因为外面世界的日新月异而错乱原始的步伐，依旧保持着缓慢而凝重的节奏，日复一日在这泥土颜色的堡垒中故我地轮动着。那些互通有无的深巷啊，在木头桩子泥坯墙的背景下，在阳光与阴影的明灭中，就是一片充满无穷魅力的风情大舞台。而那些走过的戴着头巾面纱的女子、拄着拐杖白胡子的老人、嬉笑中一闪而逝的孩童、吱呀推门后探出的老妇的面孔，他们，全是这片舞台上最自然丰满的演员。到底是六边形花砖走得通还是规整的长方形才是捷径，这里竟然是一座蜿蜒曲折的迷宫，走到碰壁又折返，折返后又有新的岔路，转弯、抬头、侧身、登高、下坡、一瞥而过，等待你的并不是迷路的怅惘，而是不断有新惊喜的探索。

一位羞涩的维吾尔族美少女站在门内，意外地没有闪躲，而是招招手让我进门，于是在这飘散着芳香的小院子内，我们参观了那铺着厚厚地毯四周布满白色壁龛的如宫殿般华美的客厅，品尝了她的母亲亲手烤制的刚出炉的甜饼，不通语言的礼让并没有增加距离的隔阂，微笑就是一把打开心灵枷锁的钥匙，虽然我们时常更换密码，可是这把钥匙始终具有致命的诱惑力。在这静静的庭院，吹过静静的风，听到静静的心跳，我疑惑着，这样的少女是不是就算养在深闺人未识，这样的地方是不是一场落英缤纷的桃源梦。

老城里的孩子们更是这宝中之宝，这里的人们始终觉得家里有更多的孩子才是幸福，而没有孩子的人无疑是不幸的，甚至是真主对他们的惩罚。所以一路上被提问最多的问题就是："有几个娃娃？"我那不会撒谎的应答就只有接受无辜的同情。一位风韵绰约的少妇与我同龄，她骄傲地对我说："我已经有两个娃娃了。"恩，我想她能够享受这样简单而原始的快乐真的是一种幸福，不因环境变迁而焦虑，不谙世事沧桑而猜疑，没有借口，没有面具，始终执着而坚韧，这在我们的城市中是多么奢侈的生存方式啊。

当几个只有五六岁的娃娃们也问我"有几个娃娃"的时候，我真的觉得这里的娃娃们太可爱了。无论是羞涩的、好奇的、活泼的、惊慌的，他们在相机镜头前的表现力都是如此让人震撼，这是一群喜欢照相的孩子，他们甚至会很合作地主动摆好姿势，只等快门一按便争先恐后地拥上来一睹自己的芳容。他们要的就仅仅是这一刻的满足，只要看一看就好，还要和你说谢谢。多么天真无邪的童年，我们也曾有过的童年，只不过我们终究要长大，他们也一样要长大。当那些娇憨的女孩子们长大了，戴起了厚重的面纱，成为年轻的母亲，她们便再也不能如此无拘无束了。

走出巷口，一位须发斑白的老者坐在轮椅上，正被一位摄影师不停摆弄着姿势拍照。艺术背后的真相总是残忍的不堪，正如我们品尝一道美食却不能去想刚才厨

喀什老城

师的操作。可是当我要走过的时候，这位老人却看见了我并且向我伸出了一只手。

"从哪里来的？"

"北京。"

"北京好啊，北京好！"

他紧紧握着我的手，再也不多说一句话，本是素昧平生，但是人生的哪一种相逢不是缘分的见证呢？也许我们的心灵都是寂寞的，在陌生人的面前，在来自天南地北不同城市不同民族不同生活的陌生人面前，因为有着天差地别的距离，所以愿意享受一份轻松的释怀。因为没有纠缠没有顾忌，所以可以肆意挥霍真诚，简简单单毫无遮掩地感受这一刻，仅仅是一刻，走过后便没有回头，再回头也找不到相同的风景。这一刻我也紧紧握着老人的手，微笑，如心底绽放的一朵玫瑰花，芳香娇艳，在这晴朗灿烂的日光下，我微笑得想要哭泣。

喀什老城就是一座神秘花园，开启它的方法其实很简单。在我们心灵深处总是隐藏着一些脆弱的真实，害怕在阳光下遁形，害怕在红尘中沾惹尘埃，于是便自以为安全地用谎言、猜疑、矜持、世故封锁了它们。但没有了来自真诚的力量，拿什么去感知别人的美好。释放它们吧，释放熟悉的自己，迈入未知的陌生，它们所共用的，明明就是同一把钥匙。

 旅游小贴士

喀什老城已经改造。

喀什老城共有三个出入口。一般游览时都不走回头路，除非迷路。万一迷路又问路无果，顺着六边形的地砖道路就能走出去。

喀什老城的区域很大，随处都可以走进去。

到达：从喀什市区艾提尕尔清真寺对面的欧尔达希克路步行进入，或乘公交车也会从老城周边经过，可在东门站下车后再步行进入。

周边景点：艾提尕尔清真大寺、高台民居、东巴扎、香妃墓

韩城古城

韩城给我的第一印象并不好。驱车从山西河津龙门大桥跨越滚滚黄河，刚一进入韩城地界，路就变得坑坑洼洼，一副年久失修的样子，到处暴土扬尘，空气中弥漫着黄土与煤粉混合而成的尘霾。但凡出煤的地方，道路和空气质量都不好，看来韩城也不能例外，存在于这种环境下的古迹，怕是早就被黄土埋了半截吧。

遵照 GPS 的指令找到城中心，道路笔直宽阔，楼房鳞次栉比，车辆往来如风，店面灯红酒绿，全然没有一点古城的模样。寻了家宾馆住下，打听过后才知道，原来韩城古城自唐代设县始，已有 1300 余年的历史，素有"小北京"之称。而新市区与古街区是截然分开的，新城建在山岭上，老城在山脚下，两城上下相望，互不侵扰，古城内仍然保存着大量的古民居、庙宇和店铺，这不禁让我充满期待。

次日的古城之旅是从北边的金代古塔开始的。车辆转了个近90度的弯爬上山坡，仿佛这个转弯便倒转了五十年的时间，钢筋水泥的高楼大厦被留在了时空隧道的另一边。成片的青砖灰瓦的建筑静静地排列在塬下，条条街道井然有序地将其切割成豆腐般的方块，连接而成古城四方周正的格局。金代古塔沐浴在早晨金色的阳光里，愈加挺拔，古城则被淡淡的薄雾笼罩着，显得沉静内敛。绿色的树冠出没于青砖灰瓦的海洋中，又有几处歇山琉璃瓦顶鹤立鸡群般引人注目，整个场景让我想起了在北京钟鼓楼上俯瞰四周的老照片，北京的胡同四合院如今已所剩无几，而眼前这一片老房子却纯粹得无可挑剔。

见我拿着相机四处寻找角度，有晨练的老人向我招手："你来这儿看，看咱韩城像不像条龙？我们现在站的地方是龙头，下边这条大街就是龙身，龙尾巴还在南关外头的河上哩。古人的设计呀，是很有讲究的。"细细看去，还真有那么点意思：古塔屹立塬上，犹如龙头昂扬，一条大街贯穿南北，略有弯曲，如同龙身横卧；大街两侧纵横交错、曲直有序的街巷如同龙爪般伸展开去，那高低错落的屋顶便是龙鳞了。我开始佩服韩城的规划者们，古人设计出寓意深远的布局，今人另择地点建设新城，将前人杰作完整地保留，相隔千年的规划者，竟然有着一脉相承的默契。

从金塔公园逐级而下，走上一条青石铺就的长街，这就是作为龙身的金城大街。沿街两侧多为明清风格的两层重檐阁楼，阁楼底层辟为大大小小的店铺，从五金百货到针头线脑，甚至寿衣花圈，都能在这条古色古香的街道里找到踪迹。门面不分大小，都悬挂着书法家题写的牌匾或对联，烘托出浓厚的文化气息，大红灯笼与古老的招幌相映成趣。行走在古城的街巷中，古朴茁壮的绿色邮筒、为人民服务的标语、供销社、副食店，次第滑过身边，与我关于20世纪70年代的模糊记忆一一会面。在某个瞬间，我忽然有股强烈的冲动，想寻找当年那个连蹦带跳、无忧无虑的小男孩；然而下一个瞬间，我便无比沮丧地想起，我的童年，早已永远留在了千里之外的橘子洲头、岳麓山前。

比阁楼更高大的，便是庙宇挡不住的飞檐。韩城文庙、城隍庙、东营庙都是国家级重点文物保护单位，三者连为一片，纵深达700多米，这在国内的古城中是绝

古城游

韩城古城

无仅有的。文庙藏在一条幽深的小巷中，巷极窄，仅容一车，庙门两侧矗立着"道冠古今""德配天地"两座木牌坊，巷子到这里还转了个"凸"字形小弯。管理者并没有刻意大拆大建地在文庙前生造一个广场，再埋上几盏恶俗的照明灯，而是保留了原来的朴素面貌，令人大感欣慰。庙内极少有游人，古柏森森的庭院，只一眼便望尽了几重大门，不过两侧配殿里陈列的文物，浓缩了韩城1300年的历史，那是怎么望也望不穿的厚重。徜徉在文庙中，阳光被参天古柏的枝叶细细地筛过，如片片金箔般飘落，微风拂来，这金箔便在廊柱间、琉璃瓦口、青砖地面翩翩起舞；啄木鸟旁若无人地叩击着古树，嘭嘭的声音在静谧的院子里显得格外清晰；此时若有好书在手，清茶在侧，怕是盘桓整个下午也舍不得离开的了。

这座象征着孔夫子的文庙几经战乱，至今依然保存完好，与其说是因为韩城人对孔圣人的顶礼膜拜，不如说是得益于他们对读书人、对文化一贯的尊敬和爱护，韩城作为司马迁的故乡，继承了太史公的衣钵，文风尤盛，本地几位状元的成功故事，愈加鼓励青年人读书进取。重文之风，从家家户户的大门上也能看出点端倪。高大的门楼往往是整个民居保存最为完好的部分，大多有着奇巧精美的砖雕木雕，更吸引人的却是门簪上刻的字和门口的对联，木刻"耕读""和为贵""谦受益"，昭示主人的志趣；高挂"尚书第""进士第"，展现对于显赫家史的自豪；"忠厚传家久，诗书继世长""芝兰君子性，松柏古人心""读书便佳，为善最乐"等门联，则让整座古城都浸润在书卷气之中了。

步出南门，一座古老的石拱桥横跨濠水，这一定就是传说中的龙尾了。河水波澜不兴，桥旁的108国道则是车水马龙的繁忙景象，任凭人喊马嘶，车来车往，古桥静若处子般守望，喧嚣就在身边，却永远走不进她的世界。就如同她身后的韩城古城，古老与现代泾渭分明，和谐并存。生活在这个古城里，实在是太过奢侈，因为这里的每一块砖，每一片瓦，似乎都蕴藏着言说不尽的故事，都有着曾经绚烂的历史，可是天天与之相伴的人们却选择了沉默不语，为远方来客保留住一份惊喜。

🏍 旅游小贴士

简介：南关离文庙、城隍庙比较近，时间紧张的游客可以直接从南关开始游览。

古城四合院民居整片保护较完好的有张巷、高家巷、泊子巷、南营庙巷、弯弯巷等。

老城街道狭窄，老房子多，旅社规模小、条件一般，建议在新城住宿。

韩城的饸饹比较独特，荞麦面的，据说要加入陕北山区里的一种蒿草，现压现煮，汤一般采用煮牛羊肉的老汤，配上陈醋、油泼辣子，口感极好。

到达：毗邻108国道、304省道、沿黄公路和西（安）太（原）铁路，从新城到古城可乘坐公交车。

周边景点：党家村古民居、司马迁墓

商丘古城

　　商丘的名字在古城范畴中也许显得有些陌生，点开网页上的查询结果，发现这座城市其实也有着辉煌灿烂的文化印记。这也不奇怪，河南的版图中，中原的阔土之上，哪里不是悠悠古风猎猎传奇。

　　商丘是火的发源地，传说一万年前，燧人氏在这里钻出了中华文明的第一盏人工火种。五帝之一的颛顼、帝喾曾在此建都，商汤伐桀灭夏，建立商朝，定都南亳（今商丘），历六世十帝。微子封宋国，刘武徙梁国，赵构都南京，这是英雄逐鹿的商丘。"天命玄鸟，降而生商"，四千年前，帝喾次妃简狄，吃玄鸟而生阏伯，这就是商之始祖。阏伯观星高台下的土丘封之为商丘。阏伯之孙相土发明了马车，六世孙王亥发明了牛车。"立皂牢，服马牛，以为民利"，生产发展了，生活富余了，人们便赶着牛车去交易货物，"商人"的称呼由此而来。

　　今天的商丘古城也称为归德古城，也就是曾经的睢阳，那个安史之乱中上演的最惨烈的一场保卫战的睢阳，那个张巡、许远、南霁云拼死坚守十个月的睢阳，睢水之阳，这座古城竟然依旧完整如初。

　　从现代化的城市中心一直向南，道路两旁逐渐变得狭窄起来，建筑变得低矮了，开始出现了很多仿古式的店铺招牌。冲出车水马龙的包围，眼前豁然开朗，却是大片的水域凸现，走上桥头，古城已近在眼前。

　　原来这还是一座四面环水的城池。

　　内方外圆，形似古钱，四门八开，城墙周长3.6公里，护城河碧波荡漾。歇山重檐南北城楼，拱券式的城门，棋盘式的街巷，走马楼与四合院，一切都还保存得那么完整，那么齐全，那么原汁原味。如此难得，令人叹为观止。

商丘古城

　　待走入城中，我不由得更生出一层敬意，这还是一座活着的古城啊。南北纵向的中轴路就是一条繁华的商业街，古老的建筑配上了现代的装潢，仍旧在发挥着余热。没有人去刻意摆弄某种怀旧的题材，也没有谁家过多地修葺堆砌粉饰一新，一切都随便而从容，牌楼底下就是小商品市场，石狮旁边就是糖葫芦大排档，反而是那一面面迎风招展的杏黄旗招牌多多少少带来一点思古情怀的痕迹。

　　城南门外，有著名的应天书院，它与江西庐山白鹿洞书院、湖南长沙岳麓书院、河南登封嵩阳书院并称北宋四大书院。范仲淹年轻时曾在这里学习，后安家商丘，当时的应天知府晏殊力邀其来此讲学，"从学者不远千里而至"，应天书院从此声名远扬。就是从这座书院里走出了一位世家才子——侯方域。人们不一定很清楚他的文章，可是却很少有人不知道他和秦淮八艳李香君的爱情故事。一曲南明兴亡罢，歌尽桃花扇底风。

　　如今就在这商丘古城内，仍旧保留着侯方域故居。他和李香君的爱情归属在野史传奇中演绎出了太多版本，只是在这里，人们相信的是二人最终脱难而归，携手重返归德城侯府。然而终究逃不脱悲剧的结尾，官宦世家始终容不下一个风尘女子，仅仅30岁，李香君就落寞抑郁而死。35岁的侯方域将自己的书房更名为"壮悔堂",两年后亦郁郁而终。一把桃花扇纵然可以见证才子佳人的爱情操守,可最终也只能是末世王朝下的一曲哀歌。零落成泥碾作尘,虽然少了白首之约,人们仍然愿意相信,这香君楼上隐隐飘散的一缕幽香,传递着曾经两情相悦的柔情缱绻。

文庙、教堂、四合院民居,古城中随处散落着古老的历史遗存,纵横交错的九十几条街巷,充盈着浓郁生活气息的民居和店铺,时刻可以找到时光的印记。某所年久失修的房屋,某处字迹模糊的店铺门匾,某口水井,某种小吃,也许不经意间所找到的,是某段漂浮在流光中业已失传的故事情节。

南门外墙根的阳光下总是闲坐着很多老人,或下棋,或说唱,光阴悠悠闲闲地荡过。护城河水,波澜不惊。隔水相望这座古城,进进出出的行人、自行车、三轮车、电瓶车,川流不息,券门旁的石狮屹立威严,一静一动之中,几百年岁月匆匆。

这真是一块宝地啊,如此一座可以让世界为之侧目的古城竟然就这样大隐于市,如此低调如此不为人知。然而,也许这样才最好,真真正正的生活,每一天都有新鲜面孔的呼吸,不会成为庸俗的某 A 级景点,也不会成为雷同而虚假的留影作秀照片。那么,就这样,就这样还是不为人知的好。

🚗 旅游小贴士

简介:古城内的遗址不少,但标识不多,需要自己寻找。随意的闲逛可能反而有意外的收获。

主街上有小公共汽车,招手即停,也有能开到城外应天书院、张巡祠的车。

住宿可在商丘市内,古城内的吃住不是很方便。

到达:商丘位于京九铁路沿线,可乘火车到达。古城在商丘市南端。

周边景点:阏伯台、燧皇陵

正定古城

很小的时候，听《三国演义》评书，说到"吾乃常山赵子龙也"，总是让人热血沸腾。长大了以后，对此还记忆犹新，然而常山到底在哪，却一直一无所知。

知道正定是因为梁思成先生所著的《中国建筑史》，里面介绍了那里的几处古建筑，原来就在河北省省会石家庄市以北不远。与已是高楼林立的石家庄市区相比，今天的正定古城显得低矮而破旧，很难想象不到一个世纪之前，石家庄还只是正定府辖下获鹿县的一个小村庄。而那时的正定，早已是与北京、保定并称的"北方三雄镇"之一。

初到正定，看到崭新的赵云庙，才知道如今的正定就是当年的常山郡真定县。只是汉时的常山郡，治所在今元氏县内，晋时移至今石家庄古城村，直到唐初才迁至现址。清朝时为避雍正皇帝的讳，真定改名为正定，之后沿袭至今。现在的赵云庙，是在清道光时的遗址上重建，尽管时间与地点都与那位常胜将军没有直接联系，总还是寄托了后人的一种敬仰和纪念吧。

曾经恢宏的正定城墙，已是时断时续，即使经近年整修，终难复当年雄姿。位于南门内南大街上的阳和楼，曾被梁思成先生比做"全部的结构就像一座缩小的天安门"，可惜只能在《失去的建筑》画册上一睹风采。岁月无情，盛衰无定，千年的古城，早已是历尽沧桑。

然而城内还是有很多古建筑一直保存至今，隆兴寺是其中规模最宏大的一处，仍然保存着宋时的寺庙格局。重檐九脊顶的摩尼殿，四面各出山面向前的报厦，此种唐宋以前常用的造型，实物已经十分少见，难怪梁先生对其青睐有加。殿内的观音彩塑，一派怡然自得的写意笑容，经梁先生拍成照片送给鲁迅，被其誉为东方美

正定古城

神。更壮观的还在后面，高大雄伟的大悲阁里，那尊高达20多米的铜铸千手千眼观音像，面容庄重，衣饰繁复，华美而又匀称，令人不由得对古代工匠的高超技艺赞叹不已。民间所谓"沧州狮子定州塔，正定府的大菩萨"，确实名不虚传。

正定的宝贝还远不止此，除去国内仅存的几座五代大殿之一——正定文庙大成殿，就说那四座造型各异、风格独特的宝塔，每座都是国之重宝。开元寺的须弥塔，方形九级，叠涩出檐，保持着唐代古朴清秀的特征；天宁寺的凌霄塔，九层楼阁式，塔身多为木结构，自唐朝建成一千多年仍屹立不倒；临济寺的澄灵塔，金代常见的砖砌八角九级实心密檐式，是临济宗创始人义玄大师的衣钵塔；最令人称奇的还是广惠寺独存的宋代华塔，主塔塔顶密布彩色壁塑，犹如一层层的花瓣，精巧华丽，底层环抱的四座六角形亭状小塔，主次相依，如此造型的华塔无疑是绝无仅有的稀世珍宝。一城之内能留存如此之多珍贵的古建筑，国内实在不多见，难怪正定能享有"古建筑宝库"之美誉。

然而辉煌只属于遥远的过去，正定在北方的地位，先是被保定所取代，后又转移到石家庄，如今还能记得古老的常山郡真定府者，恐怕已经少之又少。不过这又何尝不是一件好事呢？至少斑驳的城墙，没有成为现代化浪潮下的牺牲品；众多的古建筑，不至于在高楼大厦的夹缝中艰难求生。正定还是一座古城，没有灰飞烟灭，也没有自我迷失，已是难能可贵的了。

 旅游小贴士

简介：正定古城并不大，徒步可到达各处景点，打车也不会太贵。
正定城内有住宿和吃饭的地方，不过回到石家庄市区有更多的选择。
到达：石家庄火车站斜对面有中巴直达，车程约40分钟。
周边景点：定州料敌塔、赵州桥

景德镇古城

景德镇位于江西省的东北部，毗邻浙江、安徽。作为江南四大名镇之首的景德镇，在宋朝以前有很多不同的称谓，诸如新平、昌南、新昌等。

宋真宗景德年间，皇帝令御史在这里监制宫廷用瓷，所制瓷器底部都印有"景德年制"的字样，因为所制的青白瓷质地优良，时人皆赞"景德瓷"。"昌南镇"就这样被"景德镇"取而代之，直到今天。

有首《三宝歌》唱的是神州各地的三宝，提到江西三宝时是这样唱的："南丰桔，余江麻，景德镇瓷器世人夸。"的确，作为瓷都的景德镇从得名到扬名，无一不是因为瓷器。景德镇制瓷业发展至今已有1600多年的历史，其瓷器是中国瓷器的杰出代表。

景德镇古城

　　游览景德镇，就应该到景瓷的发祥地——瑶里，了解瓷器的发展历史，到古陶瓷博览区实地观看古瓷的制作工艺。然后，在感受瓷都文化的同时，回到瓷器街去看看各式各样的瓷器，亲耳听听挑选瓷器的小妙招，选购几件自己喜爱的瓷器，确实蛮吸引人的！

　　瑶河流域是景德镇瓷业的发祥地，瑶里就在这里。景瓷的主要原料来自瑶里附近的高岭山的高岭土。在古代，这里有很多的瓷器生产基地，包括矿坑、窑址和作坊。

　　同时，瑶里交通也很便利，不论是水运，还是陆路。直到近代，由于远离现代的公路、铁路，瑶里渐渐衰落，曾经的辉煌也逐渐被世人遗忘。

　　现在去瑶里，不但可以感受到古代关于景瓷的文化，而且可以欣赏到优美的自然风光，品尝那里的崖玉绿茶。如此一游，不失为古典与现代、自然与人文相结合的完美体验！

　　景德镇古陶瓷博览区，位于西市区蟠龙岗，面积达 83 平方公里。博览区是保护古代工业、民俗建筑的成功范例。

博览区分古窑瓷厂、明清民间建筑和陶瓷历史博物馆三部分，以实物生动形象地再现了十五十六世纪景德镇的历史风貌。

在古窑瓷厂，可以通过实物观察，形象地了解景德镇陶瓷制作工艺的全过程，陶瓷历史博物馆的大量古瓷精品让人惊叹景瓷的完美无瑕。再看明清的祠堂、闾门、民居、街道和店铺，古朴自然，幽雅别致，令人不由得感觉回到了古色古香的青瓷世界。

在景德镇有个古老的关于"龙床"的传说。相传，在景德镇曾经有位绝顶的制瓷师傅陈德厚，他烧窑的技艺在全镇是一把手，他烧的瓷器白光光、当当响，远近皆知。陈老师傅有一女儿，名叫翠芳，生得很是聪明伶俐，心灵手巧，绘画手艺堪称一绝。她画的花惹得蝴蝶围着画团团转，画的桃李看得人嘴里忍不住唾液反流。

刚过年不久，京城里传来一道圣旨，让景德镇用瓷做一张举世无双的"龙床"，要求一条金龙绕床柱，两对凤凰朝阳，四周灵芝簇牡丹，万紫千红朵朵香。还限期一年内完工，否则就要把景德镇所有的瓷匠斩尽杀绝。于是父女两人你画我烧，你烧我画，日夜不停地赶工。可是，烧来烧去，龙床不是裂就是塌。

就在没有办法的时候，翠芳梦得一法，并且把想法告诉父亲。陈老师傅在无奈之下，只得按女儿所说，请人按女儿身形造了一座新窑，然后把火烧得旺旺的。翠芳站在窑门外，跟父亲道了别，猛地扎进了那窑洞里。

就这样"龙床"烧好了，可人们终究是没有把它送进宫里。直到现在，景德镇的老柴窑还保留着这种形状，窑面很像一个站着的女人。

旅游小贴士

简介：怎么去：上海、深圳、北京、广州、赣州、安庆有直飞景德镇的航班，也可乘坐火车前往，在市区内乘坐12、28路公交车可抵达景德镇景区。

观光：周边景点有"水墨之乡"瑶里和婺源、千岛湖、黄山等。

美食：景德镇的小吃主要以面食为主，如饺子粑、碱水粑、油炸馄饨等，特色菜有粉蒸肉、瓷泥煨鸡等。

住宿：景德镇的住宿多集中在珠山区和昌江区，交通极为便利，标间价位一般在100~300元/晚，这里推荐位于珠山中路230号的景德镇大酒店，预订电话：0798-8467000。

购物：景德镇是有名的"瓷都"，生产的青花瓷最具民族传统和艺术特色。此外景德镇的茶文化历史悠久，红茶、绿茶和德宇活茶均为名茶。

西昌古城

西昌位于川西高原的安宁河平原（四川第二大平原）腹地，是攀西地区的政治、经济、文化及交通中心。一直以来，人们对西昌的了解，是因为西昌卫星发射基地；近年来，西昌美丽的风景也渐渐被人们发现，得到人们的青睐。

西昌历史悠久，唐置建昌府，元置建昌路，明代又改卫，清雍正六年（1728年）置西昌县。因为今城在唐代建昌旧城之西，故名"西昌"。自秦汉始，历代政权都在此建立过郡、州，司府，委派过官吏治理，因此西昌自古便是祖国西南边陲的一个重镇。西昌不仅风景优美，在历史上更是发挥了重要的作用。

西昌位于中国西南，历史悠久，至今已有2000多年历史。这里气候良好，环

西昌古城

境舒适，有"太阳城、月亮城、航天城和小春城"之称，这也被称为西昌的四张名片。游览西昌，体会西南美丽小城的独特文化，会是一份意外的收获。

泸山海拔 2317 米，位于西昌城南 5 公里处，濒临邛海。郦道元的《水经注》中将泸山命名为"蛙山"。它在邛海边拔地而起，远远望去，像一只昂首朝天的青蛙。泸山山势雄伟，树木苍翠，山上寺庙楼观林立，分别为儒教、道教、佛教的古刹，这些古建筑在一座山中和睦相处上千年，显示了泸山对各种文化包容的博大胸襟。

泸山山峦秀丽，古木参天，是古城西昌的天然绿色屏障，主峰纱帽顶海拔 2317 米，各种珍奇动植物在这里繁衍生长。这里蕴涵灵气，是悟道的仙山。泸山的第一座古刹"光福寺"，始建于贞观十五年（公元 641 年），是泸山最大的建筑群，也是主庙。古色古香的碑刻、香炉、铜铸佛像等，反映出泸山古刹的千年兴衰。

明代状元杨升庵夜宿泸山，在看到泸山的美景后，吟咏出："老夫今夜宿泸山，惊破天门夜未关。谁把太空敲粉碎，满天星斗落人间"的名句，正是为其最为传神的写照。

邛海面积约 31 平方公里，是四川省第二大淡水湖，位于泸山东北麓，距西昌市中心 7 公里。湖畔现有邛海公园、邛海宾馆、月色风情小镇、观海湾等景点，各具特色，不同风情衬托出美丽的湖波，是值得一游的佳境。

和许多高原湖泊一样，邛海也以其宁静与自然而著称，她静静地躺在高山的怀抱之中，与世无争。一年四季，景色各异，春夏秋冬，各具魅力。有"舟行碧波上，人在画中游"之感。邛海景色与西昌皎洁的明月，形成"月出邛池"的诗意之境，美丽而动人。

意大利旅行家马可·波罗曾被美丽的邛海景色所吸引，盛赞邛海："碧水秀色，草茂鱼丰，珍珠硕大，美不胜收，其气候与恬静远胜地中海，真是东方之珠啊！"

相传在很久以前的梓潼县，城外有一位叫童林山的孝子，家境十分贫寒，他和母亲以砍柴为生。一日他磨刀时不小心割破了手，鲜血滴入水中，变成了一条蚯蚓。童林山便日日用米饭喂食蚯蚓，直到自己家没有多余的米饭喂它为止。

天长日久，蚯蚓变成了一条青龙，为了报恩，便将县令和财主家的粮食全都搬到童林山家里。不料被县令和财主发现，把童林山母子关了起来。青龙本想报恩，不料却害了恩人，便在行刑的大堂上救出了童林山母子，又使大水冲天，将县令和财主冲走了。

后来梓潼县便被汪洋淹没，成了水下之城。人们为了颂扬青龙惩恶扬善的精神，在邛海南岸建了"青龙寺"。淹没梓潼县的汪洋就是现在的邛海。据说在风平浪静之时，人们还能隐约看到海底被淹没的梓潼县的城墙、房顶和竹竿，甚至还会听见海底的公鸡叫呢。

旅游小贴士

怎么去： 成都有飞往西昌青山机场的航班。北京、上海、西安、昆明、成都、重庆等地有直达西昌的火车。

观光： 西昌周边的古镇乡村、自然和人文景观也值得游览，如建昌古城、螺髻山、攀西地质博物馆、二滩、西昌卫星发射中心等。

美食：西昌是少数民族聚居地，美食当然以彝族风味为主，入口香滑的坨坨肉、天然营养的野山菌、口感纯正的荞麦面和嫩滑多汁的建昌板鸭都是不得不品尝的美食。

住宿：西昌的住宿选择有很多，价位适中，这里推荐环境优雅的西昌碧海仙人酒店。

购物：手工缝制的精致彝族服饰，雕琢清晰细腻的银饰都值得购买收藏。

山海关

山海关位于河北省秦皇岛市东北 15 公里，是明长城的东北关隘之一，一称"榆关"，又称"渝关"。山海关修建于明朝洪武十四年（1381 年），是中山王徐达奉命修永平、界岭等关时，在此地修建的，因其北倚燕山，南连渤海，故称为山海关。

山海关于 1381 年建关设卫，至今已有 600 多年的历史，自古即为我国的军事重镇。山海关是一座小城，整座城池与长城相连，周长约 4 公里，以城为关。它雄踞在祖国大地上，守护着世代的华夏子民，被称为"天下第一关"。

山海关不仅景色壮丽，而且历史悠久，文化气氛浓厚，素有"京师屏翰、辽左咽喉"之称。角山长城蜿蜒，风景如画，气势壮阔，有一夫当关、万夫莫开之势，游览山海关，你会被这里的风景所折服。

孟姜女庙景区坐落于山海关以东 6.5 公里的凤凰山上，又称贞女祠，是根据民间故事"孟姜女哭长城"而修建的。庙前依山砌筑 108 级行人石板梯道，象征着孟姜女寻夫的艰辛和曲折。庙里的殿内正中塑孟姜女泥像一座，淡妆素彩，面带愁

天下第一关——山海关

容，眼眸中透出无限哀怨，是当年孟姜女千里寻夫的凄凉写照。

景区又根据孟姜女的传说修建了大型文化园林孟姜女苑，苑内以"孟姜女千里寻夫哭倒长城"的传说为主线，设计建造了"夜制寒衣""万夫筑城"等二十个场景，使人更加深刻体会到这段动人的爱情故事，感受主人公所经历的艰辛与曲折。

庙内前殿两边有楹联："秦皇安在哉，万里长城筑怨；姜女未亡也，千秋片石铭贞。"真实地反映了人们对孟姜女、秦始皇的喜恶，前殿还有闻名全国的奇联"海水朝朝朝朝朝朝朝落，浮云长长长长长长长消"（hǎi shuǐ cháo, zhāo zhāo cháo, zhāo cháo zhāo luò; fú yún zhǎng, cháng cháng zhǎng, cháng zhǎng cháng xiāo），包含深刻的哲理，启迪着后人。

欢乐海洋公园是一座融旅游、娱乐及科普教育为一体，以"陶冶大众、教益学生、维系生态"为宗旨的国内大型现代化海洋科普基地，园内有人工海湾、戏水乐园等游览场所。

园内可游玩处众多，在这里可以看到海狮、海豚等动物的精彩表演，可以在大型潜水区漫游海底，体验不一样的环境，也可以与海洋生物亲密接触，体会无穷无尽的乐趣。在人工海湾里，可以乘坐国内首创的半潜式观光潜艇漫步于海底，将史前文明遗迹、海底宝藏和海底坟冢的人文景观及色彩斑斓的海底世界尽收眼底。

游览乐岛便是游览城市中央的海底生活，累了乏了，还可以漫步于林荫小道，体会不一般的生活与文化，也是一种心灵的释放和回归。

相传五百多年前，明成化皇帝亲自降旨，要在山海关城楼上挂一块题为"天下第一关"的大匾。当时镇守山海关兵部主事接到圣旨后，立即派人爬上箭楼，量好尺寸，请木匠做了一块长一丈八尺、宽五尺的巨匾，让归家赋闲的两榜进士萧显题牌匾。

萧显沉吟半晌，点头答应，不过他提出要求，写这种字，不能急，不能催，兵部主事只好答应。二十多天过去了，没有消息，却见萧老先生日日耍弄根长扁担。又过了二十多天，还是没动静。只听得老先生日日吟诵"飞流直下三千尺，疑是银河落九天""来如雷霆收震怒，罢如江海凝青光"等诗句。

后来时间紧迫，便催萧老先生赶快完成牌匾，只见他，提着笔在匾前来回走着，一边走一边端详，一会儿点头，一会儿大笑。忽然，他停下脚步，凝神屏气，开始动笔。只见他，落笔如高山坠石，起笔如飞燕掠食，不急不慢，又稳又准，笔随身行，不一会儿，"天下第一关"五个大字便写好了。众人一看，只觉是神来之笔，钦佩赞叹不已。

🏍 旅游小贴士

怎么去：北京、上海、南京、大连、烟台、太原、石家庄有直飞秦皇岛山海关机场的航班。从北京发往沈阳方向的长途列车会经过山海关站，每天有多个班次。

观光：周边景点有老龙头、角山、翡翠岛，南戴河、北戴河。

美食：秦皇岛美食以海鲜为主，蟹黄鱼米、清蒸加吉鱼、酱爆皮皮虾、煎烤大虾等香味醇厚、营养丰富。另有各种小吃值得品尝，回记绿豆糕、四条包子和老二位麻酱烧饼等。

住宿：游览山海关最好选择在秦皇岛市内住宿，也可到周边的北戴河和南戴河享受度假村的住宿体验。

购物：秦皇岛的特产以海产品为主，另有果类、木制品和珍珠制品出售。

丰都鬼城

丰都鬼城位于四川盆地东南边缘，境跨长江两岸，地处长江上游，上距重庆市172公里，下距宜昌476公里。鬼城丰都历史悠久，春秋时称为"巴子别都"，东汉和帝永元二年（公元90年）从枳县划出单独设县，定名为"丰都县"，至今已有1900多年的历史。

相传丰都是人死后灵魂所归的地方，人的灵魂离开躯体后都要回归到这个地方。丰都被讹传为鬼城，大概要追溯到从巴蜀氏羌部落第一代鬼帝——土伯所住的"鬼国幽都"。

丰都又称"名山"，因为北宋苏轼的题诗"平都天下古名山"而得名。这里也是道家72洞天福地之一，名山古刹多达27座，被誉为中国"神曲之乡"、人类"灵魂之都"，以"鬼国京都""阴曹地府"闻名于世，非常具有特色。

丰都历来就拥有丰富的民俗文化，特别是独具特色的鬼文化可谓国内仅有，游览丰都鬼城，看长江边小城的宁静风景，惊叹于独特的鬼文化，体验一下阴曹地府的阴森恐怖，看一下人类灵魂之都的森严与幽寂，别有一番趣味。

丰都鬼城

鬼国神宫是仿照阳间司法体系营造的一个等级森严，阴森可惧的地下宫殿，它是融逮捕、羁押、庭审、判决、教化功能为一炉的"阴曹地府"，采用建筑、造型、雕塑、绘画和电子、机械、音响、灯光等综合技艺，将阴曹地府的奥秘生动形象地展现在世人面前。

地府内有奈何桥，相传不孝之人过桥便会落下桥，饱受毒蛇撕咬之苦；还有孟婆汤、观音像、八仙过海、鬼王嫁女等，形象逼真，让人心惊肉跳，激动不已。

鬼国神宫是我国反映鬼文化规模最大的动态人文景观，它融知识性、趣味性和娱乐性于一炉，给人以超时空的独特精神享受。唐代大诗人李白有诗"下笑世上士，沉魂北酆都"即写到了丰都。

平都山即名山，因为北宋苏轼的"平都天下古名山"而改名"名山"。平都山上林木苍翠，建筑精美，主要景点有哼哈祠、报恩殿、奈何桥、玉皇殿、百子殿、无常殿、大雄宝殿、鬼门关等，鬼文化气氛非常浓厚。

道家还把平都山列为道都的"洞天福地"之一，相传汉代有阴长生、王方平两人曾先后在此修道成仙、白日飞升，这里也因此得到了道教子弟的青睐。

天子殿历史悠久，最早建于西晋，名为乾竺殿，距今已有1600多年历史。唐

鬼国神宫

代建仙都观，宋代改名为景德观，又名白鹤观，明代改名为阎王殿，现存的天子殿是清康熙三年（1864年）重修的。

天子殿殿堂正中塑阴天子六米高的坐像，头戴金冠，身着蟒袍，腰围玉带，秉圭端坐，双目圆睁，庄重威严。殿门前有一幅明末高僧硝山和尚所做的楹联："不涉阶级须从这里过行一步是一步，无分贵贱都向个中求悟此生非此生"，还有一副写着"任尔盖世奸雄到此就应丧胆，凭他骗天手段入门再难欺心"，告诫人们为人应该忠厚。

古印度摩揭陀国有个大富翁名叫国相，他的夫人叫青提。国相非常敬重出家人，可青提正好相反，非常憎恨出家人。夫妇俩晚年得子，就取名叫目莲。目莲秉承父性，对出家人非常仁慈。

为了继承父业，目莲外出经商。临行前对母亲说："孩儿外出求财，母亲在家要积善积德，善待出家人。"青提虽口中答应，却在他走后并不那样做，因为不守诺言，不敬佛门，青提抱病而亡，被打入十八层地狱遭受倒悬之苦。

为了拯救母亲，目莲在农历七月十五这一天，备齐百味饮食，供养十方僧人，于是母亲被救了出来。佛祖见目莲如此行孝，便封目莲为幽冥教主地藏王菩萨，统管阴曹地府，这便是地藏王菩萨的由来。

 旅游小贴士

怎么去：可乘飞机或火车至重庆、武汉、宜昌后乘船浏览三峡，沿途经过丰都鬼城。在重庆朝天门码头每天有数班轮船开往丰都。

观光："鬼城"周边景点有雪玉洞、双桂山、南天湖等。

美食：丰都属重庆管辖范围内，美食口味以辛辣为主，重庆火锅、麻辣鸡最值得品尝。

住宿：可选择在丰都县城内住宿，这里推荐距离平都山较近的茂田酒店。

购物：麻辣牛肉干、鬼城瓢画及工艺品非常具有当地特色。

第七章　古镇游

周庄

　　周庄被誉为"中国第一水乡"，并不仅仅因为发现得早、保存得好，更不是纯粹出于宣传的需要。近几年来，江南古镇的后起之秀不断出现，对周庄的各种微词也不时响起，然而周庄依然是水乡古镇的代表、游客的首选之地，这绝非偶然。一样的小桥、流水、人家，别的古镇都是水网纵横于内，而周庄根本整个就是位于水中，仅凭这点而言，周庄就是独一无二的。

　　周庄有的并非只是这得天独厚的地利条件，早在九百多年前的宋代，周庄就已经在这里扎根了。因为四面临水的天然屏障的缘故，周庄躲过了历次的战火波及。又因为元末明初出了沈万三这位江南巨富，明清两代留下了沈厅、张厅等百余座古典宅院，加上多条繁华的石板路和十几座形态各异的石桥，周庄呈现一派古朴明洁的景象。坐上轻摇的小船，徜徉于小河之上，穿桥过洞，更是令人沉醉。

　　从古牌楼正对的照壁处左拐，到贞固堂前可看到双桥。两条小河在这里交叉为十字，两座小桥成十字形分架于两河之上，这本是江南水乡极其寻常的情形。可这两座小巧的桥梁，一高一低、一拱一梁、一圆一方，搭配得如此别致，可谓妙绝。因为很像古时使用的钥匙，当地人称之为"钥匙桥"。其中圆形拱桥名世德桥，方形梁桥名永安桥，都建于明朝万历年间。加上河道岔口另一侧建于清代的太平桥，一眼可见三桥并峙的景象，十分难得。

周庄双桥本是默默无闻的古镇小景，1984年春天海外青年画家陈逸飞到周庄写生，把所作油画带回美国展出，一时引起轰动。以周庄双桥为题材的《故乡的回忆》更是传为佳话，周庄从此声名大振，双桥也成了周庄的象征。

周庄古镇

张厅在永安桥南的临河小街北市街上，是周庄目前留存不多的明代宅院之一。原名怡顺堂，相传为明代徐达之弟徐逵于明代正统年间所建。清初卖给张姓人家，改名玉燕堂，俗称张厅。走进门厅是一个绿意盎然的天井，正对面是布置着明式红木家具的敞亮大厅，墙上一副对联尤为引人注目。上联"轿从门前进"，指的是旧时一般不开正门，家人进出都走东侧那条窄长幽深的陪弄，每逢喜庆婚丧或者贵客来访，才抬进轿子。下联"船自家中过"，到后院小花园一看就豁然开朗，小河直接通至此地，从码头乘船可直达南湖。这副对联可谓贴切地点明了张厅最大的特色。

沈厅位于张厅以南的南市街上，从张厅往南走几分钟就到。提到沈厅，当然不能不说说那位富甲江南的周庄商人沈万三。沈万三原名富，因排行第三而被人称沈万三，元末明初因做海外通商而富可敌国，连明太祖朱元璋修筑南京城墙都凭他捐资三分之一。不料他狂妄过甚，口出狂言想替皇上犒劳三军而惹怒朱元璋，被发配云南充军，沈家也因此大受打击。如今的沈厅虽不是当年沈万三所居，而是由其后裔沈本仁于清乾隆七年建成，但仍宏大无比。前后七进院落一百多间房屋，中轴线长达一百多米，比其北的张厅要气派得多，是整个周庄古镇中最具代表性的建筑。

在张厅和沈厅之间的中市街东端，富安桥横跨南北市河。桥为元至正年间所建，单孔石拱桥，原为青石面，清咸丰年间改成花岗石。这样的石桥本无太多特异之处，但配上桥身四角的桥楼，就十分珍贵了。桥名富安，即是富贵之后祈求安康的意思，据说是沈万三之弟为吸取哥哥的教训捐资修茸时所起。桥上有五块武康石，分别作为栏杆、桥阶和桥头，是采自浙江德清县的山崖间。石面有细小的蜂窝眼，不易磨损也不会打滑，在江南一带十分罕见，足见桥之用料考究。

从迷楼经福洪桥返回古牌楼的路上，在后港西街有一座利用古民居开设的周庄博物馆。馆内前厅后堂中间一小天井，主楼可以登临，后边还有一个小院。现主要陈列镇北太史淀湖底出土的良渚文化印纹陶遗物，也有来自现代艺术家的文艺作品，当然最特别的还是那些反映水乡人民劳动、生活、娱乐的器具。游完古镇离开之前，可以去参观一下。

🏍 旅游小贴士

简介：节假日游人很多，旅游旺季更是人潮汹涌，难以感受那种水乡风情，交通吃饭住宿也很成问题，应尽量避免节假日前往。

过去周庄只能依靠摆渡进入，后来建起了周庄大桥，可以在车站坐人力三轮直达古镇入口处的古牌楼。

想从水上观赏也可以乘木质游船。

到达：从苏州火车站前广场或汽车北站乘旅游车前往，大约半小时一班，行程1.5小时。

周边景点：同里古镇、角直古镇

黄姚

黄姚古镇位于广西贺州昭平县东北部，是一个有900多年历史的明清文化古镇，目前尚保留有较为完整的明清建筑，并以"梦境家园"的"小桂林"之称而

黄姚古镇

享誉国内外。黄姚古镇发祥于宋代，宋将杨文广率部队到昭平平乱，路经此地时，

得知当地黄、姚两姓人居多，于是给小镇起名"黄姚"，这个地名一用就是千年，延续至今。古镇兴建于明朝万历年间，鼎盛于清朝乾隆年间。

由于黄姚古镇所处的特殊地理位置，四面皆山，交通不便，所以村镇处于半封闭状态，使得古老的民居、众多的文物得以延续。古镇处在宁静的山中，不仅历史悠久，而且文化气息浓厚，环境安适，是一个旅游的好去处。

黄姚古镇方圆3.6平方公里，为典型的喀斯特地貌，素有"梦境家园"之称。古镇里亭台楼阁错落分布，大自然天然的美赋予了黄姚以灵气，而勤劳的黄姚人又将家园建设得更加美丽，形成了这个天然的山水园林古镇，也造就了这个自然与人完美结合的艺术殿堂。

文明阁位于黄姚镇东南天马山西麓，古刹宝亭密集，掩映在绿树丛中，显示出别样的雅致与幽静，因此位于黄姚古八景之首。文明阁历史悠久，始建于明万历年间，清朝曾四次重修，阁内历代名人题诗的刻石颇多。

沿着天马山而上，文明阁第一道门楼上书"文明首第"四个大字，两边写有一副对联"春入水逾响，秋高山更青。"阁子前面有霍然亭，亭前柱上书"上下江涵画阁添，东西岸隔烟波间"，内侧书"诸君到来不妨坐坐，朋友相会随便谈谈"，后面柱子上写道"有风花气犹迷阁，无雨岚光尚滴衣"。继续前行，第二道门楼上书"有声"二字，旁边写道"星临平野阔，山似洛阳月归图画，山水烟霞入品题"，左下角立有"攀山石碑"，为乾隆三十年岁次乙酉仲夏吉早立。总之，游览文明阁，可以观看到各式各样的对联，了解黄姚文化与风景，也是一种风雅的收获。

黄姚石板街最早铺砌于清顺治年间，山根寨那段老街距今已有300多年历史。天长日久，街中心的石板被踩成槽状，故有"老街"之称。

黄姚镇的街道全部用灰黑色的石板镶砌而成，石板都是过去那些不知名的工匠用开山采来的巨大石料，凿成方正的石板，中间没有任何黏合物，全靠准确的尺寸，将其牢牢地拼接在一起。虽然历经沧桑，石板却没有丝毫松动，至今光滑平整、板面如镜。

黄姚的石板街非常天然，可以说是自然与人文的完美结合，体现了先辈们的勤劳与智慧，让游览者无不惊叹。

相传在很久以前，湘桂一带发生了一场严重的瘟疫，而贺州市境内的萌渚岭南端天堂山有妙药灵芝能驱彰气治瘟疫。青年阿满在未婚妻妙虹姑娘的支持下，决心到豺狼虎豹经常出没的丛山峻岭天堂山悬崖腹地采集灵芝仙草。

阿满进山后杳无音讯，日复一日，妙虹姑娘非常想念未婚夫，她瞒着家人，背着干粮只身前往天堂山寻找未婚夫阿满。七天七夜过去了，也未能找到，却找到了成片的灵芝。她将灵芝采集回去让患者饮服，患者药到病除，乡亲们万分感谢妙虹姑娘。

乡亲得救了，但妙虹姑娘日夜思念未婚夫阿满，每日到天堂山寻找，并发誓找不到阿满终身不嫁。年复一年，妙虹姑娘年纪越来越大，因当地客家人将年长未婚的女人称为姑婆，于是也称妙虹姑娘为姑婆。

一天，一位神仙下凡告诉村民，王母娘娘为妙虹姑婆采集灵芝普救苍生，并因痛失未婚夫而终身不嫁的感人之举所感动，要召她至天上册封为仙姑，乡亲们为怀念妙虹姑婆，决定把天堂山改名为姑婆山。

🔥 旅游小贴士

怎么去：可在长沙、南宁、茂名、湛江乘坐火车前往贺州，在贺州西汽车站转乘巴士前往黄姚景区。也可在桂林、阳朔、贺州乘坐旅游专线巴士。

观光：周边景点有桂林、阳朔的山水风光。

美食：黄姚菜以豆豉、黄精、豆腐等特产配以猪鸭鱼肉，风味多样，最值得品尝的有黄姚水粉、黄姚酒、豆腐酿、扣肉、豆豉鱼、茶香牛肉等。

住宿：想进一步体验古镇风情，建议入住古色古香的民居客栈，这里推荐泊客驿站。

购物：古镇内有很多小商铺出售黄姚土特产：黄姚豆豉、野菊花、黄精、话梅等。

喀纳斯湖畔古村落

喀纳斯湖位于新疆阿尔泰山主峰友谊峰的南坡，是我国著名的淡水湖。整个湖泊呈月牙状，据推测是古冰川强烈运动阻塞山谷积水而形成的。它风景优美，林木茂盛，湖畔是蒙古族图瓦人在中国唯一的聚集地，民族风情独特，湖区因此被评为国家 AAAAA 级旅游景区。

喀纳斯湖畔古村落

喀纳斯湖的美丽与图瓦人的淳朴相互辉映，融为一体，形成了独具魅力的民族风情。喀纳斯本身的意思为"美丽富饶、神秘莫测"，有"云海佛光""变色湖"，"千米枯木长堤""湖怪"等奇景，长期以来，在人们眼中一直充满了神秘的色彩。

喀纳斯湖如同一块翡翠镶嵌在千里青山之中，湖水碧绿，在阳光照耀下格外晶莹剔透。图瓦人便是那翡翠之上的点缀，他们独特的民族风情使喀纳斯湖有了生命和活力。

喀纳斯湖不但自然资源、生物物种丰富，而且具有独特而迷人的人文资源。它具有北国风光的雄浑，也具有南国山水的细腻，还有种种奇观，诸如"千米枯木长堤""喀纳斯湖怪""云海佛光""变色湖"等。

春、夏季节，喀纳斯湖水会随着季节和天气的变化而变换颜色，湖水的开化与冰封都有不同的色彩呈现。5月，冰雪消融，湖水幽暗，呈青灰色；6月，湖水映着林木的碧绿，呈浅绿或碧蓝色；7月，雨水充沛，上游白湖的白色湖水流入喀纳斯湖，湖水呈微带蓝绿的乳白色；8月，降雨增多，湖水呈墨绿色；到了9月、10月，湖边植物色彩各异，满湖尽是光彩夺目的"翡翠"！

喀纳斯湖就这样以它的秀美与奇特吸引着游客。来到喀纳斯这样的北国江南，看着种种似乎不可言喻的传奇，不管是会变色的翡翠湖水，还是逆流而上的神秘长堤枯木，都仿佛把人带入天宫仙界，令人大开眼界。

喀纳斯湖畔住着200多名图瓦人，这里是他们在亚洲的唯一聚居地。至今，这里的图瓦人仍然保存着独特的生活习惯和语言，以及古老的部落氏族观念和宗教信仰。他们每年都要举行祭天、祭湖、祭山、祭鱼、祭火等宗教活动，"敖巴节"是他们一年中最大的节庆活动。喀纳斯湖畔的图瓦人以游牧、狩猎为生，保持着比较原始的生活方式。

来到喀纳斯湖畔图瓦人的村落，你会忍不住惊讶于散布村中的用原木垒起的木屋，会看到温馨的小桥流水、催人早起的袅袅炊烟，能闻到飘过喀纳斯湖畔的奶酒清香。进入这样一座神秘古朴的小村庄，享用热情送上的好酒好菜，再听他们自豪地讲述自己的生活习惯和民族特色，然后出去遛马、滑冰，真是人间少有的美事啊！

在很久以前，有一个牧羊青年，他不但长得英俊潇洒，还吹得一口好牧笛。在雨后的草原上，他与一位貌美聪慧、生有一副嘹亮清润歌喉的公主邂逅并且爱上了对方。国王绞尽脑汁反对他们在一起，极力难为牧羊青年。最后国王逼这个青年在一天之内，徒步一百多公里绕喀纳斯湖走一圈。这原本就是一项不可能完成的任务，而且在湖的四面密林悬崖，峰峦起伏，原始森林中还有很多各种各样的野兽出没，十分危险。

为了爱情，牧羊青年一声不吭地走了起来，公主也从另一端出发与青年会合，最后他俩在密林里相会了。从此，每当夜深人静，月亮升起的时候，他们就在湖上吹笛歌舞。直到今天，夜深人静时，若在湖边用心倾听，便会隐约听到喀纳斯湖面上传来的优美笛声。

旅游小贴士

怎么去：可在乌鲁木齐乘坐飞机至阿勒泰，再转乘长途巴士前往布尔津，在布尔津乘车或租车前往。或在乌鲁木齐的碾子沟汽车站乘坐长途巴士至布尔津，在布尔津乘车或租车前往。

观光：古村周边不能错过的美景有观鱼亭、月亮湾、卧龙湾、神仙湾、白哈巴村和禾木村等。

美食：这里可品尝到新疆美食酸奶疙瘩、馕饼、烤全羊。

住宿：到喀纳斯湖旅行，可选择入住景区内的小木屋，也可选择在布尔津县城内住宿。

购物：朵巴是维族人常戴的帽子；丝线绣出的各种花纹极具美感，有满地散花纹样、巴旦木花纹样以及十字对称纹苏样等。

婺源

婺源县位于江西省东北部，原属古徽州地区，是古徽州六县之一，也是徽州文化的发祥地之一。婺源素有"书乡""茶乡"之称，是全国著名的文化与生态旅游县，被外界誉为"中国最美丽的乡村"。

唐朝为便于统治，唐玄宗于开元二十八年（公元740年）决定正月初八设置婺源县，县城设在清华镇，到天复元年（公元901年），县城迁至弦高（今县城紫阳镇）。建县时，婺源属于歙州。

婺源古镇

对"婺源"这一名字的解释大致有三种说法：一是以"婺水绕城三面"，故名；二是"旧以县本休宁地，曾属婺州，取上应婺女之说"，故名；三是"以县东大鳙水流入婺州"，故名。

历史上中原贵族的南迁，为这里带来了丰富的中原文化资产，又经过古徽州人的发展，使得这里的文化更加繁荣。徽文化既是地域文化、移民文化，又反映出中华儒家文化的特性，具有典型性和标本价值。

游览婺源，不仅要欣赏这里如水墨山水画般的美景，还要深入了解婺源的古徽州文化。

江湾始建于隋末唐初，北宋神宗元丰二年（1079年），萧江第八世祖始迁江湾，子孙逐渐繁衍成为当地大族。江湾是钟灵毓秀的千年古镇，这里山水环绕，宁静秀美，因此是古徽州风水文化的典范，历代文风鼎盛、群贤辈出。

村中至今还保存着三省堂、敦崇堂、培心堂、滕家老屋等一大批徽派古建筑和萧江宗祠、江永纪念馆、南关亭、北斗七星井等景点，极具历史价值和观赏价值。江湾不仅景色优美，而且文化内涵丰富，"一门九进士，六部四尚书"，历来享有书乡之誉。

来到李坑，犹如来到如诗如画的世外桃源，足见其魅力。昔日的商贾和缙绅留下的宅院以那些精美的木刻讲述着李坑过往的故事。

李坑村落群山环抱，山清水秀，风光旖旎。村中明清古建筑遍布，民居宅院粉墙黛瓦，参差错落，沿溪而建，依山而立。

村内街巷溪水贯通，青石板道纵横交错，各种溪桥数十座，沟通两岸，似马致远笔下的"小桥流水人家"，眼前的风景，充满了诗意的美，让人禁不住赞叹，想长居于此。

在婺源，木板桥是一大特色。原汁原味的杉木板桥宛如金桥，在阳光下闪闪发光，桥下是清澈见底的江水，桥上不时有村姑和农夫挑着担子经过，乡土之风跃然而出。山光水色与木板桥有机结合为一体，景色十分和谐。

婺源著名的廊桥当数彩虹桥，桥离清华古镇不远，始建于宋代，长达 140 米、宽为 7 米，为全木结构，桥上写有"两水夹明镜，双桥落彩虹"的对联。

婺源被称为"中国最美的乡村"，人与自然构成了一幅和谐的画面，给人一种回归自然和超凡脱俗的世外桃源般的感觉。"半亩方塘一鉴开，天光云影共徘徊。问渠哪得清如许，为有源头活水来。"便是朱熹赞美家乡婺源的诗句。

文公山，因山腰葬有朱熹祖墓而得名。

相传朱熹祖墓下葬时，算命先生说要四种现象同时出现才可以下葬，就是鲤鱼上树、铁锅当帽、瓦片盛饭、葛藤束腰。当时族人都觉得这四种现象十分怪异，怎么可能同时出现呢？

朱熹家人半信半疑，将棺木抬去等候。时至中午，只见一位农夫手提两条鲤鱼来到路口茶亭旁边，随手将两条鲤鱼挂于树上，自己到凉亭内歇息喝茶。这就是鲤鱼上树。不一会儿天阴下雨，只见一人头顶铁锅奔进凉亭，这便是铁锅当帽。

因为天近中午，有位农妇提着瓦罐前来送饭，风狂雨骤，她又匆忙赶路，农妇因此摔了一跤，送饭的瓦罐打破，腰带也因此跌断了。农妇心疼米饭，用瓦片将饭盛起，又随手折了葛藤枝当腰带系于腰上。

鲤鱼上树、铁锅当帽、瓦片盛饭、葛藤束腰，四种现象真的同时出现在眼前。众人一见，连连称奇，连忙将棺木葬于穴内。

🚗 旅游小贴士

怎么去：可乘坐飞机、火车前往景德镇，再转车前往婺源。上海、杭州、萧山、绍兴、宁波、温州、深圳、广州、南昌等地有直达婺源的班车。

观光：周边景点有黄山、千岛湖、三清山、景德镇。

美食：婺源的美食以粉蒸，清蒸和糊菜为特色，值得品尝的菜肴有糊豆腐、粉蒸肉、糖醋鹅颈等。传统小吃有灰汁果、木心果、蒸汽糕。

住宿：婺源的住宿选择多样，可选择入住宾馆、酒店，也可选择周边村落的家庭旅馆和客栈。

购物：婺源有名的四大特产是江湾雪梨、荷包鲤鱼、龙尾砚、婺源绿茶，还有木雕和甲路纸伞也具有地方特色。

西塘

昨夜梦回西塘，水远天长，念念不忘的仍是那亮着红灯酒旗飘展的水岸人家，桨橹摇过的声音，搅不碎清梦依稀；我想再走入那如画般的江南小镇，忘了身系何处，一晌贪欢。

西塘真是一幅画卷，从窄窄的里弄走进，谁想那一头竟宛然另一个世界。我被这个小镇古典而又自然的气质所折服。石板小路两旁的店铺，古旧的门板漆着崭新的招牌，摆着的是古玩器皿，偶尔还能看到一张旧上海的招贴画；再就着满街米粉肉的香气，闪过的人力车的身影，恍惚间还以为走入某部电影摄制场景，一时间竟辨不清真伪。桥边卖馄饨和豆腐脑的老人也在表演，那推车像极了道具，唯有用料却是货真价实，滑嫩的豆花和鲜香的汤头回荡在唇齿之间，不知不觉中你也跟着入了戏。

这日又是薄雾冥冥，画桥当路，临水双朱户，好生羡慕那水岸人家，抬眼之际便已尽揽风月，船橹悠悠，载得动，许多愁。漫步长长的遮雨廊棚，嗅着湿润的水乡味道，突然好想能走下台阶，弯腰伸手之间搅动一池绿波。杨柳风轻，眼前的画卷与想象中描摹了无数次的江南水墨竟是如此的相似，在别人看惯了的小桥流水人家里，我重重地迷失，想北方的雕栏玉砌在威严和尊贵中可曾有这般的湿润与古朴？想都市的尘埃蒙蔽了双眼，真实的生活画面却也疑做镜花水月。

原来这就是西塘，就是别人的字里行间描绘了多次的西塘，烟雨的西塘，洒意的西塘，水墨的西塘，也终于在徘徊中寻见了那一处处熟悉的字眼。窄窄的石皮弄走到尽头，静怡轩掩在灰瓦青苔之间，旁边的粉墙果然都被信手涂鸦，有人说这是西塘的随意，那就随它吧。钱塘人家的生意总是太好，第二天的午饭都要预定，只好辗转又一村，终于得以凭窗临水，鱼虾鲜活，黄酒醉人，最普通的满街都在叫卖的熏青豆原来最是口角噙香。只有那修饰一新的送子来凤桥显得与这片粉墙黛瓦格格不入，好在还有廊棚，千百年来遮风挡雨的廊棚，现而今成就了游人可以倚靠的阑干，望极春愁，黯黯生天际，想象自己仿佛也是个娇慵妩媚的江南女子，轻轻地走过，不带走一片云彩。

小小的西塘镇，两条路，两座桥，不知走过了多少个来回，走到天色渐暗，游人散去，白日里沸腾的小镇终于安静了下来。店铺冷落，早早关张，也好，上了门板，露出的才是本来面目。游人们怎么如此轻易放弃这样傍晚的西塘，这样宁静安详之中的落落大方，几乎是空无一人的街道，静悄悄地听自己的脚步声，偶尔跑过

西塘古镇

一位背着沉重摄影器材的家伙，追随他们的目光焦点，搜索这座古城的角角落落。

等待天黑，等待西塘的夜色。看那一盏盏红灯扮靓下的水岸风情，钱塘人家的位置真是得天独厚，夜晚的灯光也是璀璨夺目。独立小桥风满袖，月华初上，只是仍不想归去，长久地倚在那个被摄影家们集体光顾过的角落，身披婆娑树影，陷入深深的黑暗里。白日里漂泊的船只都已安睡，只有流水不眠，浮光掠影下洗尽繁华。可惜我没能睡在那静怡轩的小姐闺房里，否则整夜梦魂情脉脉，不为笛声，为头枕流水潺潺。

离去的最后一日，却迎来了罕见的灿烂阳光。在这样阳光照耀下的西塘像位眉清目秀的少女绽开笑颜，只是少了一点婉约，一丝哀愁，不再是昨日慵倦妩媚的江南风韵。

梦也曾到此，问青芜杨柳可会将我挽留？似水年华流逝，那画墙栏杆又会再倚谁的身影？

旅游小贴士

简介：西塘夜色很美，一定要在古镇住一晚，早上和傍晚游客少，能尽情浏览美景。

可选择在古镇内住宿，最好是老房子改建的客栈，虽然条件不一定特别好，但更有情趣。

西塘美食小吃颇多，如粽子、熏青豆、芡实糕、豆腐花、荷叶粉蒸肉等，找一个临水的酒家，一壶黄酒，几味鱼鲜，格外惬意。

古镇游主要是感受那种江南水乡的风物精致，并不一定要去看那些联票的景点。

到达：上海有直达西塘的班车，从苏州、杭州等地出发也可以先到达嘉善，嘉善开往西塘的班车非常多。

周边景点：乌镇、嘉兴

和顺

从梁城的土司衙门出来，直接就坐上了往腾冲方向的班车，前路于我依旧如此未知。公路两边大片碧绿的稻田边不时看到三两间青砖碧瓦的民居，甚是养眼。

从时间上算，就快到腾冲了，车辆顺着山势绕了一个大弯，天呐，眼前骤然出现聚精致细腻和恢宏大气于一身的田园美景，是王母娘娘的后花园吗？正是荷花盛开的时候，只见大片大片的荷塘里，那粉嫩花蕾，那绽放的花朵肩并肩、手拉手，挤挤挨挨地在风中轻舞。天地间的精灵——白鹭，或在花间田边专注捕食，或在绿色的稻田上翩翩起飞。就在这极具诱惑的前景铺垫里放眼仙境的中心，如海市蜃楼

和顺古镇

般出现古代的一个镇子，亭台楼阁、青砖碧瓦依山而建，从山脚错落有致地集结到山腰，古朴典雅又不失辉煌大气。心里灵光一闪，这必定是传说中的和顺古镇了！

　　人在旅途，路边经常会出现计划外的美景，然而因美色而情不自禁提前下车的地方却少之又少。和顺，我梦中的江南水乡，我带着沉重的背囊奔你而来，全然没有料到，你用一幅绝妙的水墨淡彩国画给我眼前一亮的惊喜。

　　一条弯弯的小河从镇前绕过，"河"顺着小镇一路流淌，和顺因而得名。村前两个高大的青灰色牌坊后是进村的必经大路——石拱桥。走上双虹桥，只见那歪歪斜斜的老柳树倚在河边，三五只鸭子自在地在河面上游荡，孩童在一旁嬉戏。顺着用火山石铺就的石板路慢慢悠悠来到三合河边，来到湿地周围。广阔的荷塘依旧，浓郁的花香依旧，荷花依旧在不计成本地肆意烂漫。

　　往西，魁星楼下，捷报桥边，是一条古老的千年马帮路，从青石板上那被磨得锃亮的凹凸里，我读懂了艰辛。是的，和顺，从古到今，当家的男儿都有着外出闯天下的习俗。据说，当年只有衣锦还乡、光宗耀祖的村人，才可以堂堂正正地从牌坊后的石拱桥上走过，而那些落魄的，只好在夜里从后山偷偷翻入家门。还好，今天我来，可以悠然地走过双虹桥。迎面而来的，是全国乡级最大的图书馆——和顺图书馆。坐在村中早起的看报老人的旁边，顺便一览这些日子奔波于旅途而无暇顾及的天下事。随后，来到楼上，看一看这个建成于1928年的图书馆里那为数众多的藏书。

走进二战时作为国军指挥部的滇缅抗战博物馆的那道院门，赫然看见一辆在滇缅抗战一线史迪威将军驰骋战场最爱乘坐的那种敞篷野战车。此时后山有雾慢慢地压下来，好像要把我带到硝烟弥漫的战场……侵略者的飞机炮弹刚把史迪威公路炸开一个大口，烟尘还没散尽，援华机工已经赶到抢修；从前线抬下来的国军伤兵队伍等不及通路，从乱石间小心翼翼地经过；松山之巅，正发起收复失地的最后进攻，子高地上两个最强劲的暗堡，已被挖至暗堡下安装的炸药夷为两个大坑，战士们冲过战壕、掩体、弹坑，与侵略者零距离的接触中抱着、咬着、撕扯着……终于取得了松山战役的全面胜利，清理战场的时候，人们在松山坡上看到了五十多对紧紧纠缠在一起的血肉模糊、残缺不全的敌我肉搏尸体，想分都分不开……从博物馆里的"山河破碎"，走到"悲壮远征"板块，再到"沦陷岁月""日军暴行"，我的双眼已经噙满泪水。一口气参观完"飞虎雄鹰""剑扫风烟""日月重光"，终于长长地出了一口气，那份惨烈与悲壮依旧萦绕在四周。滇缅抗战，是一场不能、也不该忘却的历史。

在和顺的巷道间行走，会有一种柔柔的力量吸引着你沿着石板路一直走下去，古道深深深几许？无从计量，只知道，走进建于明朝、还曾是远征军一九八师师部驻地的必美大院，青砖碧瓦下，那雕花的窗棂虽然有些陈旧，那细致描绘的花鸟鱼虫虽然有些脱色，但是给你的感觉却是鲜活的，散发着生命的灵气。穿过那种满茶花和兰花的小院落，宅院的世袭主人——一对和蔼可亲的老夫妻慈祥地把你领入干净的小厢房，很低廉的房价，却可以睡在古色古香的雕花大床上做着明朝的那些梦。在小巷里，这种不期而至的古宅旅馆比比皆是，司马第民居、贤美和等等，就算你不住下，走进去了，主人依旧会很热情地带你参观，还把你送到门口，叮嘱一番，如同对一个要独自出门的孩子。在这里，就是一种回家的感觉。

再回首，正是夕阳西下时，成千上万的白鹭已然归家。环顾四周这如梦似幻的美景，那后山的林海上有密密麻麻的白点，些许白点忽然起落时，我猛然醒悟，那星星点点停泊着的，正是许许多多的白鹭呀！白鹭对生存环境的选择是相当挑剔的，它们选择了这里，已无须多说什么。

清末腾冲一代名医黄绮襄曾这样赞咏和顺：

远山经雨翠重重，叠水声喧万树风。

路转双桥通胜地，村环一水似长虹。

短堤杨柳含烟绿，隔岸荷花映日红。

行过坡坨回首望，人家尽在画图中。

> ### 🚗 旅游小贴士
>
> 简介：和顺的美，是随时随地点点滴滴敲打着你的心坎、让你怦然心动的那种美。
>
> 夏天来和顺，最好先从田野里走近她，身边会有荷花白鹭陪你一路走过。
>
> 到达：在腾冲县城乘出租车即可到达。也可在腾冲百货大楼前乘小巴前往。
>
> 周边景点：国殇墓园、梁城土司衙门

芙蓉镇

这个原名为王村的小镇，现在已改为那个尽人皆知的名字——芙蓉镇。据说当年谢晋导演在寻找心目中的芙蓉镇时，有人向他推荐了王村，这个清幽的小镇让他一见钟情。满街的石板如历史书表，记下了一代代历史的故事；一座座吊脚楼让人感受到独树一帜的土家文化，熏染在屋梁上的烟尘是时光的足迹；环村的汩汩溪流，千年依旧。于是，《芙蓉镇》在这里开拍了，王村因此一炮而红。

走进这个三面环水、一面靠山的小镇，一脚踏进去便仿佛迈过了光阴与岁月。当年的青石板长街依然依坡伸展，从码头依山势蜿蜒而上长达五里，石板路旁的木屋依旧斑驳古旧，另一侧的吊脚楼也依旧是参差错落、古色古香。整个古镇的土家风情与电影《芙蓉镇》中的场景毫无二致。当年谢晋导演踏破铁鞋才寻觅到了这里，看中的就是宁静粗朴和与世无争的自然感觉吧。

随意走进一处老房子，正是当地的民俗博物馆，曾经被英国人修建用作传授福音的教堂。如今展馆面积不大，有些图片、织锦、绣片等物，馆正中最抢眼的是重约五千斤的"溪州铜柱"。公元 940 年，楚王马希范与溪州刺使彭士愁交战，两败俱伤。双方罢兵言和后，在铜柱上镌刻盟约，立在边陲，规定了互不侵犯所辖地域，并规定楚王不得在土司所属诸州内任意征收捐税、拉夫派差、强买特产等。铜柱为八棱中空，很清晰的柳体阴文共有两千多字。相传里面曾藏有古钱，清代曾经被盗，但没等贼人把钱运到江心，便遭遇了舟覆的灭顶之灾。柱上镌刻了一首彭士愁表面承认军事上失败，表示"一心归顺王化"对楚王的颂歌："昭灵铸柱垂英烈，手执干戈征百越，我王铸柱庇黔黎，指画风雷开五溪。五溪之险不足恃，我旅争登若平地。五溪之众不足凭，我师轻蹑如春冰。溪人畏威仍感惠，纳质归明求立誓，誓山川兮告鬼神，保子孙兮千万春。"

春寒料峭的芙蓉镇是湿漉漉的，是雾沉沉的。放慢脚步，沿着石板路的指引，心平气和地在小镇古朴凝重的背后寻找体会，感受它悠然中的世俗。在街边敞开的门里窥探一边烤火一边打麻将的妇人，在织锦的古老机器前驻足片刻时光，老婆婆坐在自家晒的鱼干前静静地想心事，天台上在花卉盆景前晾晒心情的老汉，还有飘进耳中的刷马桶声、扫街巷声、洗田螺声、编背篓声……小镇的一天在开始中结束，在结束后又开始了新的轮回。我是来追忆半个世纪前小镇码头边商贾云集的热闹吗？是来邂逅昔日湘西人所称道的"小南京"的繁荣吗？或是来无意中搅动了青石板下的故事吗？……飘得不着边际的思绪被三五个刚放学孩子的嬉闹声打破了，我想这里的土地是他

芙蓉古镇

们的，其中的妙处也只有他们知晓，而我只是错把他乡当故乡了。

旅游小贴士

简介：比较有特色的民族工艺品小店都集中在老街上，逛古镇时可以适当地挑选些。对于一些古玩、瓷器、根雕、石刻等，最好还是谨慎购买。

要品尝米豆腐，最好去老街牌坊旁边的113号米豆腐店，只是里面的辣椒特别辣，如果不习惯吃辣，要提前跟老板特别说明少放些。吃螺最好去天下第一螺饭店，老店在五里长街上，门前有只很大的石螺做招牌，新店在上面的学校附近的公路旁。

芙蓉镇老街靠码头处有十几家还颇有规模的饭店，多兼做客栈。

到达：可在吉首或张家界长途汽车站乘车到达。

周边景点：猛洞河

同里

同里位于江苏省苏州市吴江区，在太湖之畔，古运河之东，四面临水，被八湖环抱（同里、九里、澄湖、沐庄、白砚、叶泽、南星、庞山湖），有"东方小威尼斯"之称。

同里，绝对是一块不可多得的江南"富土"，而它旧时也称"富土"，唐初改为"铜里"。宋代，又将旧名"富土"两字相叠，拆字为"同里"，沿用至今。

同里建于宋代，至今已有 1000 多年历史，是名副其实的水乡古镇。它是江苏省最早（1982 年），也是唯一将全镇作为文物保护单位的古镇，1995 年更被列为江苏省首批历史文化名镇，目前正积极申报《世界文化遗产名录》。这里风景优美，历史悠久，文化厚重，是旅游的好去处。

同里有著名的"三多"，即明清建筑多、水乡小桥多、名人志士多。所以游览同里，不可不去退思园，不可不过三桥，园秀桥巧，一定会让你收获颇丰！

退思园建于清光绪十一年至十三年（1885—1887 年），是古镇同里最有名的私家园林。清光绪年间，安徽凤颖六泗兵备道兼淮北牙厘局及凤阳钞关之职的任兰生因被弹劾而落职，于是他归里建了宅园，园名"退思"，意取《左传》："进思尽忠，退思补过"之意。园内有坐春望月书楼、琴房、退思草堂、闹红一舸、眠云亭等景点。

退思园的主体建筑宅第分东、西两侧，西侧建有轿厅、茶厅、正厅三进，为婚丧嫁娶及迎送宾客之用，也就是日常生活所用。东侧内宅建有南北两幢各五楼五底的"畹香楼"，楼与楼之间有东西双重廊与之贯通，俗称"走马楼"，为江南之冠。

整座园子以水为中心，亭台楼阁均沿水而建，美丽而神奇。退思园小巧精致，

同里古镇

别具匠心，是江南园林的典范，任兰生之弟任艾生有诗"题取退思期补过，平泉草木漫同看"之句，即写的是此园。

位于同里镇的三桥指的是太平桥、吉利桥和长庆桥。太平桥为梁式，小巧玲珑，精巧别致。桥上有一副对联曰："永济南北太平路，落成嘉庆廿三年。"吉利桥处太平桥、长庆桥中间。桥形为拱形桥，桥的南北侧都有对联，南侧一联曰："浅渚波光云影，小桥流水江村。"北侧一联曰："吉利桥横形半月，太平桥峙映双虹。"长庆桥俗名谢家桥，旧名福建桥，又称广利桥。桥上有桥联一副："公解囊金成利济，好留柱石待标题。"

三桥呈品字形，跨于三河交汇处，同里人喜欢"走三桥"。每逢婚嫁喜庆，在欢快的鼓乐鞭炮声中，喜气洋洋绕行三桥，口中常常念一声"太平吉利长庆"。不知这个习俗何时形成的，但是却表现了当地人的一种企盼吉祥的心理。

相传很久以前，浙江富阳一带的人们辛勤劳作，加上风调雨顺，人们安居乐业，富甲一方，于是人们就将这里称为"富土"。

哪知道隋炀帝继位后，他骄奢淫逸，不理朝政，国库日渐亏空。有一年北旱南涝，民不聊生，许多地方都交不上皇粮，皇帝便下旨让南方的富人每人增缴三斗粮，十天内缴清。富土百姓闻之，焦急万分，便请当地一个能干的秀才解决此事，拯救百姓。

十天后催粮的钦差来到富土，秀才告诉他此地叫"同里"并非"富土"，钦差上街一看，果然到处都写的是同里，也只好就此作罢。按照当时的竖写方法，将"富土"拆字就成了"同里"，于是这一名称便保留下来，延续至今。

🚗 旅游小贴士

怎么去：可在上海乘坐火车到苏州，抵达苏州火车站后，在火车站广场乘坐班车前往同里。上海、南京、杭州、苏州、周庄有直达同里的长途汽车。

观光：同里周边景点有周庄和角角。

美食：同里盛产河鲜，用白鱼、鲈鱼、鲑鱼等烹制出的菜肴口感独到。同里的小吃也是五花八门，糕里虾仁、袜底酥、茨宝糕、青团、闵饼、小熏鱼等味道非常棒。

住宿：同里古镇的特色客栈、民居小旅店数量众多，设施齐全，在此住宿能够细细品味小镇的古朴与清闲。

购物：到同里必买的土特产有上京白酒、芡实糕、同里酒酿饼和状元蹄。

乌镇

乌镇古名乌墩、乌戍，位于浙江省桐乡市北端，是一个具有6000余年悠久历史的古镇，也是典型的江南水乡古镇，素有"鱼米之乡，丝绸之府"之称。

春秋时期，乌镇是吴越边境，吴国在此驻兵以防备越国，"乌戍"一名由此而来。秦时，乌镇属会稽郡，乌镇分而治之的局面由此开始。唐时，乌镇隶属苏州府，唐咸通十三年（公元 872 年）的《索靖明王庙碑》中首次出现"乌镇"的称呼，这一时期的另一块碑《光福教寺碑》中也有"乌青镇"的说法。

乌镇完整地保存着原有晚清和民国时期水乡古镇的风貌和格局，沿河成街，江南秀丽的水乡全靠这一条条河流贯穿起来，慢悠悠地走在青石板路上，脚下延伸的便是一座座精致的桥；站在桥上看邻桥的房屋，或许偶尔还能遇见一个撑着油纸伞的姑娘，美丽而灵气，这便是乌镇的秀美。

乌镇物产丰富，不但是江南鱼米之乡，还生产精美的乌锦和丝锦，堪有"丝绸之府"的美称。

来到乌镇东栅，值得游览之处数不胜数。其中江南木雕陈列馆、余榴樑钱币馆，江南民俗馆等，都是值得一去地方。

木雕馆里的木雕取材丰富，有"八仙过海""郭子仪祝寿"等民间传说，有"打鱼""斗蟋蟀"等生活场景，也有"龙凤呈祥""松鼠吃葡萄"等传统图样。以古朴的风格，细腻精巧的表现手法，刻画出江南独有的民俗风情。

余榴樑钱币馆里珍藏着世界上 200 多个国家和地区的历代钱币近 26000 余种，上起夏商，下至现代，绵延整整 30 个世纪，数量之多，范围之广，品种之全，堪为奇迹。

江南民俗馆里可以看到晚清至民国时期乌镇民间有关寿庆礼仪、婚育习俗和岁时节令等民俗。游览东栅，体验各式各样的江南民俗，将江南文化尽收眼底。

江南百床馆又称赵家厅，坐落在乌镇东大街，是中国第一家专门收藏、展出江南古床的博物馆，馆内收藏数十张明、清、近代的江南古床精品。

百床馆内的床雕工精美、历史悠久，它们有的雕工精湛、风格独特，有的装饰华丽、豪华气派，如明代马蹄足大笔管式架子床，清代拔步千工床等，其材质优良，工艺复杂，制作精良，十分精美。其中清代的拔步千工床被誉为"镇馆之床"，精美奢华，十分珍贵。

乌镇美景

  游览百床馆，细细品味那一张张床上所加载的丰厚历史与生活内涵，体会人们或求平安，或求多嗣的美好愿望，不仅可以看到人们精湛的技艺，而且能体会到丰富的文化内涵，让人不禁感叹生活的美好。

  一百多年前，乌镇镇上有户姓方的人家，夫妻俩开了一间"天顺糕饼店"，因其配方独特，制作精心，味道出奇的好，深受乡民的喜爱。为了保持独家经营，使得配方不外传，方家于是制定了关键技术传儿传媳不传女的家规。

  方家生有一儿一女，儿子婚娶，女儿尚未出嫁，女儿看嫂子可以学到技艺自己却不可能，时间长了难免会产生嫉恨，便想办法捉弄嫂子。

  一次嫂子配好糕点的料，有事暂时离开了盛放作料的粉缸。姑娘于是顺手将一包盐抖进缸内，指望着第二天看嫂嫂的尴尬样儿，让父亲不教嫂子。

  第二天顾客买回去一尝后，大加赞赏糖里椒盐的味道很好，方家一听，觉得很是奇怪，细细查找原因，也一无所知。当晚方某夫妇自己操作，精心制作了第二天的酥糖，可是第二天顾客却很少来买糕点了，都觉得味道不如先前好。姑娘见没有捉弄到嫂子，反而做了一件好事，主动向父亲认了错，方家也取消了规矩，并称这种饼为"姑嫂饼"。

 旅游小贴士

怎么去：上海、杭州、苏州、宁波、桐乡、嘉兴等地开通有直达乌镇的长途巴士，也可乘坐高铁、动车前往。

观光：景区内值得游览的其他景点有古戏台、茅盾故居、老街长弄、江南民俗馆等。

美食：乌镇名菜有红烧羊肉、白水鱼、三珍斋酱鸡。传统小吃有定胜糕、粽香乌米饭、乌镇臭豆干、姑嫂饼等。

住宿：乌镇的住宿条件很好，有五星级酒店、临河的客栈、环境清雅的会所、水乡风情浓郁的民宿等。

购物：在乌镇随处可买到当地的特产，如杭白菊、三珍斋酱鸭、三白酒、乌锦、布鞋、篦梳、蓝印花布、木雕竹刻等。

长汀

长汀地处福建西部，为福建省龙岩市下辖的一个县，总面积3089.9平方公里。长汀历史悠久，文化浓厚，著名的革命老区和历史文化名城。长汀是客家的最具代表性的聚居地之一，因此这里客家文化繁荣，被众多客家乡贤誉为"客家的发祥地"，"客家首府"。

长汀县城独具特色，汀江水穿城南流，城中有山，山中有城，城中流水，水中筑城，再添八景十二胜，美不胜收；宋代汀州太守陈轩这样描述过长汀："一川远汇三溪水，千嶂深围四面城。花继蜡梅长不歇，乌啼春谷半无名。"在半个世纪前，

长汀古镇

一位新西兰友人路易·艾黎来到长汀考察后，欣然称赞："我认为中国有两个最美丽的小城，一个是湖南的凤凰，一个是福建的长汀。""城内青山城外田，三水绕城桥相连，八景九门十古寺，万树梅林杏花天。"更是对长汀美景的盛赞。

游览长汀，感受丰富的客家民间文学、民间艺术和宗教文化，听一听客家山歌，不知不觉便被吸引住了。因此到了长汀，一定不可错过云骧阁和卧龙山。

云骧阁初名为"清阴"，意为树木荫翳，环境清幽。后来有人嫌这名称太阴冷，改为"集景"。到了宋绍兴年间，刘乔认为"集景"失之笼统而无特色，以此景区地势临江，高耸入云，若从龙潭仰首观瞻，只见飞阁临云，宛如骏马腾空，凌空追月，故改名"云骧"。后经过多次更改，最终还是以"云骧"命名。

云骧阁在长汀城东乌石山，是一座方形的两层楼阁，飞檐凌空，翘角卷云，雄伟壮观。云骧阁下是龙潭，潭深而水流缓，四处奇石林立，十分美丽。宋代的陈轩在《云骧阁》诗中说："瓦流双涧碧，帘压乱山青。佛刹盘深崦，渔蓑散晚汀。"诗中所说的瓦流双涧碧，至今仍隐约可见。再如明人胡祖熹的《题云骧阁》："风月谁为主，江山此胜场。冷然轻两腋，会欲与云骧。"可见其美丽。

卧龙山位于长汀县城北，山上有北极楼、金沙寺、千松亭、凤香亭、新乐亭等景点。《古今图书集成·州府山川考》中记载："环城四面皆平田，就中突起一山，不与群山相属，如龙盘踞而卧，故名。又名九龙山，亦名无境山"，这便是卧龙山名称的由来。

卧龙山风景区的景点中以建于宋代的金沙寺的寺观建筑艺术较为完整。登上金沙寺俯览长汀城内，一眼便将长汀城内的名胜古迹尽收眼底。卧龙山的"龙山白云"为卧龙八景之。卧龙山上多是松树，长得郁郁葱葱。晨昏阴雨，山上时有雾气漫起，叫"龙山白云"，被称为长汀八景之首。游览卧龙山，感受这里的寺庙建筑艺术，看着云卷云舒，仿佛入了佛境，十分惬意。

长汀古城不仅是客家的首府，还是红色革命的摇篮，著名的革命老区。第二次国内革命战争时期，长汀是中央苏区的重要组成部分，是中央苏区的经济文化中心，被誉为"红色小上海"。毛泽东、周恩来，朱德、刘少奇等老一辈革命家在长汀从事过伟大的革命实践，红色文化非常浓厚。

相传南唐时期，长汀城郊到处是荒山密林，经常有猛虎出没害人，弄得城乡百姓人心惶惶，终日提心吊胆，生活不得安宁。

在长汀开元寺里有个和尚，姓叶，法名叫惠宽，他不怕老虎，也能像老虎一样吼叫把老虎诱来。为了铲除老虎，解决虎患，他用吼声把虎诱来，用禅击死猛虎，一段时间以后，长汀的猛虎都被他消灭了。从此长汀绝虎患，百姓安居乐业，生活平静，为了纪念惠宽法师，人们称他为"伏虎祖师"，并专门为他塑了解救长汀的著名神像，而伏虎祖师也成为长汀著名的地方土地神之一。

🏍 旅游小贴士

怎么去：可先乘坐火车到龙岩、三明或永安，再转乘长途巴士或旅游专线车抵达长汀。

观光：周边景点有永定土楼、梅花山。

美食：长汀的美食以客家菜为主，白斩河田鸡、三角豆腐饺、麒麟脱胎凤凰醉酒、绉纱肉、荔枝肉等都非常具有当地特色。

住宿：长汀的酒店、宾馆多集中在城内主干道上。

购物：长汀的著名特产有客家米酒汀州酒酿、长汀板栗、长汀豆腐干。

赤坎古镇

　　赤坎古镇位于江门市辖下的开平市中部，有350多年历史，是一座具有浓郁岭南特色和深厚文化底蕴的古镇。赤坎原为古港埠，开始形成于宋朝，区内土壤属砖红壤，土色赤红，地处丘坎，故名"赤坎"。

　　赤坎古镇最大的特点便是清一色的骑楼和庞大的洋楼群，境内保留有大量的华侨建筑，中西合璧，让人仿佛徘徊于19世纪80年代。宋元之际，大量官民随宋帝从福建等地沿海路南逃，赤坎人口渐增；至清道光年间，已是繁盛的商埠。同时赤坎也形成了关氏家族和司徒氏家族分居上下埠的有趣格局，古镇的演变与这两大家族的关系相伴。

　　赤坎古镇风景如画，人文荟萃，特别是富有西洋风情的建筑更是让人惊叹不已。赤坎古镇老城区的两条街道沿潭江两岸向东西方向伸展，沿街的建筑物具有十分浓郁的早期中西方合璧的风格，漫步于古镇上，仿佛漫步于美丽而浪漫的欧洲，因此被称为"欧洲风情街"。

　　会馆是旧时同乡人士在外地都会、商埠所设立的馆舍，是供同乡聚会、议事和寄宿的场所，后来发展为外乡人商讨事情，联络感情的地方。

　　赤坎古镇本来就是古港埠，清康熙年间废除海禁后，素有航海经商习惯的福建船商来赤坎埠贸易，之后陆续召集同乡来此经营，继而同乡越聚越多，形成了以同乡为集体的街道或贸易场所，也就形成了众多的会馆。

赤坎古镇

　　赤坎与外地商贸往来，福建人开其先河，继而潮、浙、穗及高、雷等地的商船、绅贾接踵而至。随着商贸的发展，清朝年间先后建造了潮州会馆，高州会馆、闽浙会馆、雷阳会馆和广府会馆，五大会馆即是指这五大会馆。

　　赤坎古镇较为闻名的古祠庙有水仙庙、白马庙、关帝庙、双宗庙、康公庙、妈祖庙等。赤坎拥有这么多的古祠庙，其原因是赤坎先民所信奉的不一定是儒、佛、道等主流宗教，而是泛神主义，所以祠庙里所供奉的神灵多种多样。人们常常无力把握自己的命运，便将这种无能为力寄托于神灵，寄托于香火的保佑，赤坎的庙宇也随香火而兴盛。

　　赤坎古镇历史悠久，风格独特，发达的商贸集市赋予了赤坎热闹与繁华。赤坎是现代的，因为其建筑的西欧特色；赤坎又是古老的，因为它是中华民族世代繁衍生息的地方。游览赤坎古镇，流连于大街小巷，或静坐于某个角落，看着那些西洋风格的楼房在夕阳的照耀下泛着金色的光芒，又让人多了许多诗意的遐想。

　　相传在明朝末年，战事频繁，社会动乱不堪，中原地区人民为了避难纷纷南下。一位姓关的老伯带家眷南迁，来到岭南一个号称驼驮的地方（现在开平交流渡至赤坎一带，古代叫驼驮）。这里土地肥沃，是立村开族的好地方，于是他与家人一起，建造房屋，开垦土地，发展生产，定居下来，还建了一个书斋叫"芦庵"，大家就叫他"芦庵公"。

当时朝政腐败，社会混乱，人民群众深受其苦。为了保障家族和乡邻生命财产安全，芦庵公的第四个儿子关子瑞，于明末在井头里兴建了一座四层高的碉楼，叫瑞云楼。

瑞云楼为砖石结构，非常坚固，一有匪情，或有洪灾，井头里和三门里的村民都躲进楼里暂避。后来，人口逐渐增多，瑞云楼容纳不了太多的群众，芦庵公的曾孙关圣徒决定在三门里兴建"迓龙楼"。

由于"迓"字人们在口头上少用，便在书写楼名时改为"迎龙楼"。

🚗 旅游小贴士

怎么去：可在广东省汽车站和广州八路汽车站乘坐直达开平的班车，抵达开平后可在车站乘坐到赤坎古镇的旅游专线巴士，或租车前往。

观光：周边景点有立园、无人村、三门里迎龙楼、马降龙碉楼群等。

美食：赤坎美食有马冈濑粉、猪仔薯、赤坎鸭粥等。

住宿：赤坎青年旅馆是游客常光顾的住宿地，位于赤坎镇河南路126号。

购物：开平广合腐乳、金山火蒜、东山蜂蜜、马冈鹅都是当地有名的特产。

哈尼村落

哈尼人在崇山峻岭中开凿出梯田，建起村寨，在此聚居。每当晨曦绽放彩光之际，哈尼梯田每层都是道细碎精巧的涟漪，每一叠都是片清净如鳞的波纹。轻轻地飘荡在层层水波上，金色碎片缀满山体，满山流光溢彩。2005 年 10 月，《中国国家地理》联手 34 家媒体举办的"中国最美的地方"评选活动中，选出了"中国六大最美乡村古镇"，哈尼村落位列其中。

依山而建的哈尼村落，有着别样的风情。山下层层叠叠的梯田，让整个山间流光溢彩，姿态万千。行走在哈尼村落，不仅可以感受到哈尼的万种风情，还可以一览清代遗留下来的园林建筑，那是绝对的原汁原味！

红河哈尼梯田是中国梯田的杰出代表，是世界农耕文明史上的奇迹。它呈现出的森林-村寨-梯田-江河四度同构的良性农业生态系统和独特的梯田文化景观，是其他梯田甚至是龙胜梯田也无法比拟的。

因此来到哈尼的人们，一定要在清晨太阳升起的时候感受一下在阳光下微波荡漾、涟漪层层的哈尼梯田！你一定会讶异于那份惊世骇俗的美丽，一定想不到原来梯田也可以是这么美丽的一道风景！

哈尼村寨树林异常茂密，鸟啼蝉鸣，充满了浓郁的原始乡土气息。沿着村里的石板路步行游览，可以观赏哈尼蘑菇房、寨神林、水渠、分水木刻、水碾房、水磨房、水碓房等生产生活设施，也可以参观哈尼族的民族服饰，以及犁、耙、锄头和织布机等生产生活用具，展示区内还有两眼清澈见底的泉水——白龙泉、长寿泉。

哈尼人民热情、善良、淳朴。尤其将远方来的朋友视为高贵嘉宾，如果来参加祭竜节，会请客人坐在林里的绿色自然生态的宴席"桌"上，美丽的"牙迷"（姑娘）微笑着为您斟满自酿的醇香的"小锅酒"，为你沏好普洱茶、盛好紫米饭，品尝着哈尼人烹饪的独特的美味佳肴，会使你倍感温馨。

哈尼村落还有一个有趣的现象，这里还遗留着清代的园林建筑，最典型的要数朱家花园，雕梁画栋，古色古香，它是云南地区清代园林建筑的代表作。

最有看头的是房屋的结构，主体建筑"三纵四横"，是建水典型的"三间六耳三间厅"，有大小天井一共 42 个，房屋 214 间。整体建筑雕饰精致，古朴典雅，格局井然有序，层次分明。多样的布局，丰富的景观层次使得这里像一座深邃的

哈尼村落

迷宫。

朱家花园的建筑艺术和技巧、布局和设计、雕刻和彩绘等在今天仍然有许多内容值得继承和借鉴，对于推进民族建筑艺术文化和装饰文化有重要的作用。

相传哈尼族祖先居住的地方长着一棵巨大无比的大树。大树枝叶茂密，使哈尼人和布朗人居住的地方不见天日。为了赶走黑暗，寻求光明，哈尼人和布朗人团结起来，从两个方向砍伐那棵遮天大树。经过两个民族的努力，大树终于被砍倒了，黑暗被驱散了，哈尼、布朗人民重见了光明。

这棵大树一共有 12 条粗枝，每条枝条上有着 30 片巨叶，总共有 360 片巨叶。于是哈尼人把一年分为 12 个月，一个月有 30 天，一年有 360 天。这个传说，既反映了哈尼人民改造自然、追求光明的思想，又反映了他们积累经验、创造历法的史实。

旅游小贴士

　　怎么去：从昆明到新平县城大约三个小时车程，而从新平县城到元阳则需要一整天的时间。元阳到红河需要五个小时左右。

　　观光：红河州、建水古城、文庙、双龙桥、团山村、燕子洞、张家花园、长春阁、多依树、龙树坝、元阳等都是不错的观光地。

　　美食：当地有风味独特的蒙自年糕和小卷粉，有细腻嫩滑、味道鲜美的石屏豆腐，还有糯软香甜、柔韧适口的甜蔗头。此外，干巴菌是云南省特有的珍稀野生食用菌，是野生食用菌中的上品。

　　购物：红河州有许多特色工艺品，如个旧的锡制工艺品和建水的紫陶器，其中紫陶汽锅最有名，一般用来蒸鸡、鸽等肉食，蒸出来的肉食味道特别鲜美。

丹巴藏寨

　　丹巴藏寨旧称碉楼寨房。碉楼和寨房，原本是两类不同性质的风格建筑，在时光的流逝中，二者已有机地结合在一起。外形上，既有寨房的特征，又有碉楼的形态。

　　丹巴地区古称嘉莫·查瓦绒，简称"嘉绒"，该地区的藏民叫作"绒巴"。嘉绒藏族是藏族的重要组成部分。丹巴县历史悠久，民俗风情古朴动人，能歌善舞、热情好客的嘉绒藏族、独具特色的嘉绒藏寨民居、形式多样的丹巴锅庄（一种藏族舞蹈）、具有典型民族特色的嘉绒服饰以及独特的民俗文化，构成了丹巴县丰富多彩、特色突出的民俗风情。

丹巴藏寨是嘉绒藏寨中最具特色的，因此又有"千碉之国"的美称！来到丹巴的人们无不惊叹于丹巴的"三绝"：独特的甲居藏寨、神秘的碉楼群、不施粉黛的绝色美女。

甲居藏寨的几百幢民居依山就势、错落有致地融于自然环境中，体现了天人合一的理念。从远处看去，一个有几十户甚至百余户人家的村寨，外形美观、风格一致的民居错落有致地分布在田野和绿树掩映之中，与周围茂密的森林、清澈的小溪以及银白色的雪山一起构成一幅神秘醉人的自然风景画。

藏寨四季景色各不相同，特别是当麦子成熟时，那金黄色的麦田、翡翠般的绿草树木相嵌合，加上那密林深处的藏寨民居，真是美不胜收。

在丹巴，古碉楼是嘉绒藏族建筑的杰作，距今已有千年历史。古碉的建筑年代为唐代至清代，规模宏大，类型多样，建筑技艺高超，具有极高的价值。

碉楼矗立在山脊三面悬空的巨石上，整座藏寨都处在它的威仪之下。它们是生命和美丽的保佑者，体现着一种执着的坚守，是藏族人民守望灵魂永恒的驿站。碉楼群留给我们的不仅仅是那份神秘，还有那份足以让人敬仰的威仪。

丹巴最让外部世界惊奇的是美女：一个只有七万人的县，竟有三千多女子在成都乃至北京从事歌舞演艺职业。

花头帕，红长裙，古韵悠然，优雅端庄，一如从远古款款而来的仙女。风中飘动的鲜艳裙摆，如同对面绵延的山势此起彼伏；灿烂的微笑，被满山鲜嫩的黄栌和火红的枫树所装饰。这就是丹巴的美女，不施粉黛，却依旧美得不可方物。

传说很久以前，有位嘉绒女以打柴为生，一天进山砍柴，因疲劳在狮子山下睡着，醒来即有身孕，后来生下一子，取名各尔东。各尔东一生下来就能吃东西，而且饭量特别大。母亲无力抚养，便让他回归山林。母子离别时，各尔东告诉母亲以羊毛筷作为相见的信物，母子二人依依不舍，哭泣而别。

当时嘉绒地区有一名叫卡巴洛绒的妖魔，专以人血人肉为食，在各尔东出生后的第三年，寨子里的人就被吃了大半！于是寨子的人就让各尔东的慕青叫他回来降妖。各尔东回来以后很快就把妖怪给消灭了，但他执意回归深山老林，并定下每年

丹巴藏寨

山寨碉房染白为期回来和人们相聚。

　　从此以后，每年冬月12日，嘉绒地区藏家山寨碉房全都用白泥浆粉刷一新，团年饭个个都要吃饱，据说只有这样英雄各尔东回来过秤时，才够重量。而且进餐前先要敬神仙、祖先和祭祀去世的亲人。大年初一（冬月13日）晚上，要打火仗，扮演英雄各尔东的一方必须获胜，而扮演妖魔卡巴洛绒的要以失败告终，这样山寨才能获得安康。接着男女老幼载歌载舞欢庆胜利，歌颂降妖英雄各尔东。

🚗 旅游小贴士

　　怎么去：先乘飞机或火车到达成都，成都西门车站每天早晨均有直达丹巴的班车，丹巴县城至各旅游点均有小巴往返，交通十分方便。

观光：丹巴以藏寨、碉楼、美女著称。到这里一定要去美人谷看看优雅端庄的丹巴美女，去藏寨看看风格独特的藏屋、碉楼。

美食：当地特色饮食有：香猪腿、老腊肉、土鸡、酸菜、咂酒、蜂蜜、野生菌等。

购物：当地盛产雪梨、苹果、石榴、核桃、雪山大白豆、虫草、天麻、贝母、藏式头帕、藏式腰带和土陶器。

鼓浪屿

鼓浪屿原名圆沙洲、圆洲仔，因海西南有海蚀洞受浪潮冲击，声如擂鼓，故后来更名为鼓浪屿。由于历史原因，中外风格各异的建筑物在此地被完好地汇集、保留，有"万国建筑博览"之称。小岛不仅风景优美，更有着浓厚的艺术气氛。这里音乐人才辈出，钢琴拥有密度居全国之冠，被誉为"钢琴之岛""音乐之乡"。

岛上气候宜人、四季如春，无车马喧嚣，有鸟语花香，素有"海上花园"之誉。鼓浪屿融历史、人文和自然景观为一体，为国家级风景名胜区、福建"十佳"风景区之首、全国 35 个著名景点之一。

鼓浪屿是我国著名的旅游景区，集人文、风景、建筑的美于一身。游览时一定不可错过：钢琴博物馆、日光岩、菽庄花园和皓月园这几处美景。

鼓浪屿的钢琴博物馆里陈列着爱国华侨胡友义收藏的 40 多架古钢琴，有稀世名贵的镏金钢琴，有世界最早的四角钢琴和最早最大的立式钢琴，有古老的手摇钢琴，有产自一百年前的脚踏自动演奏钢琴和八个脚踏的古钢琴等。澳大利亚著名钢琴演奏家杰佛利·托萨为庆祝开馆，还在鼓浪屿音乐厅举办了专场演奏会。我国著

鼓浪屿

名指挥家韩中杰、郑小瑛，旅美钢琴家殷承宗等也深深被钢琴博物馆的音乐魅力所折服。

日光岩又名晃岩，为鼓浪屿最高点，你若站在山顶俯瞰。厦门的全貌尽收眼底，让人胸襟豁然开阔。

山上巨石嵯峨，叠成洞壑；树木葱郁，亭台掩映。拾级而登，先至莲花庵，"一片瓦"巨石嵌空，形成殿堂，庵旁巨石镌刻"鼓浪洞天""鹭江第一"；庵后有"鹭江龙窟""古避暑洞"诸胜，中间即郑成功龙头山寨和水操台遗址，还有蔡廷锴、蔡元培赞郑题咏。

菽庄花园在日光岩南麓海滨。台湾富商林尔嘉建于清光绪二十年（1895年），并以其号"叔臧"谐音为园名，园主铜像现屹立园中。全园借山藏海，巧为布局，动中有静，静中有动，令人流连忘返。园中有壬秋阁、四十四桥、叠石、假山、谈瀛轩、顽石山房等景观，为厦门名园之最。其中指净泉，俗称"国姓井"，相传是郑氏屯军时开凿的水井。著名的鼓浪屿钢琴博物馆就在菽庄花园的"听涛轩"。

皓月园位于鼓浪屿东部的覆鼎岩海滨，沿鹭江之滨铺开，这是以海滨沙滩、岩石、绿树、亭阁展布的庭园。始建于 1985 年，园以《延平二王集》中"思君寝不寐，皓月透素帏"诗句取名"皓月园"。园内有一座郑成功及其部将的巨型铜雕像。郑成功的雕像高大威武，居高临下，面向大海，透出熊熊霸气，其余兵马都朝两侧延伸，巨型的雕刻颇引人注目。皓月园迷人的明代建筑特色与海滨的沙鸥、树木、海景山色相辉映、构成了一幅天然的图画。

郑成功在鼓浪屿留下了许多历史的印记，而水操台是郑成功为收复台湾，操练水师的遗址，巨崖上"闽海雄风"四个字，圆润饱满，酣畅刚健。右前侧另一巨石上，刻着郑成功手书的一首五绝："礼乐衣冠第，文章孔孟家。南山开寿城，东海酿流霞。"

据说，这首诗是临摹郑成功的笔迹而刻的，底下还刻着"郑森私印"和"成功"两方印章，站在水操台，总会令人联想当年郑成功在此处指挥若定，水上旌旗猎猎，百舸争游，壮士们为祖国的统一而摩拳擦掌的壮观场面。这些遗址无不表明郑成功的爱国主义情怀。

🚗 旅游小贴士

怎么去：乘飞机或火车等交通工具到厦门，坐公交车或打车到轮渡，再坐船去鼓浪屿，去往鼓浪屿的渡船是免费的，返程票价 1 元。

观光：鼓浪屿的著名景点有：日光岩、菽庄花园、皓月园、古避暑洞、龙头山寨、郑成功纪念馆、水操台、鼓浪洞天、英雄园、钢琴博物馆、港仔后海滨浴场、百米高台、日光岩寺、钢琴博物馆、三一堂、海天堂构等。

美食：鼓浪屿美食众多，最为有名的有叶氏麻糍、黄胜记黄金香肉松、喜林阁酸梅汤、汪记馅饼、龙头鱼丸、土笋冻、海蛎煎、面线糊和北仔饼等。

购物：黄金香肉松和肉干、痰罐螺和河豚贝壳以及绿豆糕都是馈赠佳品。还有购物街里的掌中宝玩偶，只用三根手指头就可以演活一个玩偶人物，都深受游客青睐。

西来古镇

走进西来小镇，停车场的工作人员热情把我指向通往河边的路口，"走过去右拐，几分钟就到喝茶的地方。还没吃饭吧？河边有家鱼庄，巴适得很哦！"可惜走岔了道，尚未行到河边，倒先进了老街。随意瞟了两眼，街边几家饭馆似乎都挺不错，宽敞、亮堂、朴实、随意，大圆桌、长条凳，食客似乎也多为本地人，展现了这个小镇尚未完全商业开发的一面。我犹豫了一下，以为前面会更好，婉言谢绝了饭馆门口卖力拉客的大婶。

西来古镇

前面狭窄巷道旁的路标"临江十二榕"挽留了我的脚步，巷口这家黑黢黢、油腻腻、食客众多的餐馆也吸引了我的目光。小店颇有古风，里面的陈设也确以长条凳和八仙桌为主。环境不佳，人气旺盛，完全符合以往我对"苍蝇美食馆"的定义。不待多想，赶紧进去坐下。可惜世事往往不如想象完美，小店生意好，老板娘也很热情，然而店员们实在太忙，吆喝了好几声才有人过来收拾桌椅和招呼点菜。此时才发现，这里是前往江边古榕的必经之地，占据了这样的有利地形，自然食客盈门。

小镇非常安静。午后时分，除了闲坐的几位老人，整条街上几乎没有别的身影。老街入口处伫立着一座文峰塔，外观灵巧秀丽。该塔建于清道光年间，保存得十分完好，塔上的青苔透出几分古朴。塔身四周的戏曲雕塑配有九曲篆文，即使不算世间罕有，也是非常特别。

街边晾晒着咸菜和豆瓣，寂寞的老人懒懒地坐在屋前木凳上，看同样寂寞的猫咪和自己的影子玩耍。镇上似乎以老年人居多：古旧的理发店，头发花白的理发师正为同样年纪的老人修剪头发；路边的简陋茶铺，斑驳的阳光透过树荫洒在麻将桌旁的一群老人身上；挂着"西来镇老年协会"的旧屋，老人孤独地坐在门边。资料说西来老街居住着近四百户人家，总人口近 1300 人，我很疑惑他们都到哪里去了。端着相机走在寂寞的街上，自己像是无意中闯进别家院子的冒失小孩儿。

"旧时王谢堂前燕，飞入寻常百姓家。"小镇拥有上千年历史，也曾是商贾云集的热闹之处，可以追想那些酒肆、米行、典当铺的昔日繁华。一窝燕子正在一户人家的屋檐下衔泥，是多年不见的景象。小燕子，穿花衣，听燕儿叽叽喳喳，忽然有回到童年的恍惚。

没有门票，庞大的船棺被摆放在街边一间黑黢黢的古旧老屋中。船棺葬是古代巴蜀人盛行的一种丧葬礼俗，也是我国古代一些傍水而居、长于舟楫的民族的特有葬俗。不过据说先秦时期使用船棺进行土葬的民族并不多，目前已经发现的船棺也多见于四川境内。眼前所见的船棺由 7 米长、1.5 米直径的整体楠木挖空而成。屋内空间局促狭小，只能侧着身子从人群中通过。如此随意的存列方式，让人很难相信这是一件具有 3000 多年历史的文物。3000 年的沧桑以这样随意的方式呈现，感觉很不真实。

西来给我印象深刻的还有江边那些苍虬翁郁的古榕（即川人口中的黄桷树），据说树龄已过千年。十二株黄桷树在临溪河边一字排开，所谓"临江12榕"——不知是谁给取了这么风雅的名字。正午阳光之下，黄桷树下尤显清凉，浓荫之下早有店家摆开桌椅，等你入座。临溪河从古镇墙根缓流而下，河中筑了一道堤坝。河边茶座临江处清波荡漾，下游则有些浑浊。岸边有人安静地垂钓，河中居然还有游船，好在并不喧闹。游人三三两两蹚过小河，不时有女人和小孩儿的尖叫声，或许谁一屁股坐进了水中。河对岸山坡上有一群山羊在吃草，小朋友调皮地跟在后面想挠它们的尾巴，羊儿乍一回头，引得孩子们四散奔逃。岸边的露天茶座是大人们的休闲之处，浅滩则是孩子们的嬉戏场所。在水边和小孩儿一起打水漂，瞬间仿佛回到了童年。

"道边相送驿边迎，水隔山遮似有情。岁晚无聊莫相笑，君方雨立我泥行。"在诗人的眼中，西来是如此脉脉含情。没有让人痛恨的仿古商业街，没有簇新粉刷的建筑，没有满街的商贩叫卖，西来古镇保持了一份难得的古朴和沉静。游人还没蜂拥而至，喧闹尚未正式开始，比起旅游业开发得风生水起的近邻平乐，西来像一个寂寞的老人，仍然生活在属于自己的年代。我自私地想，就让它继续寂寞下去吧。

🚗 旅游小贴士

简介：肥肠、豆花、血旺是西来的特色美食。临溪河边的露天茶座不提供饭食，但可请距离河边最近的一家鱼庄送餐。

到达：从成都的新南门车站（成都旅游集散中心）或石羊场车站乘班车到蒲江，然后从蒲江转车到西来镇。

周边景点：回澜塔、石象湖、天台山、平乐古镇

朱仙镇

最早知道朱仙镇，是在收音机里听《岳飞传》："岳云四将八柄大锤冲在最前面，岳云银锤摆动，严成方金锤使开，何元庆铁锤飞舞，狄雷铜锤并举，金银铜铁锤，八锤大闹朱仙镇。一阵狂轰滥炸，打得金兵丢盔弃甲慌不择路，拼命四散逃窜。"刘兰芳慷慨激昂的声音穿越时空，成为我的童年关于"民族气节"最早的回忆，连同那时的玩乐，一起深深地印在了那个懵懂的年纪里。

朱仙古镇

南宋初年，抗金英雄岳飞曾在朱仙镇率兵大败金兀术。明清时更是成为全国四大名镇之一，是开封通向大运河和南方的重要水陆码头。但如今的朱仙镇那条曾经行驶过无数大船的贾鲁河几近干涸，似乎连扬起波纹的力气都没有了。

镇上的岳飞庙始建于明成化十四年，解放后重新进行修葺，现已修复山门、门前照壁。大殿里的岳飞塑像手拿兵书，脸上的表情却是忧心忡忡。我想那也许是公元 1140 年，他刚刚在郾城大破了金兀术的连环马，又在朱仙镇取得了"朱仙镇大捷"。金兀术被迫退守开封，发出"撼山易，撼岳家军难"的哀叹。岳飞正欲挥师开封，恢复中原，却一连接到了 12 道金牌，命他火速回到杭州。那个"只把杭州作汴州"的怯懦皇帝和阴谋家秦桧，正迫不及待地要置他于死地。

"出师未捷身先死，长使英雄泪满襟"。也许我们都该多诵读一下刻在庙内石碑上的千古名篇《满江红》，那是一代名帅的愤慨和豪迈。

历史的风华好像岳庙，一路走下来，只有自己的脚步声。推开厚重的红漆木门，跨出高高的门槛，眼前好一个繁华。集市上人头攒动、人声鼎沸，门里门外如同两个世界。耳边"吱呀"一声，再回头，千年的江山如画，已经看不到什么了。

岳庙的东隔壁是关帝庙，朱仙镇木版年画社就在这里。如果说铁塔公园是开封的北宋建筑遗存，那么木版年画则是开封的北宋文化遗存。

朱仙镇是我国四大年画产地之一。早在北宋时，每逢过年过节，家家户户贴门神已成为一种风尚，以祈求人寿年丰、吉祥如意、招财进宝、镇邪除妖。朱仙镇木版年画中最多的就是门神，以秦琼、尉迟恭两位武将为主。不同人家的房门常贴不同的门神：已婚子女辈房门贴"天仙送子""连生贵子""三娘教子"，中年人房门贴"加官进禄""步步莲生"，老年人门口贴"松鹤延年""寿星"之类，少年儿童居室则贴"五子夺魁""刘海戏金蟾"等。

年画社的作坊光线昏暗，做年画的老师傅都六十多岁了。经过最后一道工序上色，原先还是粗线条的门神、天仙立刻活脱脱地从纸上跳了出来。每印一张，老师傅都要微调一下面前的木雕版，以保证质量。说实话，现在的年画因为雕版的日渐减少，已经没有鼎盛时期的水准了。

许多名人都曾收藏过朱仙镇的木版年画。鲁迅先生给予其很高的评价："朱仙镇的木版年画很好，雕刻的线条粗健有力，和其他地方的不同，不是细巧雕琢。这些木刻很朴实，不涂脂粉，人物也没有媚态，颜色很浓重，有乡土味，具有北方木版年画的独有特色。"这是对朱仙镇木版年画艺术特色的很好概括。现在上海鲁迅纪念馆还珍藏着当年鲁迅所收藏的 26 幅朱仙镇年画作品。

　　著名作家冯骥才发起的"抢救民间文化遗产工程",第一项活动就是抢救朱仙镇年画。2003 年,木版年画"天盛老店""天成老店"的第四代、第五代传人——73 岁的尹辅礼和 63 岁的尹国全叔侄俩,把珍藏的 60 多块清末民初的古雕版拿出来亮相,其中有 3 套 6 个品种是新中国成立以来从未见过的年画品种。如果去了朱仙镇,您不妨买上几幅年画,或者去寻访一下前面提到的这几位老人,就算是向中国传统文化致敬吧。

🚗 旅游小贴士

　　简介:岳庙大街每周都有农村集会,大大小小的吃食和服装摊子摆得满街都是。如果碰到过年过节,这里还有大集,有民俗表演。

　　木版年画社的老师傅按时上下班,千万别赶到午饭时候来,那时可没什么年画制作可看。

　　"朱仙镇豆腐干"是河南名特食品,远销全国各地,素有"千里香"的美称。连古代皇宫里举行的盛大宴会上都有"朱仙镇豆腐干"的一席之地,不可小看它。可以在岳庙大街上购买。

　　到达:可在开封市相国寺长途汽车站乘发往朱仙镇的班车。

　　周边景点:无

荆紫关

　　历来"道路通,则家邦兴"。如今前往荆紫关的路况还不错,但是车流稀少,颇觉偏僻。要知道，荆紫关曾经是南北重要水路通道丹江上的商贾重镇，商贾云集、百货通汇，是豫、陕南下，湘、鄂北上的咽喉之地。

我在一个雪花飞舞的冬日来到荆紫关。昔日"樯帆弥津，千蹄接踵"的景象早已成为记忆，"康衢数里，巨室千家"的盛况偶尔还可以从现存的古建筑上寻找到

荆紫关

一丝踪迹。古镇上的居民大多数都搬迁到新建的小区去了，街上临街的房子偶尔有些老人居住，说是要改造成商铺。平浪宫、山陕会馆、禹王宫等结社和纪念性建筑也已经修葺。寂静的街道上只听得见自己的脚步声，飘飘洒洒的飞雪，给古镇添加了些许的朦胧。拉着爱人的手，在风雪飘忽的老街上漫步，心里充满了感动。

荆紫关古镇位于河南省淅川县，与陕西省商南县和湖北省郧县相邻，自古就是秦楚接邻的要地，秦楚征战时期，秦胜则归秦，楚赢则属楚，"朝秦暮楚"一词最初就是描述荆紫关的战略地位的。在我国中东部，丹江及其所注入的汉水是重要的南北流向的水系，上游是富庶的八百里秦川，下游是鱼米之乡的荆楚平原，荆紫关位于丹江东岸，地处豫、陕、鄂三省交界，南北货物汇聚于此，南来北往的商旅在此羁留，逐渐形成一个商业重镇。据资料记载，在荆紫关鼎盛时期的明清两朝，镇

上曾经汇集了"三大公司、八大帮会、十大骡马店和二十四大商号"。到了近代，铁路和公路兴起，取代了传统水路运输的地位，南来北往的货物不再经由丹江汉水，而是改经陇海、京汉铁路，既快捷又方便。于是，荆紫关古镇迅速走向衰落。

纵观众多古镇的兴衰，大凡商贾重镇的形成都与所处的地理和社会环境密切相关，重镇的衰落也与社会经济发展息息相关。南北大运河上的城镇如是，茶马古道上的古镇如是，丹江岸边的荆紫关古镇也如是。古镇的兴起往往是因为它地处南北通衢或东西文汇处，古镇走向衰落则往往是由于货物流通减少了，往来商旅也就稀少了，于是，古镇的繁华便一去不返。但细究起来古镇衰落后的情况却不尽相同。一些曾经繁华的古镇，古镇上走南闯北的人们会在失去以往辉煌的时期后寻找新的出路，于是这些古镇随着近代化和现代化的脚步，抛弃了原来的桎梏，建立了新的格局。这些古镇如今保存下来的遗迹大多屈指可数，有的甚至完全从我们的视野里消失了。比如位于右江上游号称"滇粤津关"的剥隘古镇就因建设水库而永远地沉睡于水下了。而另外的一些古镇由于地处闭塞，交通要道的地位失去后，并未找到一个新的发展通道，而那里的人们却有着比较开明的思想，于是离开家乡去寻找自身的发展空间，而把一个古老的家乡原原本本地遗忘在那里。黄河岸边的碛口古镇是这样，丹江畔的荆紫关也是这样。

三省交界的荆紫关古镇由于地处闭塞之地，水陆交通地位迅速下降，人们甚至来不及对它有任何的改造，很快地就把它淡忘了。在今天看来，塞翁失马焉知非福？紫荆关古镇留下了一条保存完好的明清古街和街上数百间明清古建筑，既是专家们考察明清商业重镇和明清建筑的样板，也是普通旅游者怀旧之旅的理想目的地，就连影视工作者们也视此地为不可多得的天然外景地。

如今，南水北调中线的源头就在丹江口水库，而荆紫关就在库区流域。这项工程的建设必定会给古镇带来难得的发展通道，但愿新的机遇不至于淹没辛苦保存下来的祖先的财富。

旅游小贴士

简介：南阳是一个有文化底蕴的地方，街上的小姑娘细眉细目，似乎都有汉唐风韵。南阳汉画像馆收藏的汉画像石居全国之首，宝天幔自然保护区是近年来颇受瞩目的国家级保护区。

到达：荆紫关距离淅川县城75公里，县城有中巴车通往古镇。

周边景点：内乡县衙、南阳武侯祠、社旗山陕会馆

青岛八大关

　　青岛八大关是中国著名的风景疗养区，十条幽静清凉的大路纵横其间，其主要大路因以我国八大著名关隘命名，即韶关路、嘉峪关路、函谷关路、正阳关路、临淮关路、宁武关路、紫荆关路、居庸关路，故统称为八大关。

　　新中国成立前，这里是官僚资本家的别墅区。新中国成立后，人民政府对八大关进行了全面修缮，使其为我国重要的疗养区之一，许多党和国家领导人及重要的国际友人曾在这里下榻。百年来，国内外许多政治家、名人到过此地，为八大关景区增添了许多迷人的色彩，也留下了许多名人轶事。

　　青岛八大关是旅游休闲和度假的好去处，这里不仅风景优美，建筑风格各异，更吸引了国家领导人及世界各地的友人不时前来，非常值得游览。

　　八大关风景区"红瓦绿树、碧海蓝天"，完美地展现了青岛的景观特色。它把公园与庭院结合在一起，十条马路两侧都是郁葱的树木与盛开的鲜花，并且每条街各不相同。如韶关路春天的桃花，正阳关路夏日的紫薇，居庸关路秋天的枫叶，紫荆关路常青的雪松……四季都有迷人的景色。在八大关的西南角，绿柏夹道，成双

的绿柏隔成了一个个"包厢"，为许多情侣们所钟爱，因此这里又被称为"爱情角"。青岛三面环海，因此具有海洋性气候的特点，冬无严寒，夏无酷暑，良好的气候条件使其成为著名的度假胜地，素有"东方瑞士"的美誉。

青岛八大关

八大关别墅区的另一特点就是有众多的各国风格建筑，故有"万国建筑博览会"之称。这里集中了俄式、英式、法式、德式、美式、丹麦式、希腊式、西班牙式、瑞士式等20多个国家的建筑风格，如俄式（黄海路18号）、英式（太平角一路3号）、法式（山海关路1号）、德式（韶关路22号）、美式（山海关路9号）、丹麦式（太平角五路2号）、希腊式（函谷关路30号）、西班牙式（太平角一路1号）等。

八大关西部是线条明快的美国式建筑"东海饭店"，在靠近第二海水浴场的地方，是新中国成立后新建的汇泉小礼堂，采用青岛特产的花岗岩建造，色彩雅致，造型庄重美观。园区内还有大大小小18处游园，是情侣谈情说爱、举行婚礼的绝好去处。

新中国成立后，许多党和国家领导人及外国元首等，都曾在第二海水浴场畅游。沿山海关路再向西走不远就到了山海关路9号，由于这里接待的宾客大都是外国的国家元首和政府领导人，因此有"青岛钓鱼台"之称。与青岛钓鱼台一街之隔的就是元帅楼，但与青岛钓鱼台不同，它是典型红瓦黄墙的"青岛风格"，由于共和国的十大元帅中有五位曾在这里下榻过，故得名元帅楼。另外，坐落于居庸关路16号的公主楼，精巧可爱，是丹麦王子为公主所建。

八大关到处都有名人的足迹，走在八大关的街道上感受那份历史的气息，是再幸福不过的事情。

八大关充满了殖民者遗留下来的异国风情，最初在德国统治青岛的时期，八大关还是青岛的"郊区"，那里没有路，也没有建筑。1929年，国民政府接收青岛以后，许多洋人在此地盖起了一幢幢具有异国风情的小别墅，陆续建起了德国、俄罗斯、英国、美国、西班牙等24个国家的建筑，因此得到了"万国建筑博览会"的美称。

新中国成立以后，国家将这里建成了疗养区，这里才渐渐热闹起来。之后许多国家领导人到这里来休养，也吸引了中外的众多游客，最后经过不断的建设和修葺，才逐渐形成了今天我们看到的青岛著名的八大关旅游景区。

旅游小贴士

怎么去：八大关位于青岛市市南区，乘飞机到青岛流亭国际机场后，乘公交702路，在山东路北站，再乘坐219路环线，在嘉峪关路站下车，步行至八大关即可。

观光：各式各样的建筑是这里的观光特色，有欧洲古堡式的花石楼，有中西合璧的山海关13号，有丹麦建筑风格公主楼和宋氏花园，还有法国乡村别墅式建筑山海关路1号，等等。

美食：肉末海参、家常烧牙片鱼、香酥鸡、炸蛎黄、黄鱼炖豆腐、大虾烧白菜、崂山菇炖鸡、油爆海螺、酸辣鱼丸、原壳鲍鱼。

购物：青岛除了著名的青岛啤酒，还有即墨老酒、崂山绿茶、崂山绿石、莱西山楂、大泽山葡萄、山色峪樱桃，以及各种各样的海产品如鱼干、海苔、海蛎子蛤蜊等。

图瓦村

　　图瓦村是个长条状的村子，由于木头小屋方方正正，村庄看上去也显得有棱有角。喀纳斯图瓦村居民是自称蒙古族的图瓦人，图瓦亦称"土瓦"或"德瓦""库门恰克"，历史悠久，早在古代文献中就有记录，隋唐时称"都播"，元称"图巴""秃巴思"，"乌梁海种人"等。

　　图瓦人至今仍保持着自己的语言和风俗习惯，不被外面的世界所影响。宁静安详的村庄，道路两旁整齐的小木屋，还有那份图瓦人的热情好客，使这里仿佛是一个世外桃源、人间仙境。

　　这里的景色颇像是瑞士的田园风光，宁静自然。一条弯弯曲曲的小路延伸向远方，两旁带有尖顶的小木屋，零星地散落在这个长条状的村子里，在夕照下，反射出一丝丝温暖的金黄色光芒，朴实又温馨。

　　小屋旁边散布着高大挺拔的松树和白桦树，白桦树一棵一棵散落在松树中间，雪白的枝干和蓬勃的树冠，远远看去，似极了一把把大伞。

　　到了图瓦村，你随便走进哪一户人家，好客的主人家都会热情地迎接你，款待你。客人一入座，主人就立刻端上酸奶、奶酒、奶茶、奶疙瘩、酥油、油饼、油筛子等招待远方而来的贵宾。不管你喜欢吃什么，奶茶是必须要喝的，你可以选择加入酥油或者是奶皮。

　　第一碗奶茶喝完了，等在旁边的主人马上就会给你再添一碗，等你喝完第二碗，人们才会告诉你，在图瓦人家里喝奶茶，必须喝两碗，因为你是用两条腿走进来的。喝完两碗奶茶，你再用两条腿走出去，就会吉祥平安。

　　图瓦人爱喝酒，时间长了，每家屋后的酒瓶子便砌成了一面墙，阳光一照，闪

图瓦村

闪发光。有人曾做过统计，图瓦村人有一年喝了 45 吨酒，可见，酒已经成为图瓦人生活中不可缺少的一部分。或许是气候的关系，冬天大雪将村子与外界隔绝，酒就成了人们的依赖。

图瓦人有一个奇怪的习俗，那就是打架不能劝架。他们打架是为了争英雄，如果你去劝架，他们会觉得你看不起他们，反而会一起来揍你。

图瓦人还有独特的栅栏习俗：每家都有一道栅栏，每道栅栏旁都有一条路，每家人都走自家栅栏下的那条路，绝不轻易走到别人家栅栏下。就连牛羊也认得自家的栅栏，早出晚归，走到村口了，就自觉散开，顺着自家的栅栏返回。在图瓦村，人和家畜在许多事情上都坚持着共同的原则。

关于图瓦人的历史，一直存在着不同的说法，有人说他们是成吉思汗西征时遗留下来的士兵繁衍的后代。而对于自己的历史，图瓦人另有说法。在成吉思汗西征欧亚返回时，他的长子术赤征召了一批图瓦人，让他们前往马尔罕湖边驻守。路过现在的图瓦村时，见该地山清水秀，土地肥沃，有一个很大的湖（喀纳斯湖），流动着乳汁一般的湖水，就留下一部分图瓦人驻守，并授予他们"科克盟科克"（意思是蓝领带）。

从此，这一部分图瓦人佩戴蓝领带，在这里巡逻执勤。在成吉思汗的军队中，戴领带者仅次于戴头盔的上等士兵。一百多年以后，蒙古帝国如一轮夕阳陨落，成吉思汗的子孙们从中原返回西域，各自为部，分割地盘，这一部分图瓦人便被人遗忘了。明朝开始的时候，他们将蓝领带从脖子上取下，将士兵服装收起，变成了老百姓，也就有了今天我们看到的图瓦村。

🚗 旅游小贴士

怎么去：可先乘飞机或火车到达乌鲁木齐，再乘坐到阿勒泰或布尔津县城的班车，然后再租当地的吉普车前往。或者在乌鲁木齐直接租车前往。

观光：喀纳斯图瓦村是从布尔津县到喀纳斯湖旅游的必经之路，图瓦人仍保存着自己独特的生活习惯和语言。图瓦村环境优美，风景独特，与喀纳斯湖相互辉映，融为一体，构成喀纳斯旅游区独具魅力的人文景观和民族风情。

美食："五道黑"烤鱼、新疆羊肉串、"波糯"（抓饭）、别克（一种参）、油饼、奶茶等都是喀纳斯地区的特色美食。

购物：喀纳斯地区有著名的伊犁苹果，果型整齐、色泽鲜艳，香脆多汁，还有伊犁大曲，有"新疆茅台"之称，属浓香型白酒，香气浓郁，入口绵甜。这些都是购物首选。

第八章　古建筑游

紫禁城

明朝第三位皇帝朱棣在夺取帝位后，决定迁都北京，即开始营造紫禁城宫殿，至明永乐十八年（1420 年）落成。紫禁城是为保护皇家权威和尊严以及安全所建，不允许百姓进入，既喻为紫宫，又是禁地，故称紫禁城。按照中国古代星象学说，紫微垣（即北极星）位于中天，乃天帝所居，天人对应，是以皇帝的居所又称紫禁城。

紫禁城是中国明、清两代 24 个皇帝的皇宫。其中太和殿最为高大、辉煌，皇帝登基、大婚、册封、命将、出征等都在此举行盛大仪式。内廷中最著名的是养心殿，整个建筑渗透着满族风情。

紫禁城给人深刻的印象，不仅仅是那严谨的建筑格局、高超的建筑技术或者是令人惊叹的建筑艺术，更多的是历史所留给故宫的沧桑和令人难以忘记的历史痕迹。

紫禁城的建筑格局严格按照对称设计，它位于北京都城正中，中轴线穿过皇城正中，也就是穿过紫禁城中三大殿、后三宫。紫禁城正门为正南面的午门，也被称为"五凤楼"。午门是宫城中最高的一座门，朝中大赦、献俘等重大仪式都在午门举行。其北门为神武门，东门为东华门，西门为西华门。

城的南半部以太和殿、中和殿、保和殿三大殿为中心，两侧辅以文华殿、武英殿两殿，是皇帝举行朝会的地方，称为"前朝"。北半部则以乾清宫、交泰殿、坤宁宫三宫及东西六宫和御花园为中心，其外东侧有奉先、皇极等殿，西侧有养心殿、雨花阁、慈宁宫等，是皇帝和后妃们居住、举行祭祀和宗教活动以及处理日常政务的地方，称为"后寝"。

紫禁城

紫禁城建于明清时期，当时建筑施工总计十一个专业，约二十余个工种，分工明确，各有所司。主要有木、瓦、石、扎、土、油漆、彩画、裱糊等八大专业。各专业相互配合，共保工程质量。在当时这样的技艺堪称世界一流，在今天看来也毫不逊色。紫禁城所有的宫殿都是木结构、黄琉璃瓦顶、青白石底座，饰以栩栩如生的彩画，高超的建筑技术可以说世间罕见。

紫禁城建筑的对称布局、院落组合、空间安排、单体建筑、建筑装修、室内外陈设、屋顶形式以及建筑色彩等，都体现出中国古代建筑的艺术特征。紫禁城在建筑色彩运用方面堪称中国传统建筑艺术的代表。

而最著名的太和殿俗称"金銮殿"，是明清两代北京宫城内最高大的建筑，每层都是须弥座形式，四周围以白玉石栏杆，栏杆上有望柱头，下有吐水的螭首，每根望柱头上都有装饰。金銮殿是中国现存古建筑中规模最大的木结构殿宇，也被称为"中国古代建筑的代表作"。

故宫的四个城角，每一个角上有一座九梁十八柱、七十二条脊的角楼，建造得非常美观。这四座角楼是怎么盖的呢？关于此有个动人的传说。

明朝的燕王朱棣做了皇帝以后，欲迁都北京，便遣大臣来北京建造皇宫。朱棣告诉大臣：要在皇宫外墙——紫禁城的四个犄角上，盖四座样子特别美丽的角楼，每座角楼要有九梁十八柱、七十二条脊，建不好就要人头落地。

管工大臣到了北京很发愁，把所有的工头、木匠们都叫来，也没有人知道怎么建造！直到有一天看到一个老头拎着一个精致的笼子卖蝈蝈，大家心想反正想不出办法，不如买个来玩儿！结果惊奇地发现那个精致的笼子，正是九梁十八柱、七十二条脊的楼阁的雏形！惊喜之余大家备受启发，后来就按照这个模样建造皇宫，也就有了故宫独特的角楼！

旅游小贴士

　　怎么去：乘飞机到达北京首都国际机场，出来乘坐轻轨再换乘地铁1号线，在天安门（东或西）站下；乘火车到北京西站，乘公交车到军事博物馆，再换乘地铁1号线。

　　观光：到故宫，一是欣赏丰富多彩的建筑艺术；二是观赏陈列于室内的珍贵的文物。作为明、清两代的皇宫和世界现存最大、最完整的木质结构的古建筑群，故宫是中国文明无价的历史见证。

美食：豆汁、焦圈、豌豆黄、驴打滚、墩饽饽、艾窝窝、糖卷果、馄饨侯、卤煮火烧、北京烤鸭、老北京涮肉、老北京炸酱面、灌肠、糖耳朵、冰糖葫芦、茯苓夹饼等都是老北京的特色食物。

购物：在前门大街可以买到品类繁多的北京特色纪念品，还有全聚德烤鸭、庆丰包子、瑞蚨祥绸布等，在稻香村可以买到"京八件"等特色食品。

侗寨风雨桥

在贵州、广西的侗乡，有许多久负盛名的风雨桥。侗寨的风雨桥也叫花桥，分为亭阁式和鼓楼式两种。亭阁式风雨桥，桥面上亭阁秀丽，雅致玲珑；鼓楼式风雨桥建在较宽的河面上，大桥长廊之上，加盖几座鼓楼式建筑，十分美丽壮观。

走进侗寨，有水即有风雨桥，小到沟渠的无桥墩桥，大到江河的数拱大桥，而最著名的要数程阳风雨桥——永济桥。程阳永济桥位于广西三江县，始建于1916年，集桥、亭、阁、楼、台于一身，整座桥和谐得体，如游龙翘首，凤凰展翅。它与我国的赵州石拱桥、泸定铁索桥以及罗马尼亚钢梁诺瓦沃桥并称为世界四大历史名桥。

1965年10月，郭沫若来到程阳桥畔，为其英姿所倾倒，欣然题写了"程阳桥"匾名，并赋七言一首："艳说林溪风雨桥，桥长廿丈四寻高，重瓴联阁怡神巧，列砥横流入望遥。竹木一身坚胜铁，茶林万载苗新苗。何时得上三江道，学把犁锄事体劳。"

风雨桥是侗寨的一个标志性建筑，"有寨必有鼓楼，有河必有风雨桥"。风雨桥完全由石木结构建成，不仅是侗族人民智慧的结晶，也是侗家人的游乐场所。

程阳永济桥堪称侗族民间建筑的杰出代表，桥廊为木结构，上覆琉璃泥瓦，对称分布，中间为六角攒头重檐亭，全木结构的风雨桥集桥、廊、亭三者为一体。

它有五墩四孔，墩台上建有五座塔式桥亭和19间桥廊，瓦瓴五座。五个桥亭最有特色，中亭似宝塔，巍峨雄伟，侧面亭似宫阙，富丽端庄。亭廊相连，浑然一体，宛如水上一座长廊式楼阁，雄伟壮观，飘逸俊秀。全桥为吊脚悬柱，不用一根铁钉，均为榫接，穿方衔接，横直斜套，联成一个坚固的整体，别具一格。

侗寨风雨桥

在风雨桥上你能深刻地感受到侗族人的好客与乐于助人的美德：在桥头有人备好了茶水，干净的玻璃杯扣在桌上，供过往行人歇息饮用；桥上还有几把几米长的芦笙供行人娱乐。

风雨桥不仅便利行旅，还是侗家人欢歌起舞、吹笙弹琴、娱宾迎客的游乐场所。每当客至，侗家人总要在风雨桥上摆上茶酒来招待客人，用热烈的歌舞欢迎客人的到来，你没法不被侗家人的热情好客所感染！而每当到了侗家人的节日，风雨桥上更是热闹，芦笙、歌声还有侗家姑娘们美妙的舞姿，使得风雨桥上一时欢乐无边。

古时候，在半山坡上的一个侗家小山寨里有个后生名叫布卡，他的妻子名叫培冠，长得十分漂亮。夫妻俩十分恩爱，形影不离。有一天早晨，河水突然猛涨，但布卡夫妇却急着到河对面的西山干活，也顾不了那么多了，正当他们走到桥中心，忽然刮来一阵大风，将培冠刮落河中，布卡也在狂风中昏倒。布卡醒后，发现妻子不见了，赶忙跳进水里找，乡亲们也来帮忙，可还是找不到。

原来培冠被河里的一个螃蟹精抓去了，想逼她做老婆，培冠不依，就日夜地哭骂螃蟹精，哭骂的声音从河底传到上游的一条花龙耳朵里。花龙听见了决定把培冠救出来，经过一番厮杀，花龙终于打败螃蟹精，救出了培冠。培冠上岸后告诉布卡是花龙救了她，这件事很快传遍了整个侗乡。大家把靠近水面的小木桥改建成空中长廊似的大木桥，还在大桥的四条中柱刻上花龙的图案，祝愿花龙常在。

空中长廊式的大木桥建成以后，举行了隆重的庆贺典礼，非常热闹。这时，天空中彩云飘来，形如长龙，霞光万道，众人细看，正是花龙回来看望大家。因此后人称这种桥为回龙桥，有的地方也叫花桥，又因桥上能避风躲雨，所以又叫风雨桥。

🚙 旅游小贴士

怎么去： 程阳永济桥位于柳州三江县城古宜镇的北面20公里处，坐开往湖南怀化方向的火车，到三江站下车，再乘车到程阳永济桥。

观光： 奇特精巧的风雨桥，高大雄伟的鼓楼，别具风格的民居组成了一幅幅秀丽的风俗画卷。原生态的自然风光、源远流长的历史文化、多彩的民俗风情让人流连忘返。如果有时间可以在这里住上几天，慢慢体会侗家人的民族文化。

美食： "滑滑粉"当地最受欢迎的风味小吃之一，味美可口，滋补脾胃。用糯米粉揉团油炸而成的"油蛋"，里面包裹豆沙，香酥微甜，深得年轻人的喜爱。

购物： 程阳桥牌菊花糯米蜜酒是畅销国内外的特色产品，此外三江油茶、三江竹笋、侗乡风味酸鸭、侗乡风味酸肉酸鱼、鼓楼重阳酒都是当地有名的小吃。

布达拉宫

布达拉宫最初是松赞干布为迎娶文成公主而兴建的。

"布达拉"译为舟岛，是梵语音译，又译作"普陀罗""普陀"或"普陀珞珈"，意为"佛教圣地"，原指观世音菩萨所居之岛，因此布达拉宫俗称"第二普陀山"。五世达赖喇嘛起，重大的宗教、政治仪式均在此举行，同时又是供奉历世达赖喇嘛灵塔的地方。

布达拉宫中还收藏了无数的珍宝，堪称是一座艺术的殿堂。1961 年，布达拉宫被公布为第一批全国重点文物保护单位之一。1994 年，布达拉宫被列为世界文化遗产。

举世闻名的布达拉宫是雪域高原的标志性建筑，同时也是宝贵的世界文化遗产之一。你会发现，无论从哪一个角度去看，布达拉宫都不失壮丽巍峨的气势。它以其独特的建筑风格和伟大的艺术成就及众多的汉藏宗教文物收藏屹立于高原之巅，是藏族腹地的雄伟简史。

布达拉宫依山垒砌，群楼重叠，殿宇嵯峨，气势雄伟，有横空出世、气贯苍穹之势，坚实墩厚的花岗石墙体，松茸平展的白玛草墙领，金碧辉煌的金顶，具有强烈装饰效果的巨大鎏金宝瓶、幢和经幡，交相辉映，红、白、黄三种色彩的鲜明对比，分部合筑、层层套接的建筑形体，都体现了藏族古建筑的迷人风姿。它不仅是藏式建筑的杰出代表，也是中华民族古建筑的精华之作。

布达拉宫始建于公元 7 世纪吐蕃赞普松赞干布时期，距今已有约 1300 年的历史。布达拉宫主楼高 117 米，看似 13 层，实际 9 层。其中宫殿、灵塔殿、佛殿、经堂、僧舍、庭院等一应俱全，是当今世界上海拔最高、规模最大的宫殿式建筑群，是人类历史上伟大的艺术成就，中国最著名的古代建筑之一，被誉为"世界屋脊的明珠"。

布达拉宫

布达拉宫内收藏了大量文物珍宝，有各式唐卡（佛教卷轴画）近万幅，金质、银质、玉石、木雕、泥塑的各类佛像数以万计。此外还有历代达赖喇嘛的灵塔，明清皇帝的敕书、印玺，各界赠送的印鉴、礼品、匾额和经卷，宫中自用的典籍、法器和供器等。其中如金汁书写的《甘珠尔》《丹珠尔》（两者都是藏文的《大藏经》）、贝叶经《时轮注疏》、释迦牟尼指骨舍利、清朝皇帝御赐的金册金印等都堪称稀世珍宝，价值连城。

传说在古代吐蕃，有一天晴空万里时突然电闪雷鸣，天空中发出隆隆的声响，有个声音说："再过五代人，将有天子下凡，吐蕃将会兴旺。"

果不其然，五代后，公元569年，拉萨东面的甲玛明久王宫里诞生了当时的赞普囊日松赞的唯一太子，他就是才智过人，武艺高强，英明勇猛的强雄（松赞）赞普——松赞干布，传说他是慈悲观世音菩萨的化身。

松赞干布15岁的时候，就带着吐蕃王室贵族和臣僚及成千上万的兵将战骑，从甲玛地方开拔，浩浩荡荡迁都涡塘，即今拉萨地区。

松赞干布望着眼前一片旌旗蔽空的景象，便想要建一座最宏伟的王宫，于是又率领着大臣们把整个拉萨平原巡察一遍，最后选中平原中心三座峰峦之一的玛布日（红山）建造了布达拉宫。

🏍 旅游小贴士

怎么去：从成都、北京、上海等城市都可以直飞西藏贡嘎机场，距离拉萨100公里，机场到市区车程约需2小时。昌都、成都等地有直达拉萨的长途汽车。

观光：布达拉宫主体建筑为白宫和红宫，还有一些附属建筑，包括朗杰扎仓、僧官学校、僧舍、东西庭院和山下的雪老城及布达拉宫后园龙王潭等。

美食：拉萨汇集了众多的特色美食，如糌粑、酥油茶、青稞酒、奶渣包子、炖羊头、炸牛肉、辣牛肚、炖羊肉、藏族酥酪糕、风干牛羊肉。

购物：青稞酒、糌粑、酥油茶、牦牛、嘎洛鞋、唐卡、藏香、藏式腰刀、木碗、人参果、贝母、雪莲、麝香、冬虫夏草、风干牛羊肉等都是当地著名的特色产品。

傣族风情园

　　傣族在古代又被称为"百越"，是一个历史久远的民族，具有丰富的文化和历史背景，其独特的民俗文化吸引了许多中外游人，现景区内有我国保存最完好的五个傣族自然村寨，并培植有热带果木，奇花异草，修有多条游览道，建有风格各异又小巧典雅的竹楼等。这些娱乐设施多围绕傣族特色，是一个以傣族为主体的多民族风情及热带风光兼容的旅游、游乐的综合性公园。

傣族风情园

　　站在西双版纳的土地上，映入眼帘的是一个绿色的世界。风情园大道两旁翠绿的椰林，热带雨林中牵丝攀藤的榕树，还有城市花园里赏心悦目的奇花异草，傣家山寨中甘甜清香的瓜果，更有奇异的民族风情和傣家独特的文化。

石砌的矮矮的院墙，砖石铺就的小道，空气里弥漫着质朴的气息。道路的两旁有绿色的树木围绕着，就像两排身着军装的守卫。路旁的绿树下，安详的傣族老妇人为游人展现傣族古老原始的手工艺术……来到这里你一定会喜欢上这份淡定、安详与宁静，陶渊明笔下的"采菊东篱下，悠然见南山"的闲适也不过如此。

傣族是个爱水、恋水、惜水、敬水的民族，每到泼水节，傣族人民就到附近的山上采集一些鲜花和树叶，泼水的时候用它沾满清澈的泉水，洒向亲戚，洒向朋友，洒向远方的客人，把自己最美好的祝愿奉献给别人。这时候不管认识的不认识的，只要乐意，你可以向每一个人泼水，不过也要小心自己成为别人的目标，有可能水就会从头而降噢！泼水节时傣族园里每一处都充满了欢声笑语，在这样欢乐的海洋里，你又怎么能够不流连忘返呢？

傣族人民能歌善舞，来到这里就一定不能够错过《勐巴拉娜西》。"勐巴拉娜西"，意思是"理想而神奇的乐土"！那绝对是一场精彩绝伦的超级歌舞秀，它述说了神秘西双版纳的孔雀传说，泼水欢歌带来的圣洁祝福和一江春水六国情深的故事。看吧，孔雀在后花园起舞，大象在街道上穿行！神秘黑、孔雀绿、民族红、世界蓝，融成一场浩大的声色盛宴，还有梦幻般的灯光布景，这里是歌舞的海洋，快乐的天堂，你还有什么可犹豫的呢？

典故博士——泼水节的传说

传说在远古时期，傣族居住的地方遭受了一场大灾难，导致四季无常，田地荒芜，人畜遭疫。眼看傣族人民就要面临灭顶之灾，一个叫帕雅晚的傣族英雄为拯救人民向天庭告状，遂查出是天神玛点达拉乍作乱。但是由于玛点达拉乍法力高强，众天神对他无可奈何。

天神英达提拉想了个办法，他扮成英俊的小伙子，去见天神玛点达拉乍的七个女儿，她们对英达提拉一见钟情，英达提拉便将天神的恶行告知了她们。她们得知后，决定大义灭亲，将他的头颅斩下。但是他的魔头落地喷火，火势冲天。几位姑娘不顾危险将头颅抱在怀中，魔火顿熄，为彻底扑灭魔火她们不断轮换，直到头颅腐烂。姐妹每轮换一次，便互相泼一次水冲洗身上污迹，消除遗臭。从此以后，傣族人民过上了幸福的日子。为了纪念那七位大义灭亲的善良姑娘，傣族人民便将每年的那几天定为泼水节！

旅游小贴士

怎么去：北京、上海、成都、重庆都有直达西双版纳的航线。昆明每天均有数次航班飞往景洪市，到达景洪后可步行至景点，也可乘1路公交车到达，或乘人力车前往。

观光：西双版纳的民族风情园内种植着芒果、荔枝、菠萝蜜、椰子等热带水果，还有速生林、翠竹、棕榈、槟榔等珍贵植物标本。各种热带果树，独自成林，一年四季鸟语花香，硕果累累，是一座浓缩西双版纳民族风情和热带园林景观的公园。此外，还有赶摆、放高升、放孔明灯、丢包、泼水、斗鸡、傣族婚礼等民俗活动。夜晚还有民族歌舞表演，傣族的孔雀舞、哈尼族的竹筒舞、滇南的"三跺脚"舞……让你沉浸在一片欢乐的海洋中。

美食：冬瓜猪、竹笋、酸笋、澜沧江鱼、爱伲稀饭、野生菌类、野菜、葛根全席、烧烤全席、柠檬凉粉、干巴等都是当地著名美食。

购物：这里盛产热带水果，如芒果、荔枝、龙眼、菠萝、柚子、菠萝蜜、番石榴、神秘果、小粒咖啡等；还盛产香料，如依兰香、香芙兰、香茅草等；有珍贵药材，如血竭、金鸡纳、白豆蔻、阳春砂仁等。还有傣族特色的服装、金银首饰、黑陶器皿、大象木雕、竹编工艺品等。这里还是普洱茶的故乡。购买时，可以尽量砍价。

苗寨

　　苗族勤劳、善良、爱好和平。它的起源可追溯到黄帝、炎帝时期，黄帝时期的"九黎"，尧舜时期的"三苗"是苗族的先人。而苗寨远看普普通通，近看却大有讲究。绝大多数仍是两层结构的木质吊脚楼，构造主要有五柱四栿，栿是不落地的短柱。

　　苗寨多分布在云南、福建、湖南等地，而最著名的冬就苗寨位于山江镇，距凤凰古城21公里，被誉为"苗绣之乡""雷公寨""石头寨"。美国民俗研究专家彼得先生游毕赞曰："此苗寨是我所见过的最原生态、最美丽的古苗寨，是中国完美型的苗寨。"

苗寨风情

有人说，苗族一年到头都有节日，此话也许夸张了些，但是如果你到苗寨来做客，你会觉得自己总是处在热闹的节日气氛之中。他们独特的迎客礼俗和歌舞一定会让游客记忆深刻，而他们重大的节日，像苗年节、古龙坡会、斗马节和拉鼓节等，更是不容错过。

到了苗寨，在悠扬的芦笙曲中，苗家姑娘会端着清茶、水酒上前迎接你的到来。然后她们会邀请你到芦笙坪的芦笙柱下，和她们一起在芦笙坪上载歌载舞，真像过节般的欢乐。

苗家送客的情景更是动人。他们吹着芦笙、唱着送客歌，把客人送到寨门，苗家姑娘还用特别的礼仪表示对客人的依依不舍——轻轻踩一踩客人的脚背，表示了对客人的爱戴，希望他再到苗寨来做客。

苗家一年到头大大小小的节日中，苗年节总是最隆重的。苗年节里除了要尽情地吃喝玩乐、祈福拜祖外，最热闹的场面就是芦笙踩堂了。芦笙踩堂时，多达上百人的芦笙队济济一堂，大小芦笙一起吹奏，铿锵的乐曲声传数里。晚上还要表演苗戏，青年人对歌、坐妹和谈情说爱。

古龙坡会是苗家的另一个芦笙盛会，也是苗族青年的情人节。在这会场上，几百支芦笙齐声吹奏，其中有声音雄浑低沉的粗大芦笙；有声音铿锵雄壮的高耸芦笙；也有音色清脆悦耳的小芦笙，一起合奏成悠扬的旋律。

芦笙手一边吹奏一边踏着豪迈的舞步，与姑娘们柔美轻盈的舞姿形成一刚一柔的对比，芦笙吹得越棒的小伙子越受姑娘们的青睐，得彩带就越多。夜幕降临，男女青年成双成对，在花伞下情话绵绵，或者在村寨里的吊脚楼上围着火堂对歌，度过一个甜蜜蜜的不眠之夜。

斗马节和拉鼓节也是苗家特别重大的节日。斗马节这天，马场上人山人海。斗马开始，双方的两匹公马放到场内，另牵一匹母马在旁，公马为得到母马的喜欢而拼斗起来，败者下场，最后的胜者就是冠军。

拉鼓节是苗家祭祀祖先的节日，也称为"鼓啦"。拉鼓开始时，先由苗寨的寨佬带唱拉鼓舞，歌中唱颂了对祖先的崇敬和民族的来源，充满神圣之感。唱毕，就展开激烈的拉鼓拔河竞赛，喝彩加油之声震天动地。谁把大鼓拉过来自己一方，便是胜者，这意味着将会得到13年的吉利和好运气。

苗族特有的狂放而热烈的拉鼓节，传说是源自苗家祖先豪良为民族造福的事迹。相传在豪良时代，因为雷公与人打架打得火起，天下树木都被雷火烧光了，而豪良为救人类，历尽艰辛去找树种。他用了12年的时间才找到了树种，又用自己的热血化作火焰来传播树种成林，而自己也变成其中一棵花牛树。

直到第13年，他的妻子和后代才找到了他的化身树。为了纪念他，他的后代把大树做鼓，用藤把鼓拉回寨子，象征把祖先豪良接回家团聚。这样，就逐渐形成了今天的拉鼓节，也就是苗族人民祭祀祖先的节日。

 旅游小贴士

怎么去：到凤凰古城最近的机场是贵州铜仁大兴机场，下飞机后打车到凤凰需要40分钟。凤凰没有火车站，可在附近的站点吉首、怀化和铜仁下车，再转乘汽车到达。

观光：凤凰著名的苗寨有：西江苗寨、郎德苗寨、芭沙苗寨、融水苗寨、乌东苗寨、德夯苗寨等。还有被誉为"苗绣之乡""雷公寨""石头寨"的冬就苗寨，《血色湘西》《湘西往事》等多部影视剧在此拍摄，寨子如太极图呈环形布局，为明清徽式风格建筑：石头墙、石块屋、石板路、泥巴房。

美食：冬就苗寨特产美食有湘粉丝、湖南米粉、辣椒油、干辣椒、卤豆腐、干豆腐、霉豆腐、臭豆腐、血丸子、红薯干、干竹笋、干腊肉等。

购物：冬就苗寨的著名特产有济阳、蓝山金橘，雪峰蜜橘、黔阳冰糖橙、安江香柚等。还有湖南特产手工业工艺品湘绣、土家锦、夏布、釉下彩瓷、竹雕、水竹凉席、花炮、菊花石雕、羽绒制品等。

摩梭"女儿国"

　　泸沽湖是一个形状似马蹄的高原淡水湖，摩梭人称它为"谢纳米"，意思是"母湖"，母亲的湖。在湖的北岸，屹立着一座秀丽的格姆山，意思是女山。摩梭人把她视为女神化身。从南边远远隔湖望去，格姆山又像一头昂首而卧的狮子，人们又叫它狮子山。环绕着泸沽湖岸，散落着大大小小的摩梭村落。据悉这是世界上最后的母系部落，是东方"女儿国"，也是泸沽湖畔的"香格里拉"。

美丽的泸沽湖

　　摩梭"女儿国"是世界上最后的母系部落，它神秘的"走婚"习俗，美丽的泸沽湖，浪漫的情人滩和草海构成了世人梦中的香格里拉，是人们心中一片宁静安详的净土！

在全人类都普遍实行一夫一妻制的今天，摩梭人却仍然延续着男不娶、女不嫁、结合自愿、离散自由的"走婚"习俗。

"走婚"又叫"阿夏婚"，是摩梭民族特有的婚姻形式。"阿夏婚"男方称女方为"阿夏"，女方称男方为"阿柱"。建立阿夏关系的男女双方各居母家，男方暮来晨去，只在女方家过夜，所生儿女一律由女方抚养，随母姓。男女双方可在生产、生活、财物上互相帮助，但无必然的联系。男女媾和纯粹因情而生，两情相悦便可走婚，缘尽随时离散。

泸沽湖就像一个古朴、宁静的睡美人，躺在青山的怀抱之中，又像造物主藏在这里的一块硕大的蓝宝石，或是一面光彩照人的天镜。走在湖边，你不由自主就会被那份美丽和宁静所感染。湖中散布5个全岛、3个半岛、1个海堤连岛，其中黑瓦吾岛、里无比岛和里格岛，是最具观赏和游览价值的三个景点，被誉为"蓬莱三岛"。岛上林木葱郁，野鸟成群。这里的一山一水，一草一木，都被赋予女性形象的神话，成为我们当代名副其实的"女儿国"的象征。

情人滩和草海是来这里旅游的情侣们必去的地方。在大嘴村往东不到1公里就是满是格桑花的情人滩，情人滩顾名思义是一个适合情人约会的地方，就像是法国的薰衣草田，无处不散发着浪漫的气息，在这里你尽可以感受到最浪漫的意境。

在大嘴村往东8公里处，就是圣湖的湿地草海。"草海"就是指长满草的高原湖泊。每当春夏时节，草海里绿绿的，让人以为那是一望无垠的草原，只有看见半截身子的牛马在草里食草、戏水，或看见猪槽船在草里轻轻地滑动，你才会明白那就是有草的湖。

传说在很久以前，泸沽湖只是一片低洼的盆地。周围森林茂密，土壤肥沃，物产丰富。西面狮子山脚下的山岩下，有涌泉之洞，一年四季都有清澈的流水。有个哑巴常常在这里放牧，自己带着食物，渴了就喝这里的泉水。有一天他突然发现洞里不出水了，一看，原来是只大鱼堵在洞口，他就把鱼肉割下来烧着吃了。第二天，鱼身上被割去的地方又复原了。从此，哑巴不再从家里带食物，每天就吃鱼肉。

时间一长，村里人见哑巴不带食物出门，仍然看起来红光满面，感到很奇怪，便尾随他看个究竟。一见到洞口的大鱼，他们便起了贪念，于是想方设法把鱼拖出来，但随之灾难也发生了：大水从洞口汹涌而出，顷刻间淹没了所有的村寨和人畜，整个盆地成了一片汪洋，就形成了今天的泸沽湖。这时唯有一个正在喂猪的母亲，见大水滚滚而来，急中生智，把一对儿女放进猪槽，才使得这对儿女得以幸存。

后人为了纪念这位勇敢而睿智的母亲，把泸沽湖称为母亲湖，并一直沿用这种猪槽状的独木舟至今，就是我们大家游湖乘坐的"猪槽船"。

旅游小贴士

怎么去：从成都坐火车到西昌，出了西昌火车站后在广场坐 12 路公交车到长途汽车站，买到泸沽湖的车票。

观光：这里有多个景点如泸沽湖、小落水摩梭母系部落、黑喇嘛寺、扎窝洛码头、洛洼堡、泸源崖、博凹湾、博凹岛（王妃岛）、情人树、鸭子垭口、祭神台、鸟觉湖湾、情人滩、格姆山、安娜俄岛、达祖湖湾转山古道、后龙山、洼垮湖湾、草海、走婚桥等。

美食：到了泸沽湖，一定要尝尝猪膘肉、牛干巴、酥油茶和苏理玛酒。还有摩梭人家的烤鱼，是用当地的一种叫巴鱼的小鱼做的，很好吃。还有咣当酒，度数不高，口感极好，但千万不要贪杯。因为据说不少人喝的时候没什么感觉，喝完后就"咣当"一下，栽在那里了，所以得名"咣当酒"。

购物：苏理玛酒、咣当酒、烤鱼干、泡梨、苹果、青娜曼安、金边白瓜子、花椒、香菇等都是当地特产。

澳门历史城区

澳门历史城区或叫澳门历史古城区（旧称澳门历史建筑群），是由 22 座位于澳门半岛的建筑物和相邻的 8 块前地所组成，形成以旧城区为核心的历史街区。2005 年 7 月，澳门历史城区在第 29 届联合国教科文组织世界遗产委员会会议上，获得 21 个成员全体一致通过，被正式列入《世界文化遗产名录》，为中国第 31 处世界遗产。

澳门历史城区是中国境内现存最古老、规模最大、保存最完整和最集中的东西方风格共存建筑群，这里不仅有中国最古老的教堂遗址和修道院、最古老的基督教坟场、最古老的西式炮台建筑群，还有第一座西式剧院、第一座现代化灯塔和第一所西式大学等。

作为欧洲国家在东亚侵占的第一个领地，城区见证了澳门四百多年来中华文化与西方文化互相交流、多元共存的历史。正因为中西文化共融的缘故，城区当中的大部分建筑都具有中西合璧的特色。城区内的大部分建筑至今仍完好地保存或保持着原有的功能。

澳门历史城区作为我们国家四百多年来中西文化交流和共存的历史见证，以其重要的历史价值、独特的宗教特色以及随处可见的中西合璧的历史建筑，吸引着中外游客的到来。

澳门历史城区保存了澳门四百多年中西文化交流的历史精髓。这座以西式建筑为主、中西式建筑交相辉映的历史城区，是西方宗教文化在中国和远东地区传播的重要历史见证，更是四百多年来中西文化交流互补，多元共存的结晶。

在明末清初，大量天主教传教士就以澳门为传教基地，积极从事远东地区的传教工作，并由此创作出中西文化交流的辉煌篇章。19 世纪，随着第一位传教士马礼逊来到中国，基督新教以澳门为基地之一，积极开展传教活动。而由新教徒在澳门开办的"马礼逊学校"更将近代西式学校教育模式引入中国，培养出容闳等著名学生，对中国教育的现代化做出了贡献。另一方面，澳门民间的妈祖崇拜，表现了澳门与闽粤沿海居民妈祖信仰一脉相承的关系。因此就形成了澳门今天天主教、基督教和妈祖三大独具特色的宗教文化共存的局面。

澳门风景

走在澳门历史城区的街上，游客定会对这街上多样化的建筑风格留下深刻的印象。以欧式的典雅风情为主，辅以中式的恢宏大气，却那么地相得益彰。你一定会惊叹于原来中西文化可以融合得这样巧妙，并以建筑的形式表现得如此完美。所以到了澳门一定要去历史城区看看，像澳门的标志性建筑物——大三巴牌坊、妈祖庙，以及各大欧式教堂：圣奥斯定教堂、圣多明哥教堂、圣若瑟修院大楼及圣堂等更是不容错过。

相传妈祖乃福建莆田人，又名娘妈，原名林默娘。因她出生至满月从不啼哭，父亲给她取名曰"默娘"。她自幼聪明，8岁能诵经，10岁能释文，13岁学道，16岁踩浪渡海，经常在海上抢救遇险渔民。

宋雍熙四年（987年）九月初九，林默娘28岁时，辞别家人，在湄洲岛湄屿峰归化升天。死后常显灵海上，帮助商人及渔民消灾解难，化险为夷。为了纪念她，当年人们就立庙奉祀，尊她为海神灵女、龙女、神女等。宋徽宗时封妈祖为"顺济夫人"，这是朝廷对妈祖的首次褒封，以后历代朝廷还敕封她"天妃""天后""天上圣母"等尊号。如今妈祖庙已成为全世界华籍海员顶礼膜拜和海内外同胞神往的圣地。

🚗 旅游小贴士

怎么去：1. 从深圳蛇口码头坐船去澳门氹仔客运码头以及澳门新港澳码头，大约只需要一个多小时。

2. 从深圳机场的福永码头坐船到澳门氹仔码头以及澳门外港码头，整个航线航程约60分钟。

3. 先从深圳到珠海，再从珠海过关到澳门，需时约2.5小时。

4. 从深圳坐直升机至澳门，是最为快捷的一种方法，但也是最昂贵的一种方式。

观光：著名景点有妈阁庙、港务局大楼、郑家大屋、亚婆井前地、圣老楞佐教堂、圣若瑟修院圣堂、圣奥斯定教堂、岗顶剧院、何东图书馆、民政总署大楼、三街会馆（关帝庙）、仁慈堂大楼、澳门主教座堂、卢家大屋、玫瑰堂、大三巴牌坊、大炮台、澳门博物馆、旧城墙遗址、哪吒庙、圣安多尼教堂、鸽巢前地、东方基金会会址、基督教坟场、东望洋炮台、灯塔、圣母雪地殿圣堂等。

美食：非洲鸡、果亚鸡、辣大虾、烧牛尾、葡国鸡、葡国腊肠、红豆猪手、青菜汤、马介休等澳门式葡国菜，味道独特，令人回味无穷。还有著名小吃姜汁撞奶、马蹄沙加鲜果、雪耳炖木瓜、核桃露、椰汁杏仁糊、红豆沙、老婆饼、杏仁饼、凤凰卷、鸡仔饼、蛋卷等。

购物：澳门的商品不但种类繁多，而且价钱便宜。特别是金饰、名牌服饰、古董、瓷器、葡萄酒、电子产品及手表、羊毛衫和丝织品，应有尽有。

康百万庄园

康百万庄园坐落于河南省巩义市（原巩县）康店镇，庄园临街建楼房，靠崖筑窑洞，四周修寨墙，濒河修建码头，集农、官、商风格为一体，布局严谨，规模宏伟，位居全国三大庄园之首。

"康百万"这个外号是因为当时的庄园主康应魁曾两次悬挂过"良田千顷"的金字招牌，康氏土地、商铺遍及山东、陕西、河南三省八县，被称为"百万富翁"。慈禧逃难时经过康庄，康家出钱监工修造黑石关、县城、宫殿行宫和"龙窑"，花费了100多万两银子，又向清廷捐赠白银100万两，慈禧大悦，说不知此地还有一个康百万富翁。从此，"康百万"这个说法就传开了。

康百万庄园是康氏家族历经多年奋斗而建造的，游览康百万庄园，人们不禁会被其豪华的建筑与广阔空间所震撼，震撼于一个家族的财力。康百万家族富裕了12代，延续400多年，是豫商成功的典范。游览庄园，感受豫商文化家园深厚的文化底蕴、独特的建筑风格，是视觉享受，更是一种知性的收获。

寨上住宅区是康百万庄园的核心部分，穿过门洞，便可看见一片空旷的广场，把寨上分为南北两大院。南大院坐西向东，北大院坐北面南，两院相互呼应，建筑与格局则各有特点。东面是临街筑起的十几米高的寨墙，城垛连绵环绕。寨上住宅区背依邙山，前临洛水，随形就势，居高临下。整栋建筑处处体现出"天人合一"、师法自然的中国传统建筑理念，也显示了康家强大的经济实力。

围绕着寨上住宅区方圆1公里的范围内，临街建楼房，靠山筑窑洞，濒河设码头，据险垒寨墙，错落分布着书院、金谷寨、祠堂、作坊区，栈房区等19个风格各异的建筑群，共同组成了一个布局严谨、等级森严、功能齐全的家族，为世人所惊讶与赞叹。

康百万庄园

普通生活区是康家大院的一大奇观。游览主人卧室，你会被里面精工细致的摆设所震撼。当中楠木床是万里挑一、精美绝伦的珍品，它是由当年最著名的 5 位木雕工匠费时 3 年雕刻而成。它的华美精致堪与皇帝的龙榻媲美，十分精美与珍贵。房间的天花板上七彩斑斓，门窗的木雕也各具特色。

除了窑洞窗户上的木雕，另一个奇观便是无处不在的匾额、门联以及碑刻，几乎无门不匾、无匾不成门。这些匾额或悬挂门头，或嵌于廊柱，或文字飞扬，或图文并茂，洋溢着浓郁的封建文化气息，充分显示了主人的身份与品位，也是这座庄园的独特之处。1900 年，八国联军入侵北京，深居皇宫的慈禧太后被迫携着光绪皇帝出逃。第二年，他们逃到了巩义市，此时的慈禧已经是山穷水尽，窘迫万分了。这时，康家掌柜康英奎雪中送炭，向慈禧太后一行人捐献了百万两银子，保证了他们的日常供给，解决了钱财方面的困难。从此，康家便获得了"康百万"的称号。

康百万家族上自六世祖康绍敬，下至十八世康庭兰，一直富裕了 12 代，传承了400多年。历史上曾有康大勇、康道平、康鸿猷等十多人被称为"康百万",其中最具代表性的是清代中期的康应魁。

康百万靠河运发财,靠土地致富,靠"贡献"得官,多次得到皇帝赏赐,最高时官至三品,数次钦加知府衔。民国时期流传一句俗谚:"东刘、西张,中间夹个老康",说的是中原的三大巨富,其中的"老康"当然就是"康百万"了。

旅游小贴士

怎么去:乘飞机、火车抵达郑州后,在郑州市长途客运中心站或郑州西站乘坐高速大巴前往巩义,之后乘坐市内公交车8路即可到达。

观光:周边景点有长寿山、杨树沟、石窟寺、盘龙山九莲洞、青龙山慈云寺等。

美食:可到清香阁烩面、回郭镇肉盒、老君烧鸡、西义兴卤肉等餐馆品尝巩义名吃。

住宿:除了星级酒店和宾馆,巩义还有很多快捷酒店,价格实惠。这里推荐位于巩义市人民路的贝克大酒店。

购物:巩义土特产有南河渡石榴、南山核桃、金银花、柿子醋、墨黑玉石雕、水晶镇尺、留余扇等。

烟台蓬莱阁

蓬莱阁位于中国山东省蓬莱市区西北的丹崖山上,始建于宋嘉祐六年(1061年),几经扩建,规模逐渐扩大,多年来经数次修缮,1982年被列为国家重点文物保护单位。

史料记载，秦始皇、汉武帝都曾来此寻求仙药，更有方士徐福受秦始皇之命，由此乘船入东海求取仙丹，"八仙过海"的神话故事亦发生在此。自古迁客骚人多会于此，阁内文人墨客的墨宝比比皆是。蓬莱阁前常出现"海市蜃楼"的奇观，更为蓬莱阁添加了一道神秘的面纱。

蓬莱阁的神奇景象和宏伟规模，与黄鹤楼、岳阳楼、滕王阁并称为"中国四大名楼"，素有"蓬莱仙境"，"人间仙境"之称。

蓬莱阁风景区作为国家重点风景名胜区、全国重点文物保护单位、全国首批AAAAA级旅游区，无论是人文景观还是自然美景，都是无可比拟的。蓬莱阁风景区主要景点有蓬莱阁、蓬莱水城、天后宫、龙王宫、卧碑亭等，其中，蓬莱阁集深厚的历史文化和美不胜收的山海风光于一身，在这里你不仅会惊叹于先贤的锦绣文章，更会被这里缥缈神秘的奇幻海景所折服。

蓬莱阁自古为名人学士聚集之地，阁上名人匾额楹联众多，尤以清代大书法家铁保书的"蓬莱阁"巨匾最为有名，位于蓬莱阁下的仙人桥，结构精美，造型奇特，传说是"八仙"过海的地方。

蓬莱阁内各亭、殿、廊、墙之间，楹联、碑文、石表、断碣……琳琅满目、比比皆是，翰墨流芳，为仙阁增色不少。比如苏东坡的"东方云海空覆空，群仙出没空明中。荡摇浮世生万象，岂有贝雀藏珠宫"，给蓬莱阁留下了千古绝唱；而袁可立的"纷然成形者，或如盖，如旗，如浮屠，如人偶语，春树万家，参差远迩，桥梁洲渚，断续联络，时分时合，乍现乍隐，真有画工之所不能穷其巧者"，更是"海市蜃楼"奇景的生动描写。

世传蓬莱有仙景十处，"海市蜃楼"为其中之一。每年春夏、夏秋之交，空晴海静之日，时有海市蜃楼出现：海上忽而现出一片山峦，或奇峰突起，或琼楼迭现，时分时聚，缥缈难测，无不令人心醉神迷。

千百年来，慕名而至的文人墨客络绎不绝，虽然大饱眼福的人不过十之一二，却留存了观海述景的题刻二百余处。近代爱国将领冯玉祥也在此题写了"碧海丹心"四个遒劲有力的鲜红大字。

相传八仙过海时，观音菩萨为助其渡海成功，在渤海海峡的最窄处撒下一把晶莹的宝石，以作为他们渡海途中的歇脚之处，这便是如今的长山岛。

八仙中最丑的一个算是铁拐李，他的宝器是葫芦，传说里面装的是灵丹妙药，能治百病。据说他原本也是相貌堂堂，一表人才。得道后的一天，他心情特别高兴，就灵魂出窍飞上天找太上老君下棋，把肉体留在山洞里。不料来了一只饥饿的老虎把他的肉体吃掉了，等他的灵魂回来，再也找不到肉体了，无奈他的灵魂只好在空中飘游，飘着飘着，忽然发现山脚下躺着个瘸腿乞丐的尸体，他就把灵魂附到瘸腿乞丐的尸体上，便成了如今这个丑模样。

其他七位神仙各有各的宝器：张果老的宝器是渔鼓和纸驴；何仙姑是八仙中唯一的女仙，她的宝器是手中的荷花；八仙之首吕洞宾，他的宝器是宝剑，韩湘子传说是韩愈的侄子，他的宝器是洞箫；汉钟离的宝器是手中的扇子，曹国舅的宝器是云板，年纪最小的蓝彩和的宝器是花篮。他们逍遥自在，行踪飘忽不定，个个本领高超，"八仙过海，各显神通"的典故，便由此而来。

🚗 旅游小贴士

怎么去：烟台、青岛、济南等地有开往蓬莱市的长途汽车，之后在市内乘坐8路公交车到达蓬莱阁西苑或从蓬莱汽车站打车前往。

观光：周边景点有烟台山、三仙山等。

美食：蓬莱美食有蓬莱小面、八仙宴、清蒸加吉鱼、蓬莱卤驴肉等。

住宿：蓬莱城的住宿选择有很多，酒店多数依海边而建，也可选择蓬莱阁周边酒店，如八仙居度假村、蓬莱阁酒店。

购物：可在登州古市购买旅游纪念品，如贝雕、珍珠项链和各种草编制品。

西安钟鼓楼

西安钟鼓楼坐落于中国历史名城——西安市中心，西安钟鼓楼分钟楼和鼓楼两座，分别位于西安市的东西两边，相互对峙。

西安钟楼初建于明洪武十七年（1384年），楼上原本悬着一口大钟，作为击钟报时用。西安鼓楼是中国最大的现存鼓楼，始建于明太祖洪武十三年（1380年），清康熙三十八年（1699年）和清乾隆五年（1740年）先后两次重修。楼上原有巨鼓一面，每日击鼓报时，故称"鼓楼"。

至今，西安钟鼓楼已有600多年历史，历经风雨而稳如山岳，体现了厚重的历史文化，以及明清时期奇特的建筑风格。

西安钟鼓楼历史悠久，它不仅是建筑的奇葩，也是雕刻艺术的宝库，同时还见证了西安这座古城几百年来的兴衰交替，繁荣变迁。历史的风雨给这座古老建筑又蒙上了一层神秘的色彩，使其更具有魅力。

西安鼓楼是中国现存最大的鼓楼，和钟楼如同一对孪生兄弟，仅隔半里，互相辉映，更添古城风韵。楼基面积比钟楼楼基大738.55平方米，通高34米，雄奇秀丽不亚于钟楼。鼓楼呈长方形，分上下两层，通体用青砖砌成。其主体建筑位于基座中心，结构为重檐三滴水式。第一层楼上置腰檐和平座，第二层楼上覆盖绿琉璃瓦，属于重檐歇山式。上下两层面阔皆为7间，进深均为3间，四周环有走廊，外檐和平座均饰有青绿彩绘斗拱，使鼓楼显得层次鲜明。

西安钟楼是重檐窝拱，攒顶转角的木质结构，共有3层。楼基面积达1377.64平方米，通四街各有门洞，由地面至楼顶，高36米。内有楼梯可盘旋而上，供游人登临参观。虽经历次重修，梯体仍保持原有的特点。楼九楹三层，为歇山顶重檐

西安钟鼓楼

三滴水木构建筑，南北正中辟有券门。北悬"声闻于天"的匾额，南悬"文武盛地"的匾额，字体苍劲有力，威严大气。楼建于方形基座中心，显得十分稳重。

钟楼的门窗多有精美雕刻，表现出明清盛行的装饰艺术和雕刻技艺。仔细欣赏门扇上一幅幅浮雕，它们栩栩如生，形象逼真，还会告诉你古代许多饶有趣味的典故轶闻。

夏日的清晨，站在高楼一边聆听深沉的钟声，一边眺望远方。远山在雾霭中若隐若现，一切显得静谧安详，此时此刻就算没有"宠辱皆忘"，烦恼尽失也差不多了。夜晚来临，微风习习，一排排路灯如同士兵一样守卫着古城的安宁。登楼远望，那闪闪的霓虹，川流不息的人群，现代城市的繁荣与和谐呈现眼前，也是一种安慰，心中会不觉淡然很多。若寒冬来临，大地银装素裹，这时登楼鸟瞰这座古城应该别有一番滋味与情趣。

相传很久以前，长安城经常发大水，地下水滚滚而出，淹没了城市，给人们带来了巨大的灾难。一天，观世音菩萨从天上经过长安，看到城底下有妖龙作怪，便托梦给老百姓，告诉他们要挖到海眼，囚住恶龙，并且要建一座钟楼镇住它，这样才能保证长安城的安宁。

第二天，城中百姓便挥舞铁锹，顺着冒水的地方深挖下去，终于挖到一个巨大的海眼，一条龙还在里面张牙舞爪。城中的百姓一起奋力将恶龙用铁锁链锁在了镇海铁柱上，再用厚铁板封住了海眼，并且动工在上边建造钟楼。

在建造钟楼的过程中，恶龙奋起反抗，钟楼剧烈摇晃起来，眼看楼就要塌了，危急时刻观世音菩萨把手中的玉净瓶倒扣在钟楼上，钟楼变成了金光闪闪的金顶，镇住了恶龙，从此它再也不能为非作歹了。

> **旅游小贴士**
>
> 怎么去：乘飞机、火车抵达西安后，在市区乘坐公交4、6、7、8、11、12、15、16、游7、游8路等均可到达。
>
> 观光：周边景点有大雁塔、明城墙、秦始皇兵马俑、华清池、华山等。
>
> 美食：凉皮、遍遍面、羊肉泡馍、腊汁肉夹馍等。
>
> 住宿：西安住宿选择余地非常大，不过旅游旺季时最好提前预订。
>
> 购物：可在东大街、北院门回民街、书院门文化街购买旅游纪念品，仿秦兵马俑、虎头枕、各种古玩字画等都是游客必买之物。

宏村

宏村位于安徽省黄山西南麓，是古黟桃花源里一座奇特的牛形古村落。宏村始建于南宋绍兴年间（1131~1162年），距今约有900多年的历史。宏村最早称为"弘村"，取"宏广发达"之意，即"扩而成太乙象，故而美曰弘村"，清朝乾隆年间更名为"宏村"。

宏村古时是汪姓聚居之地，宏村汪九是唐初越国公汪华的后裔。整个村落占地30公顷，山水明秀，享有"中国画里的乡村"的美称。南宋绍兴年间，古宏村人为防火灌田，匠心独具地开仿生学之先河，围绕牛形做水文章，建造出"中国一绝"的人工水系，堪称一绝。

宏村素有"中国画里的乡村"之美誉，作为一座古乡村，它以其独特的水系构造，为世人留下了无数赞叹。在皖南众多风格独特的徽派民居村落中，宏村是最具代表性的。村中数百幢古民居鳞次栉比，有的豪华精美，有的古朴典雅，还有的庄严肃穆，自然景观与人文内涵交相辉映，令观者流连忘返。

南湖建于明万历丁未年（1607年），位于宏村南首，南湖是在万历年丁未年时将村南百亩良田，凿深数丈，周围砌石立岸，仿西湖平湖秋月式样得以建成的。修建南湖时因为风水先生认为牛有两个胃才能反刍，于是就在月塘的基础上建成了南湖。

站在南湖边上你一定会为此景沉醉，看湖面上绿荷摇曳，鸭群戏水，别是一番景致。整个湖面倒影浮光，水天一色，远峰近宅，跌落湖中，加之树荫水深和日光的相互作用，明暗协调，动静相宜，显得十分幽深雅静。

当然此番美景也吸引了众多文人墨客。据说清嘉庆甲戌年秋，浙江钱塘名士吴锡麟游南湖后，撰文写道："宏村南湖游迹之盛堪比浙江西湖"，因而又有了"黄山脚下小西湖"之称。而诗篇"无边细雨湿春泥，隔雾时闻小鸟啼；杨柳含颦桃带笑，一边吟过画桥西"更是对南湖美景的赞叹。

到了宏村千万别忘了在南湖边，拍照留念哦！

敬德堂建于清初顺治年间，是宏村明末清初民居的代表作，通过敬德堂可以了解普通商人的生活情况和徽州明清建筑的格局。敬德堂的"敬"与积累的"积"读音相近，反映主人希望自己的后人能积德行善，以期泽被后人，福泽延绵，传统文化气氛非常浓厚。

徽州人十分重视门楼的修建，有"千金门楼，四两屋"之说，这种说法虽然稍有夸张，但是门楼确实能够反映屋主的身份地位。门楼的装饰一般都富有深刻的含义，比如敬德堂的门楼楼角处有鳌鱼、龙头鱼尾，表示希望自己的子孙能独占鳌头，东鹿西马图，"鹿"是福寿禄"禄"的谐音，希望后人能够丰衣足食，生活充裕，"马"则借喻在事业上飞黄腾达之意，喜鹊上梅树有喜上眉梢之意，鲤鱼越出水面有鲤鱼跳龙门之说等，不一而足，寄托了主人美好的愿望。

相传在明永乐年间，开始建造宏村时，七十六世祖三次聘请风水先生何可达进行查审。何可达认为宏村的地理风水形势乃一卧牛，必须按照"牛形村落"进行规划和开发。

村里人利用村中一处天然泉水，挖掘成半月形的月塘，作为"牛胃"；然后在村西吉阳河上横筑一座石坝，用石块砌成水圳，长达 400 余米，引西流之水入村庄，南转东出，绕着一幢幢古老的楼舍，并贯穿"牛胃"，这就是"牛肠"。

"牛肠"两旁的民居，大都拥有栽种着花木果树的庭院，砖石雕镂的镂窗矮墙，曲折通幽的水榭长廊，小巧玲珑的盆景假山。而这条弯弯曲曲的"牛肠"，穿庭入院，长年流水不腐。

村民们又在村西虞山溪上架四座木桥，作为"牛脚"，从而形成"山为牛头，树为角，屋为牛身，桥为脚"的牛形村落。

🍃 旅游小贴士

怎么去：先乘飞机、火车抵达黄山，之后在黄山汽车站乘坐到黟县的长途汽车，抵达黟县后乘班车前往宏村。

观光：周边景点有黄山、西递、南屏、木坑、秀里等。

美食：在这里可以野外烧烤，也能品尝到当地居民晒制的腊八豆腐。

住宿：在村中有很多农家大院可住宿，旅游旺季时最好提前预订。

购物：宏村的土特产有古徽州刺绣、祁门红茶、黟县香菇等，此外还有著名的泗溪三宝：苦丁茶、香榧、葛粉。

陕北姜氏庄园

这里是米脂的腹地，米脂古称银州，银州的名字让人不自觉地联想到女子的妆奁、发簪、首饰以及凤冠霞帔，可能是因为那句"米脂婆姨绥德汉"吧，米脂原是个出美女的地方。地处黄土高原丘陵沟壑区，米脂的水好、小米好，虽然陕北毒辣的日头和苍凉的风沙是多么容易催皱青春的面颊。可是这里还有驴板肠呢，那鲜香美味的驴板肠啊，我相信这是孕育美女的一种天然养料。

姜氏庄园的主人是清光绪年间陕北最大的地主姜耀祖，当年他请来北京的专家，集各路能工巧匠，前前后后花了十六年时间才建成此庄园。这座窑洞庄园已经不仅仅是一处简单奢华的私宅，它是一座雄踞山头的城堡，在这片荒凉的黄土地上俨然有一丝占山为王的霸主气质。

高达8米的寨墙将整座庄园紧紧围护，高处甚至砌有炮台，戒备森严，这在战乱期间也是个易守难攻的安全堡垒。但走入庄园的大门，当这座"明五暗四六厢窑"的陕北景点窑洞院落展现在眼前的时候，那冷酷威严的外表氛围立刻又软化在那些牌匾雕刻垂花门的文化气息中了。

虽然仍然是窑洞的格局面貌，但这和普通村落中常见的土窑洞民居已然不可同日而语。上下三层院落暗道相通，石窑洞配备五脊六兽硬山顶，大门两侧有石鼓门墩，门内是水磨青砖影壁月亮门，雕刻的花纹是琴棋书画，门匾上题着"大夫第"。这一切，若不是四周这片黄土的颜色，若不是窑洞那拱形的门窗式样，也许你会以为这是在江南的某个古村落，某个辞官归隐的大户人家，或者某个书香门第的深深庭院。这也难怪，建筑的细节一丝不苟，即使一座马棚里喂马吃草的石槽都是精雕细琢，又怎不叫人对这座庄园浮想联翩、叹为观止。

可是纵览姜家主人祖上的事迹，也并没有太多丰功伟绩可以夸耀。他们既不是名人之后，也不曾缔造任何传奇。姜耀祖的曾祖父也只不过中过武举，所以如今中院的门额上悬挂着"武魁"匾以作炫耀。姜耀祖的祖父只是务农出身，完全是靠着自己吃苦耐劳、审时度势，做小买卖积累财富，又趁灾年粮贵地贱收买土地，鼎盛时期拥有土地一万余亩。即使这样，他也仍勤俭度日，自己亲自下田劳动。到姜耀祖这一辈也只是继承了祖上的巨大财富，从而修建起了这座豪华壮丽的庄园。

这是一座石筑的庄园，石砌的寨墙涵洞拱窑，石铺的台阶道路，石做的锅台坑沿米仓，石雕的鹤鹿松竹流云花草，还有石水槽、石鱼水道、石马槽、拴马石，石头的冷硬营造出富丽堂皇的美感，冷色调的渲染也符合这片黄土高原的色彩。除了建筑本身的风采，这里还有不少独具匠心的设计，比如井楼内安置有手摇辘轳，不出寨门即可保证用水。比如厢房两侧通道可与仓窑、碾磨坊和通往后山的地洞相连。水房的地板装有排水装置，先进而科学。而水房内壁的两个不起眼的小深洞据说曾是主人藏宝之地。如果细细探访，这座庄园不知道还能挖掘出多少让人惊叹的秘密呢。

十六年造一宅。虽然归根到底，姜氏一族只是富甲一方的土财主，但是留下的这座庄园建筑却并不仅仅是金钱堆积的浮夸俗物，在这一点上，陕北的土财主以及那些山西富商们还是很有品位的。花了金钱，也花了心血，建筑凝结了艺术的智慧，建筑也体现了人文的精神，它们不随金钱而流失，不随时代而淹没，甚至也不因砖瓦破落木料腐朽而凋零，建筑的灵魂在时光中永恒。

旅游小贴士

简介：游览庄园后可在附近的村落走一走，看看真实而纯朴的陕北农村风光。

游览庄园有半天时间足够，景区没有什么吃饭的地方，可自带饮食和水。

住宿可在米脂城内，推荐米脂宾馆。

米脂城内有很多驴肉馆，这里的驴板肠是特色，不妨一尝。

到达：姜氏庄园距离县城约15公里，可以在中心广场处乘坐开往桃镇和坑镇方向的班车前往，但是车不多，车次也不定，返回时就在路边等车，一般下午稍晚就没有返回的班车了。也可以包小面包车前往，往返几十元左右。

周边景点：李自成行宫、杨家沟

四川夕佳山

　　每次经过北京北四环，我都要对那座著名的鸟巢体育场行注目礼，明明是只钢铁巨兽，却偏偏取了个如此亲近自然的名字，设计师真的很擅长偷换概念，哪只鸟会喜欢这样的鸟巢呢？真正的鸟巢既不够规整，也顾不上美观，它们远离繁华而充满危险的大都市，处在大自然温柔的怀抱中，茂林修竹、流水潺潺，那里才是鸟儿们真正的天堂。看着"鸟巢"周围稀稀落落、柔若无骨的小树，我开始怀念那个人类与野生鸟类和谐共处的地方，遥远的川南村落——夕佳山。

　　夕佳山原本只是我行程中可有可无的一站，虽然有众多光环围绕，诸如"中国民间建筑活化石""川南农耕文化缩影"之类，但看惯了宣传词的我已经有了免疫力，从蜀南竹海出来返回成都，反正顺路，时间允许就暂作停留，不料在夕佳山竟欣赏到了令人叹为观止的壮丽景象。还没进庄园大门，就听到鸟儿此起彼伏的欢叫声，不是一两只笼中鸟精致婉转的歌喉，而是成群结队的啁啾歌唱。抬眼望去，只见院墙围绕着的小山上，古木参天，遮天蔽日；无数白鹭云集林中，自由嬉戏，宛若片片白云浮动于林间树梢；枯枝构成的无数个鸟巢，远远望去一团团黑影，占据了高高低低的每一个树杈。白鹭时而轻翔云天，美若流云；时而振翅起舞，高贵如公主；时而站在树梢左顾右盼，那飘逸潇洒的样子，不禁让我想起了《卧虎藏龙》里周润发背着剑站在竹梢之上轻轻起伏的一幕。白鹭天生丽质，身材修长，羽毛胜雪，非常引人注目。在四川乡村旅行，经常看到白鹭迈着长腿，在水田里逍遥漫步，但密度这么大的白鹭群，我闻所未闻。杜甫居住在成都时，曾经写下不朽名句："两个黄鹂鸣翠柳，一行白鹭上青天。"我从小就会背这首唐诗，但却只能从充满画面感的文字中想象那份美景，在诗圣身后一千余年，在远离喧嚣的川南农村，终于得以亲眼目睹诗圣当年描绘的景象，让我激动万分。

夕佳山位于川南丘陵地带，是黄氏家族的庄园，据说庄园创建人出于对风水的考虑，在宅后广植桢楠，于是引来群群鹭鸟安营筑巢，几百年来，当地的老百姓与这些特别的邻居和睦相处，使夕佳山成了鹭鸟的天堂。如今园中那几千株桢楠已枝繁叶茂，鹭鸟数量也达到数千只。日出之时，鹭鸟展翅离去；傍晚时分，夕阳西照，千鸟归林，夕佳山因此得名。

绕过斑斑点点的鸟粪阵，才是庄园的大门，深院高墙，屋宇轩昂，悬山穿斗式木质结构，是传统的川南民居建筑形式。从明万历 40 年（公元 1612 年）开始营建，到公元 1930 年最后一次大规模修缮，跨越三个朝代、300 余年，黄氏家族共十一代人的心血凝结而为这座庞然巨构，建筑面积 1 万多平方米，大小房屋一百多间，纵深三进，一座座四合院连缀成片，池塘、花园分布其中，整个建筑布局严谨，主次分明，开合有序。高耸的双斗桅杆，幽香的绣楼，静谧的学馆，典雅的戏台，还有碉楼、金库、粮仓……无不显示出当年黄氏家族的名望和显赫的地位。

黄家是世代书香门第，始终遵循"耕不停，读不厌"的祖训，将"耕读"作为传家之本，在庄园中徜徉，随处可以感受到主人的良苦用心。正厅置 28 扇木制的棱花格窗门，正中四扇镂刻渔、樵、耕、读四幅图画，配以福、禄、寿、喜四个篆字，暗示子孙后代要以耕读为本，才能福寿满堂。其余门上分别雕刻着"麒麟吐玉书""梅兰竹菊""连升三级""双喜临门"等吉祥图案或民间传说，以雕刻的方式讲故事，用谐音和象形来表达美好的愿望，此处虽不著一字，却胜过千言万语，让子孙在出入之间，一遍遍接受这无声的教诲。走进一个个院落，跨过一道道门槛，那些蒙满尘埃的门窗桌椅，褪尽铅华的雕栏画栋，苔痕累累的青砖黛瓦，以及带着些许霉味的空气，无不裹挟着历史的讯息，让人不由自主地屏息凝神，唯恐惊动了附着在上面的古老精魂。过去的几百年间，这里是黄氏的家园，是花开花落、生老病死的地方，是迎来送往、聚散离合的地方，是体会风云变幻、世事沧桑的地方。我总在担心，黄家的某位先人会忽然从门扇后面走出来，举着一盏昏暗的油灯，带我们去开启一段沉寂已久的前尘往事。

黄家从曾经的风华绝代到如今的落寞忧伤，那些祖辈的荣耀早已烟消云散，那些精致的生活也成了镜花水月，只有鹭鸟依旧在这里繁衍生息。出门时正是黄昏，倦鸟归林，林中的鹭鸟愈加显得兴旺，叫声也愈加嘈杂起来，忽然想起了五柳先生的名句"山气日夕佳，飞鸟相与还"，大概这才是夕佳山名字的真正来源吧。鸟儿年年如期来到这里，历数百年从未爽约，而庄园的主人，乃至王朝天下，却终不免于兴衰更替、一去不返，只留下无忧无虑的鹭鸟，百年不移地守望着这片天堂。或许在鹭鸟看来，我们才是匆匆过客，它们分明已经在这里生活了千万年，它们才是这片土地真正的主人，所谓人类与野生鸟类的和谐共处，靠的不是人类的恩典，而是它们的忍让。

旅游小贴士

简介：鹭鸟群密度极大，走过鸟粪遗迹最集中的路段时，最好快速通过，以免被"轰炸机"袭击。

拍摄鹭鸟以每年五至十月为宜，以凌晨或黄昏为最佳。

最好跟着导游，不管是请的还是蹭的，这样才能在庄园迷宫般的房屋中走出最合理的路线。

到达：夕佳山距江安县城21公里，距宜宾市89公里。成都到宜宾全程高速，约290公里，三个小时可达；宜宾至江安可在宜宾南门客运站乘坐班车，车程约1小时。江安至夕佳山车程约40分钟。

周边景点：蜀南竹海

天津石家大院

据说早在百年前天津就流传：韩（"天成号韩家"，海运业）、高（"益德裕高家"，盐务）、石（"杨柳青石家"，漕运粮食）、刘（"土城刘家"，粮食业）、穆（"正兴德穆家"，茶叶业、粮食业）、黄（"振德黄家"，盐务）、杨（"长源杨家"，盐务）、张（"益照临张家"，盐务、钱庄），有天津"八大家"之说。他们的发迹靠的就是守着门前这条大河的漕运，祖祖辈辈贩运粮米盐业，累积家财，置房买地，发展起来。其中有的已有万亩良田，号称杨柳青首富的石家便是一例。

石家大院早在清朝光绪年间初建时，也就是1875年，便花去了白银三十万两。当时共建有18个院落，四合连套，院中有院，不仅砖雕、木雕、石雕皆精美绝伦，不少独具匠心的细节设计竟然还是从皇宫里学来的。用现在的话来说，当时这样的民居足以称之为前卫、时尚了。

迈过石家大院垂花门下的三层台阶，顺着长廊深入里面的雕梁画栋处，便是后来石家分了家产所建的四座规模宏大的宅第，也是如今石家大院四座宅第中仅存的一座——尊美堂。朱漆的大门，火红的灯笼，吉庆的木雕，高升的门柱，精美的石鼓，还有那几尾游鱼，几枝花草，几副楹联，石家曾经的一切早已如烟般散去，唯有这些往日的物件和昔时的格局给人们留下了思念与惦恋。

天津石家大院

现在的石家大院被辟为杨柳青民俗博物馆，里面除了有婚俗、木版年画、古街貌、影视剧照等展览外，还有不少精美考究和美轮美奂的清式家具，值得细细玩赏品味。但若说这石家大院内，哪处最堂皇？哪处保存最完好？哪处规模最大？那就要说说这民宅内的戏楼了。这座砖木抬梁结构的 9 米高戏楼，不仅在设计上有着极好的拢音效果，不仅在梁柱间镶有精巧的木雕，也不仅在于在戏楼顶上讨巧的用铜铆钉铆了个篆体"寿"字。它的妙处在于，即使身处北方漫长的严寒中，在室内依旧能享受如春天般的温暖。戏楼和客厅采用的均是地热取暖法，室内架在梅花垛上的方砖，底下便是纵横交错的烟道。一般这样取暖，需要前一天晚上在西北角地炉灶口，用一百公斤的炭烧一夜，热气顺着烟道穿过，地面也就被烘热了，然后这气要顺着东北角暗藏的烟道从屋顶排出。

只是如今这宫灯高悬的戏楼子，已不再有唱堂会时的百转低回。号称"华北第一宅"的尊美堂，也已不再有人各屋点灯。这屋的悲凄，那屋的欢娱，早已随着时代的变迁，漕运的萧条，成为过眼烟云，最终被人们选择性记忆或选择性遗忘。

🚗 **旅游小贴士**

简介：如果在节假日的合适时间旅游参观，或许还能遇上在戏楼举办的堂会演出。

这边的杨柳青年画比古文化街的价格要便宜许多，其中最知名的玉成号出品的小幅年画不装裱的价格多为几十元。这里的剪纸也值得买来收藏，其中大头娃娃怀抱鲤鱼的剪纸最有特点，一套也就 10 元左右。

石家大院的后面就有家挺气派的石府大院饭馆，大院边上还有好吃不贵的马家清真馆，另外杨柳青镇也有肯德基等洋快餐可供选择。

到达：杨柳青镇估衣街 47 号。从天津西站或百货大楼乘公共汽车在杨柳青下车可达。

周边景点：杨柳青年画社

维吾尔族的喀什噶尔

喀什的全称是喀什噶尔，它是塔里木盆地西缘最古老的绿洲之一，在两千多年前就是西域三十六国中的重要国度之一。这里毗邻帕米尔高原，曾是古丝绸之路上的重镇，这里是马可·波罗、玄奘、斯文·赫定都曾走过的地方，这里据说有着《一千零一夜》中的场景，这里曾是无数探险家眼中的乐园，更是瓜果之乡和歌舞之乡。

喀什古称"疏勒"，它在古突厥语中的意思是"玉石般的地方"或者"玉石聚集的地方"。在新疆可有着"不到喀什，不知新疆会有多大"的说法，这里约百分之八十的居民都是维吾尔族。"走到喀什，何必再去麦加"，在维吾尔族最著名的《十二木卡姆》中曾有这样的文字叙述。

喀什可以说是古代丝绸之路的枢纽，连通了遥远的中东、非洲和地中海国家与中国的贸易。而今天的喀什给人的感觉是一个美丽而又充满了独特风情的城市，同时又是具有浓厚的宗教色彩和商业气息的城市。

美丽的维吾尔民族民风装扮了喀什，绿色的植被和盛开的鲜花美化了城市，那条母亲河——吐曼河从喀什城市中间穿过，给喀什城带来了生命的动力。

你可以在"老城"里看见古老而传统的伊斯兰风格建筑——居民区和清真寺，看见卖铜器、卖银器、卖葫芦、打铁做小刀的、手工制作热瓦普乐器的作坊，看到卖烧烤的、卖酸奶的饭店，在那些手工作坊里，可以买到别致的维吾尔族银器。无论走到哪里，你都会感受到这里独特的风情。

喀什的艾提尕尔清真寺是中国最大的清真寺，艾提尕尔清真寺和艾提尕尔广场云集许多虔诚的穆斯林。在艾提尕尔清真寺，可以感受穆斯林神秘、神圣的氛围。进入大殿要脱鞋赤足，一天要做五次朝拜活动，每次要 15~20 分钟，而星期五是大朝拜。值得一提的是这里没有女人的位置，因为在他们的宗教中规定女人是不可以进入清真寺做礼拜的。

八角梨、蟠桃、葡萄、白杏、无花果、石榴、哈密瓜、羊肉和琳琅满目的丝巾、挂毯和地毯，让你不禁感受到这个商业城市的热闹气息。还有高声叫唤、善于抬价砍价的维吾尔族商人，不管你买不买他的东西，都可以尝尝美味的食品。

每到周六，那些车上拉着奶牛、赶着羊群的维吾尔族农民就从四面八方的农村来到城市赶集，那个场景真是热闹。在喀什的大型商场，来自欧洲的、中亚的、巴基斯坦的、印度的商人和维吾尔人做生意的场景更是一片红火。

喀什是香妃的故里。香妃名字叫伊帕尔汗，在这里有她的家族墓——阿帕克霍加墓。当年，喀什成为大清朝的一部分，霍加家族拥护清政府，并协助粉碎了大小和卓的叛乱，成为清王朝的功臣，于是这个家族的女孩子伊帕尔汗也成了乾隆皇帝的宠妃——香妃。

阿帕克霍加墓摆满了香妃家族的棺材，男性的是大棺材，女性的是小而细长的棺材。香妃墓在她的家族墓地里很不明显。她的家族墓地有一个讲经堂，廊柱上段居然是佛教的莲花状，佛教和伊斯兰风格两者结合，在当地伊斯兰清真寺中具有突出特点。但是霍加的讲经堂为什么保留佛教的建筑风格，至今仍是一个谜。

🚗 旅游小贴士

怎么去：从乌鲁木齐到喀什，每天都有大型客机。喀什是南疆铁路的终点站，乘火车也十分方便。

观光：著名景点有喀什大巴扎、香妃墓、莫尔佛塔、艾提尕尔清真寺、慕士塔格峰、卡拉库里湖、石头城、红其拉甫山口等。

美食：喀什美食荟萃，有清香爽口的凉粉，外脆里嫩的馕坑烤肉，还有烤全羊、烤羊肉串、清炖羊肉、烤包子、抓饭、拉面、油塔子、馕、馓子、曲曲、烤鱼、烩菜、灌面肺和灌米肠等，品类繁多，美味可口。

购物：喀什地区的手工艺品如花帽、地毯、英吉沙小刀、艾德莱斯绸、民族乐器等是购物首选，此外，喀什的水果也非常有名，盛产石榴、无花果、沙棘、阿月浑子、伽师瓜、巴旦木、梨、杏、葡萄、蟠桃、桑葚、核桃等，游客不妨带点回家。

闽西客家民居

闽西客家民居大多分布在福建境内，大体上可以分为群体住宅和土楼住宅两大类。闽西客家群体住宅多位于地势比较开阔平坦处，占地较大。而土楼住宅则是闽西地区最具特色的民居，远看犹如一座堡垒。这种堡垒形式的住宅即当地一般通称的土楼，亦称围楼或生土楼。

客家人建造土楼是为了抵御豺狼虎豹、窃贼强盗，可如今，这里成了世界的瑰宝。1999 年，福建土楼"申遗"工作启动，2000 年 4 月，福建省政府以"福建土楼"的名义正式申报世界文化遗产项目，2004 年，福建土楼被列入世界文化遗产预备名单，终于在 2008 年被最终确立为"世界文化遗产"。

掩藏在崇山峻岭之中的福建省民居永定客家土楼，更堪称是土楼中的典范。在我国的传统住宅中，永定的客家土楼独具特色，大型方形、圆形土楼有 8000 余座，最小的是洪坑村的"如升楼"，直径为 17 米，最古老的是高顶村的"承启楼"。

闽西的客家民居以土楼为主，土楼的造型多样，奇特不已，同时又集防御、农业、生活、风光于一身，让我们不得不惊叹于它的巧妙设计。

土楼是以工作墙而建造起来的集体建筑，呈圆形、半圆形、方形、四角形、五角形、交椅形，畚箕形等，各具特色，其中以圆形的最引人注目，当地人称之为圆楼或圆寨。

其中，造型最独特的莫过于交椅楼。交椅楼一般筑于临河陡峭的坡地上，呈交椅形，故称"交椅楼"。其前墙、前房较低；而左右两翼略高，像交椅扶手；后墙、后房最高，约四层至五层，如交椅靠背。有专家考察时赞叹道："造型之奇，世之罕见。"可惜目前仅存数座。

最初，客家人大多居住在偏僻的山区或深山密林之中，因建筑材料匮乏、豺狼出没、盗贼横行，加上惧怕当地人的袭扰，便营造"抵御性"的城堡式建筑住宅。

楼中有水井，可堆积粮食、饲养牲畜。若需御敌，只需将大门一关，几名青壮年守护大门，土楼则像坚固的大堡垒，妇孺老幼尽可高枕无忧。因此，也可以说土楼是具有集防御、农业、生活、风光于一身的多功能建筑。

位于永定县湖坑镇洪坑村的振成楼，闻名世界，被称为人类文明史上的一颗明珠。由于土楼独特的造型、庞大的气势及防潮抗震等优势，被誉为世界上独一无二的神话般的民居建筑。土楼群的奇迹，充分体现了客家人的集体力量与高超智慧，同时也闪耀着中华民族优秀文化的光彩，是我们中华民族的建筑奇葩。

相传在明朝万历年间，永定县城东门外有位貌若天仙的女子，名叫余四娘。余四娘自幼父母双亡，和一个弟弟相依为命。聪慧美丽的余四娘16岁被选入宫中，深得皇上欢心，不久便被册封为贵妃娘娘。

然而时隔不久，皇上发现余娘娘经常双眉紧锁，眼露忧伤，便忍不住询问起来。余娘娘说："臣妾有位胞弟仍住在乡间，恳求皇上格外开恩宣他进京，使臣妾能见上兄弟一面。"皇上顿生恻隐之心，马上降旨让国舅进京，又安置他住下。国舅爷在宫里虽每天锦衣玉食，享尽荣华，可时间长了，总感到很不自在、不开心。于是他下定决心回家里。

临行前，皇帝赏赐给他许多金银财宝。但国舅临出宫门仍频频回首，皇上询问之后才知他家中居室简陋破败，对宫室建筑十分羡慕。皇上立即敕令永定地方官府依照宫室的模样，火速为国舅在家乡盖了一座五凤楼。余娘娘趁机请求皇帝让其乡下所有的亲戚和有财力的人都能分沾殊荣，仿建五凤楼。皇上满口答应。

从此以后，在永定城乡，一座座五凤楼便如雨后春笋般拔地而起，蔚为奇观。时至今日，永定境内仍然还有30多座五凤楼保存完好。

🏍 **旅游小贴士**

怎么去：从深圳乘飞机至连城机场，乘坐汽车往永定土楼民俗文化村。或者乘由深圳开往福州的火车，在永定站下车，再乘坐汽车往永定土楼民俗文化村。

观光：永定客家土楼包括振成楼、承启楼、深远楼、遗经楼、裕隆楼、五凤楼、光裕楼、振福楼、如升楼、衍香楼、环极楼、奎聚楼、馥馨楼和福裕楼等。

美食：客家比较有特色的食物有：梅菜扣肉、姜酒土鸡、姜糖、麦芽糖、柿饼、地瓜干、红薯块、糖水梨子、酿豆腐、肉丸、东坡肉、酿香菇、酿春卷、白切鸡、酱鸭等。

购物：龙岩的美味食品闽西八大干、盐酥花生、连城白鸭、沉缸酒、水仙茶饼等名扬海内外，连城宣纸、永福藤器等工艺品也都享有盛誉，是游客购物首选。

黄鹤楼

　　黄鹤楼位于武汉市蛇山的黄鹤矶头，面对鹦鹉洲，是江南三大名楼之一，与湖南岳阳楼、江西滕王阁、山东蓬莱阁合称"中国四大名楼"。

　　登上黄鹤楼，武汉三镇的绮旎风光历历在目，辽阔神州的锦绣山河也遥遥在望，正是这独特的地理位置，以及前人流传至今的诗词、文赋、楹联、匾额、摩崖石刻和民间故事，使黄鹤楼成为自然与人文景观相互倚重的文化名楼，并享有"天下绝景"和"天下江山第一楼"的美誉。

相传黄鹤楼始建于三国时期，历代屡毁屡建。现楼为 1981 年重建，以清代"同治楼"为原型设计。

黄鹤楼

黄鹤楼的平面设计为四边套八边形，谓之"四面八方"。从楼的纵向看各层排檐与楼名直接有关，形状似黄鹤，展翅欲飞。

"昔人已乘黄鹤去，此地空余黄鹤楼"，这是崔颢的黄鹤楼；"故人西辞黄鹤楼，烟花三月下扬州"，这是李白的黄鹤楼；"州城西南隅，有黄鹤楼者……荆吴形胜之最也"，这是阎伯理的黄鹤楼；"黄鹤知何去？剩有游人处"，这是我们的黄鹤楼，这是文化的黄鹤楼，这是古今的黄鹤楼！

黄鹤楼南楼旧时有白云楼、安远楼、瑰月楼、楚观楼等称呼，它与黄鹤楼、头陀寺、北榭并称为古时蛇山"四大楼台"。

现在的黄鹤楼南楼系 1985 年重建，位于公园南区黄鹤楼东南 185 米处。南楼背山面南，是钢筋水泥仿砖木结构，歇山顶式，重檐飞角，青瓦朱楹。楼前有一棵百年古树，给南楼平添古朴之色。游览南楼，品味黄鹤楼的古色古香，在历史文化中徜徉，仿佛又看见了那烟波江上的思乡人。

白云阁历史上曾是南楼的别称，阁名源于唐代诗人崔颢的诗句"黄鹤一去不复返，白云千载空悠悠。"白云阁坐落在高观山山顶，在黄鹤楼以东约 274 米处，海拔 75.5 米，阁高 41.7 米，是观赏黄鹤楼、蛇山、长江的极佳景点。1992 年 1 月重修的白云阁，外观为塔楼式，呈"T"字形，坐北朝南，占地面积 695 平方米，阁名由史学家周谷城书写。

毛泽东词亭于 1992 年建成，坐北朝南，南北两面分别镌刻有毛泽东于 1927 年春登蛇山时填写的《菩萨蛮黄鹤楼》和 1956 年 6 月畅游长江后填写的《水调歌头·游泳》。

游览毛泽东词亭，欣赏伟人诗词，感受伟人的精神与情感，是难得的精神享受。

相传从前有个姓辛的人，以卖酒为业。有一天，来了一位身材魁梧，但衣着褴褛的客人，他神色从容地问辛氏："可以给我一碗酒喝吗？"辛氏不因对方衣着褴褛而有所怠慢，急忙盛了一大碗酒奉上。

如此过了半年，辛氏并不因为这位客人付不出酒钱而显露厌倦的神色，依然每天请这位客人喝酒。有一天客人对辛氏说："我欠了你很多酒钱，没有办法还你。"于是从篮子里拿出橘子皮，画了一只鹤在墙上，因为橘皮是黄色的，所画鹤也呈黄色。座中人只要拍手歌唱，墙上的黄鹤便会随着歌声，合着节拍，翩翩起舞，酒店里的客人看到这种奇妙的事都付钱观赏。如此过了十年多，辛氏累积了很多财富。

有一天，那位衣着褴褛的客人又飘然来到酒店，辛氏上前致谢说："我愿意供养您，满足您的一切需求。"客人笑着回答说"我哪里是为了这个而来呢？"接着便取出笛子吹了几首曲子。没多久，只见朵朵白云自空而下，画上的黄鹤随着白云飞到客人面前，客人跨上鹤背，乘着白云飞上天去了。辛氏为了感谢及纪念这位客人，便用十年来赚下的银两在黄鹤矶上修建了一座楼阁。起初人们称之为"辛氏楼"，后来便改为"黄鹤楼"。

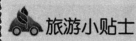 **旅游小贴士**

怎么去：乘飞机、火车抵达武汉后，在市内乘坐 10 路公交车、电车 1 路短途车即到。

观光：周边值得一游的景点有武汉长江大桥、辛亥革命博物馆、湖北省博物馆等。

美食：武汉的特色菜肴和风味小吃丰富多样，著名的特色菜有清蒸武昌鱼、黄焖甲鱼、皮条鳝鱼、橘瓣鱼圆等；老通城豆皮、四季美汤包、蔡林记热干面、小桃园瓦罐鸡汤为武汉四大名小吃。

住宿：武汉市内住宿选择非常丰富，有青年旅舍、经济型宾馆、星级酒店等，旅游旺季时最好提前预订。

购物：武汉传统的土特产有麻烘糕、孝感麻糖、精武鸭颈、武昌鱼等，值得购买赠送亲朋好友。

开平碉楼

碉楼可以说是一种中西合璧的民间建筑形式，产生于明代后期。这里所说的碉楼，因其位于广东省开平市境内，故称"开平碉楼"。清朝初期开始，特别是鸦片战争之后，开平市洪涝之灾，形成了"四不管"的混乱状况，战事令这种民事关系更为紧张。当地人为了防灾、防盗以及自卫，纷纷建造碉楼式的建筑。

碉楼底部的形式大同小异，按材料的不同可分为石楼、夯土楼、砖楼、混凝土楼。不管哪种材质，都整合了中国传统乡村的建筑文化与西方建筑文化，都体现了近代中西方文化在中国乡村的广泛交流，具有重大的历史和现实意义。2007 年，开

开平碉楼

平碉楼与古村落被顺利列为世界文化遗产项目。

开平碉楼是一种特殊的乡土建筑群，是集防卫、居住和中西建筑艺术于一体的多层塔楼式建筑，外形古朴雅致，实用性极强。过去，开平碉楼以其坚固的堡垒保护了无数人的生命；现在，开平碉楼又以其独特的建筑模式，以及融东西方建筑艺术于一体的建筑技巧吸引了无数的游客，游览独特的开平碉楼，定会被它的魅力所吸引与折服。

位于开平市百合镇的马降龙碉楼群，由永安、南安，河东、庆临、龙江5个村子组成，是黄、关两姓家族于清朝末年和民国初年陆续兴建而成的。

马降龙村的后面是气势磅礴的百足山，前面是清澈如镜的潭江。一直以来，马降龙碉楼借助有利的地形地势护佑着周围五村的村民，有力地保证了人们生命财产的安全。据载，在1963年、1965年、1968年，开平曾发生过三次大水灾，当时的洪水已经漫过了其他的民房，村民们登上碉楼才侥幸逃过这几场灭顶之灾。

而今，开平碉楼以其独特的建筑工艺和实际功用吸引着无数建筑和历史爱好者的目光，而它掩映在绿水青山之间的雄姿，也为大自然的鬼斧神工增添了不少色彩。

立园位于广东著名侨乡开平塘口镇北义乡赓华村，是谢维力先生费时十年建造的花园别墅。立园以《红楼梦》中的大观园为参照，兼顾了中国园林古典建筑艺术与西方的别墅建筑特色，这使得立园不但有中国园林的韵味，还有欧美建筑的西洋情调。

立园作为华侨园林，是一颗熠熠生辉的明珠。它集传统园艺、江南水乡特色于一体，采用中西合璧的园林建筑艺术独绝方。

立园的布局，大体可分为三部分；别墅区、大花园区、小花园区。三个区用人工河或围墙分隔，又巧妙地用桥亭或通天回廊将三个区连成一体，使人感到园中有园，景中有景，亭台楼榭，布局幽雅，独具匠心，令人有巧夺天工之感。

进入立园，欣赏着大观园在现实中的缩影，感受着小桥、流水人家的亲切，见证着中西方建筑艺术交流融汇的历史，着实是一件让人兴奋的事。

一百多年前，在开平沙冈潭江河畔的金山圩，人们为了防卫猖獗的盗贼，要建一座碉楼，正好当时没有钟表，就在碉楼上安上钟鼓，因此这座碉楼被命名为"钟鼓楼"。建成后，大家约定让年轻壮实的小伙子夜晚轮值。人们还把紧促的鼓声设为出事信号，编制了一整套指挥大家行动的组合钟声。就这样，钟鼓楼如忠诚的卫士守护着金山圩和一里十村的人民。

一晚，轮到张劲松值夜。在他准备报三更的时候，突然发现潭江上划船过来的十多个强盗，强盗个个拿着刀枪，张劲松便用紧促的钟声召唤大家，果然把强盗吓得四处逃窜，张劲松又用组合钟声指挥大家追击强盗。贼首明白过来后，恼火极了，直奔钟鼓楼而来。张劲松见状，一面击鼓召唤大家前来，一面用长棍与对方搏斗，直到大家前来救援。

第二天，人们在河里看到了那贼首的尸体，都称赞张劲松机智、勇敢，钟鼓楼在人们心中的地位也更加重要了。

旅游小贴士

怎么去：乘飞机、火车抵达广州后，在广州中山八路汽车站或广东省汽车站乘长途汽车前往开平，在开平南沙车站或义祠车站转乘到碉楼的车。

观光：周边景点有赤坎古镇、自力村、锦江里等。

美食：开平的美食外观精美，味道浓郁，鸭粥、开平烧肉、家乡豆腐角、回味猪手、沙姜切鸡采用本土原料炮制而成，既营养又美味。

住宿：开平住宿选择有很多，这里推荐具有欧式特色的开平海伦堡酒店，位于开平市三江大道一号。

购物：土特产有楼岗狗肉、马冈鹅、水口腐乳、金山火蒜、金山灵芝、陂头桂味荔枝等。

大邑刘氏庄园

刘氏庄园位于四川省大邑县安仁镇东1公里处，始建于清朝末年，后来刘文彩和他的兄弟们又修建了五座公馆，并整修了刘氏家族祖居。几经扩建后，刘氏庄园占地面积达7万多平方米，建筑面积2万多平方米，庄园内共有房屋545间。

刘氏庄园是我国目前保留的最为完整、规模最大的地主私人庄园之一。就建筑风格而言，刘氏庄园将西方哥特式建筑和川西传统豪门建筑风格完美地融合在一起。庄园分南北两部分：南面是老庄园，北面是新庄园。不管是南面老庄园的福特小汽车，还是北面新庄园的"收租院"，都以实物或文献的形式尽显了臭名昭著的地主刘文彩一家的奢靡生活。

1958年10月建立了大邑地主庄园博物馆，并于1966年11月被国务院公布为

刘氏庄园

第九批全国重点文物保护单位，刘氏庄园的历史以更形象生动的形式展现在世人的面前。

这是川西民俗文化的大观园，这里的每一个角落都值得细细品味。你在刘氏庄园走过的每一个脚步，都浸染了丰富而厚重的民俗色彩。游览刘氏庄园，从庄园的角落中发现前人生活的点点印记。厚重的历史虽将过往的人和事都一并抹去，可是建筑艺术上的美丽，生活文化的丰富，是永远也抹不去的。

老庄园始建于 1931 年，建筑面积达 1 万平方米。庄园之内共有 27 个院落、180 多间厅堂住室、3 处花园、7 道庄门。整个老庄园呈不规则的多边形，四周由 6 米多高的风火砖墙围砌着。相传，老庄园内的重墙夹巷、厚门铁锁都是有来历的，刘文彩每撵走一户或几户农户就砌一堵墙、开一道门、修一座房屋，由此才形成现在这个格局。

老庄园内的建筑相当奢侈，处处楼阁亭台，雕梁画栋，艺术装饰随处可见，且形态各异。庄园内陈列着包括福特小汽车、新式洋沙发、装修精致的寝室等在内的令人咋舌的奢侈品，尽显了刘文彩的奢华生活。

　　小姐楼，又称"绣楼"，"闺楼"或"绣花楼"，是古代女子活动的地方。由于封建社会对女子的活动范围限制很大，利用民居来限制少女的活动范围的建筑就应运而生了，这种民居便是"小姐楼"。

　　刘氏庄园的"小姐楼"是砖木结构的，建于20世纪30年代。楼共三层，是一个六面六角的平面，整个楼体形成一个浑圆的圆圈。"小姐楼"的顶层面积恰到好处，光线很好，视野开阔，可近看庭院也可远眺田野山川。

　　同时，这里的"小姐楼"中的墙体上还张挂名人字画和古代仕女图，并搜集近30处全国各地"小姐楼"的照片和图画，供慕名前来的省内外游客区别和鉴赏。

　　当回味着这样一栋设计别致的小楼时，更多的是在感受着封建社会和封建制度给予人的极大限制。想到这里，不禁要为生活在那个时代的人打个颤，在心中更不由自主地生起一股对自由的向往和追求。

　　刘文彩，字星廷，祖先是安徽人，明末为官，后迁居来此，即现在刘氏庄园的所在地。刘文彩的父亲是一个小地主，当时他的房产也仅是一个十来间房的小合院，位于刘文彩老公馆西侧，现仍有几间房保存下来，原貌依稀可辨。而刘文彩最初只是赶牲口贩运货物，做些小生意。

　　后来，刘文彩因其弟刘文辉当上川军旅长的缘故，逐渐掌握了地方的财权和军权，随即横征暴敛，搜刮民脂民膏。他还滥用职权，为一己私利屠杀祸害普通百姓和领导干部，不论是在国共内战时期，还是在阶级斗争时期，他的恶行简直罄竹难书、人神共愤。

　　刘文彩后来重修刘氏庄园，也都是利用这些搜刮来的钱财所建的。

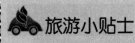**旅游小贴士**

怎么去：乘飞机、火车抵达成都后，在成都金沙车站、成都火车站乘坐到大邑县安仁镇的车。

观光：周边景点有西岭雪山、雾中山、鹤鸣山、新场古镇、花水湾温泉等。

美食：大邑美食有红烧麻辣兔、肥肠血旺、白水四季豆、糯米南瓜、"夜不收"荤豆花、大邑麻油鸭、曾排骨、板栗红烧肉等，色香味俱全，分量十足。

住宿：大邑县城内住宿选择有很多，这里推荐大邑县金桂公馆主题酒店，位于安仁镇金桂街 26 号。

购物：唐场豆腐乳、草莓、莺宿、青梅酒、桃魔芋、白果、黄醪糟、鹤鸣贡茶等大邑土特产深受游客喜爱。

皇城相府

皇城相府，又称午亭山村，位于山西省晋城市北留镇境内，是清文渊阁大学士、《康熙字典》总阅官陈廷敬的故居。皇城相府是一组别具特色的明清城堡式官宅建筑群，整个皇城相府依山就势而建，官宅民居错落相间，数不胜数，甚为壮观。

"父翰林、子翰林、父子翰林；兄翰林、弟翰林、兄弟翰林。"祖居在这里的陈氏家族是明清时期的文化巨族，到康熙年间已达鼎盛时期，当时出现了父子同编一部《康熙字典》的盛况。被誉为"北方第一文化巨族"的当家的陈廷敬，留下了

皇城相府

面积达四万平方米的建筑群，被人称为"皇城相府"。

"绿树村边合，青山郭外斜。"皇城相府便是凭着它优美秀丽的自然风光和深厚而强烈的人文情怀，将声名远扬四海，并跻身成为国家 AAAA 级景区。

从整体平面来看，整个皇城包括内城"斗筑居"和外城"中道庄"，就像一只头北尾南的神龟，虽不能说惟妙惟肖，却也轮廓鲜明，因而又有"龟城"之说，寓千管水涧之意。

皇城相府的内城建筑十分完善，其类型可以分为祠庙、民居和官宦邸三类，彼此的风格也是各不相同的。所有的建筑根据相府的整体地形特征而造，依山就势、随形生变、层楼叠院、错落有致、庄严坚固。

为了躲避战乱，陈廷敬的伯父陈昌言在明崇祯六年（1633 年）建成了皇城相府的内城。因为内城的大门上挂着"斗筑可居"的匾额，而得名"斗筑居"。内城为躲避战乱而建在民居中，在城墙的圆周调用藏兵洞，有梯道或木梯相通，直接深入到地下。在深层地下，备用的水井和其他的生活设施一应俱全。为了防御的需要，重要部位还筑有堡楼，并在东北、东南角到高点建春秋阁和文昌阁，显示出了主人的建造技巧。

外城又称"中道庄"，1703年才完工，其中的相府大院是陈廷敬的宅第，名为"大学士第"，为皇城外城的主体建筑。外城的墙紧挨着内城西墙，整体基本呈正方形，比内城略短。外城建有前堂后寝、左右内府、书院、花园、闺楼、管家院、望河亭等，布局讲究、雕刻精美。除此之外，外城里还有康熙御赐的"午亭山村"匾额及对联"春归乔木浓荫茂，秋到黄花晚节香"，至今保存完好。

外城是对陈廷敬一生荣耀的最好记录，内有大小石牌坊两座，铭刻着"德积一门九进士，恩荣三世六翰林"之功德。同时，保存完整的康熙帝亲赐的御碑，分别赐予在陈廷敬病重期间和病故之后，表达了康熙对陈廷敬的敬重与思念。这里，御碑之多、御书之富、保留之完整，为国内少见。

外城的主要建筑还有陈廷敬府第一冢宅第、大学士第，配套建筑有书房、花园、小姐院及管家院。相府大门外有一大一小两座功德牌楼，城墙以南有南书院、花园、状元桥、飞鱼阁、八卦亭、祖师庙等。

据说，陈廷敬的先祖陈林从繁重的体力劳动中悟出一个道理：那便是要想让子孙后代过上富裕的生活，就必须让他们从小学习，变得知书识礼。明白这一点以后，陈林就算自己挑煤挖炭、开荒种地，吃尽苦头，也要坚持一分一厘地攒钱，供儿孙们读书学习。后来，陈林和陈氏家族的先辈们，历尽千辛万苦，终于让子孙们能够安心学习，使得陈家文豪、大吏辈出。

就这样，"万般皆下品，唯有读书高"的思想渐渐在陈家扎了根，陈家人视学习为重中之重。以至于陈林在修内城时，还专门为后代儿孙建了一处读书习文的书院，并取名"止园书堂"，又称"南书院"，也就是现在皇城八景中的"南宅观书"。

旅游小贴士

怎么去：先乘飞机、火车抵达太原、长治、郑州等地，之后在当地乘坐火车、汽车前往晋城，随后乘坐班车到皇城相府。

观光：周边景点有王莽岭、青莲寺、九女仙湖等。

美食：晋城的名吃有阳城烧肝、阳城枣糕、卷白馍、油糊角、羊肉李圪抓、巴公烧大葱等。

住宿：皇城相府周边有很多小旅店，环境不错，价格也相当实惠。这里推荐相府宾馆。

购物：晋城土特产以水果为胜，有香果、甜柿、红山楂等，此外，百梦园蜂蜜酒、灵芝、琉璃制品等也深受游客喜爱。

滕王阁

滕王阁位于沿江北路与叠山路口的南边，这里也是赣江与抚河的汇合处。

滕王阁在历史上的兴废更替达 29 次之多，现在的滕王阁主阁落成于 1989 年 10 月 8 日，共九层，净高 57.5 米，建筑面积 13000 多平方米。南北配有回廊连接的两个辅亭，濒临南浦，面对西山，视野开阔，距唐代阁址仅百余米。主体建筑为宋式仿木结构，碧瓦丹柱，雕梁飞檐，气势宏伟。滕王阁与黄鹤楼、岳阳楼和蓬莱阁并称为"中国四大名楼"，被授予"全国文明风景旅游区示范点"荣誉称号。

唐永徽四年（公元 653 年），唐太宗之弟滕王李元婴任洪州都督时兴建了这座楼，而才子王勃所做的《滕王阁序》更使这座富丽堂皇的楼阁名满天下。就是在这里，这位大才子写下了"落霞与孤鹜齐飞，秋水共长天一色"的千古名句。至此之

滕王阁

后名家汇集滕王阁，文化积淀深厚，可以说是赣文化的制高点。

作为"中国四大名楼"之一的滕王阁，因王勃的《滕王阁序》而名传千古。或说"楼以文传"，或说"楼以人传"，如今，主楼字画琳琅满目，件件均为精品。

登临阁上，远眺江边，颇有登高怀古的寥落之意。暮秋之后，鄱阳湖区将有成千上万只水鸟飞临，构成了一幅活生生的百鸟图，成为滕王阁的一大胜景。

滕王阁正门的巨联便是"落霞与孤鹜齐飞，秋水共长天一色"，步入阁中，仿佛置身于一座以滕王阁文化为主题的艺术殿堂。在第一层正厅有一大型汉白玉浮雕《时来风送滕王阁》，巧妙地将滕王阁的动人传说与历史过往融为一体。绘有自秦至明80位独领风骚的江西历代名人。这与第四层表现江西秀丽山川的《地灵图》遥相呼应，堪称"双璧"，令人叹为观止。

第五层是凭栏远眺的最佳去处。进入厅堂，迎面是苏东坡手书的千古名篇《滕王阁序》，字迹苍劲有力，挥洒自如，颇具艺术魅力。

到滕王阁游览，颇具江南古典园林特色的俯畅园不可不逛。进入园区，园内绿草如茵，鲜花吐艳，曲径通幽，廊亭翼然。

俯畅园位于滕王阁北侧，取"遥吟俯畅，逸兴遄飞"之意而得名。园门面朝主阁东广场，主阁北端辅亭挹翠亭有凌空架设的廊桥与之相通。

俯畅园东部是堪称"江南第一碑"的曲折碑廊。当然来到这里，千万别忘了以这些难得的景观为背景，拍几张漂亮的照片。

长廊上镶嵌着 28 块白色大理石，组成一幅长卷式巨碑。碑高 1 米、长约 40 米，碑上镌刻《滕王阁序印谱》，印谱开篇为一幅《王勃饮墨图》，紧接着是序文中的章句。这些印各具特色，无一雷同，组成一幅独特的《滕王阁序》文，具有很高的艺术品位。

相传唐高宗上元二年（公元 675 年）的重阳节，才子王勃经长江顺流而下，去交趾探望自己的父亲。因途中受阻，又恰巧遇到洪州都督阎伯屿等文武官员在滕王阁聚会，王勃也被应邀参加。

酒兴正浓，阎都督请各位嘉宾作序来记录此次盛宴。其实阎公本打算让自己的女婿孟学士好好露一手，孟学士也已经准备好了，只等当众吟咏。然而在座诸位均再三谦让，至王勃时，他因不谙世事，欣然答应，满座惊然。

王勃于是端坐案前，神情凝注，手拈墨碇缓慢磨墨，借机酝酿才思。阎都督和众宾客登阁赏景去了，只吩咐小吏随时通报。很长时间过去了，小吏来报第一句"豫章故郡，洪都新府"，阎都督觉得老生常谈，平淡无奇；接着小吏又报"星分翼轸，地接衡庐"，阎都督也没多大反应；及至小吏来报"落霞与孤鹜齐飞，秋水共长天一色"时，阎都督十分震惊，返回滕王阁与王勃开怀畅饮，尽欢而散。此次盛宴，也因此段佳话而名垂文史。

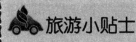 旅游小贴士

　　怎么去：先乘飞机、火车抵达南昌，之后在市区乘坐旅游精品线、2、7、8、12、20、26路交车即达。

　　观光：周边可观景点有八大山人故居、梅岭、南昌起义纪念馆、瑶湖庐山、鄱阳湖等。

　　美食：赣菜口味以鲜辣为主，用各种肉类配以辣椒、醋、糖、桂皮等香料烹制成的菜肴味道鲜美，深受各地游客喜爱。此外，油炸小吃、石头街麻花也值得一尝。

　　住宿：南昌的高档、中低档旅馆和招待所数不胜数，能够满足游客的不同需求，旅游旺季时最好提前预订。

　　购物：值得购买的旅游纪念品有江西名扇、南昌瓷板画像等。

乔家大院

　　乔家大院坐落在山西祁县的乔家堡村，始建于清乾隆年间，是晋商代表人物乔致庸及其家族的宅第。

　　初建时，乔家大院规模远不及现在，后经两次扩建和一次增修，乔家大院终于成为一片气势恢宏的建筑群。第一次扩建于同治年间，由乔致庸主持，第二次扩建于光绪年间，由乔景俨和乔景仪主持，而最后一次增修则在民国十年（1921年）。乔家大院的落成既是乔家开拓精神的体现，也是中国北方建筑艺术的结晶。

　　乔家大院也是我国建筑艺术的精华，著名建筑专家郑孝燮说："北京有故宫，西安有兵马俑，祁县有民宅千处。"中国历史文化名城祁县的民居，汇江南河北之

乔家大院

大成，乔家大院无疑是其佼佼者。游览乔家大院，看著名晋商乔致庸的府邸，一定会被中国建筑文化的博大精深所折服。

乔家大院的建筑群落布局严整，位于祁县乔家堡村正中，从高空俯视院落，很像一个双"喜"字，暗合了中国人追求大吉大利的思想。

整个大院占地 8724 平方米，建筑面积 3870 平方米。规模宏大，设计巧妙，建筑工艺精良，有很强的艺术性。

大院形状如城堡，三面临街，四周全是砖墙，高三丈多，上边有女儿墙和望口，安全牢固又威严气派。对此有人感慨地说："皇家有故宫，民宅有乔家。"

大院随处可见精致的木雕，雕刻品个个都有寓意。一院正门为滚檩门楼，二院大门的马头正面为犀牛贺喜，侧面四季花卉。三院大长廊，马头正面麒麟送子，侧面松竹梅兰，又梅兰竹菊。四院门楼中为香炉，侧为琴棋书画。五院门楼马头为麒麟送子，院内四个马头为鹿鹤桐松。六院东院进门两侧为喜鹊登梅，背面为青竹和"福禄寿"三字，其四个马头为暗八仙。

除了木雕，乔家大院里的石雕也不容忽视，每一个都十分精细。尤其是院中的那几对石狮，石狮形态各异，憨态可掬。

另外更为奇妙的是，大院所有房间的屋檐下部都有真金彩绘，色泽艳丽，经久不褪，无一不显示了建造者高超的技术。

乔家大院既是建筑艺术的宝库，也是民俗文化的殿堂。大院内的牌匾很多，其中有四块价值最高，分别是光绪四年（1878年）由李鸿章亲自书写的"仁周义溥"，山西巡抚丁宝铨受慈禧太后面谕送的"福种琅环"，民国十六年（1927年）祁县昌源河东三十六村送给乔映奎的"身备六行"，四牌匾中价值最高的就是傅山亲笔题写的"丹枫阁"匾。"丹枫阁"建成后，傅山为其亲笔题了匾，同时，戴廷式写了"丹枫阁记"，傅山又在后面加了跋。此外，还有各院的门匾，例如"彤云绕""慎俭德""书田历世""读书滋味长""百年树人""惟怀永图""为善最乐""居之安""治福多""建乃家""观轩""梯云筛月"等都有一定的寓意。

游览乔家大院，既有视觉上的享受，又能了解到很多民俗知识，在艺术、科学、文化等各个方面都能受益无穷。

1818年，乔致庸出生于山西祁县，父亲乔全美也是商人，乔家可以称得上是商贾世家。

乔致庸幼年时父母双亡，由其兄长乔致广抚育成人。少年时期兄长病故，乔致庸便弃学从商，开始掌管家族生意。在他执掌家务时期，乔氏家族事业日益兴盛，终于成为山西富甲一方的商户。

乔致庸属复字号的钱庄享誉包头，有"先有复盛公，后有包头城"的说法。另有大德通、大德恒两大票号遍布中国各地商埠、码头。至清末，乔氏家族已经在中国各地有票号、钱庄、当铺、粮店200多处，资产达到数千万两白银，乔致庸本人也被称为"亮财主"。

旅游小贴士

怎么去：从太原到平遥、运城等地的火车均经过祁县；也可从晋中长途汽车站乘早上8点左右发往平遥、陵川等地的车，到祁县东观镇乔家堡村下车。

观光：乔家大院的六个大院（老院、西北院、书房院、东南院、西南院、新院），以及院中内部的四大看点（木雕、砖雕、彩绘、匾额）等。

住宿：可选择在祁县城内住宿，多种选择可以满足不同游客的需求。

美食：这里的传统名菜有糖醋鱼、铁碗烤蛋、葱爆羊肉等，传统的风味小吃有栲栳栳、豆面抿尖、鸡油饼等。

购物：汾酒、玻璃酒具等是晋中祁县的土特产。此外，祁县酥梨、榆次堡子酒、寿阳小米也很有名。

王家大院

王家大院位于山西省灵石县城东12公里处的静升镇，是由古时灵石县四大家族之一的太原王氏后裔所兴建的，静升王家在清康熙、雍正、乾隆、嘉庆年间先后建成，建筑规模十分宏大。

元皇庆年间（1312~1313年），王氏先祖王实迁至静升后，由农入商，再由商进仕，"以商贾兴，以官宦显"，成为当地一大名门望族，而王家大院便是全族的堡垒。

王家大院是清代民居建筑的集大成者，历经数朝代终于建成，建筑规模十分宏伟，正是因为其优秀的传统建筑文化遗产和民居艺术珍品，历来被广为赞誉，有"华夏民居第一宅""中国民间故宫"和"山西的紫禁城"等美称。

王家大院

　　王家大院的建筑洋溢着自然质朴、清新典雅，明丽简洁的乡土气息，又有着皇宫的气派与宏大，并且有着"贵精而不贵丽，贵新奇大雅，不贵纤巧烂熳"的特征。多种艺术文化在这里穿插交融，和谐中又不失特色，在游览王家大院的途中，你一定会有这种体验。

　　王家的整体建筑总面积25万平方米以上，并且拥有"五巷""五堡"和"五祠堂"。这五座古堡的院落布局分别被喻为"龙""凤""龟""麟""虎"五瑞兽造型，设计得非常巧妙。而高家崖更是显现出了卓越的个性风采。

　　高家崖两主院都是三进式四合院，园内功能齐全，分布精细合理。每院除了都有高高在上的祭祖堂和两厢的绣楼外，还有各自的厨院，塾院等。周边墙院紧围，四门因地制宜，大小院落既珠联璧合，又独立成章，或隐或现。多种多样的门户，给人以院内有院、门里套门的迷宫式感觉，非常值得观赏。

　　现在的高家崖各院厅堂及居室内，依照"尊卑分等，贵贱分级，上下有序，长幼有伦，内外有别"的封建礼制格局，将静升王氏家族历代流传下来的大量家什物品分门别类地陈列于其中，基本上再现了王家当年的豪门风范。

王家大院的另一个建筑群体即是红门堡，城堡继承了王家大院"纤细繁密"的风范，各院间有的富丽堂皇，有的曲折小巧。其砖、木、石三雕的门楣及匾额，有些因出自乾隆早期，古朴粗犷，还保留着明代风格，反映了当时的建筑技巧。

红门堡建筑群不仅艺术精湛，还深赋文化内涵。红门堡的总体布局隐一个"王"字在内，又附会着龙的造型。除前堂后寝的院落外，为顺应地形，一部分又变为前园后院。而设立于红门堡东三甲的中华王氏博物馆，是目前海内外唯一的王氏家族文化博物馆，十分珍贵。

除此之外，王家大院的门楣匾额更是一绝。在整个大院里，凡堂必有楣联，凡门户必有匾额，字数寥寥，意境悠远。作为文化的象征，使得经商发家的王家有了更高的品位，并潜移默化地促使世代子孙，识礼守制，谨遵祖训。

相传大清末年，时局动荡，战乱四起，王家迫于战乱，举家东迁。路上突然遇见一位老翁，王家人便上前询问附近可有栖身之处，老翁笑而不语，用手向他左前方一指，就飘然而去。王家人顺着老翁所指的方向看到一座破庙，蛛网密布，破败之极。一家老小连日赶路早已疲惫不堪，顾不了许多，便和衣睡下。

王家主人刚刚进入梦乡，就听见了几位老者的声音："施主，你终于来了！"他赶紧睁开眼睛，只见眼前浮现三个盘腿而坐的仙人。他们告诉他，附近村民饮水很困难，他若想行善积德，不妨帮村民挖一口井。

王家主人觉得神灵在暗中指点，便起身，借月色星光连夜挖井。他一直掘地九尺，终见水源，盛喜之下才发觉疲累异常，便想歇息一下，就睡在了土堆上。然一觉醒来，只见昨晚挖井之土都变成了黄灿灿的黄金。王家人顿觉是神灵庇护，全家老小朝南跪拜谢恩，遂定居此地经营生意。

很快王家人从小本经营，发展到咸丰年间做盐运、边贸，直至经营钱庄，生意越做越大，最终成为一方富豪，名震天下。

旅游小贴士

怎么去：可乘火车或飞机至太原，再转乘至灵石王家大院的汽车；或者乘火车直达介休或灵石，再转乘公交至王家大院。从介休市火车站附近乘坐介休公共11路（车票价4元）约40分钟可达。

观光：周边2公里处有十八罗汉头像、资寿寺，4公里处有介休绵山。

美食：山西的面食名扬天下，所以来这里一定要尝一下面食。另外，太谷饼、珍珠粥、晋中油糕、榆次灌肠也是难得的美食。

住宿：介休是远近闻名的旅游胜地，境内的住宿地点可以满足不同游客的需求。

购物：享乐牌黄酒、贯馅糖、绵山牌陈醋、洪山牌陶瓷等都是介休有名的土特产，游客可以捎带点回家。

福建土楼

福建土楼是一种大型的民间夯土建筑，分布在自古南迁的客家人和闽南人聚居区，因大多数土楼是客家人所建，所以福建土楼也被你为"客家土楼"。土楼具有悠久的建造历史，这种建筑形式最早出现在宋元时期，到明末时已经比较成熟，直至清末和民国时期仍有建造，而今现存最古老的土楼已有600多年的历史。

土楼的建造与古代汉族人南迁紧密相关。从西晋时期的"永嘉之乱"开始，陆续有数次北民南迁的高潮，这些南迁的汉族人为了防御外敌，特别是土匪的侵扰，设计了土楼这种既可以用于防御又适宜居住的建筑。

2008年7月6日，中国"福建土楼"在加拿大魁北克城举行的第32届世界遗产大会上，被正式列入《世界文化遗产名录》，由此走向世界，为人类建筑带来了

福建土楼

一抹异彩。

福建土楼造型多样，形状独特，风格别致。原始的建筑材料加上完美的建筑技巧使得土楼保持了最初的原生态，也留给了后人无比丰富的学习空间。游览福建土楼，仿佛能感受到几家人住在里面的热闹与融洽，也不禁会被建造者的智慧所折服。

永定县的土楼数量众多，形状规则，尤以奇特的圆形土楼最富有客家传统色彩，在视觉上给人以最强烈的冲击。

圆楼楼体分为二三圈，由内到外环环相套，仿佛一个个大小不一的圆圈套在一起。外圈高十余米，分作四层，总共有一二百个房间。房间安排井然有序，一层是厨房和餐厅，二层是仓库，三四层是卧室；第二圈两层有三五十个房间，一般作为客房，当中一间是祖堂，是居住在楼内的几百人婚、丧、喜、庆的公共场所。

土楼不仅外形独特，而且实用性很强。它除了具有防卫御敌的奇特作用外，还具有防震、防火、防盗以及通风采光好等优点。由于土墙厚度大，隔热保温，冬暖夏凉，非常适宜居住。土楼这一独特的建筑显示了客家人非凡的智慧，也反映了客家人团结友爱，和睦共居的民风。

百科
游遍中国

被称为"土楼王子"的振成楼位于湖坑镇洪坑村，1912年建成，占地5000平方米，历史悠久，规模宏大。土楼的修建遵循八卦原理，而兼有防火防进攻的优点，既有苏州园林的印象，也有古希腊建筑的特点，十分巧妙别致，被誉为"东方建筑明珠"。

土楼前门正处于八卦中的"巽卦"，而后门为"乾卦"。每卦设一楼梯，为一单元，卦与卦之间以拱门相通。楼内共有一厅、二井和八个单元。卦与卦之间是隔火墙，一卦失火，不会殃及全楼，建筑得非常巧妙。卦与卦之间还设卦门，关闭起来，自成一方，开启后，各方都可以相通。一旦盗贼入屋，卦门一关，即可瓮中抓活鳖，有很好的防盗作用。

土楼的祖堂外形好像一个舞台，台前立有四根周长近2米、高近7米的大石柱，大厅及门楣上有民国初年黎元洪大总统的"里堂观型""义声载道"等题字，深深地体现了中国的传统文化。

因为福建客家土楼形状独特，从高空看很像军事基地，就因为其独特的外形，还引起了美国的误会呢。

土楼的形状或圆形或方形，有几层楼高，外形与中国其他地方民居有很大的差别，20世纪60年代的冷战时期，形状独特的客家土楼竟被美国误为核弹发射井。

美国经过20年的研究，用间谍卫星拍下无数图片，却仍然没有办法了解这1500座"核弹发射井"中的"机密"。这些"核弹发射井"外观神秘，内部构造隐蔽，实在引起了美国政府的很多猜疑。

为了了解真相，找到其中的奥秘，美国中情局在1985年底派出一对夫妇伪装游客，到福建闽西永定县调查，终于发现那些"发射井"其实是历史悠久的土楼，是居民居住的地方，而不是间谍卫星所发现的"核武设施"，才令美国当局松了口气。

旅游小贴士

怎么去：福建省厦门市湖滨长途汽车站有班车发往永定、南靖，然后在当地的长途汽车站搭乘旅游车前往各土楼。

观光：周边景点有南靖塔下村，是中国有名的景观村落。龙岩的培田古民居建筑群也很有看头。

住宿：这里有不少根据土楼改造成的农家山庄。

美食：客家菜以"咸、肥、熟"为特点，口味较重。比较有名的特色菜肴有盐鸡、盐水鸭、红烧肉、酿豆腐等。

购物：当地的闽西八大干（海产品干货）、水仙茶饼等非常有名。

永济鹳雀楼

鹳雀楼，又名鹳鹊楼，因古时有鹳雀栖于楼上而得名，建于北周时期，大约在557~571年间，位于晋秦豫三省交界的山西永济蒲州古城西郊外的黄河畔。原楼在元朝毁于战火，20世纪90年代重建，由江泽民同志题名，于2002年9月正式对游客开放。

"白日依山尽，黄河入海流。欲穷千里目，更上一层楼。"这一千古绝唱，使这座历史名楼更具文化魅力。鹳雀楼由此名传天下，声播四海，而相较于其他三大名楼，它是名楼中唯一坐落在黄河流域的标志性建筑。

鹳雀楼不仅仅是一栋古建筑，更是一种文化的象征。由于其地理位置优越，在此登临远眺，可一睹滔滔黄河的雄奇壮观，婀娜青山的秀丽多姿。

新建鹳雀楼是目前我国最大的仿唐建筑，外观四檐三层，总高73.9米，在建

鹳雀楼

筑形式上充分体现了唐代建筑风格，是目前国内唯一采用唐代彩画艺术恢复的唐代建筑。

　　整座阁楼外表经磨平处理，加上油漆彩绘，尽显古朴典雅。鹳雀楼内部陈设着以河东文化和黄河文化为主题，尽显上下五千年的历史传奇，令人叹为观止。其中的《中都蒲坂繁盛图》不仅形象逼真，更以硬木彩塑，再现了盛唐时期蒲州城的繁荣景象；以欧塑形式表现的宇文护的《筑楼戍边》及王之涣的《旗亭画壁》，更显得高贵典雅。除此之外，楼内浮雕、壁画、雕塑也展示了唐代彩画的精髓和古代人们的智慧。

　　普救寺是一座佛教十方禅院，中国古典戏剧《西厢记》的故事就发生于此。现在的普救寺，由寺庙与园林两部分构成，古朴森严的寺庙在前，形式活泼的古典园林在后。矗立在寺内的莺莺塔，不仅形制古朴，并以其结构精巧、能产生回音而被誉为中外奇观。据记载，它是我国古园中现存的四大回音建筑之一。游客在塔下击蛙台以石相击，便能听到清脆悦耳的蛙叫声。

　　由于鹳雀楼楼体壮观，结构奇巧，加之地理优势，风景秀丽，唐宋之际引来不少文人学士登楼赏景，还留下了许多不朽诗篇，其中著名的有盛唐时期的诗人王之涣《登鹳雀楼》诗"白日依山尽，黄河入海流。欲穷千里目，更上一层楼。"堪称千古绝唱，流传于海内外。

　　另外北宋科学家、改革家沈括《梦溪笔谈》中也给鹳雀楼提了八个字："前瞻中条，下瞰大河"，千余年间，对激励振兴中华民族之志产生了深远影响。

　　距离鹳雀楼不远的普救寺里曾经发生过一则经典的爱情故事。书生张君瑞在普救寺里邂逅了名门之女崔莺莺，对她一见钟情，却苦于无法接近。恰逢此时，恶人孙飞虎听说莺莺美貌，派兵将普救寺团团围住，想要强娶莺莺。崔老夫人情急之下允诺说："如有人能够退兵，便将莺莺嫁他。"

　　张生喜出望外，修书请来朋友白马将军杜确率兵前来解围，但事后崔老夫人又嫌弃张生出身贫寒，并没有兑现承诺。张生失望之极终于病倒，后来在丫鬟红娘的帮助下，他与莺莺瞒过崔老夫人，私订终身。

　　老夫人知情后怒责红娘，但见生米煮成了熟饭也是无可奈何，便催张生进京赶考。张生与莺莺依依而别，半年后得中状元。崔老夫人的侄儿郑恒本与莺莺以前也定有婚约，便趁张生还未返回之时谎报张生已被卫尚书招做女婿，老夫人一气之下要将莺莺嫁给郑恒。幸好张生及时赶回，有情人终成眷属，而普救寺也成为这一段佳话的见证。

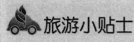

旅游小贴士

怎么去：乘坐汽车、火车抵达永济后在市内乘坐3路公交车在普救寺转车可达，或乘坐2路公交车直达景点。

观光：周边景点有普救寺、五老峰、黄河大铁牛、万固寺等。

美食：豆沙糕、稷山麻花、解州羊肉泡馍、晋南醪糟等是永济特色美食，值得一尝。

住宿：可选择在景区附近的星级酒店和农家乐住宿。

购物：运城土特产十分丰富，知名的土特产有北相羊肉胡萝卜、闻喜煮饼、运城池盐、稷山板枣、席张白水蜜杏、晋南泡泡糕、晋南无碱馍、新绛云雕、螺钿等。

昆明大观楼

大观楼又称近华浦，位于昆明市区西部，濒临滇池草海北滨。该楼兴建于清康熙二十九年（1690年），登楼远望，滇池的婀娜多姿，西山的清秀娟丽，无数美景尽收眼底，故曰"大观"。1923年，大观楼被正式开辟为大观公园，如今被评为国家AAAA级旅游景区、云南省重点文物保护单位。

作为江南名楼之一的大观楼，不仅景色诱人，它的绝世楹联是其最大的特色。

大观盆景园内树木青葱，百花烂漫、山水相映、亭廊争辉。各式盆景琳琅满目，蜿蜒墙边，曲折廊旁，布满了以树木为主、以山石为配的盆景。老树虬枝千姿百态：或挺拔俊秀、或盘根错节，或婀娜多姿。每当春回大地，山茶锦簇，紫藤飘香，枫叶如虹；夏天则浓荫片片、凉爽无比；秋来银杏、南天竹、火棘等果实累

昆明大观楼

累、红艳欲滴，冬后则疏林斜枝，苍劲有力，可谓一年四季皆美景！

园内有荷花睡莲10多个品种，种植面积达100多亩，是昆明城最大的荷花观赏基地。

每逢盛夏，满塘荷花竞相开放，"接天莲叶无穷碧，映日荷花别样红"。满塘郁郁翠翠，灵动清秀的菡萏点缀其间，让人不觉心旷神怡，流连忘返。

昆明大观楼的长联是清乾隆年间昆明名士孙髯翁登大观楼时有感而作，上联为："五百里滇池奔来眼底，披襟岸帻，喜茫茫空阔无边。看：东骧神骏，西翥灵仪，北走蜿蜒，南翔缟素。高人韵士何妨选胜登临。趁蟹屿螺洲，梳裹就风鬟雾鬓；更苹天苇地，点缀些翠羽丹霞，莫辜负：四围香稻，万顷晴沙，九夏芙蓉，三春杨柳。"

下联为："数千年往事注到心头，把酒凌虚，叹滚滚英雄谁在？想：汉习楼船，唐标铁柱，宋挥玉斧，元跨革囊。伟烈丰功费尽移山心力。尽珠帘画栋，卷不及暮雨朝云；便断碣残碑，都付与苍烟落照。只赢得：几杵疏钟，半江渔火，两行秋雁，一枕清霜。"

这副长联对仗工整，字句脍炙人口，被誉为"海内第一长联""古今第一长联""天下第一长联"，百余年来一直在当地广为传颂，为这里景色做了最贴切生动的描述。

据说大观楼、涌月亭、澄碧堂建成以后，"周围添筑外堤，夹种桃柳，点缀湖山风景"，成为达官贵人临湖宴饮，文人墨客登楼吟诗作赋的专门去处。

当时有一位布衣寒士，叫作孙髯，字髯翁，号硕庵。孙髯祖籍陕西三原，幼年随父到云南，寄籍昆明。他自幼喜习诗文，博学多才，喜欢奇石梅花，自号"万树梅花一布衣"。

孙髯来到大观楼之后，颇有感触，他一改俗唱，不做歌功颂德的作品，而是挥就这惊世骇俗的180字长联。上联描写滇池风光，下联写出云南历史，寓情于景，情景交融，浑然一体，堪称千古佳作，被誉为"天下第一长联"。

🏍 旅游小贴士

怎么去： 在昆明市区乘4、22、54、52、100路公交车可到。

观光： 周边景点有云南陆军讲武堂、云南省博物馆、翠湖公园、金马碧鸡坊。

美食： 过桥米线、菌王罐罐香、汽锅鸡、红烧鸡枞、稀豆粉、官渡粑粑等是昆明当地人耳熟能详的美食。

住宿： 昆明是云南省的首府，住宿设施完备，从高档的星级宾馆到普通招待所一应俱全，游客可根据各自不同的消费需求来选择。

购物： 昆明的昆明牙雕、剑川木雕等手工艺品非常有名。各种野生菌干货、民族蜡染、扎染等土特产也很吸引人的眼球。

北京恭王府

在白天这段最安静的时刻，进入北海后门对面这条幽深的胡同，首先看到的自然是那些习惯了在王府光环下生活的百姓。他们世世代代守着这座有二百多年历史的王府生活，伴着他们走过那些长长短短日夜往复的岁月的，就是不卑不亢、不艳羡、不攀附的自家小日子。抬上一辆"二八飞鸽"自行车放到胡同口擦拭修理，把孩子床头褪了色的毛绒玩具洗出颜色晾到院门外的铁丝上，在太阳地儿里摆上棋盘照例在这个钟点跟街坊老哥"杀一局"，推上能装大白菜还能当半个拐棍儿使的小手推车上趟早市……

胡同里普通百姓的日子就似那后海水一样，波澜不惊，平和安然。深宅府邸内生活的人虽是大富大贵，却日日过得提心吊胆、谨小慎微。"一座恭王府，半部清朝史。"这座如梦如烟的王府究竟是留下了谁人的印记，竟引得历史地理学家侯仁之先生对恭王府有此评价呢?

按照京城"东富西贵"的说法，在西城王府中最出类拔萃的，就当属这前海西街的恭王府了。"早年有月牙河绕宅如龙蟠，西山远望如虎踞。"那是在乾隆四十一年（1776年），深得乾隆宠爱的大学士和珅相中了此地，并把这里扩建成了自家的豪华宅第，就此当年的"和第"便逐步成了钟鸣鼎食之家。

如今修缮后的恭王府府邸与花园已最终连为一体，府邸中路曾经最美轮美奂的银安殿，又焕发出了王府的昔日风采。恭王府府邸在王府花园南侧，分东、西、中三条路。跨进府邸大门，望见盖着绿色琉璃瓦顶、金龙绕檐、气势不凡的大殿就是银安殿了。银安殿曾是恭王府举办重大庆典的地方，民国年间的一场大火，让大殿以及东西配殿瞬间化为乌有。这次的府邸修缮不仅恢复了银安殿的原貌，殿中以玻

北京恭王府

璃地板覆盖原有部分地基的尝试，更是让人在文物中时刻感受着残迹与新生间的悠悠过往。

顺着甬道继续北行，就是宅第最里边的后罩楼了。这栋颇具独创风格的青灰色建筑，首先是因它的两层样式在四合院中难得一见，其次是墙上的窗户形态各异、毫不雷同，也有人称这没有一扇相同的窗户为"什锦窗"。再有就是没人能说得清这楼里的宝贝，此楼据说墙壁内有夹层，人称"藏宝楼"的房子里究竟让和珅塞进了多少宝贝？这位与现今频频出现在电视剧中臃肿奸猾的形象不尽相同的和珅，那时博学、俊朗、出众，让乾隆另眼相看的大学士和珅，真的就是除珍珠玉器、绫罗绸缎外，还聚敛了十亿两白银的贪官之首吗？以至于和珅在嘉庆登基被降旨赐死后，市面上怎么就流行起"和珅跌倒，嘉庆吃饱"这句俚语的？

和珅最终的确还是没有挽回什么，也没有留住什么。倒是令他自己万万想不到的是，在二百多年后的电视连续剧中，围绕着与他"和珅"这个名字相关并产生出的众多疑问，会带动起这一带如火如荼的旅游市场，让如织的游人来探寻他曾住过的大宅院内那些尘封已久的秘密。而庆亲王永璘以及清末的重要政治人物恭亲王奕䜣，随着历史的变迁理所应得地，也就成了这所宅子第二代和第三代的主人，而恭王府之名也由第三代主人的封号沿用至今。

当然奢华富贵的背后，也不乏旧园主人对"静含太古""秀挹恒春"在意境上的清雅追求，一扇舒展流畅的欧式汉白玉雕花门，门内外上书的寥寥几字，一面名为"独乐峰"的太湖石影壁，更是令人赞叹中式建筑中"隐喻"风格的设计神韵。

绕过这天然的大石"影壁"，形似蝙蝠一样的"凹"状池塘便出现在眼前了。虽说这个以"蝠"为谐音的福池已告别了夏日莲叶伺田田的温婉，但此时寒风中飘摇的枯柳与残荷，也无不透着京城冬日里的另一番美感。而池塘一侧原来府上饮酒作对的流杯亭，亭内那九曲回肠般的沟壑水流，也只有在北京短暂的春季才能有幸感受。亭子外种植的榆树飘落榆钱儿入水，有尽收天地之财的含义。

还有院子北面那全木质结构的大戏楼，也称得上是恭王府花园内别具特色的建筑之一。你看这朱漆的雕花隔扇门，四壁彩饰的倒垂藤萝，高挂的宫灯，这一切不仅有着昔日皇族私家戏院的贵气华丽，其中这三卷勾连搭式屋顶，更是为戏楼提供了绝好的密闭功能，使得戏台上的声音清而不散。当年只有皇亲国戚才有资格来此听曲，如今只要买张套票就可以在固定的时间，坐在八仙桌旁，品着香茗，和着京胡，一览往日在唱堂会中才能赏到的京剧风采。只是那如梦如烟的恭王府远了。

🚗 **旅游小贴士**

简介：恭王府门口常有人兜售纪念币、小印章、假古董以及"福字碑"的拓片等等，建议不要贪图便宜上当受骗。

花园水池的西北角有小路通向四川饭店，那是一家专营川菜的老字号特级饭庄。

到达：在北京市区乘坐公交车在北海北门下车，向北走5分钟就到了柳荫街的恭王府。或乘地铁5号线在张自忠路站下车，换乘公交车也可到达。

周边景点：什刹海、宋庆龄故居

第九章　名人故居游

曹雪芹故居

　　曹雪芹（约 1724~约 1764 年）名霑，字梦阮，号雪芹、芹圃，又号芹溪居士、或芹溪处士，他的杰作《红楼梦》被誉为"中国古典小说巅峰之作"。

　　曹雪芹是清代小说家、诗人，他出生在南京的江宁织造府内。江宁织造府是清代专门织造御用和官用缎匹的官办织局，位于当今南京的市中心大行宫地区，是当时身份显赫的人家。

　　虽然出生于百年望族之家，后来由于受朝廷内部政治斗争的牵连，曹家遭受一系列打击，家道由此中落，曹雪芹也随着家人一起迁到了北京。经历了生活中的重大转折，曹雪芹深感世态炎凉，对封建社会有了更清醒、更深刻的认识，《红楼梦》就是在这样的背景下写成的。

　　曹雪芹的一生可谓是坎坷的一生，家庭的变故使他藐视权贵，由此远离官场，潜心于鸿篇巨制《红楼梦》的创作。

　　游览曹雪芹纪念馆，回味作者辛酸的生活，感受背后他所蕴藏的巨大能量，看

曹雪芹故居

悲痛过后的作者怎么样坚定意志，震撼于他对理想的不懈追求。

北京曹雪芹纪念馆位于北京市海淀区四季青乡正白旗村，是一座小型乡村纪念馆，这里是他晚年居住的地方。

北京纪念馆分为五个展室，居所、书斋以及周边香山地区美丽的自然环境，都给予文学家以灵感。两百年来有关曹雪芹身世的秘密以及与故居有关的资料，都能深刻地反映当时作家的生活状况。

纪念馆的陈列室里陈列着与曹雪芹和《红楼梦》有关的实物资料，馆外环境优雅，绿草如茵，树木葱郁，还有茶馆、酒肆等古老的装饰，呈现出一派宁静祥和的田园风光。

辽阳曹雪芹纪念馆坐落于辽阳老城区小什街吴公馆旧址，曹雪芹的祖籍也在这里，著名红学家冯其庸为其题写了馆名——曹雪芹纪念馆。

馆内陈列着曹氏祖籍在辽阳的一系列曹氏家谱和清宫档案等文章，以及以《红楼梦》为内容的全国名家书画。

辽阳曹雪芹纪念馆的主体陈列分为四部分，一是"曹雪芹生平"，二是"曹雪芹祖籍辽阳"，三是"曹氏望族"，四是"著书黄叶村"。纪念馆还运用各种现代化科技，通过实物图片、沙盘，美术作品等描绘了曹氏家族自辽阳"从龙入关"后，由盛到衰的历史过程，探索了《红楼梦》这部鸿篇巨制的生活渊源，为人们认识这位伟大作家及其著作提供了丰富的史料。

曹雪芹是一位学识渊博、多才多艺的文人，他不仅精于小说、诗词，擅长绘画、工艺美术，而且在不为人知的领域，也有独到的造诣，比如做风筝，他也是个高手。

有一天，曹雪芹的一个远房亲戚来投奔他，这位亲戚看上去非常可怜，而且手脚还不利索，一把鼻涕一把泪地给曹雪芹诉说种种不幸，希望曹雪芹能帮帮他。

巧的是，这位亲戚看到曹雪芹书房里摆了不少风筝，说京城某邸的公子非常喜欢风筝，每次都买一堆风筝，一掷数十金。

曹雪芹听闻后，立即信手制作了几只风筝送于这位亲戚。据说这个穷亲戚后来拿着这些风筝去找那位公子哥，结果人家看到后赞不绝口，还卖了不少钱呢。

🚗 旅游小贴士

怎么去：去往北京曹雪芹纪念馆可乘坐运通112、318路公交车在北京植物园站下车即达，或在地铁北宫门站乘331、563、696路公交车在卧佛寺站下车即达。在辽阳市火车站前乘坐1、20路公交车在木鱼石车站下车即达辽阳曹雪芹故居。

观光：临近辽阳曹雪芹纪念馆的景点有龙峰山景区、辽阳白塔、广佑寺景区等。

美食：必吃的辽阳特色菜有炝蕨菜、羊汤、全鱼宴、烤全羊。

住宿：辽阳火车站附近有很多旅店，价格一般在30~60元之间，但住宿环境一般。

购物：必买的辽阳三宝：塔糖、梨干和乌拉草。

陶渊明故居

陶渊明（公元 365~427 年），又名潜，字元亮，号五柳先生，系东晋浔阳柴桑人，即今九江市人。陶渊明少怀大志，一心"大济苍生"，兼习文武。

陶渊明故居

出仕后，陶渊明"大济苍生"的理想抱负没能得到施展，反而看到太多的政治黑暗、官场倾轧，最终彻底失去信心，辞官隐居，与妻子翟氏过着"夫耕于前，妻锄于后""躬耕自资"的生活。这期间他写了很多诗篇，被后世称为田园诗派的鼻祖。

现存关于陶渊明的资料和景观大多集中在江西省九江县的沙河街东北方向的陶渊明纪念馆中，馆中有因"云无心以出岫，鸟倦飞而知还"而建的归来亭，有松菊掩映、五柳婆娑的陶靖节祠。览此二胜，便可了解五柳先生性情与田园生活中的无穷乐趣与百般无奈。

不知哪一年哪一月，有颗闪亮的明星，见庐山挺秀，鄱湖舒春，爱慕不已，终于忍不住从天上降落到这名山胜水之间。

他就是陶渊明，这里就是庐山北麓的星子县栗里村，这里就是他纯美的精神家园。

现在九江沙河街（即九江县）东北隅建有陶渊明纪念馆，一进大门便可见归来亭。

这座亭子因陶公《归去来兮辞》中的"云无心以出岫，鸟倦飞而知还"而建。云儿无心飘出山巅，鸟儿飞累了也知道回到林子里去，但陶渊明已然厌倦官场，无意仕途。

《归去来兮辞》中可以看到，他怀着一种喜悦的心情奔向自己理想的田园，"田园将芜，胡不归"，"乃瞻衡宇，载欣载奔。僮仆欢迎，稚子侯门。三径就荒，松菊犹存。携幼入室，有酒盈樽。"从陶公回家后其乐融融的生活，我们也不难感受他归隐田园的欢愉与超脱。

靖节祠位于九江县东流镇的鳌石山上，始建于宋代初期，这里就是陶渊明做彭泽县令时曾经住过的地方。陶渊明曾在这里读书种菊，有《劝农》《九月闲居》等诗篇为证，东流也因此被雅称为"菊邑"，流经东流的长江也美其名曰"菊江"。

置身于菊丛清幽之地，仿佛眼前便是陶公所说的"相逢不用忙归去，明日黄花蝶也愁"的松菊掩映，不知不觉中便向往起"采菊东篱下，悠然见南山"的田园生活来。

陶靖节祠门前种着五棵柳树，五株柳树象征着陶渊明的别号"五柳先生"，祠的左右是学湖和七里湖。傍晚时分，站在祠门中央，透过水中忽隐忽现摇曳多姿的倒影，仿佛看见一位老者一步三吟地走来。这是陶渊明除了躬耕、作诗之外的另一生活情趣——饮酒。饮酒，可能是难以割舍的喜爱，也可能是默默地无奈。

相传，东晋时有位禅宗法师叫慧远，在庐山修行三十余年，从来不下山，更不进入城内，就是送客也不会越过虎溪。

一天，陶渊明和朋友陆修静前去拜访，三人聊得投缘。等到慧远送他们下山时，竟然没有听见远处传来老虎的嘶叫声。越过虎溪后，才有所惊觉，随即会心地大笑。原来，他们不经意间已经打破了多年不过虎溪的习惯。笑声响彻山谷，喜悦之情不自觉地流露出来。

这就是流传千古的"虎溪三笑"。后被宋人记录并绘成"宋虎溪三笑图"流传后世。

🚗 **旅游小贴士**

怎么去：从九江县没有直达车前往，需在九江汽车南站乘坐到沙河街的班车。

观光：周边景点有美庐别墅、龙首崖等。也可体验当地民俗风情，听文曲戏、九江采茶戏，观采莲船、舞狮子、玩龙灯。

美食：庐山石耳、庐山石鱼、庐山石鸡。

住宿：住宿可选择浪井宾馆和龙翔宾馆，其地理位置优越，离游玩景点较近，交通便利。

购物：马回岭西瓜、赣北早熟梨、东篱杨梅、赛城湖大闸蟹、黄老门生姜。

杜甫草堂

杜甫（公元712~770年），字子美，自号少陵野老，后世又称他杜拾遗、杜工部。杜甫品格高尚，忧国忧民，被称为"诗圣"，他的诗因反映现实与民生疾苦，被称为"诗史"。

杜甫和李白齐名，世称"李杜"，他疾恶如仇，对朝廷的腐败、社会生活中的

杜甫草堂

黑暗现象都给予深刻的批评和揭露，代表作《三吏》《三别》都尖锐地反映了丑恶的社会现状。他的一句"朱门酒肉臭，路有冻死骨"更是强烈抨击了当时上层社会的享乐，深切体恤了下层人民的生活状况。

公元 759 年冬天，杜甫为避"安史之乱"，携家人入蜀，在成都营建茅屋而居，因此被称"杜甫草堂"，草堂位于四川省成都市西门外的浣花溪畔。

一生颠沛流离的杜甫有许多暂时的居所，有些十分偏僻，忧国忧民的诗人没有为自己争夺荣华富贵，而是一生为民分忧，为民呼喊，这份伟大的情操为后世所敬佩不已。

诗史堂是杜甫草堂的中心建筑。诗史堂正中是雕塑家刘开渠所塑的杜甫像，堂内陈列有历代名人题写的楹联、匾额。在诗史堂中，感受诗人的心境，历史虽已过去，可是杜工部那种忧国忧民的情怀仍然让人敬佩不已。

工部祠内供奉有杜甫画像，有曾经寓居蜀的诗人陆游、黄庭坚陪祀，而在工部祠东侧则是象征着杜甫草堂的"少陵草堂"碑亭。

万佛楼于 2005 年重建，是杜甫草堂又一标志性建筑和文化旅游新亮点。万佛楼矗立在草堂东面楠木林中，复原了历史文化名城——成都"东有崇丽阁，西有万佛楼"之风貌。凭栏远眺，美景尽收眼底，是游览杜甫草堂必去的地方。

2001 年底，在杜甫草堂内发掘出大面积的唐代生活遗址和一批唐代文物，这些文物的发现极大地丰富了杜甫草堂的历史文化内涵，澄清了古今草堂位置之争，增加了杜甫草堂的历史厚重感，而且为这块圣地增添了新的光彩。

唐代遗址陈列馆就位于杜甫草堂东北面，展示着在草堂内发掘出的历史文物。

杜甫草堂是流离失所的诗人获得的一个暂时栖身之所，杜甫对这里有着很深厚的感情，做了许多优秀的诗篇歌咏它，例如《江村》："清江一曲抱村流，长夏江村事事幽。自去自来梁上燕，相亲相近水中鸥。老妻画纸为棋局，稚子敲针作钓钩。但有故人供禄米，微躯此外更何求？"写出了诗人恬静与闲适的心境。

杜甫在夔州一所破旧的草堂居住时，一天深夜，突然听到门外有响声，于是杜甫与妻子杨氏就起身从窗户往外看，依稀看见门外枣树下有人影晃动。杜甫轻轻地走过去，仔细一看，原来是一个老妇人在用竹竿打自家枣树上的枣子。老妇人每打落几颗枣，就在地上摸索寻找，找到枣子就赶紧塞进嘴里，看样子是好久没有饭吃了，杜甫没有惊动她，而是转身进了屋。

杨氏得知情况，便和杜甫把家里剩下的一碗菜粥端给老妇。老妇见来人就扔下竹竿往外跑，杜甫叫住她，问明情况，原来老妇的丈夫和儿子都被充了军，剩下老妇一人挖野菜充饥，实在饿得受不了才来偷枣的。

杜甫听到情况后，十分怜悯老妇，说以后想吃就过来打，老妇十分感激。一年后杜甫外出，将住所留给自己的朋友，但他仍然记得老妇人，特意嘱咐朋友让老妇人在饥饿时打枣吃，可见诗人对百姓的怜悯。

🚗 旅游小贴士

怎么去：可在成都市区乘坐 19、35、58、59、82、165、170、309 路公交车前往。

观光：周边景点有四川省博物院、青羊宫、武侯祠、锦里等。

美食：可在附近的锦里品尝成都风味小吃，如张飞牛肉、三大炮、酸辣肥肠粉、牛肉豆花和钵钵鸡等。

住宿：锦里客栈是最佳的住宿选择，建筑为清末民初风格，客房装修古朴典雅，环境幽静舒适，是体验浓郁川西民俗文化的好地方。

购物：可在附近的锦里商业街购买土特产张飞牛肉，工艺品如捏泥人、糖人、剪纸等。

白居易故居

白居易（公元772～846年），字乐天，晚年又号香山居士，河南新郑（今郑州新郑）人。白居易是我国唐代伟大的现实主义诗人，也是中国文学史上负有盛名且影响深远的诗人和文学家。

白居易的诗歌题材广泛，形式多样，语言平易通俗，有"诗魔"和"诗王"之称。他官至翰林学士、左赞善大夫，代表作有《琵琶行》《长恨歌》等。

白居易故居纪念馆位于洛阳市郊区安乐乡狮子桥村东，馆内有白居易故居、白居易纪念馆、乐天园、白居易学术中心、唐文化游乐园、仿唐商业街等建筑，再现了大诗人白居易的生活环境。

白居易一生清贫，喜酒善诗，一生先天下之忧而忧。游览白居易故居，除了感受诗人清高的品格并欣赏脍炙人口的佳句外，这里的景致也会让你对诗人肃然起敬。

白园内主要由青谷区、乐天堂、诗廊、墓体区、日本书法廊，道时书屋等十余处景点组成。青谷区位于两山之间，有白池、听伊亭、石板桥、松竹、白莲等景

白居易故居

点，来到青谷区，白莲开放，瀑布飞流，石板桥安静地躺在水边，似乎在述说着古老的历史。

乐天堂依山傍水，是诗人作诗会友的地方，室内自然山石裸露，汉白玉雕像潇洒自然。在乐天堂前，可深切回味诗句"门前长流水，墙上多高树，竹径绕荷池，萦回百余步"的深切内涵。

进白园之内，穿过白池，登上山石小径，步至山腰，这里松柏掩映，绿树丛生，你会看到一座黄草覆顶的亭子，这便是听伊亭。

进入绿树环绕的亭子，内有环亭竹椅可以休憩。坐在园子里，感受脚下山谷的幽静，听着伊河清脆的水声，闭上眼睛，静静感受周围的宁馨与和谐，仿佛诗人就在你的身边，吟诵着脍炙人口的《长相思》。

白居易16岁那年，到京城参加科考。当时科考考生的答题好坏只是一部分，要看考生平日作的诗文以及考生的名声，还注重推荐者的名声及意见。因此，许多应试者为了增加及第的可能性，便把自己的诗作呈送给有名声的人，求他们向主持考试的礼部侍郎推荐，从而增加自己及第的希望。

白居易就把自己的诗作投给当时的名士顾况，顾况虽然名声很高，但是为人高傲。白居易把自己的诗作呈送到顾况府上，顾况见他是一个乳臭未干的孩子，心里便有些瞧不起他。顾况见到诗人的诗稿上写着"太原白居易诗稿"，便嘲笑他说"米价方贵，居亦弗易"。意思是长安米贵，想白居可不容易啊。说罢，随手翻阅诗稿，谁知看完第一首时，便大吃一惊，当看到"野火烧不尽，春风吹又生"时，他不禁念出声来，拍案叫绝，赞赏不已，便说"道得个语，居亦易也"。意思是说诗写得这么好，在京城做官也不难了。后来顾况经常夸奖白居易的才学，白居易的名声也就传开了。

🚗 旅游小贴士

怎么去：可在洛阳市区乘坐 52、78 路公交车在东岗站下车步行前往，也可乘坐出租车前往，车费一般为 15 元。

观光：周边景点有灵山寺、抱犊寨、鸡冠洞、杜甫墓等，是洛阳必游的热门景点。

美食：洛阳菜以鲜美可口的汤头为特色，汤水名吃有洛阳水席、不翻汤、胡椒汤、牛肉汤，名菜有牡丹燕菜、焦炸丸子和浆面条等。

住宿：洛阳西工区的住宿环境不错，交通极为便利，离各个景区距离较近，这里推荐位于中州路新都汇对面的洛阳小天鹅大酒店。

购物：可购买洛绣、牡丹、梅花玉和唐三彩等工艺品。逛街可去丽景门和新都汇购物中心。

柳永纪念馆

出身官宦之家的词人柳永，系今福建崇安人，原名三变，字耆卿，是宋代第一个专门写词的作家。"凡有井水处，皆能歌柳词"，这便是最有说服力的诗句。

现存的最让人深入了解柳永的便是柳永纪念馆了。柳永纪念馆是一座三层楼阁式仿宋民间建筑，占地300亩，坐落在武夷山风景名胜区武夷宫古街中段。纪念馆内设有展厅、办公室、储藏室、茶室等设施。整个纪念馆显得极富乡土气息，风格朴实素雅。

柳永纪念馆

在柳永纪念馆里有着柳永逼真传神的全身铜像，详尽具体的生平展厅，丰富多彩，令人瞩目的书画展厅，再次让人领略词人的悠悠情怀。

前往柳永纪念馆，必然要瞻仰馆前蠢立在草坪上的幔亭峰和大王峰，也一定要看看毛泽东同志亲笔书写的巨幅《望海潮》，在生平馆、柳词书画馆，《巫山一段云》词意画馆和《煮海歌》词意画馆之间徜徉。

在纪念馆大门前的草坪上蠢立着柳永全身站立铜像。整个基座高1.34米，正面刻着柳永的简介，诉写着这位大词人一生的傲人成就。

从正面望过去，站在高处的柳永铜像，庄严而肃穆，右手握着古卷，左手靠背撑扇，头带儒巾，身披布袍，神情仪态潇洒安详，风姿绰约，一派学者风范，就好像在遥望思考着什么一样。

更别致的是，高大的柳永铜像遥对幔亭峰和大王峰，好像在吟唱他那颂扬神仙传说的《巫山一段云》。远远看来，别有一番风味。在心里，也会慢慢将它与那个"寒蝉凄切，对长亭晚"的伤离别的人区别开来。

走进纪念馆，在照壁的背后，有 54 平方米的"柳永生平"展厅。展厅中，以8 大部分、23 个版面，并附以大量的图片和精练的文字，展现了柳永的一生，以及柳词在后世中的影响和盛名。

进入展厅，看着柳永出身书香门第的幸福童年不禁莞尔，看着他青壮年时的遭遇蹉跎又难免叹息，而官场的失意、颠沛流离的生活场景更让人悲凉万分，可这也是柳永文学艺术的源泉。

此时，也就感受到了那份来自"执手相看泪眼，竟无语凝噎"的真切情感。

徘徊之余，踱入西厢的"柳词书画"厅，便可看到有关柳永的三十余幅书画作品。细看之下，才发现东、西两厢展厅之内的陈列都是古今中外关于柳词的书籍、画卷，而期待已久的《碧鸡漫志》，《能改斋漫录》《宋元名家词》《毛泽东手书历代诗词墨宝》《清明上河图》正安安静静地等着你的到来。

不知不觉漫步到后厅，徐步走入柳词《巫山一段云》词意画之馆、《煮海歌》词意画之馆，对照诗词全文，细细品味陈列着的十一幅画卷。拾级而上，到三楼的品茶室，叫上一壶清茶，慢慢品味眼前的九曲清溪和玉女诸峰，在赏景与品茗之间陶醉。

走到纪念馆的后面，会发现墙面上都雕满了他的代表作品，有《玉蝴蝶》《竹马子》《少年游》《定风波》、《望海潮》……长词慢调，再现了柳永一生的主要创作，最中心位置的当然是柳词最杰出的代表作《雨霖铃》了。

摸着这些被时间冲刷的斑驳字体："水风轻，苹花渐老；月露冷，梧叶飘黄。遣情伤。故人何在？烟水茫茫。""多情自古伤离别。更哪堪、冷落清秋节。今宵酒醒何处，杨柳岸，晓风残月。此去经年，应是良辰、好景虚设，便纵有，千种风情，更与何人说。"

诗词之间，整个送别的场景、过程，别前、别时、别后的环境氛围以及人物的动作、情态、心绪，都有细致的描绘和具体的刻画。细细读来，这一句句沉甸甸饱含柳永心意的诗词不免让人感觉那千年的绝唱依旧留在人的耳际。

在两宋词坛上，柳永是创用词调最多的词人，现存 213 首词，用了 133 种词调。而在宋代所用八百八十多个词调中，有一百多调是柳永首创或首次使用。为宋词的发展和后继者在内容上的开拓提供了前提条件。如果没有柳永对慢词的探索创造，后来许多词人或许只能在小令世界里左冲右突。

据说，柳永从小便聪颖过人，他与两位哥哥后来连中进士后被称为"柳氏三绝"。他从小就受精通诗歌的乳娘言传身教，年仅七岁便已成为名噪崇安的神童。

相传，柳永学习异常刻苦，每日早晚都要到自家门前的柳叶河旁，蹲在大青石上，在水面上刻苦练字，终于练得一手洒脱不羁的好书法，加上他在遣词造句上的功夫，远近乡亲旦逢婚丧嫁娶都要请他写对联，时人为表崇敬之心，称其所写对联为"柳联"，而他日日练字的大青石便被后人称为"磨砺石"。

旅游小贴士

怎么去：柳永纪念馆在武夷山风景区内，可乘坐5、6路公交车和市区到星村的旅游专线车，或乘出租车前往。

观光：周边景点有玉女峰、双岭峰、云窝、狮子峰、自然植物园等。

美食：文公宴、野味宴和岚谷熏鹅是不容错过的武夷山名菜。

住宿：住宿可选择景区内的风景度假酒店、华南世新大酒店和崇阳溪山庄等。

购物：武夷岩茶、笋干、香菇、红菇和蛇制品。

郭沫若故居

郭沫若（1892~1978年），四川乐山人，作家、诗人、剧作家、考古学家、古文字学家和社会活动家。他是我国新诗的奠基人，是继鲁迅之后革命文化界公认的领袖人物。

郭沫若故居

郭沫若生前生活居住过的地方，目前共有两处，都被列为全国重点文物保护单位。

北京郭沫若故居在北京市西城区前海西沿18号，故居原址最早是和坤府邸的一座花园，后因和坤被抄家，花园荒废。后来成为恭王府的马号，民国时期达仁堂乐家从恭亲王后代手中买来作为宅院。

新中国成立后，这里先后成为蒙古人民共和国驻华大使馆和宋庆龄女士的住所，历史悠久。1963 年 10 月，郭沫若开始居住在这里，他的许多著作也成书于此。

郭老是我国现代著名的无产阶级文学家、古文字学家，游览郭沫若故居，依稀能感受到郭老伏案写作，研究甲骨文的辛勤。

四川郭沫若故居位于四川省乐山市东 35 公里处的沙湾场正街，是一座古色古香的木式结构小四合院，这里就是郭沫若的诞生地。

四合院前傍沫水，后依绥山，郭老在这里度过童年时代，留下了不少珍贵文物和史迹，历代文人评价这里"绥山毓秀，沫水钟灵"，也只有这个充满灵气的地方才塑造了一代大师。郭老先生在这里完成了自己的早期创作，早年的诗作《早起》《茶溪》《村居即景》等都创作于此地。

游览郭沫若故居，这里的亭台楼阁，一砖一瓦，都是古老历史的写照，也让人对这位文豪油然起敬。

郭沫若纪念馆大门上方悬挂着由邓颖超同志题写的"郭沫若故居"金字牌匾，纪念馆院子里有郭老亲自种的银杏树，郭老为其起名"妈妈树"。四合院的东西厢房及后排东房为生平陈列室，展示这位诗人、学者兼战士的一生，以及他在文学、历史、考古、翻译等领域中的成就和为和平运动所做的贡献！

纪念馆现藏有郭沫若先生生前大量著译手稿原件及研究工作所用的书籍，特别是一批有关《管子》研究的线装书很有价值。如果有幸能读到这些资料，也算是一件幸事。

1962 年的秋天，郭沫若先生到东海普陀山游览，游览途中在梵音洞前捡到一个笔记本，打开一看，笔记本的扉页上写着一副对联。"年年失望年年望，处处难寻处处寻"，横批是"春在哪里"。再翻开一页看，竟然是一首绝命诗，日期写的是当天。郭老先生看后非常着急，马上叫人寻找笔记本的主人。

主人是一位面色忧郁的姑娘，名叫李真真，因为三次高考落榜，再加上恋爱的挫折，意志消沉，决定于今天"魂归普陀"。

郭老先生很耐心地开导她，并对她说："这副对联表明你有一定的文化水平，不过下联和横批太消沉了，这不好，我替你改一改，你看如何？"姑娘点头同意了，郭老便改为："年年失望年年望，事事难成事事成"，横批："春在心中"。姑娘听后非常感动，心想这一定是一位大学者，便把自己的心事全都说了出来。郭老听后，立即挥笔写下："有志者事竟成，破釜沉舟，百二秦关终属楚；苦心人天不负，卧薪尝胆，三千越甲可吞吴。"下署"蒲松龄落第自勉联"。

读了这首对联，李真真释然了许多，于是便邀请郭老为对联题名。郭老写下了"郭沫若，六二年秋"几个字后，李真真惊喜过望，没想到眼前的学者是大文豪郭沫若先生。她心中感激万分，并表示一定牢记教诲，认真学习，不会放弃。临别时还大胆赠诗一首以感谢郭老先生，诗道："梵音洞前几彷徨，此身已欲付汪洋，妙笔竟藏回春力，感谢恩师救迷航。"

🚗 **旅游小贴士**

怎么去：乐山客运中心站有发往成都、峨眉山、重庆、内江等地的班车，自驾车从乐山出发，走乐山——沙湾公路，经丰都庙收费站即可到达该景点。

观光：周边景点有乌木珍品文化博物苑、夹江千佛岩、峨眉大庙飞来殿、五通桥木鱼人家。

美食：跷脚牛肉、乐山棒棒鸡、白斩鸡、来凤鱼、跳水兔、玻璃烧卖等。

住宿：乐山的住宿条件较好，可选择位于乐山市沙湾区沫若大道346号的天泉湖宾馆。

购物：茶叶、药材、酥芙蓉、雪魔芋、沙琪玛、夹江豆腐乳、苏稽牌香油米糖等，在市内各大超市都可买到。

鲁迅故居

鲁迅先生的一生为了中国人民的思想解放事业竭尽心力，辗转流离，因此其居住生活的地方也不断变换。游览鲁迅故居，仿佛时光重回到那个跌宕的岁月，一代战士的平日生活常态就呈现在眼前，而其每一篇习作就是在这一屋一室内铸就完成的。

鲁迅故居

绍兴是鲁迅的故乡，位于会稽山阴的绍兴，山水怡人，文化遗产丰富，是一座"没有围墙的博物馆"，也是熠熠生辉的"名士之乡"。这里有四千年前大禹治水的美丽传说，有魏晋"天下第一书"——《兰亭集序》的美丽倩影，有南宋陆游和唐婉的爱情故事，更有近代鉴湖女侠——秋瑾的侠骨柔肠。

绍兴是著名的水乡、桥乡、酒乡和书法之乡，在这座历史名城里，乌篷船、乌毡帽、乌干菜成为极富地方特色的三大代表，鲁迅故居便处在这样一座自然与文化名城之中。

鲁迅先生一生居住的地方主要有四处：北京鲁迅故居、绍兴鲁迅故居、上海鲁迅故居、广州鲁迅故居。绍兴故居是鲁迅文学人生的启蒙地，北京故居是鲁迅文学名著的造就地，而广州故居则是鲁迅革命时期的根据地。

绍兴是鲁迅的故乡，鲁迅就出生在这里，一直到 18 岁到南京求学之前也在这里生活。

绍兴鲁迅故居是一幢中式两层楼房，屋子里的陈设也按照原来的式样摆放。这里有鲁迅少年时读书的地方——三味书屋，书屋房内正中墙上挂有"三味书屋"的匾额和松鹿图。房柱上有一副对联"至乐无声唯孝悌，太美有味是读书。"《从百草园到三味书屋》的名篇就是记述了那段有趣的童年。

北京鲁迅故居位于北京市西城区阜成门内宫门口二条 19 号，是鲁迅 1924—1926 年在北京的住所。

作为中国现代文学家、思想家，鲁迅一生写下了《华盖集》《续编华盖集》《坟》《野草》、《彷徨》等不朽佳作。身为国家命运而呐喊的爱国主义战士，一句"横眉冷对千夫指，俯首甘为孺子牛"更是他的真实写照。

广州鲁迅故居位于广州白云路西段白云楼西侧 26 号（现 7 号）的二楼，也是在这里，鲁迅先生完成了在广州期间的大部分著作。

鲁迅先生一生都在为国家的前途命运奔走呼号。1927 年 4 月 10 日，当广州热烈庆祝北伐军攻占上海和南京的时候，他写下《庆祝沪宁克服的那一边》，希望给革命的人们增加一点危机意识。1927 年 4 月 15 日，广东方面的国民党反动军警到中山大学抓人，鲁迅先生出面劝说校方保护学生无效，于 4 月 21 日正式向中山大学提出辞职。

鲁迅先生是伟大的革命家与教育家，虽然他只在广州作了短暂的停留，但是他的革命思想却是在这里形成并夯实的。1979 年 12 月，广东省革命委员会公布这一所故居为文物保护单位。

鲁迅先生向来节俭。有一天，他穿着破旧的大衣去附近的理发院理发。进门后，理发师见他穿着普通，看起来也不像什么有钱人，便胡乱地给他理了个发。付钱时，鲁迅随手从口袋里抓出一把钱给理发师，然后头也不回地径直离去。理发师仔细一数，发现他多给了好些钱，乐得不得了。

过了些日子，又到了理发的时间。鲁迅还是去那家理发院，理发师一眼便认出了他。这次理发师理得仔细，生怕有半点疏忽，不停地征求鲁迅的意见，直到鲁迅满意后方才罢了。付钱时，鲁迅却把钱认真地数了一遍才交给理发师。理发师见一个子儿也没有多给，便问起原因。鲁迅回答道："先生，上回你胡乱地给我剪头发，我就胡乱地付钱给你。这次你很认真地给我剪，所以我就很认真地付钱给你！"

理发师听了，羞愧不已，忙向鲁迅道歉。

旅游小贴士

怎么去：可在绍兴火车站乘坐1、4、16、30B路公交车或旅游观光巴士直达，或在绍兴客运中心乘坐8、88路公交车以及快速公交1路到鲁迅故里站下车即达。

可从北京西站乘坐50、21、387、694路公交车在阜成门北站下车即到北京鲁迅纪念馆。

可从广州西站乘坐89路公交车在越秀中路站下车即到广州鲁迅纪念馆。

观光：绍兴鲁迅故居周边景点有三味书屋、百草园、长庆寺、土谷祠、静修庵、恒济当铺、咸亨酒店、风情园、鲁迅祖屋等。

美食：不得不尝的绍式菜点有白鲞扣鸡、霉菜梗蒸豆腐、霉毛豆蒸仔排等。

住宿：这里推荐老台门客栈，位于绍兴鲁迅故里新建南路608号，百年老宅、环境清幽。

购物：黄酒、霉千张、香糕等都是有名的绍兴特产，乌毡帽、王星记纸扇也是不错的纪念品。

沈从文故居

沈从文（1902~1988 年）名岳焕、字从文，苗族人，祖籍湖南凤凰，文学家、文物研究专家。

沈从文是具有特殊意义的乡村世界的主要表现者和反思者，他以"乡下人"的主体视角审视当时城乡对峙的现状，批判现代文明在进入中国的过程中所显露出的丑陋。由于他的创作风格独特，在中国文坛上被誉为"乡土文学之父"。

沈从文故居

沈从文先生的故居是湘西凤凰古城中营街的一座典型南方古四合院，是一座火砖封砌的平房建筑，四合院是沈从文先生的祖父沈宏富于同治五年（1866 年）购买旧民宅拆除后兴建的，古色古香，镂花小窗，典雅别致。中国的"乡土文学之父"便诞生在这里。

沈从文故居是凤凰古城旅游景区中人文景观的代表，而人们知道凤凰古城、了解凤凰古城也是从沈从文开始的。

位于湖南省凤凰县的沈从文故居在 2006 年 5 月 25 日被国务院批准列入第六批全国重点文物保护单位名单。前来观瞻游览者络绎不绝，"乡土文学之父"的家园也就热闹了起来，这也许是对他最好的慰藉。

到了湖南，再走进凤凰古城，便到了沈从文故居。远远看去大门上便有几个赫然醒目的字，各个遒劲沉凝，不用细看，便知是"沈从文故居"。斑驳的大门就像是一本厚重的历史书，开启了一段段"乡土文学之父"的过往生平。

透过具有明清时期湘西风趣的大门，便能看到导游小姐带着满面笑容，热情地迎接游客。在这般古朴的建筑里，还能让人备感亲切，实属罕事。

随着一步步迈进，游客的心也仿佛更加贴近伟大的"乡村文学之父"了。

进入大门后，映入眼帘的便是陈旧的板壁和剥蚀脱落的镂花门窗，房屋虽陈旧与古朴，但却散发着历史的厚重与文学的氤氲。更可喜的是，这座古老的楼房已经改建成了沈从文生平事迹的展览室。

在沈从文故居陈列室里，一张张清晰的照片记录了沈老所走过的艰难历程，一段段深沉的文字记录了作家的成长经历。陈列室里有沈老曾经用过的方桌与竹椅，看到这些，仿佛又看到了沈老伏案辛勤写作的情景，沈老"照我思索，能理解我；照我思索，可认识人。"的教诲还萦绕耳旁，仿佛又看到了沈老的和蔼可亲。而一篇篇鸿篇巨著也是以这里为原形，历久弥香。

走出正屋，便来到四合院的天井坪坝。暖暖的春阳下，站在天井坪坝，看着许多年轻稚嫩的面庞拥挤在故居购书柜台前，洋溢着渴求知识的欲望，争先恐后地购买沈从文的精品著作。从一本本闪耀着知识光辉和魅力的精品力作中，仿佛看到充满希望的新一代。

沈从文年少时年轻气盛，恃才傲物。他一个人从湖南凤凰县去北京闯荡，在北京安身后，就想报考燕京大学，以求得深造。然而校方认为他学历太低，不够资格，便没有录取他，他很气愤，说道"将来我要教大学"，便愤然离去。

后来，他在故宫找到一个整理皇室文献的差事，于是他坐拥书城，十分下功夫。由于他只是一个临时工，因此薪金微薄，为了生活，他便把自己从湖南到北京的见闻写成文章，投递到报刊。因为他的文章富有文采又言之有物，引起了文坛的极大关注。

到了1930年，他已经成为一个"新文化运动最好的作家"，让人刮目相看。没过多久，沈从文就被青岛大学招聘为国文系教授，而他的"将来我要教大学"的愿望也终于得以实现。

🚗 旅游小贴士

怎么去：长沙、吉首、怀化和张家界等地有直达凤凰古城的长途巴士，或乘坐长沙开往吉首的火车，然后在吉首转乘到凤凰古镇的巴士。

观光：周边景点有熊希龄故居、杨家祠堂、东门陈楼、沱江泛舟、万寿宫、崇德堂、古城博物馆和虹桥风雨楼。

美食：米豆腐、苗家酸菜豆腐汤、土家扣肉、凤凰凉粉、香辣三脆、油香粑粑等。

住宿：凤凰古城的旅馆较多，一般分为宾馆酒店和家庭客栈两种，这里推荐金凤凰山庄、晓园宾馆、兰兴宾馆和沱江人家客栈。

购物：湘西苗族银饰、土家族织锦、凤凰正宗姜糖和边城醋饮等。

蒲松龄故居

蒲松龄（1640~1715年），字留仙，又字剑臣，别号柳泉居士。他一生秉性耿直，愤世嫉俗，常借狐鬼故事对当时腐败现象进行谐谑的讽刺，而他的文章则风格独特，自成一家。

蒲松龄故居在山东淄博市淄川区洪山镇蒲家庄，故居门前有几株古槐，高悬于故居大门的是郭沫若1962年题写的"蒲松龄故居"的金字门匾。故居里面是一座古老的庭院，古朴幽静，1977年被列为省级重点文物保护单位。

蒲松龄一生为了考取功名，实现理想，却屡试不第，生活因此穷困潦倒。归来后的蒲松龄没有再考功名，约三十年的时间是在淄川大家毕际有府上当塾师度过的，《聊斋志异》便是他在那段时期完成的。

蒲松龄故居

蒲松龄故居古朴幽静，水池山石，相映成趣，游览蒲松龄故居，仿佛在阅读先生的心路历程，既有自然山水的雅趣，又能领略自然山水中所散发的鬼魅狐仙的传说。

柳泉又称满井，位于淄川区蒲家庄东侧约百米的山谷中。据记载，柳泉早期水满外溢，涌流为溪，大旱不涸，因此称为满井。又因为井四周有翠柳百株，故后人称之为"柳泉"。

蒲松龄酷爱此地，"柳泉居士"之称也由此而来，他曾多次在此招待客人及过往行人，也就是在此搜集创作素材。游览柳泉，依稀中仿佛能看见居士在泉边凝神静思，一篇篇佳作跃然纸上。

聊斋园建于1987年，占地面积约2.4万平方米，建筑面积6100平方米，位于淄川蒲家庄村东。园子分为艺术陈列馆、狐仙园、石隐园、聊斋宫、满井寺、观狐园等六部分。

其中"狐仙园"包括共笑亭、留仙桥、柳拉碑、奇幻门、聚仙峰、卧狐、独眼狐等景观，园内建筑错落有致，小巧美观。园内有各种狐狸1400余只，狐怪精灵在你眼前一一闪现，亦幻亦真。

聊斋宫内有《罗刹海市》《席方平》《画皮》《娇娜》《尸变》等聊斋故事的艺术雕塑作品，并采用灯光、音响、电影特技等现代科技表现手法，再现了蒲松龄笔下神鬼狐妖的艺术形象。

蒲松龄书馆是蒲松龄应好友毕际有之聘设馆教书的地方，他在这里教书三十八年之久，同时完成了自己的奇作《聊斋志异》。

蒲松龄书馆是一座具有浓郁明清代风格的古建筑群，馆门有一块书写着"蒲松龄塾馆"的牌匾。进门向里走，迎面是古朴宏丽的绰然堂。府内青砖灰瓦，飞檐斗拱，端庄俏拔，气势非常壮观。北房二间，东边暗间，是先生的写作和住宿的地方，著名《聊斋志异》以及大量诗词就出自此，中外间作为学生们肄业的课堂。

历史的冲刷，冲走的是房屋的雕栏外瓦，却使得先生的奇著越发深沉古朴。郭沫若曾评价先生和他的作品"写鬼写妖高人一等，刺贪刺虐入骨三分。"

一天，蒲松龄乘船外出，同船的有五个人，五人各有各的职业，其中有衣冠楚楚的朝廷官员，有美丽的妙龄卖花少女，还有身背斧锯的木匠以及船夫。

行船至河中央，衣冠楚楚的官员自恃清高，为了炫耀才学，就对大家说："恕公冒昧，请诸位各依本人身份，用三字同头、三字同旁，对一首七绝，首尾融贯连通。"说完就自己先作了起来，他作道："三字同头官宦家，三字同旁绫缎纱。若非朝廷官宦家，谁人能穿绫缎纱？"

他吟唱完毕，便等着其他乘客吟诗。只听见卖花少女吟道："三字同头芙蓉花，三字同旁姑娘娃。若非妙龄姑娘娃，哪个敢戴芙蓉花？"她吟诗完毕，木匠师傅也不服输，吟道："三字同头庙廊库，三字同旁檩椽柱。如若要建庙廊库，怎能离了檩椽柱？"船夫手不停篙，笑着吟出一诗："三字同头大丈夫，三字同旁江海湖。不是男子大丈夫，何人能识江海湖？"轮到蒲松龄了，只听他从容吟道"三字同头哭骂咒，三字同旁狼狐狗。山野声声哭骂咒，只因世道狼狐狗！"

自命清高的官员本想炫耀才学，却不料被骂了一通，再也不敢言语了。

🚗 旅游小贴士

怎么去：淄博市区内可乘坐旅游专线23路公交车到终点站下车即是，票价每人1元。也可乘坐出租车前往，起步价为每3公里6元。

观光：周边景点有淄博聊斋城、奎盛园、淄博梓檀山鬼谷洞风景区、马鞍山等。

美食：蒲式豆腐盒、博山烤肉、知味滋补福寿鸡、酒香烩八珍等。

住宿：淄博的住宿选择非常多，这里推荐淄川聊斋大酒店，酒店的住宿环境清幽，依傍蒲松龄故居景区，内部餐饮、娱乐设施齐全，能够满足游客的不同需求。

购物：孝子贡梨、景德东糕点、王村黄酒、淄博丝绸、琉璃制品等。

王羲之故居

书圣王羲之是东晋书法家，字逸少，号澹斋。公元303年出生于琅琊郡（今临沂市），王羲之自幼酷爱书法，真、草、隶、篆等都很优秀，尤其善于隶书。王羲之与其子王献之，在我国书法史上并称"二王"，此后历代人才辈出。

王羲之故居位于山东省临沂市兰山区洗砚池街，为王羲之幼年居住处，晋永嘉元年他随家族南迁会稽山阴（今浙江省绍兴市），舍故宅为佛寺，历经兴废，后来易名普照寺，沿袭至今，《临沂县志·古迹》也记载"王右军故宅，治城西南隅普照寺"。

王羲之故居

　　王羲之故居是中国古典园林式建筑，1990年以来，为纪念我国历史上这位书法大师，临沂地区行署、临沂市政府投资400余万元修复了王羲之故居。

　　书圣王羲之是我国伟大的书法家，他精通各书，博采众长。游览王羲之故居，感受伟大书法家的勤学精神，体会中国书法的博大精深，用先贤浩然之气激励自己不断奋发向上。

　　来到王羲之故居正门，在大门的正上方有一块匾额，题写有"王羲之故居"，是当时的中国书法家协会主席启功先生亲笔书写的。再往前便可看见一个池子，池水墨绿，仿佛墨染一般，相传这便是当年王羲之练字洗笔砚的洗砚池。

　　王羲之幼年酷爱书法，每天习字之后，都会在这个水池里洗刷笔砚，时间一长池水也被染黑了，可见书圣当年的勤奋。于是人们名曰"洗砚池"，古代文人也称之为"墨池"。

　　故居内还建有碑廊，是国内外首屈一指的中国当代书法碑廊，里面陈列着我国当代著名书法家的书法石刻80余块。修建的这些石刻是书法中的经典之作，也是对王羲之书法的推崇备至，表达了后人对伟大书圣的敬仰之情。

享誉齐鲁的琅琊书院位于晒书台的北侧，匾额上的"琅琊书院"四个字是在王羲之《圣教序》中得来的。书院里陈列有王羲之的书法石刻《琅琊帖》《丧乱帖》《兰亭序》《乐毅论》《十七帖》等，都是王羲之书法作品的真实再现，此外还有大、小兰亭图等，真实地再现了书圣的经典作品。

普照寺位于王羲之故居内，据《临沂县志·古迹》记载"王右军故宅，治城西南隅普照寺"，相传这里有古琅琊八景之一"普照夕阳"。旧时这一带琳宫梵宇，错落分布，苍松古桧，林立其间，为临沂城五大形胜之地。

据说每到冬至那天，黄昏时阳光透过墙壁小窗，射到大佛金身之上，金光灿烂、分外耀眼。普照寺历经沧桑，几遭毁坏，2004 年，市政府拨款进行了修复。现在的普照寺每逢佛教节日，香火旺盛，香客如织。

游览普照寺，看当今普照寺的无限风景，怀念先哲旧迹，在无边的风景中对书圣的伟大致以敬意。

相传书圣王羲之十分喜欢白鹅，家里也经常养着白鹅，他认为养鹅不仅能陶冶情操，还能从观察鹅的动作形态中悟到一些书法理论。

有一次王羲之出外游玩，看到一群很漂亮的白鹅，便想买下，问这鹅是谁养的，周围的人告诉他这些鹅是附近一个道士养的，他找到那个道士想与他商量买下那群鹅。

那个道士听说大名鼎鼎的王羲之要买自己的鹅，便说只要王羲之能为我抄一部《黄庭经》，便将那些鹅送给他。王羲之欣然答应。这便是书成换白鹅的佳话，由此可见王羲之对白鹅的喜爱。

🚗 旅游小贴士

怎么去：在临沂市内的客车站乘坐 6、12、18、25、33 路公交车到王羲之故居站下车即达。或步行沿火车站正对的沂蒙路一路向北，行至洗砚池街左转路北即到。

观光：周边景点有银雀山汉墓竹简博物馆、沂蒙风情广场、世界第一橡胶坝、华东革命烈士陵园等。

美食：特色小吃有糁、六姐妹煎饼、莒南锅饼、沂水丰糕、郯城挎包火烧。特色菜有氽芙蓉黄管、雪蛤银杏、光棍鸡、莒南炉肉、兔头等。

住宿：位于市中心地段，与王羲之故居为邻的临沂羲之酒店是最佳的住宿选择，内设164间客房、特色餐饮、娱乐等设施。

购物：沂蒙民间玩具、黑陶、蛋壳陶、燕子石、徐公砚等。

第十章　博物馆游

国家博物馆

国家博物馆作为 1959 年建成的新中国成立 10 周年首都十大建筑的一部分，在施工工期及馆藏征集中都创造了奇迹。半个世纪后再看这座雄伟的建筑，还是那么巍峨壮观，雍容大度，硕大的柱子直冲霄汉，将红旗与五星组成的馆徽高高挑起，显得庄重而内敛；屋檐的一圈黄色琉璃瓦，将最传统的中国建筑元素引入偏西方的花岗岩外立面，既丰富了视觉效果，又彰显其崇高地位。馆舍改扩建工程，在不改变原外立面的前提下，通过巧妙的设计安排，成倍地扩大了展陈面积，从原来的 6.5 万平方米扩大到 19.2 万平方米。

这里收藏着昔日中国的灿烂辉煌，数不胜数的文物精品，每件都如同携带着历史信息的点点沙粒，铺就五千年中华文明的漫漫长路，筑成十几亿华夏儿女的精神家园。有四件文物被誉为镇馆之宝：司母戊大方鼎，重达 800 多公斤，是迄今发现最重的青铜器，昭显着商代的雄厚国力，是名副其实的国之重器，凶恶的饕餮纹饰，带着源自三千多年前的威仪与傲慢；四羊方尊，最精美的青铜器，集线雕、浮

国家博物馆

雕、圆雕于一身，四只羊分居四角，额头向外，盘曲的羊角让方尊的外部轮廓优美而充满力度，动静结合，寓雄奇于秀美之间；金缕玉衣，以数千片玉石连缀而成，每片都经过细致的打磨、穿孔，丝丝缕缕的金线穿起了西汉诸侯王死后不朽的期盼，主人早已化为尘土，这件世界上材料最为独特的寿衣却将人类不朽的技艺永久传扬；唐三彩骑驼乐舞俑，一件不大的器物，竟然凝固了不同人种同样的快乐表情，看着它在聚光灯下熠熠生辉，虽然身处一千多年以后的现代，我却分明听见了来自大唐盛世的欢声笑语，听见了轻松而充满自信的胡笳节拍。丰富多彩的瓷器同样让人目不暇接，宋代官窑的优雅品位，元青花的豪迈气概，明斗彩的绚丽烂漫，清粉彩的精致美艳，都代表了当年的时代精神，为 CHINA 名字的由来做出最好的注解。

当代革命历史文物更是国家博物馆的特色，从新中国第一面国旗，到小岗村村民包干到户的血书，从中国老百姓曾经再熟悉不过的代表计划经济的各种票证，到标志着中国成为世界工厂的敲定中国入世的那把"入世槌"，每件藏品都如同新中国留下的一只只脚印，不管代表的是欢乐还是痛苦，当它们进入国家博物馆的时候，就已经成为共和国成长的见证。

陕西历史博物馆

　　一个旅行者来到西安，有两个地方绝对不能错过。一个是秦兵马俑，另一个是陕西历史博物馆。前一个蜚声中外，任何旅行者都会想办法一睹为快，而后一个则往往被游客忽略。殊不知，一个省级博物馆却能够覆盖大半部中国历史，这种情况并不多见，而陕西历史博物馆恰恰就有这份殊荣。

　　陕西是中华文明的发源地之一。距今100万年前的远古时代，这里就有蓝田猿人生活，到了新石器时代，属于仰韶文化的半坡人在这里繁衍生息，并创造了灿烂的彩陶文化。中华民族的始祖黄帝长期活动于此。周武王从这里出发击败商纣王，建立了强盛的周朝。从战国到秦汉，陕西一带一直都是中国的政治中心，直到唐朝达到了鼎盛，成为世界上最发达的地区之一。宋代以后，中国的政治中心东移，陕西的地位才逐渐衰落。从公元前11世纪西周在陕西周原建都，到公元907年唐朝灭亡，中国历史上最为辉煌的周、秦、汉、唐等十三个王朝曾在这里建都，在中华

陕西历史博物馆

五千年文明史中，陕西的辉煌就长达三千年。所以，陕西的历史就是中国唐代以前的历史的说法并不过分。

现在，唐代以前的中华文明发展进程我们都可以从陕西历史博物馆的展览中得到印证。半坡人的彩陶盆和瓮棺、西周的青铜器、秦朝的陶俑、汉代的铜镜、唐朝的壁画和唐三彩……当这些美轮美奂的艺术珍品从我们眼前一一掠过的时候，我们对中华文明的悠久和辉煌有了比从书本上获得的知识更深刻的感受。

在陕西历史博物馆，最令人流连忘返的是汉唐的文物展品。这里收藏的汉唐金银器，在全国独占鳌头。我向来对过于精巧繁复的物品没有太大兴趣，但是，当一个高约两尺的汉代鎏金竹节薰炉出现在眼前的时候，我还是被它的精美折服了。高高的竹节柄上嵌着三条蟠龙，龙首拱出一只仙桃般的薰炉，炉体上山峦起伏，所有雕刻都是繁复的透雕工艺，整体鎏金，龙爪鎏银，在崇尚粗犷、简约风尚的汉代，这样的艺术品实在是太罕见了，不愧是国宝级文物。唐代的双狐纹双桃形银盘，第一眼我就喜欢上了，双桃造型的银盘里两只首尾错置、相互顾盼的狐狸，图案简洁、造型生动，令人有反复把玩的冲动。

陕西历史博物馆收藏和展出的汉唐陶俑千姿百态。我喜欢汉代陶俑的粗犷和简约，也喜爱唐代陶俑的生动和妩媚。我曾前后三次参观这里，每次来都会在一个唐代仕女陶俑前久久流连。仕女高高的发髻、宽大的袍袖、憨态可掬的笑容，更令人忍俊不禁的是她前挺后仰的姿态，让我忍不住想去模仿。以至于从西安回来后的好多天内我还常常摆出仕女陶俑的憨态，然后自己哈哈大笑，也把身边的人感染得嬉笑连连。几乎所有看过我模仿的人，在有机会参观这里的时候，都会特意寻找那只可爱的仕女陶俑，回来后再模仿给我看。于是又是一阵欢声笑语。看来，历史并不总是让人愁苦的。

唐墓壁画是陕西历史博物馆的骄傲。唐代的纸本或绢本绘画由于年代久远，保存至今的极为稀少，少数传为唐代的绢本，也多不可靠。因此，墓葬壁画成了欣赏唐代绘画的重要载体。另一方面，唐代流行在墓葬内施画壁画，在壁画中描绘墓主人生前的生活状态或者对死后生活的期望。而宋元以后的壁画多是绘在庙堂里的，宗教题材占绝大多数，因此唐墓壁画是我国壁画中的一个重要类型。陕西历史博物馆收藏了近20座唐墓的壁画，其中包括章怀太子墓、懿德太子墓等唐代贵族的高级墓葬壁画。

唐三彩是参观陕西历史博物馆不可错过的一项内容。一般认为宋瓷把我国陶瓷技术推向了高峰，其实唐三彩在我国陶瓷发展史上同样具有里程碑式的重要意义，它对多种釉彩的运用达到了炉火纯青的境界。在众多的唐三彩中，我最喜欢的还是一只仕女俑。这是一个身穿男服的仕女，宽脸庞、细眼睛，宽大的袍服遮掩不住柔媚的体态。绿色釉彩的袍服上散落着黄色釉彩的斑纹，脸颊上的红色恰好地表现出了红晕的效果。真是一只让人不忍割舍的三彩俑人啊！此外，三彩胡人驼俑、三彩载乐驼俑也都是非常生动有趣的精美作品。

陕西历史博物馆是我国第一座真正意义上的现代化博物馆。20世纪90年代初，我第一次参观这里的时候，就惊诧地发现博物馆里居然能够拍照！要知道，那时候几乎所有的展览都是不允许拍照的。细细地观察又发现，展览的照明、布展和说明文字都非常方便参观者欣赏，这在当时也是非常鲜见的。

旅游小贴士

简介：参观博物馆是一件很辛苦的事情，参观前需要一定的知识储备，参观过程中需要耗费大量的脑力和体力，所以要轻装上阵，多带些饮用水。

陕西历史博物馆展览内容广泛，建议重点参观唐代以前的部分。若有特别兴趣，可以确定参观主题，重点参观。

陕西历史博物馆允许拍照（不使用闪光灯），所以带上照相机和笔记本，参观回来后再对照照片和笔记回顾一遍，更有趣味，记忆也更深刻。

最好请导游讲解，馆内有专职导游，较专业。

到达：乘多路公交车在历史博物馆或者翠华路下车。

周边景点：秦兵马俑、半坡遗址博物馆

河南博物院

河南博物院是我国历史上创建较早的博物馆之一，其前身为河南博物馆。早在1927年7月，时任国民革命军总司令、河南省政府主席的冯玉祥指定开封法院西街前法政学校校舍为馆址（即今开封市三圣庙街），是为河南博物院发轫之始。在这里，我看到了郑州最完整的历史。

一楼古代文化第一展厅里，有一座郑州出土的商代兽面钉纹铜方鼎，是中国最早的大型方鼎之一。它深腹四足，沉稳优雅，方鼎的上腹与四足刻画出兽面纹，看起来有一种说不出的厚重感。"鼎立中原"，在那个时代，似乎没有什么比用鼎来代表权力再合适的器物。"方鼎是王室重器，它在郑州的出土，为商置帝都于中原提供了史实依据。"女解说员这么解释。

2007 年河南博物院建院 80 周年时，专家甄选出"九大镇院之宝"：贾湖骨笛、杜岭方鼎、妇好鸮尊、玉柄铁剑、莲鹤方壶、云纹铜禁、四神云气图、武则天金简、汝窑天蓝釉刻花鹅颈瓶。这九大宝贝，是你去博物院不能错过的精品。

河南博物院

春秋战国时期的青铜杰作"莲鹤方壶"尤其精美，可谓镇院之宝中的魁首，博物院为它在三楼单独设了展厅。一进门，你就会被它古朴的外观和灵动的设计牢牢抓住。这座高 122 厘米、宽 54 厘米的巨大的青铜盛酒器最奇特之处在于：其壶盖周围并列双层向外展开的莲花瓣中，屹立着一只展翅欲飞的仙鹤，其写实手法和精巧构思反映了东周时期社会变革的时代风貌。

武则天的除罪金简是武则天在久视元年（公元 700 年）7 月 7 日到嵩山祈福，遣宫廷太监胡超向诸神投简以求除罪消灾时所用的。这是中国目前发现的唯一金简。还有舞阳贾湖遗址出土的、用鹤鸟肢骨所制的骨笛。骨笛一侧钻有 7 个形音孔，它的出土改写了中国音乐史，被专家鉴定为世界上最早的可吹奏乐器。谁能吹响 8000 年前的骨笛？出土的文物不会说话，但在博物院我却清楚地听到了历史的回响。

这里每天都有古乐舞表演，演奏人员峨冠广袖，战国时期的装扮用的是中原上古时期最具代表性的近二十件乐器——王孙诰编钟、虎座凤鼓、舞阳骨笛、漆绘绵瑟，还有陶埙等，钟声清远，琴瑟悠扬，令人感觉恍若隔世。

🏍️ **旅游小贴士**

简介：博物院有古乐表演，一般上下午都有。

博物院出门向南直走 50 米，就是"惠丰源"烩面馆；再向前走 20 米，到十字路口左拐 5 米路南，有一家"千层大肉饼"店，肉饼非常好吃。十字路口西南角的凉皮也非常有名。

到达：从郑州火车站可以乘公交车到"农业路经五路"站，下车后向西50 米路北，或乘公交车到"河南博物院"站。

周边景点：城隍庙、商城遗址

山西博物院

博物院建筑外形上大下小，远看很像从前称粮食用的斗，让人感觉山西人民就是会过日子，连博物院都得跟生活富裕、丰衣足食联系上，不过这斗里藏的可都是价值连城的宝贝。博物院宽大的展厅、丰富的展品、先进的布展技术全方位地展现了文物大省山西的风采。

整个博物院常设 12 个展厅，分为历史部分和艺术部分。历史部分按时间顺序划分为 7 个专题陈列。《文明摇篮》中的石器、陶器还略显简单，到《夏商踪迹》和《晋国霸业》中的青铜器就精彩纷呈了，龙形觥、鸟尊、兔尊……独特多样的器形，精美繁复的纹饰，绿幽幽的铜锈中隐藏着时光的秘密；《民族熔炉》着力表现魏晋南北朝时期的民族融合，而保留当时生活场景的载体竟然是棺材板，既有色泽

山西博物院

艳丽如新的漆画，又有雕刻细致入微的石雕，魏晋时期的富丽堂皇，竟然以这样的方式活灵活现地展示在眼前；步入《佛风遗韵》厅，仿佛置身于云冈石窟，千年的风霜，难以剥泐空灵的笑容；世道的变迁，岂能磨灭悲悯的情怀。慈眉善目的佛头，在灯光下愈加圣洁崇高，双目微闭的思惟菩萨，让人不敢凑得太近，唯恐打扰了菩萨的逸兴遄飞。

还是《戏曲故乡》厅的气氛最轻松，戴上耳机，就能听到很多种山西的地方戏，谁到了这里都会情不自禁跟着学上两句；现代技术的运用更是让展览变得极其生动，这里有个古老的戏台模型，光和影将戏剧场面投射在戏台上方，声音真实，影像却缥缈虚幻，几分钟后曲终人散，一切复归于平静，那些优美的身段在一瞬间化为乌有，咿咿呀呀的吟唱却还在耳边回旋，令人顿感人生如戏。一条仿真的"明清街"将我引入《明清晋商》厅，曾经财源滚滚、汇通天下的辉煌晋商，如今到何处去找寻？还是门口的对联概括得好：闻所闻而来，聆遗响千秋高山流水；见所见而去，醒繁华一梦厚土无声。

艺术部分的五个专题陈列厅中，《土木华章》无疑是最精彩的。厅内一字排开近十座古建模型，任一座都是中国古建史上划时代的精品，这样的厚重与自信，专属于山西。佛光寺唐代壁画、大云院五代壁画、开化寺宋代壁画、永乐宫元代壁画、崇福寺金代壁画，几可乱真的复制品构成了馆内的壁画长廊。短短十几米，浓缩了数百年灿烂的壁画艺术，寥寥几步路，便跨越了几个朝代的生生不息。

🏍 **旅游小贴士**

简介：每个展厅的布置顺序都是顺时针的，即左进右出。

馆内可以摄影，允许使用闪光灯，不过由于有展柜的阻隔，使用闪光灯的效果还不如采用慢速快门。为了保护文物，同时保证拍摄效果，建议喜欢文物摄影的游客带上三脚架和偏振镜。

展厅内的射灯为智能感应控制，调试不够完美，如果正在聚精会神欣赏展品时灯突然灭了，请左右移动脚步以触发感应开关；上下楼的滚梯也是自动感应的。

到达：从太原火车站乘公交车到游汾桥西下车，沿宽阔的马路向南步行800米左右可到。

周边景点：晋祠、双塔寺

首都博物馆

提起首都博物馆，就连地地道道的北京人也未必能说出个所以然来。三千年的古城，留下的故迹太多，已经让人看不过来，却往往忽略了其间大大小小的博物馆。那里珍藏的不仅仅是难以计数的古董文物，更是北京在漫长岁月里的历史印记。

长期以来，在故宫博物院、国家博物馆的光芒掩盖下，首都博物馆一向都不引人注目。寄居于孔庙内的老首博，更是一直鲜为人知。参观者即使偶然光临，对僻处一侧廊庑内的狭长展室以及数量稀少的展品，也不会有太深印象。但来到新首博，却给人一种耳目一新的感觉。这不仅仅在于其用钢材和玻璃搭就的流畅外形、内部直贯屋顶的硕大中庭以及应有尽有的现代化设施，更在于它所蕴含的厚重的历史、丰富的文物以及浓郁的古都风情。即使只是匆匆一览，也足以让你终生难忘。

首都博物馆

　　游客可登上长长的自动扶梯，也可以乘坐升降电梯，奔向右侧的常设展览。这层层的方形展厅却绝不以单调的形式和呆板的文字生硬地向观众展示。且看历史厅，外环是北京各时期的珍贵文物，与右侧世界相应时代互为对照，恍若穿越历史的走廊。而内中包含的各个单室，模拟了金代的皇陵墓室、元代的积水潭码头、明代的德胜门保卫战、清代的皇帝出行图，又似乎把观众拉回到遥远的瞬间。再看城建厅，不仅有大幅的图片，更有逼真的模型和古旧的实物，为观众上了一堂形象的建筑课。而来到民俗厅，更是仿佛走进了老北京的街巷胡同，流连于一座座四合院中去体验老百姓的市井百态。

　　这还不是首博的全部，中庭左侧倾斜的青铜柱体直透出屋顶和外墙，格外吸引眼球。那并非简单的点缀，沿着内藏的通道盘旋而上，会发现那是一个艺术宝库。面积不大的各层展室内，青铜器、玉器、书法、绘画、工艺品琳琅满目，内中不乏稀世珍品。加上方形展厅的瓷器和佛教造像，中国古典艺术的方方面面，尽涵盖于一馆之内了。

除了十余个常设展览，新首博内还常常开办各种各样的临时展览。曾经的《大英博物馆珍品展》和《印度古典雕塑展》都吸引了无数游客前往参观，今后类似的临时展览还会陆续登场。新的首博，成为首都备受瞩目的新焦点。

🏍 旅游小贴士

简介：圆形展厅一层是数字放映厅，采用先进的高分辨率投影机，在弧形屏幕上播放极具冲击力的数字电影。

如果参观累了，博物馆内设有茶座和咖啡厅可供小憩，地下一层还有餐厅提供自助餐。

到达：乘坐地铁1号线到木樨地站下车可到。

周边景点：白云观

苏州博物馆

选一个雨后初霁的清晨，穿行在苏州老城区，薄雾中拙政园的粉墙边隐约见到扬起一角高高的屋檐。仔细一看，不是黛瓦，却是深灰色的花岗岩、钢铁、混凝土与玻璃。这便到了苏州博物馆。

博物馆是一个城市的名片，苏州博物馆就是古城苏州精心梳妆的一张美丽名片。当代的博物馆已不仅仅是收集、储藏、陈列、展示文物或珍贵藏品，而日渐集研究、教育、休闲多功能为一体，寓教于乐，多角度地展示历史之美、文化之美、生活之美。近年新建的博物馆往往以独具匠心的设计成为所在城市的地标建筑。如"天圆地方"的上海博物馆，依鸦片战争后英国领事馆原址改扩建的英式风格的镇江博物馆，仿青铜大钟为整体结构的首都博物馆等。苏州博物馆可谓是花园式博物馆的典型。

相比于"博物馆"，它更像一座园林，名唤"印象苏州"。出身苏州的贝聿铭应邀为家乡设计，他运用经典的解构手法，不同时空、不同建材与千年的传统元素、传统苏式建筑风格碰撞，使整间博物馆置于庭院之中，庭院又成为北面拙政园建筑风格的延伸和现代版的诠释。

苏州博物馆

满目的白色粉墙是博物馆的主色调，以此同苏州传统的城市肌理融合在一起，却用灰色的花岗岩取代了千篇一律的灰色小青瓦坡顶和窗框。几何感的高峨屋顶似曾相识，原来诠释自苏州传统的坡顶景观——檐翘角与细致入微的建筑细部。玻璃屋顶和石屋顶的构造系统源于传统的屋面系统，过去的木梁和木椽构架系统却已被现代的开放式钢结构、怀旧木作构架和涂料组成的顶棚系统所取代。

月亮门、透窗、九曲桥，水池中还养了金色的锦鲤，乍看亭台蕴秀、水榭鲤波、回廊清幽，但花已非花，雾已非雾，钢铁、混凝土和玻璃下分明是浓烈的现代气息。30多间大小展厅，环环相串。低头细品展品间，偶一抬头，看见镂花大窗外翠竹匝地、人影翩翩，内心说不出的清凉。还有兼具功能性和装饰性的壁悬瀑布、楼绽荷池、玻璃天棚引下的光与影……，苏州园林移步换景的精髓在这里如影随形。

现代的洗练同江南建筑的内敛含蓄竟如此和谐，明快大气而不失婉约。一如这座城的年轻女子，或时尚或怀旧的衣着下是都市人匆匆的脚步，回眸时的浅笑却仿佛前世苏杭天堂里那朵茉莉留下的余香。未看藏品，新馆的建筑设计已让人流连忘返，不知今夕何夕，已先让人触着吴地的风韵。

文物是历史的见证。苏州博物馆将馆藏文物以六个主题分别陈列："晨光熹微""锦绣江南""争伯春秋""都会流韵""吴塔国宝""吴中风雅""吴门书画"。从史前长江下游新石器时代的马家浜文化、崧泽文化、良渚文化的陶器、玉器到春秋时期称霸的吴国的精美的玉器、精湛的青铜礼器，再到明清文人的精巧工艺类"时玩"；从五代佛教经卷、法器到俗世的江南都会的生活器具、精致首饰，都展示了苏州悠久灿烂的历史文化和独特斑斓的风土人情。特别是良渚文化的"玉礼器"，吴国的青铜兵器、青铜礼器，密宗于五代时在南方传播留下的文物，明清吴派书画等，有很高的研究价值和欣赏价值。

临走前，我再次来到那件曾深藏在虎丘云岩寺塔中的五代越窑秘色莲花碗前，釉色如玉温润，微微拢口的碗呈莲蓬状，外侧以浅浮雕饰做莲瓣，配以微微张开的莲瓣状碗托，器形优美端庄，浅浮雕线条流畅。端起相机按下快门，不经意间，隔着独立的玻璃展柜，将同样流连在这精美器皿前的女子的影子也印在了照片中。

🚗 旅游小贴士

简介：苏州博物馆的价值在于博物馆建筑本身，它是建筑大师贝聿铭的封山之作，是运用现代建筑设计理念建造的苏州园林式博物馆。贝大师的作品在国外广受赞誉，也颇有争议，能够在大师的故乡欣赏大师的作品本身就是一件有意义的事情。

太平天国忠王府是苏州博物馆的一部分，也免费开放。忠王府是典型的苏式建筑，木雕、彩画都是精品。忠王府的花园就是大名鼎鼎的拙政园。

到达：苏州市内乘多路公交车可直接到达。

周边景点：拙政园

上海博物馆

　　上海作为一座城的历史，只有短短七百余年，直到清末还只是一座名不见经传的小县城，即使放在江南一带，也远不能和苏州、扬州、杭州这些历史名城相提并论。只是因为鸦片战争后的被迫开埠，将其推向了对外交往的前沿，使之在仅仅一百余年间，就迅速成长为中国最大的城市、全国的金融经济中心、繁华的国际性大都会，这简直就是一个奇迹。

　　高楼林立、车水马龙的市中心人民政府对面，有一处开放式的绿地广场，面积虽不大，在寸土寸金的上海市区已属难能可贵。解放前，这里是远近闻名的跑马厅；解放后，才逐渐改建成人民广场。20 世纪 90 年代，上海博物馆新馆、上海大剧院、上海城市规划展示馆等一一在此落成，人民广场又被赋予了新的使命，成为体现上海文化气息的城市象征。

上海博物馆

　　凭着对中国文物的些许了解，一眼便可看出，广场南部正中的上海博物馆的造型取自中国古代的青铜鼎，上圆下方寓"天圆地方"之意，与中国历史一样厚重。

这座现代化的新展馆，把传统文化和时代精神巧妙地融为一体，不仅在中国，即使在世界上也属独树一帜。

大概是因为上海本身历史不长，我一直以来对其有点漠视，初到之时甚至过其门而不入。然而我一迈进大门就立刻发现，馆内展示的绝非臆想中破船烂网的渔村过往，中庭四面共四层的展厅，包括古代青铜馆、古代雕塑馆、古代陶瓷馆、历代书法馆、历代绘画馆、历代玺印馆、古代玉器馆、历代钱币馆、明清家具馆和少数民族工艺馆等十多个展厅，还有不定期开设的临时展览，简直就是一座文物艺术的大宝库！

走进各个展厅之内，那琳琅满目的展品，更是让人眼花缭乱。且看青铜馆内的大克鼎、小克鼎、保卣、召卣，都是著称于史学界和金文学界的重器；陶瓷馆内的良渚文化细刻陶器为罕见之品，原始青瓷和景德镇彩瓷也有独到之处；历代书画的收藏，更是素有江南半壁江山之说，其中不乏王献之的《鸭头丸帖》、怀素的《苦笋帖》、唐孙位的《高逸图》、五代董源的《夏山图卷》等稀世之珍。其他如玉器、钱币、玺印、雕刻、家具等，也是门类齐全，名品众多，自成体系。无怪乎央视的《国宝档案》栏目，曾连续数集介绍上海博物馆里的珍品，其实那也只不过是当中的一鳞半爪而已。

出门时看到那面刻满捐赠人名的墙壁，先前的迷惑迎刃而解：原来这么多的珍贵文物，绝大部分都并非出自上海本地，而是社会各界以重金自海内外购得并捐赠而来。不由得对这些仁人志士生出一份崇敬之意，正是他们的拳拳赤子之心，使许许多多国之瑰宝免去了流落异乡之苦，回归祖国的怀抱，让国人有机会一饱眼福。也正因如此，使得上海博物馆能和国家博物馆、南京博物院、陕西历史博物馆一起，跻身中国四大博物馆之列。

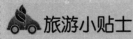 旅游小贴士

简介：上海博物馆门口有提供多语种语言导览设备，馆内一般允许拍照。门口经常需要排队入场，建议早点去。

到达：上海市内乘地铁一号线、二号线均可到达。

周边景点：豫园、城隍庙、外滩、浦东

浙江博物馆

杭州，中国的七大古都之一，虽然为都时间并不很长，却也足以在史书上刻下浓墨重彩的一笔。历史仿佛早已证明，杭州并不适合做政治中心，盘踞于此的统治者们，不是安于现状，就是耽于享乐。然而换个角度来看，这却是个十分适宜生活的地方，将其称为文化名城也许更为贴切。

"欲把西湖比西子，淡妆浓抹总相宜"，历代吟诵西湖美景的诗句已经难以尽录。沉醉在此湖光山色中的游客也总是络绎不绝。但流连于平湖秋月的人们却未必都会注意到对面的这座浙江博物馆，其实那也是西子湖畔不容错过的一处文化亮点。

此地原是清朝的皇家行宫，为珍藏《四库丛书》而建的全国七大藏书阁，其中之一的文澜阁就建在行宫之内。清末的太平天国战火毁掉了扬州的文汇阁和镇江的文宗阁，文澜阁藏书也几近散失。流落民间的库书经江南著名藏书楼八千卷楼的主人丁申、丁丙兄弟抢救并补抄，终于回归文澜阁，如今藏在浙江图书馆。而幸存下来的文澜阁所在则成了浙江博物馆馆址的一部分。

如今的浙江博物馆，已远不是 1929 年初建时的西湖博物馆所能比拟。1993 年

浙江博物馆

扩建竣工的新馆，楼阁亭榭，长廊逶迤，园中有馆，馆中有园，富有江南地域的特色。历史文物馆、青瓷馆、书画馆、钱币馆、工艺馆、礼品馆、吕霞光艺术馆、常书鸿美术馆、明清家具馆、精品馆等十个展馆分布其间，集收藏、陈列、研究于一体，馆内设备先进，又极具现代气息。

浙江是一个文物大省，早已闻名遐迩，我来到浙江博物馆，更加深有感触。七千年前的鱼米之乡河姆渡，掀开了浙江古老悠久的历史；良渚遗址出土的精美玉器，已经绽放出文明的曙光；春秋战国时期越国的各种青铜兵器和农具，制造工艺之精湛，比中原有过之而无不及；五代延烧至元明的龙泉青瓷，"青如玉，明如镜，声如磬"，制瓷技艺登峰造极；还有元代著名书画家黄公望的名作《富春山居图》，虽仅剩一半（另一半现藏"台北故宫博物院"），却足以成为该馆的镇馆之宝。而这些还只是馆内所藏十万余件文物的极小一部分，仅国家一级品就达一百多件，家底不可谓不丰厚了。

浙江博物馆不仅拥有众多常设展厅，还适时推出各种专题的临时展览，为博物馆拓展新的天地。而自身一些富有地方特色的藏品，也曾分赴德国、法国、美国、新加坡等国展出，影响遍及海内外。七千年浙江的悠久文明，不能说在此就能尽览，但至少能窥见大致轮廓，是毫不夸张的了。

 旅游小贴士

简介：服务台免费为观众提供物品寄存、咨询服务，讲解需要另行收费。

到达：杭州市区乘公交车到浙江博物馆下可到，或者乘公交车到断桥下，步行过白堤就到。

周边景点：西湖、飞来峰—灵隐寺、岳庙

湖南博物馆

1972 年，在长沙郊外的马王堆出土了一具西汉女尸。女尸深埋地下两千多年后居然肉身不腐，出土时体态外貌完好无损，毛发、牙齿都在，皮肤还有弹性，注射防腐剂的时候，血管还能鼓胀起来。这一考古发现立即震惊全世界。

马王堆汉墓的女主人是长沙国的轪侯夫人，出土时她身裹 9 层丝绸，装在 6 层棺椁之中，棺椁外填充了厚达半米的木炭层，木炭层之外又是一米厚的白膏泥，可见马王堆汉墓在尸体防腐方面做了充分的技术保障。现在，轪侯夫人正安静地躺在湖南省博物馆里。

马王堆汉墓不仅反映了西汉时期尸体防腐的技术水平，更可贵的是，汉墓还出土了大量的纺织物、丝织品、漆器、汉简，足以让现代人了解西汉科技水平的全貌。

在众多的丝织品中，最引人注目的是一件素纱禅衣，这件罩衫一样的丝织衣服薄如蝉翼、轻若鸿毛，团起来可以握在掌中，全部重量只有 49 克，据说后来的科技人员用了 25 年的时间来仿制它，但最接近的复制品也只达到了 49.5 克，0.5 克

湖南博物馆

的重量竟然是两千年的科技水平的差距。可以说，素纱襌衣代表了西汉养蚕、缫丝、织造工艺的最高水平。

　　在轪侯夫人的棺椁上人们还发现了一幅 T 形帛画。这种叫作"给旌"的旗帜，出殡时举在棺前，下葬时覆盖在棺上，似乎是引导主人升向天国的指针。帛画上的图案描绘了天上、人间和地下三个世界的景象，用浪漫的手法表现了古人对天国的想象和永生的追求，反映了西汉绣锦和绘画的水平。2008 年北京奥运会期间，在首都博物馆展出的"中国记忆——5000 年文明展"中，这幅 T 形帛画似乎是唯一不允许拍照的文物。

　　马王堆汉墓中出土了 500 多件精美的漆器。这些漆器品种繁多、造型优美，有鼎、锺、奁、案等。出土时保存完好，亮丽如新。它们都是西汉时期漆器的代表作品。

　　马王堆汉墓还出土了大量的汉简和帛书。帛书《天文气象杂占》中描绘了 30

幅彗星图，每颗彗星都有彗头和彗尾，符合彗尾总是背着太阳的科学规律，被认为是迄今发现的世界上最古老的彗星图。

所谓内行看门道，外行看热闹。我到湖南博物馆参观的时候，流连在展台前，看看说明、再看看展品，感慨再三，似懂非懂地点点头：噢，原来是这样啊。有一次，我与一个国外的麻纺专家一起参观湖南博物馆，他在一件并不引人注目的织物前停下了。他说这是麻布，纱线均匀，经纬细致，几乎看不到麻粒，也没有麻皮，比现代的麻纺产品的品质还要好。

当然，不管是看门道，还是看热闹，马王堆汉墓的出土文物无疑展示了汉代科技发展的成就，可谓是一部浓缩的西汉科技史。

🚗 旅游小贴士

简介：湖南博物馆主要参观内容就是马王堆汉墓，所以有一两个小时就够了。

最好请讲解员做介绍，很多文物的价值不听介绍可能看不出来。

到达：长沙市内乘公交车可到。

周边景点：岳麓书院、橘子洲、爱晚亭

第十一章　石窟游

敦煌莫高窟

莫高窟是我国也是世界上现存规模最大、保存最完整的佛教艺术宝库，被称为"人类文明的曙光"。它始建于秦建元二年（公元366年），距今已有1600多年的历史。被联合国教科文组织列入世界文化遗产。

据说莫高窟的建造是有故事的："有沙门乐樽，戒行清虚，执心恬静。尝仗锡林野，行至此山，忽见金光，状有千佛，故造窟一龛。"这里的"此山"，是三危山。没有它，就没有莫高窟。这里的"金光"，恐怕就是佛光。可能莫高窟的魅力有一部分就源自宗教的奇妙传说吧。

进入莫高窟，是要心境空明的。

四百多个洞窟，游客只能看其中10个。观光者的呼吸带着俗世的浑浊，不经意间就破坏了珍贵的画面和色彩。照相机、摄像机这类现代工具是坚决不允许带入的，入口处有严格的检查。这样很好，保护了瑰宝，也可以让人们真正收心凝神，在宁静里细细品味。

敦煌莫高窟

有很多美丽，其实用眼睛和心灵记录才可以长存。

导游开门引我入内，我一下子就跌进了历史和艺术的旋涡里。色彩斑斓绚丽，迎面扑来，举目全是玄妙的美丽。人物取自佛教，释迦牟尼和他幻身的三世佛、七世佛、千世佛和十万佛像，还有菩萨、护法神以及当时的民风民俗等。无论壁画还是塑像，皆奇异灵动、味道浓烈。

游客们屏息静观，不敢出一点声响。

看完一个窟导游就赶紧关掉一道门，但即便如此还是控制不了破坏程度。有些壁画和塑像都已经黯淡或者损伤过。总有一天，这些惊人的美只能封闭于深山不示众，否则只会灭绝。

这实在是悲哀和矛盾。如果没有世人的认可，这些美无法体现价值。可倘若让人们恣意赞赏感叹，它又会因此受伤。

仿真室已经在建造，可终究是"仿"，又怎么代替得了先人的巧夺天工呢？

最神奇的飞天在很多窟都出现过。飞天是佛界最完美的杰作，飘带飞舞，云彩环绕，姿态曼妙，神韵飘逸。遥远的古代，落居在大漠深处的人，怎么会有如此完美和迷人的灵感？

还有反弹琵琶。听说专门有专家研究过，人体根本无法做出这个高难度动作。

千百年前，是否真有人这样跳舞呢？这成了一个谜。

莫高窟里变幻的都是经变图，诉说着人的前世今生。我第一次深感宗教和艺术有如此生动而鲜活的生命。出了洞口，也许还会让人保持着恍惚的感觉，竟一时不知身在前世还是今生。

🚗 旅游小贴士

简介：参观莫高窟一般20~25人一组，由导游带领，可以看10个窟。除了经典的三五个窟必定去之外，剩下的导游可以自行安排。所以，只要有时间、有脚力，就可以换不同的队伍，跟不同的导游，可多看很多窟。还有一些窟经过特批可以去看，不过价钱不菲，上千元才能看一个。

莫高窟不能拍照。相机要寄存，有专门免费存包的窗口。洞窟外景可以在栏杆以外或者大门附近的一片沙地上用长焦镜头拍摄。

莫高窟需要多一点时间品味。少则两三个小时，多则一整天。包车可以跟司机讲好时间，不要太赶时间。

景区有很多卖纪念品的商店和摊位。这些地方要价都很高，游客最好多走几家多对比价格，可以大幅砍价。许多东西在沙洲夜市也能买到，不过关于壁画的画册、明信片和纪念册还是莫高窟最齐全。

导游一般都会带手电，足够游客参观使用了。不过最好自己也准备一个，在洞窟里欣赏就更加自由。

到达：敦煌市区有很多中巴直达莫高窟，乘出租车几十元可到。

周边景点：鸣沙山、月牙泉、阳关、玉门关

云冈石窟

　　传说公元453年，一位名叫昙曜的和尚来到首都平城以北的武周山下，从此直至北魏太和十八年（公元494年）孝文帝迁都洛阳之前，数十年中，叮叮当当的凿石声再也没有停止过。信仰的力量加上皇室的支持，终于成就了云冈石窟这幅绵延长达一公里的艺术巨作，其现存主要洞窟45个，石雕造像五万余躯。2001年12月，云冈石窟被批准成为世界文化遗产，世界遗产委员会的评价是："（云冈石窟）代表了公元5世纪至6世纪时中国杰出的佛教石窟艺术，其中的昙曜五窟，布局设计严谨统一，是中国佛教艺术第一个巅峰时期的经典杰作。"

云冈石窟

　　鲜卑是一个值得回味的民族。曾经骁勇善战的鲜卑人冲入汉人的世界，统一了北中国，他们对先进文明的渴望最终确定了历史的走向，粗犷豪放的个性被纤美细腻的文明所折服，一个从蛮荒走向文明的民族，却在通往文明的路途上逐渐消亡，直至完全融入中华民族的大家庭。

北魏是一个值得尊敬的朝代。短短的一百四十九年（公元386—534年），在历史长河中不过如白驹过隙的北魏王朝，竟然为后世留下了无比璀璨的艺术遗产。书法艺术上产生了古拙大方、刚健有力的魏碑体，成为历代书法家临摹的范本，到了如今的计算机时代依然是各字库的保留项目；北魏在石窟艺术方面的成就更是空前绝后，敦煌莫高窟、大同云冈石窟和洛阳龙门石窟并称"中国三大石窟"，后两者都是从北魏时期开始雕凿的。太和年中，北魏孝文帝实行汉化政策，反映到石窟艺术上，无论何种形象，都采取了汉族形式的衣饰，这一变化以云冈、龙门为中心向外辐射，影响远及秦陇、河西、巴蜀等地，莫高窟、麦积山、炳灵寺等著名石窟北朝中期以后的造像，都深受云冈、龙门的影响，削肩长颈的秀骨清像，从此风靡大半个中国。云冈石窟，无疑是这一变化最好的亲历者和见证者。

我拜访云冈石窟是在夜雨后的某个清晨，裸露着晋北少有的蓝天，古建筑顶上宝石般光润的蓝色琉璃瓦、武周山沉郁的褐色肌肤和广场上放肆地绿着的植物，将原本枯黄单调的晋北景物点缀得如同水粉画般明艳清爽。游人还没有到来，广场是半大孩子们奔跑嬉戏的乐园，有老人在一招一式认真地打着太极。1500余年前，北魏皇帝倾全国之力修造石窟时，这里是一幅怎样的盛况呢？棚架相连、工匠云集、挥汗如雨？时间的洪流淹没了斧凿击石的火花四溅，洗却了世事更替的万千浮华，只留下龛窟纵横的武周山，让后人得以回望那个众生向佛的虔诚年代，追思鲜卑人远逝的背影。

云冈石窟入口的设计没有给游人留下任何缓冲的余地，从平淡无奇的大门进去，走过短短的甬道，正对着的就是云冈石窟的精华——第五、第六窟。第五窟后室北壁中央坐像高达17米，是云冈石窟最大的佛像，于窟内狭窄的空间中抬头仰望，益发感受到佛之高大威严，人之卑微渺小。第六窟更是将石刻艺术发挥到了极致，四面八方的每一寸墙壁，没有留下一处空白，密密麻麻地刻满了各种形象，题材极其丰富：佛与菩萨面带微笑、开示群生；供养天人低眉顺目、手捧果盘；金钢密迹力士侍立于侧、威武雄健……四壁和中心柱上如连环画般展现的佛传故事，却让其他雕刻都黯然失色。在一幅幅电视屏幕大小的地方，安排了诸多的人物景观，纷繁而不杂乱，借助精湛的雕凿技艺，石头似乎也开口说话了，生动地叙述着一个个佛本行故事，或脍炙人口，或闻所未闻；肋下出生、九龙浴太子、骑象入城、宫中嬉戏、出游四门、逾城出家、入山问道、林中修炼、讲经说法……无数个精美的细节组合出一幅宏伟的叙事画卷，形象地描绘了释迦牟尼从诞生、出家、降魔、问道，直至成佛的一连串故事。佛祖跌宕起伏的一生如同分镜头般定格在这里，而每一幅画面背后的寓意又似乎有着无限遏远的想象空间。

第九窟到第十三窟，由于清代时涂上了颜色，俗称"五华洞"，一派色泽艳丽、五彩斑斓的佛国景象，仿佛从黑白电影进化到了彩色电影，让人眼前一亮。我最喜欢的是第十二窟，这里的主题场景是一场歌舞晚会，巧夺天工的雕凿技艺，将晚会永远凝固在最高潮的一瞬间。天花上飞翔的是由十几位伎乐天组成的乐队，衣袂曼妙，美目流转，手持排箫、琵琶、箜篌、笛、鼓等各色乐器，连龛里的菩萨都陶醉于音乐中，露出了浅浅的笑容。侧耳倾听，风中似乎传来悠扬的乐音；凝神注目，伎乐天长长的衣袖依然在飘扬舞动；怎么舍得转身离开，这一转身，就失却了永远的西天幻境，就辜负了鲜活生动的声色天堂。

第十六至二十窟，就是昙曜主持开凿的最早期的五个洞窟，通称"昙曜五窟"，气势磅礴，具有浑厚、纯朴的西域情调。其中四个窟的主佛都身着通肩袈裟、袒露右臂，这样的装束至今依然能够在印度、泰国看到，比较适合热带、亚热带气候，但恐怕无法抵挡滴水成冰的北国严寒。第十六窟正面的大佛像则是云冈第二期雕凿的，外着褒衣博带大衣，胸前双带作结下垂，与现今的领带没有什么分别，据说这是当时汉民族的标准衣着，看来西服领带的发源地需要重新考证才对，上述两种衣着的变迁清晰地说明了其雕凿年代的先后。第十八窟位于佛两侧的是十大声闻弟子，他们有的双手合十，有的单掌当胸，眼帘半开半合，面部表情虔诚尊敬，工匠的雕刻技法十分熟练，使弟子群像看起来特别有立体感，半浮空中，仿佛从石壁中长出来的那么自然，堪称杰作。

终于来到云冈大佛面前，没有人会对第二十窟的这尊主佛像感到陌生，他高十几米，体态丰满，两耳垂肩，深目高鼻，嘴角微微上翘，似笑非笑，于庄重威严之中又带有宽厚慈祥。佛像背光遍雕千佛像、飞天和火焰纹，繁缛而热烈，有阴柔之美的伎乐天盘旋在周围，更衬托出大佛的雍容华贵、刚健雄浑。最摄人心魄的是大佛炯炯的目光，那黑亮的眼眸充满亲切与睿智，似乎能看穿一切红尘和凡俗，斩断所有烦恼与牵挂。很多游人看大佛一眼，就在亲朋的催促中匆匆转过身去，对着镜头摆出各种姿势，绽放或奔放或含蓄的笑容。我则更喜欢伏在栏杆上，与大佛面对面，读他的目光，听他的呢喃，我听到了苦海无涯、回头是岸，读出了人生无常、佛法无边。

佛像前侧有一株小树，一树蓬勃的绿色为硬朗的石窟带来些许柔软。稍远处，槐树已蔚然成荫，在大佛深邃的目光中，生命按照自己的规律繁衍轮回。时光抹去了几乎所有的印迹，昙曜只留下一个名字，工匠们甚至连名字也没有留下，但他们创造的艺术杰作必将永恒。

🚗 旅游小贴士

　　简介：云冈石窟的精华集中在第五窟至第二十窟。东区的第一至第四窟大部分风化比较严重，第三窟内保存完好的一佛二菩萨显示出盛唐后期、开元以后的造像风格，可以与其他时代的造像对比着看；第二十窟以西的晚期石窟则规模较小，"秀骨清像"的特征比较明显。

　　建议上午七点半前从市内出发，在石窟开门前到达，早餐可以在云冈石窟前的早点摊吃，一边吃饭一边眺望武周山晨曦，心中充满期待；进门后不要顺序参观，而是向左直奔"昙曜五窟"，趁着人流尚未到此，痛痛快快地将云冈石窟最著名的大佛拍个够。

　　上午是旅游团参观的高峰，如果不能赶早来，干脆下午三点以后再来，夕阳西下时的云冈石窟另有一种沧桑之美。

　　到达：从大同火车站乘云冈石窟专线车即可到达。

　　周边景点：观音堂三龙壁、九龙壁、善化寺、华严寺

龙门石窟

　　龙门石窟开凿于北魏孝文帝迁都洛阳之际（公元493年），嗣后历经西魏、东魏、北齐、隋、唐、五代、宋、明诸朝，断断续续营造达500余年，现存的窟龛和造像多数为北魏和盛唐两个时期的雕刻作品。据说盛唐时期人民安居乐业，心态平和，所以有人开玩笑说这里的菩萨都是"下班菩萨"，个个慈眉善目，喜笑欢颜。在这里流连，你可以追忆起当年盛唐的繁华景象，雍容华贵，万邦来贺，泱泱有大国之风。这里最著名的卢舍那大佛据说是参照了武则天的容貌，看一看它，你会想起丰腴艳丽的唐朝美人。

龙门石窟

　　龙门石窟是我国著名的三大石刻艺术宝库之一，此处东西两山对峙，伊水中流，形似天然门阙，故古称"伊阙"。最早把伊阙称作龙门的是隋炀帝。他在洛阳建都，龙门正北就是隋东都洛阳外郭城的城门定鼎门。出了城便可跃龙门而去，只有皇帝才会这么奇想。我生在龙门旁的野战医院，至今家里还保留着那张军队医院出具的出生证，所以对龙门有着超乎寻常的感情。来时正逢盛夏，艳阳高照，两岸垂柳依依，河上清风徐来，让人心怀大开。

沿着伊水边的青石路面缓缓而行，便可看到石壁上大大小小的佛龛。经过自北魏至北宋400余年的开凿，龙门存有窟龛2100多个，造像10万余尊，碑刻题记3600余品，数量之多居全国各大石窟之首。这些佛像或立或卧，或行或飞，或舞或歌，或喜或嗔，惊叹其鬼斧神工之余，也不时能听到声声惋惜：很多精美的佛像头部都不完整，据说很多都成了外国博物馆的藏品。同时，千百年的沧桑裸露也使它们的圆润肌肤渐遭风化腐蚀。

莲花洞前一尊已被毁掉了头部的观音像，据说是龙门石窟最漂亮的雕像。导游说当年梅兰芳就曾仔细研摩并在舞台上多次习用这个造型。近前看，只见她左手轻提净瓶，右手持拂尘悄洒肩后，仪态万方，冉冉而来，仙衣飘动，裙带当风，说不出的妩媚雅致。

那次我们遇到了国际旅游小姐到河南巡游，108位佳丽前呼后拥，让人想起杜甫的诗句"三月三日天气新，长安水边多丽人"。远处的卢舍那大佛只是微微颔首，那俯视大千世界的慈悲目光，仿佛有着无穷的魔力，让每一个注视她的人为之倾倒。她的一抹微笑便足以代表整个盛唐。

卢舍那大佛前，古乐悠扬，宫女翩跹。盛装的"武则天"云鬟高耸，向所有来贺的游客微笑着挥手示意。这是龙门石窟新推出的"武皇礼佛"表演，再现了一千年前女皇武则天礼佛的盛大场景。据史料记载，后周女皇武则天崇佛，曾多次到龙门礼佛。相传她曾捐出自己的20万贯脂粉钱。用10万贯镌刻了闻名中外的卢舍那大佛，10万贯组建了一个名师云集的宫廷乐舞团，后人称之为"十万宫廷乐舞"。如今"武皇礼佛"的整套表演从服装、道具、人物、内容上都能从龙门石窟的窟龛中找到原型，你每天都可以在卢舍那大佛前看到一次这样的盛典。

古阳洞内有《龙门二十品》，是康有为极为推崇的魏碑之王。如有兴趣不妨去学上一两笔。2005年，7件漂泊海外80余载的石窟佛像回到了龙门石窟，其中一尊是古阳洞的佛头像。历经岁月磨难，雕像、碑帖重又合一，令人感慨万千。

 旅游小贴士

简介：最好上午去龙门石窟。因为上午阳光直照石窟西山，光线充足，便于摄影。参观完龙门石窟从南边的漫水桥过去，在对岸的东山上可以远眺石窟，看石窟全景。然后参观东山石窟，出来后参观香山寺、白园。这样不用走回头路。

龙门石窟的内容博大精深，如果想看个究竟，至少需半天时间。加上门票含对面的"白园"，所以玩一整天也是可以的。

到达：从洛阳市区乘公交车在"龙门石窟"站下。从市中心至龙门石窟，打车时出租车司机往往不开计价器，大概是二三十元，可以还价。

周边景点：龙门石窟、白园、王城公园

大足石刻

至今依然不知"大足"名字的来历，可能是我根本不想去探究，因为在内心深处，我一厢情愿地认为大足就是大脚印。在起起伏伏的丘陵深处，藏着一处状如脚印的神迹。那是怎样一只优雅而精致的脚印啊！只需瞬间一瞥，便被其无边的魅力俘获，难以自拔。

我探访大足宝顶山时，恰好是个春日。巴蜀的春天照例是温润而朦胧的，若有若无的雨丝拂在脸上，黄澄澄的油菜花漫山遍野地开着，青翠的竹枝拨开淡淡的雾，摇曳生姿，布谷鸟穿行间，惊落一树露珠，路旁的小学校里传来孩子们略带些口音的诵书声，竟如天籁般动听。这样的季节走在田间，就已经颇有些仙境的味道

大足石刻

了。而真正的仙境就在前方不远处，刷卡进了宝顶山的闸机，转弯，走下几级台阶，我便猝不及防地掉进了佛的世界。

三面绛红色的山崖紧密相连，围合成倒 U 形，如同一只巨大的足印，长达五百米的宗教艺术画廊便在周边山崖上绵绵展开，依山取势，巨龛相连，蔚为壮观。佛像大如巨擘，小不盈尺，无不雕琢精细。风雨剥蚀，世事变迁，这些石刻竟然奇迹般地保存完好，让人不禁猜测，有一种神秘的力量，将先人们虔诚的礼佛之心，原原本本地展现了千年。大足石刻以北山、宝顶山、南山、石篆山、石门山摩崖造像为代表，是中国石窟艺术重要的组成部分，也是世界石窟艺术中自 9 世纪末至 13 世纪中叶间最为壮丽辉煌的一页。安史之乱以后，中国北方的佛教造像逐渐衰落，大足石刻却异军突起，并成为宋代佛教造像的杰出代表，其中宝顶山大佛湾更是大足石刻的精华所在。1999 年 12 月，大足石刻被列入《世界遗产名录》。

牧牛图是大佛湾的序曲，看起来犹如镌刻在石头上的一幅宋代文人画长卷，山林俊美，泉瀑奔流，牧童时而挥鞭赶牛，时而牵牛徐行，时而袒胸酣睡，时而牧笛高歌；牛儿或卧、或饮、或惊恐欲奔、或侧耳倾听……十个牧牛的场景，如连环画般徐徐展开，浅显风趣的画面，竟蕴含着玄妙深奥的佛学哲理：牧童代表着修行者，牛则代表修行者的内心，从桀骜不驯到收敛心性，直至物我两忘，牛被逐渐驯化的过程，就是修行者修身养性、悟禅入道历程的写照。千百年来从这里走过的人们，有多少能够达到万象皆空的最高境界呢？如果少了清规戒律的约束，还有多少人能以内心修为抵御外界的诱惑？青青翠竹皆是法身，郁郁黄花无非般若，先人们眼中无处不在的禅理，面对物欲横流的花花世界，似乎真的已经力不从心。

圆觉洞内的妙处，就在踏进洞窟后的那一瞬间展现。昏暗的洞窟正中，一尊菩萨拜倒在佛前，她的背影被天窗中透过来的光束射中，如同舞台上被追光照亮的主角，成为昏暗中唯一的亮点；随着眼睛慢慢适应洞内的光线，两壁的菩萨便从淡薄熹微的光影中渐次浮现出来，带着宋代特有的精致和从容，花冠纤巧玲珑，袈裟舒展贴体，面容优雅恬静。与她们浑然一体的，除了身后的祥云缭绕、山石竹林，还有身前那足以乱真的石雕仿木香案。冷冰冰的石头，通过精心雕琢，再配以油漆彩绘，居然展现出木头的质感。精巧同样体现在排水系统的设计上，洞壁上一条横卧的龙便是排水管的起点，渗水顺着龙身汇集到龙头，注入老僧高擎着的盂钵，再从隐秘的管道排出洞外，虔诚的向佛之心，成就了高度的想象力，整套系统既匠心独具，又浑然天成。

我认为大佛湾的设计者必然通晓音律，深谙抑扬顿挫之道，紧随内敛型的圆觉洞之后便是豪放型的大悲阁。整整一面岩壁，密密麻麻地长满了手，如孔雀开屏般伸向空中，掌心里必有一只眼睛，手中必持一种法器，以排山倒海之势扑面而来，令人目眩神迷；佛像前矗立两座长明灯塔，跳动的烛火映着贴金，更显熠熠生辉，令人无所遁形，不由得后退一步，心中暗诵：光芒普照，我佛慈悲！稍定一定神，方才看清观音菩萨的面容，分明带着洞察一切的浅浅微笑。根据精确统计，这尊观音像共有一千零七只手，是货真价实的千手观音。她那摄人魂魄的无边法力，不仅仅是美，更是震撼，令人肃然起敬的震撼。

释迦涅槃圣迹图是整个大佛湾的中心，也是大佛湾名字的由来。见过大卧佛，可没见过这么大的卧佛，上半身横卧于地，双脚却已隐入岩际，不见踪影，右肩陷于地下，左肩已围绕五色祥云；大佛身前，弟子们躬身肃立，聆听佛祖最后一次讲法；卧与立、大和小的对比，更显得天地之间，唯有佛存！菩萨们个个低眉顺目，却并不哀伤，虽已跨越千年风雨，她们却似乎刚刚出现在这里：头上冠冕仍旧纤毫毕现，身挂璎珞依然粒粒可数；轻纱薄裙，下一秒就会被清风吹动；钵盂净瓶，转瞬间即有热气冒出。渐渐地我看得痴了，竟然觉得她们随时可能站立起来，徐徐走过我的身边……

在大佛湾另一侧，雕琢内容悄然发生着转变，儒家教化和寻常生活场景取代了九龙浴太子、孔雀明王等外来形象。中国人重孝，"报父母恩重经变相"就描绘了父母含辛茹苦养育儿女的辛劳过程，怀胎守护恩，推干就湿恩，远行忆念恩，一幕幕场景，既跃然传神于石壁之上，也真真切切地唤醒了我的记忆，那佝偻着身躯送儿远行的二位老人，分明就是我年逾古稀的双亲。父母对儿女的关爱犹如春风化雨，却往往被儿女忽视甚至误解，造像下面明明白白地刻着铭文"知恩者少，负恩者多"。我究竟算多数还是少数呢？如此一想，心中不禁忐忑，不禁羞愧，谁言寸草心，报得三春晖。

"报父母恩重经变相"如心灵鸡汤般娓娓道来，接下来的"地狱变相"则似一剂猛药般当头棒喝，血腥暴力成为整个"地狱变相"的主旋律。十八种地狱一字排开，上刀山、下油锅已然司空见惯，拔舌、肢解也都耳熟能详，对于恶贯满盈的人，还有毒蛇、饿鬼、烙铁床、刀剑林等着他慢慢享受。有信仰的人无疑是幸运的，对天堂的美好期待让行善积德的观念远播，对地狱的恐惧又曾将多少人从作恶的边缘拉回。信仰的力量促使南宋密宗大师赵智风为大佛湾奉献了毕生精力，信仰的力量将坚硬的石头变得婀娜多姿，信仰的力量还护佑着这些精巧绝伦的艺术珍品几近完好地穿越了八百年。

拾阶而上来到高处，回望这酷似大脚印的大佛湾，钟灵毓秀，郁郁葱葱。我渐渐相信：佛祖真的来过，他的脚印在兹；其实佛祖从来就不曾远走，因为禅自心生。

旅游小贴士

简介：北山石窟以观音像著称，第 133 龛水月观音，第 125 龛媚态观音，第 9 龛千手观音以及第 136 转轮经藏龛的多个观音造像堪称精品。

导游必不可少。大足石刻的导游不需道听途说的民间传说或野史来凑时间，石刻中的故事已经足够丰富、足够精彩。

邮亭鲫鱼和三驱镇田凉粉（豌豆凉粉）是当地名小吃，麻辣酥烂的鲫鱼配着花生碎和芽菜碎，又增加了鲜香。

到达：大足毗邻成渝高速。乘坐大巴从重庆到大足约 1 小时，从成都到大足约 3 小时，县城中心到宝顶山石窟有公交车，北山石窟距离县城约 3 公里，可打车前往。

周边景点：无

巩县石窟

洛河只是黄河众多支流中普普通通的一条，缓缓流过河南中部，既无山高谷深之险峻，又无碧波荡漾之秀美，但它却像一条血脉，将中国佛教石窟艺术的两大精品紧紧相连。洛河上游，龙门石窟已成为世界文化遗产；洛河下游，巩县石窟寺仍然在默默无闻中踽踽前行。默默无闻不见得是坏事，当龙门石窟宾阳洞的礼佛图正在美国的博物馆里向隅而泣的时候，巩县石窟的礼佛图还完好地待在它 1500 年前诞生的地方，淡泊安详。

感谢早已湮没于历史长河中的鲜卑族，从大同云冈到洛阳龙门，再到巩县石窟寺，他们留下了一座又一座伟大的佛教艺术宝库。巩县石窟开凿始于北魏宣武帝景明年间（公元500～503年），历经东魏、西魏、北齐、唐、宋、金、明，直至清代雍正年间，重修不断，现存佛像以北魏为主，续刻以北齐和唐代较多。它上承云冈石窟和龙门石窟的雕造遗风，简雅洗练，成为北魏晚期风格的典型，下启北齐、隋代雕刻艺术的萌芽，形成由北朝向唐朝过渡的一种艺术风格，在雕刻艺术史上占有重要地位。

巩县石窟

虽然位列第二批全国重点文物保护单位，我对巩义石窟寺并没有太高的期待，尤其当管理员带着我绕过明清风格的大殿，整个石窟寺一览无余的时候，那寥寥几十米的规模，甚至让我隐隐有些失落。然而刚踏入第一窟的大门，我便知道这趟没有白来。这是个典型的中心柱窟，正面龛内雕刻一佛二菩萨二弟子，比起云冈石窟典型的秀骨清像，这里的佛略微胖了一些，脸形方圆，衣纹疏朗，表情宁静端庄；中心柱的基座下蹲着力士，一个个胸肌发达，怒目圆睁；窟内四壁上部密密麻麻地刻满了小佛像，排列有致，整齐划一，显得繁盛而崇高。

转过身来，窟门两侧内壁就是整个巩县石窟寺的精华——"帝后礼佛图"，它艺术地再现了北魏皇室前往寺院礼佛敬香的宏大场面，一块普普通通的岩壁，变成了记录1500年前某个瞬间的华丽底片。僧尼身着袈裟，作为整个队伍的先导，仪态雍贵的皇帝、皇后紧随其后，神情肃穆之中带着期待与欣喜；贵族们个个头戴高冠，大腹便便，举手投足间显露出高贵与自信；侍者则头挽发髻，身材瘦小，有的执扇，有的撑伞，有的挈衣拖裙，有的手捧香炉，亦步亦趋，谨慎恭敬，与贵族形成尊卑鲜明的对照。人们大多朝着同一个方向，身子微微前倾，仿佛迫不及待地要向佛祖表明心迹，偶有一两个反身递送东西的侍女，使礼佛队伍更显动感十足。华盖高擎，飘带纷飞，不同人物参差错落，整个画面极富韵律感，构图严谨有序，层次分明。巩县石窟是由皇室主持开凿的，根据记载，北魏皇帝曾多次亲临礼佛。唐贞观年间，太宗也曾驾临朝佛，他的仪仗队一定如雕刻的那般前呼后拥，浩浩荡荡；而我的身前身后，却空无一人。一代明君与我面对着同一尊佛像，佛用微笑回应君临天下的他，也用同样的微笑回应一介草民的我，这样的感觉，美妙而奇特。

第三窟的精彩来自配角。正对窟门的龛楣上，一对供养天凌空翱翔。她们体态轻盈，头戴莲冠，手持莲花，薄纱贴体飘逸，裙带轻柔宛转，在云纹的烘托下，似乎随时准备着破壁而出，直上九霄。翩翩起舞的时刻，怎能少得了音乐的陪伴？东壁壁脚的伎乐天们早已组成了交响乐团，笙箫、琵琶、箜篌、双面鼓齐上阵，吹拉弹唱，各显神通，她们绝不因地处角落而敷衍了事，个个神态专注，气度悠然。舞姿翩跹，仙乐飘飘，原本富丽庄严的佛国净土，一时间竟幻变为欢愉热烈的极乐世界。

第五窟是几个窟中最小的一个，却有着最为精彩的窟顶藻井。中央刻以重瓣莲花，形态饱满大气，六身飞天围绕着莲花旋转，衣袂飘飞，体态婀娜。其整体造型繁缛华丽，动静结合，却又井然有序。据说人民大会堂万人大礼堂天花板上的莲花图案，就脱胎于这幅莲花藻井，仔细看去，果然有几分神似。

孔武雄健的力士，虔诚敏求的僧尼，典雅精致的藻井，舞姿飘逸的飞天，还有神王、怪兽、伎乐天……更有皇室的礼佛队伍，静静地守候了千年。虽然巩县石窟规模较小，造像少且风格相近，但浓缩的却是精华。每当我回望当年的旅程，幽幽古韵便裹挟着浓浓的佛教气息，从记忆深处跳出来，盈盈扑面。

旅游小贴士

简介：洞窟照明不佳，帝后礼佛图位于窟门两侧，背光，最好带上手电以便更好地欣赏。

窟内可照相，但请关闭闪光灯。请勿抚摸雕像，以减少对文物的破坏。

到达：距巩义市区约8公里，从市内的永昭陵南门（汽车站西）等地可乘坐旅游专线车直达，亦可乘出租车前往。

周边景点：巩义宋陵、康百万庄园

麦积山石窟

第一眼看到麦积山石窟，就不禁被那宏伟的气势所震撼。见过很多石窟，大都是在山体的边缘水平地展开。而麦积山石窟竟是在高达一百多米刀砍斧劈般的悬崖之上，一层一层地叠摞。不明白当初的开窟人是如何选中这地方的，难道非得如此，才能表现自己对佛家的那份虔诚吗？

开凿在崖壁上的石窟，最低的距地面也有二三十米，最高的竟达七八十米，直须仰视才能得见！窟间以栈道相连，走在这些经过现代加固的凌空栈道上，望望脚下都让人不寒而栗。想想当年那些只凭着简单的工具一刀一斧地凿刻着的工匠们，令人肃然起敬。而这样的一个过程，从十六国后秦年间就已经开始，历经北魏、西魏、北周、隋、唐、五代、宋、元、明、清各个朝代，绵延一千六百多年，这是一项多么浩大的工程啊！

麦积山石窟原本连成一体，只是由于经历多次地震，中部山崖崩塌陷落，才形成如今所见的东崖和西崖两个部分。东西崖上各立着三尊大佛，无疑是最显眼的。

麦积山石窟

从下面看似乎不觉很高，其实最高者达 16 米。佛像俯首下视，面容和蔼，虽是天堂的神，却又像是世俗中的人。佛教及其雕塑艺术虽然来自遥远的印度，但在经历过长途跋涉和岁月变迁后，到了这里已经逐渐摆脱外来的影响，体现出本地文化的特点，这也正是中华文化的魅力所在。

东崖大佛头上 15 米处，是一字排开的七座大型洞窟，称为七佛阁。洞窟向崖体内凹陷，前方形成了一个狭长的平台，外有木制栏杆围护。抬头看顶部那一排排的桩孔，想必当年曾构筑有大型的崖阁，可惜由于岁月消磨，早已荡然无存了。窟前的木构门窗和牌匾，应该也是后世重修的，就连窟内原塑于北周的一佛二弟子六菩萨或一佛八菩萨像，也已非先前样貌。但外部浮雕帷幕上的火焰纹、宝珠、鳞片网络花饰及流苏等，都显得十分华丽。窟外上方崖壁上的五组薄肉塑伎乐飞天，均是北周原作，十分珍贵。

包括七佛窟在内，麦积山现有编号的洞窟 194 个，留存历代泥塑、石雕共 7200 余件。其中剽悍雄健的后秦第 74、78 窟，秀骨清像的北魏第 115、133 窟，西魏第 127、121 窟，珠圆玉润的北周第 4、62、44 窟，丰满夸张的隋唐第 37、5 窟，写实求真的宋第 165 窟，都是各时代的点睛之作。由于山体石质结构松散，不易精雕细琢，因而佛像都以泥塑为主，绝大部分绘有彩妆。也正因为如此，成就了其"东方雕塑陈列馆"的美名。虽然在中国四大石窟之中，麦积山石窟常常是被人忽略的一个，但它的独特魅力却非其他石窟可比。

游走于各个洞窟之间，我不时感慨于古人的才思手艺，竟能用简单如泥土的原料，创作出如此精美绝伦的艺术珍品。每每路过封闭的洞窟，总是隐隐有点遗憾，不能一一尽览。不过转念一想，即使长期在此研究的学者，也未必就能面面俱到，我等匆匆过客，不过也就只能窥见一鳞半爪而已。

放眼四望，周围尽是青山翠柏，簇拥着如麦垛般奇特的孤峰，这是在我所见过的石窟中，难得一见的好景致。也难怪千百年来它一向被世人青睐和膜拜，直至今天。

🚗 旅游小贴士

简介：麦积山石窟是麦积山风景名胜区重要景点，国家 5A 级旅游景区，因山形酷似农家麦垛之状，故名。

由于雕塑和壁画比较深奥，建议请导游讲解。

到达：在麦积区火车站前有专线旅游车发往麦积山，车程约 1 小时左右。

周边景点：天水伏羲庙

炳灵寺石窟

"来这儿太不方便了。"这是我对炳灵寺售票处小妹说的第一句话。小妹回一句："既然来了就多看点儿。"西北人民就是热情，言语中都带着股亲切劲儿。清晨的阳光照着嶙峋的岩壁，温暖的光泽在我心中蔓延。

很多年以前，在某个塑料封皮的日记本里，我看到一张彩图，一尊佛悲悯地看着脚下的河水，我记住了那行小字：炳灵寺大佛；10 年以前，置身于宁夏青铜峡 108 塔间，我又想起了位于上游的刘家峡，想起了那尊水边的大佛；24 小时以前，我在130公里外的兰州大众巷马子禄牛肉面，一边排队，一边与后面的大哥探讨马子禄、国保、金鼎等连锁面馆口味的异同；20小时以前，我还在130公里外的兰州大众巷，吃着马冬青金城面片第一炒，向同桌的小兄弟询问去炳灵寺怎么走最便捷；16小时以前，我在54公里外的刘家峡水电站大坝，望眼欲穿地等待着与我一

炳灵寺石窟

同包船前往炳灵寺的游客；14小时以前，我在56公里外永靖县城横跨黄河的斜拉桥上，看绚烂的晚霞，看巨大的水车缓慢而执着地搅动着被晚霞映红的河水。

　　1小时以前，在54公里外的刘家峡水电站大坝，我终于等来了与我"百年修得同船渡"的游人。快艇掠过水库湖面，浊浪翻滚拍击着两岸的崖壁，过了洮河口后水色陡然变绿，犹如镶嵌在山间的一块美玉，绿得纯粹无瑕，黄河此刻不再是豪迈的西北汉子，它展露出无限的妖媚恬静，水面也变得开阔起来。远山朦胧，碧波万顷，云水苍茫，一望无际，湖畔人家，炊烟依稀。40余分钟后，快艇驶入炳灵峡，水面突然收窄，水色瞬间转黄，万仞绝壁临水而立，群峰竞秀，挺拔雄奇。山作赭红，水染赤黄，山水相连，勾画出一幅气魄宏大的炳灵山水长卷，这片连绵峰林就是著名的炳灵石林，红色砂砾岩经过亿万年水蚀风刻，形成了今天千姿百态的丹霞地貌。炳灵寺石窟，就坐落在崔嵬险峻的大寺沟中。

　　"炳灵"是藏语"十万佛"的音译，意译相当于汉语的"千佛洞"。十六国时

期，鲜卑族贵族所建立的西秦政权崇信佛教，炳灵寺位于西秦境内，地处古丝绸之路陇西段要冲，因此成了当时一大佛教圣地，内地及西域高僧云集于此，译经传法，开窟造像，晋代高僧法显西去印度就曾途经此地，据说至今仍能在第 169 窟壁画中找到他的身影。石窟正式营建始于西秦建弘元年（公元 420 年），后历经北魏、北周、隋、唐，不断开凿修造，元明时期仍有修妆彩绘。现存窟龛 216 个，石雕造像 694 身，泥塑 82 身，壁画约 900 平方米，在中国雕塑史上占有突出的地位，其浮雕佛塔和密宗壁画都十分珍贵。

沿路向寂静幽深的沟谷中走去，没有游人，只有顾影自怜的野花和歌喉婉转的小鸟陪伴着我。峡谷流水潺潺，绿草如茵，垂柳依依，一派江南秀色，与光秃秃的崖壁形成鲜明对比。走了约一里，转过一个弯，便遥遥地看见那尊巨大的佛像在山凹处巍然而坐，被层层相连凌空飞架的栈道簇拥着，道旁也出现了鳞次栉比的窟龛。我边走边看，不喜欢 6 号窟北周佛像的浑圆壮硕，却喜欢那灵动若涟漪的衣纹；不喜欢 10 号窟唐代侍立菩萨身上略显呆板的袈裟，却喜欢她高耸柔美的发髻；不喜欢 36 号窟一佛二弟子二菩萨的整齐排列，却喜欢阿难若有所思的生动表情；最喜欢 125 号窟释迦多宝二佛并坐，秀骨清像，飘逸潇洒；也喜欢 11 号窟顶壁画的飞天，丰腴柔美，衣袂飘飘。

渐渐地，喜悦转化成了失望和愤怒，因为几乎所有具有代表性或艺术价值较高的窟龛，都被安上了密实的木门，那是特窟，要额外花钱才能一睹芳容，而炳灵寺最重要也最珍贵的第 169 号窟，其票价更是跟它的位置一样高高在上，其中刚健挺拔的西秦造像，色泽艳丽的西秦壁画以及我国石窟中最早有明确纪年的西秦题记，还有我国目前所见时代最早的维摩诘经变图《文殊菩萨问疾图》，都与我无缘了。

在景区里流连了近两个小时，几乎看遍了开放的每一个角落，走出大门时，我特地看了看那长长的特窟名单，对售票处小妹说："你们这儿票价真贵！好东西都锁着不让看。"这次她没有回话，正在埋头发短信的她，抬眼给了我一个意味深长的微笑。

快艇劈波斩浪，带我来到临夏的莲花码头，我从这里启程奔赴下一个佛教圣地——拉卜楞寺。等车的时候忽然起了风，山雨欲来风满楼，远方乌云聚合，山峦只露出朦胧的黑影，近处阳光依旧，水面显现出迷幻般的蓝色，那种近乎不真实的蓝色，居然出现在黄河之上，令我瞠目结舌。人类与神秘莫测的大自然一同创造了这样的美妙瞬间，精美绝伦的雕像与波澜不兴的水库，哪个更能体现人类的智慧与梦想？如果昨天我顺利地找到了同船的游客，我将与永靖的黄河霞光擦肩而过，也永远无法想见黄河能呈现出堪与九寨沟媲美的色彩，我的炳灵寺记忆，恐怕就只剩下大佛那悲悯的目光了。旅途中放慢脚步，往往会与最美的风景不期而遇，换个角度看问题，往往会有新的感悟，此时此刻，我的心中再次漾满了温暖的光泽。

🚗 旅游小贴士

简介：最精华的洞窟都需要额外买票，如果您是石窟发烧友，请备好银子。

河对岸与大佛相对的一处佛殿中珍藏着长达8.6米的一尊卧佛像，是我国现存北魏时期唯一的卧佛，原来塑于第16号窟，因修水库整体搬迁，于2002年恢复，不要错过。

早上游人相对较多，散客比较容易凑齐人数乘船前往，下午三点后就很难等到人了；建议乘坐快艇，省时而且灵活；如果想坐大船到炳灵寺，要尽量早点到大坝上候船或者参加兰州出发的旅行团。

石窟主要集中在下寺，景区包括上寺等地，上寺仍有喇嘛居住修行，上下寺之间距离约6公里，沿峡谷河道步行约1个小时可达。每年农历四月十五、五月初五在上寺举行佛教活动，游人和香客会纷至沓来。

景区内餐饮及游客服务设施极少，请自备餐饮。

到达：从兰州汽车西站到刘家峡水电站要走80公里山路，乘中巴约2小时；炳灵寺石窟距离水库大坝54公里水路，乘快艇约50分钟；此外也有可乘百人的大船，来回约8个小时，在炳灵寺停留1小时。如果自临夏方向过来，可自县城乘小型面包车约2小时到莲花古渡口，乘快艇15分钟可到达石窟。

周边景点：刘家峡水库

克孜尔千佛洞

这是丝绸之路到过的地方，这是龟兹古国的故土。克孜尔是维语"红色"的意思，克孜尔千佛洞是中国开凿历史最早的石窟。

背倚明屋塔格山，南临木扎尔特河和却勒塔格山，虽然依山傍水，但西域的色调依然摆脱不开苍凉的主题。雅丹地貌是大自然的鬼斧神工，千佛洞却是人力艺术智慧的结晶。

绵延3公里的石窟区，分布着公元3世纪末到公元8、9世纪的200多个洞窟，按照年代和艺术风格的区别可划分为4个时期。

克孜尔千佛洞

初创期大约为公元3世纪末到4世纪中叶，此时期的壁画多用暖色，线条粗犷，人物造型受到犍陀罗艺术的影响，天人长耳、短腿、佛披有通肩袈裟。这里出现了飞天的形象，不过显然没有敦煌的曼妙，这里有龟兹的舞者，体态丰硕，伎乐天神态虔诚。47号窟是克孜尔最大的代表性石窟，这是一种前室开凿有露天大佛像的式样，有人猜测这和鸠摩罗什曾在龟兹弘扬大乘佛法有关，但猜想也就只能是猜想，如今大佛早已不见踪影，留下的只是空空的残室像台。看到这里又不得不对克孜尔石窟满目疮痍的现状感到一丝惋惜和哀叹。古龟兹人民那些充满丰富想象力的鸿篇巨作就那样一次又一次地被"文明"的考古探险者们盗走，塑像几乎抢掠一空，壁画被一块块地揭走，在不少洞窟都能看到斧凿累累的痕迹，仿佛哭诉着一场文化劫难的遗憾和叹息。

第二期和第三期，石窟艺术进入繁荣发展成熟的阶段。这时出现了克孜尔最具代表性的菱形格故事画。人们通常习惯于以连环画的形式来表现故事的情节，而在这里，一个菱形格里就是一个故事，展现的是这个故事中最精彩的一个场景，内容来源于佛本生故事和因缘故事。仅仅一幅画，就是故事的全部，却又绝不单调，绝不牵强，你看懂了一点一滴的小细节，便会恍然大悟，赞叹其生动丰满而又妙趣横生。

石窟壁画进入第三期后明显色彩开始丰富，画风更加细腻，出现了华丽的龟兹国国王王后供养像，飞天的形象更加饱满。天衣飞扬，满壁风动，粗犷的线条勾画结实的骨骼，轻柔的笔法渲染丰润的肌肤，既有飞舞的飘带表现自由翱翔的神仙风姿，也有朴素的纪实手法记录民间生活的农耕起居。而克孜尔壁画的技法还有一个独到之处，即直接在没有涂白的泥壁上作画，着色方法除了平坦的烘染，还有水分的晕散，这种湿画法也被称为凹凸画法。经过凹凸画法的渲染，人物的肌肤变得更加富有弹性，触感更加真实，这是绘画艺术的一种创新，也是龟兹人民对于纯朴美感的一种心灵向往。

进入第四期，石窟艺术开始走向衰落，洞窟规模变小，出现了千人一面的千佛壁画。

克孜尔石窟艺术最辉煌的时期正是魏晋南北朝时期，这个动荡不保朝夕的时代焕生出了优美风流的魏晋风度，而在龟兹也诞生了一位承前启后的佛教大宗师，那就是今天伫立在克孜尔石窟前这尊沉思的塑像——鸠摩罗什。这是一个佛教开始盛行的年代，鸠摩罗什所弘扬的大乘中观思想以及他翻译的经论在中国佛学史上可谓举足轻重，至今无人能出其右。就在这附近的苏巴什佛寺，也曾经香火鼎盛，后来玄奘取经路过此地都不由得停下来讲经说法。只是这一切在历史的洪流中转瞬即逝，苏巴什成为一片废墟，龟兹古国只留下一块城墙纪念碑。历史总是爱用荒凉凄清的手笔来追悼曾经鲜活美好的生存，也许不如此，便无法感叹沧海桑田的岁月变迁吧。

还好，我们还留下了克孜尔石窟艺术的美丽断章，在残缺剥落的色彩空间里，我看到佛的微笑，依旧相好庄严。

 旅游小贴士

简介：石窟平时都是上锁的，买了门票后有专人引领讲解。

普通门票基本看不到任何完整的壁画亮点，感兴趣的可花钱看特窟，或者买本画册过瘾。

包车一般可以同时游览苏巴什佛寺遗址、克孜尔尕哈烽火台等。

到达：可从库车包车前往，往返200元左右。

周边景点：苏巴什佛寺遗址、克孜尔尕哈烽火台、库车大寺、库车大峡谷

响堂山石窟

"南响堂北响堂南北响堂响南北"，这是一幅南北响堂山对联大赛的上联，该项比赛征集到的下联很多，但是特等奖和一等奖始终空缺，不知道这算不算得上是个绝对，就当作一个额外的雅趣吧，让你在登山赏景之余莫要忘了胸中锦绣。

开凿于北齐时代的南北响堂山石窟位于河北邯郸峰峰矿区，两地相距十几公里。中国的四大名窟敦煌、龙门、麦积、云冈几乎人人耳熟能详，响堂山之规模名声虽然远逊于四大名窟，但是从建筑造诣的角度上来讲，至少不低于龙门和云冈。

　　北响堂山已经修建成一个大型的森林公园，山脚下宋代的常乐寺旧址早已损毁，余下一座残存的古塔巍巍独立，悠悠千载光阴，唯有那痴情的燕子不离不弃。

响堂山石窟

　　石窟依山而建，凿在半山腰的悬崖峭壁之上，也许这是与天更接近的地方，也许这样更能保得万世流芳。可是路过的小窟却早已空空如也，外壁上仍残留着精美的火焰柱门檐，内中却已是荒草萋萋。佛爷们不知流失何方了，但是，虔诚的善男信女们仍然一路不停地叩首祈拜，喃喃自语之余还不忘在那空空的佛龛之内供上饼干和果子，或许这就是佛在心中，心诚则灵吧。

　　响堂山石窟最大的特点就是把石头凿就的洞府打造出了木建筑的结构，石头做的屋檐、廊柱、门窗，甚至佛像前还拉上一道石雕的账龛。中国的古建筑总是偏爱木材的营造，不是古人不懂得石头更加结实更加耐用，而是他们更爱木头的温润和飘逸，那里面有生生不息的自然天地之灵气。于是，伟大的古人们选择了会腐朽、会剥落、会焚毁、会倒塌的木头来营建恢宏的宫殿和庄严的庙宇，这样的建筑怎么能不是一种精神、一种文化呢？即使是这石凿的洞窟，人们并不仅仅满足于雕刻石造佛像的美轮美奂，他们还要为这些佛像打造出尊贵辉煌的神仙洞府。于是，有了那如殿堂建筑的斗拱飞檐，洞外八角形的石柱下承以须弥座，仿佛是它支撑起整个洞窟的重量，券门内侧满满地雕刻着精美的卷草团花纹，洞顶上是宛若壁画的飞天起舞，更有那一袭幔帐，菩萨的真容若隐若现，这些宛如木质建筑的线条、结构和雕饰赋予了石窟更加鲜活的生命力，它们变得流光溢彩起来。

火焰造型是响堂山最常见的一种奇特形式，火焰形尖拱的廊柱、火焰形的券门、火焰形的壁龛和外饰，一切都传达着浓浓的印度风情。南北响堂的佛像都有很大程度的损毁，最常见的就是失去了尊贵的头，窟内如来端坐，菩萨侍立，妙法庄严，只是我们所能看到的仅仅是佛像头上残留的光环，虽然那光环的纹饰色彩还是美丽如初。

能保存下来的完整品相即是绝唱，北响堂的大佛洞便是响堂山石窟造像绝笔之尊。内中这座响堂山最大的造像当是鬼斧神工之作，尤其是他背后那犹如孔雀开屏般绚丽华彩的火焰形光饰，充满神圣的威严，无论你是不是佛家的信徒，都不得不以一种虔诚的目光来仰望和注视他。这不仅仅是一件石窟艺术的珍品，也是活灵活现的佛的化身，不管你有没有真的低眉叩首，心里都已经为之顶礼膜拜了。

有一尊龛外侍立的菩萨在漆黑的洞窟内闪出异样的光芒，那是腰间系着飘带的部分由于人们长年累月的抚摸祈福而变得异常光亮，也许这是最灵验最和蔼最亲切的菩萨，因此格外受到凡人的眷顾，虽然也同样失去了尊贵的头颅。可是那头部巨大的光环纹饰和光亮如玉的身体造型结合在一起，却有着一种别样的美，犹如断臂的维纳斯，因残缺而独一无二，因残缺而举世无双。

南响堂的石窟相对来讲就有些平淡无奇了，没有建在崇山峻岭之上，保存的也就更加凋零，窟内雕像大部分都已遭损毁。只有千佛洞最为动人，窟顶藻井上刻绘的飞天个个衣带飘扬，神姿仙态，有吹笙的，有起舞的，所谓"诸天伎乐，百千万神，于虚空中，一时俱作，雨众天华"之盛景也莫过于此了。另有一窟内列龛下方及前壁窟门两侧都刻满了《华严经》的章节文字，我进去的时候，窟外的阳光正斜斜地射进来，壁龛上的小佛像光亮逼人，隐隐约约的石刻文字宛如天书乍现，就在这阴冷潮湿的洞窟内，在尘土气息遮掩一切的氛围中，突然产生了一种灵性的光辉，虽然仅仅刹那，却足以荡涤灵魂的触角。

走过了南北响堂山，却始终没有思索出那副绝对的下联，如果你也有意，不妨去响堂山走一趟吧。

🚗 **旅游小贴士**

简介：北响堂石窟在半山腰处，都是台阶路，步行半小时可到，上面还有一个水浴寺小石窟，比较高，规模小，如果喜欢爬山可以去看看。

峰峰市区有一家叫"枫林阁"的餐厅，算是当地最好的饭馆，装修富丽堂皇，价格却很实惠，味道也不错，在背包客中口碑极佳。

住宿可选择在邯郸市区，各档次宾馆齐全。到达北响堂山位于邯郸峰峰矿区北10余公里，峰峰有公交车可到，但是车比较少，而且只停在路口，到森林公园入口还有很长的距离，乘出租车去比较方便。南响堂就在峰峰市区内，步行可到。

周边景点：磁州窑遗址、学步桥、丛台公园

须弥山石窟

须弥，是梵文的音译，又称曼陀罗。传说中的须弥山高达200多万里，是佛家宇宙观的中心，佛祖端坐顶端的坛城，向周围的四大部洲讲经说法。

不知宁夏固原的这处须弥山是何时与如何得名，它与传说中的佛教名山似乎有很大的落差。这里的山都不高，植被稀疏、岩石裸露、沟壑纵横，谈不上是风景胜地。山下的寺口子河，水浅石多，波澜不惊。门前的公路，车流甚少，显得有点冷清。很难想象，当年作为丝绸之路东路重要孔道的石门关，曾经有过中原汉王朝和西域各少数民族来往交流的繁荣景象。

须弥山石窟

但石窟是超然于世俗变迁的。抬眼可见半山腰上那尊弥勒大佛，头梳螺髻，双耳垂肩，身披袈裟，双臂下垂，表情庄重。他的魁梧身躯完全是一块完整的巨石雕琢出来的，比更早期的云冈露天大佛和同时代的龙门奉先寺卢舍那佛还高。他自唐代凿成，端坐于此长达一千多年，经历了无数风风雨雨，见惯了许多金戈铁马，依然气定神闲。想象传说中端坐须弥山上的佛祖，也就是如此吧？

佛家的世界有大大小小的神仙，须弥山石窟也并非只有这一尊大佛。与敦煌莫高窟等知名石窟不同，这里的洞窟并非都开凿于一片崖壁上，而是沿着山沟分布，连绵不断。大佛楼边的子孙宫，洞窟遍布，十分壮观。这里的石窟多开凿于北魏时期，以中心塔柱式窟为主，四面分层开龛造像，尤以第 14、24、32、33 号窟为代表。可惜除此之外，其余洞窟多支离破碎。以至于后世之人重塑粗制滥造之神像，作为求子求孙之用，大概子孙宫之名即由此而来吧，只是与开凿者之原意相去甚远了。

我正失落间，圆光寺到了，那是明正统年间高僧绰吉汪速所建，明英宗皇帝赐名的寺院。寺院本身并无特别之处，然而我不经意中走进一处构筑有木檐的洞窟，眼前却豁然开朗。这处编号为 51 的洞窟，竟将山包整个凿空，辟出前室、主室和左右耳室，中心塔柱四面开有大龛，后壁宝坛上并列 3 尊高达 6 米的坐佛，姿势雄伟，是现存北周造像中罕见的杰作，难怪被称为"须弥之光"。这样的洞窟还有第 45、46、67 窟等处。一直到相国寺以北，则以隋唐石窟为主，也不乏精品之作。过了桃花洞，后面的松树洼、三个窑、黑石沟，虽然仍有洞窟，不过已无太多可观之处。

须弥山石窟的开凿，始于北魏，兴盛于北周和唐朝，宋元明各代修葺经营，历时 1500 多年，曾经是何等辉煌。然而后世却日渐荒废，直到解放后才在文物调查中重新发现。尽管饱受自然灾害和人为破坏，如今仍存有洞窟 162 座，保存的造像、彩绘、壁画、题记等数量庞大，堪称中国古代佛教艺术史上的一份瑰宝。尽管它的名气远不如国内的四大石窟，但它的艺术光辉却并不逊色多少，只是养在深闺人未识而已。

旅游小贴士

简介：与四大石窟不同，须弥山石窟的洞窟分布在连绵两公里的八座山峰上，需要爬山，体力消耗比较大，雪天和雨天都不太适合游览。

到达：从固原市区乘公交车到三营镇（行程 1 个多小时），在镇北的路口有车去须弥山（行程近 1 个小时）。旅游淡季时从三营前往须弥山只能包车。

周边景点：同心清真大寺

第十二章　宗教圣地游

五台山

　　五台山位于中国山西省东北部，也是"中国佛教四大名山"之一，是中国佛教及旅游胜地。五台山由古老结晶岩构成，北部悬崖峭壁，五峰耸立，峰顶平坦如台，故称五台，分别是东台望海峰、西台挂月峰、南台锦绣峰、北台叶斗峰以及中台翠岩峰。

　　五台山是修筑中国佛教寺庙建筑最早的地方之一。自东汉永平年间起，历朝历代都在五台山修建寺庙和道场，它是著名的宗教文化圣地。五台山是大智文殊师利菩萨的道场，又以其建寺历史悠久和规模宏大，居于佛教四大名山之首，又有"金五台"之称。

　　五台山由东、西、南、北、中五大高峰组成，五座高峰景色各异，各有千秋，据说代表着文殊菩萨的五种智慧：大圆镜智、妙观察智、平等性智、成所作智、法界体性智；也代表了五方佛：东方不动佛、西方阿弥陀佛、南方宝生佛，北方不空成就佛、中央毗卢遮那佛。游览五台山，在欣赏美景的同时，了解五台山的佛教文

五台山

化，也是一个极大的收获。

五台五峰指的是五台山的五座山峰，即望海峰、挂月峰、锦绣峰、叶斗峰和翠岩峰。五座山峰景色各异，犹如五姐妹，一体相连又美丽繁易。

东台望海峰海拔高，在台顶便可看见云蒸霞蔚，白云翻滚，仿佛大海一般，由于海拔高，盛夏也需穿棉衣，中国佛协前会长赵朴初填词赞曰："东台顶，盛夏尚披裘。天著霞衣迎日出，峰腾云海作舟浮，朝气满神州。"概括了东台山的美景。

有诗赞叹西台挂月峰说："西岭巍峨接远苍，回瞻乡国白云傍。孤峰岭翠连三晋，八水分流润四方。晴日野华铺蜀锦，秋风仙桂落天香。当年狮子曾遗迹，岩谷常浮五色光。"可见西台的美丽。

五台其余三峰美景各有特色，或锦绣，或峭立，或苍翠，让游人赞不绝口，流连忘返。

寺庙古刹是五台山的精髓，五台山佛教组织以寺院为单位，按佛教传承之不同，寺院分为青庙和黄庙。五台山名寺众多，数不胜数。始建于汉明帝永平年间的显通寺位于台怀镇中心地，是五台山历史最古老、规模最大的寺庙。显通寺南侧的塔院寺最引人注目的便是白塔，高耸的白塔被看作是五台山的标志。

被称为五台山诸寺之首的菩萨顶相传为文殊菩萨住处，也称文殊寺。全庙参照皇宫模式修建，瓦为三彩琉璃瓦，砖为青色细磨砖，十分华丽，体现了中国寺庙文化的繁荣和博大。五台山的寺庙展示了中国繁荣的佛教文化与建筑艺术，真可谓是一部佛国史、一座艺术宫。

相传，太平兴国兴建初年，宋太宗率领杨家将等大批兵马亲征辽国晋阳，后来宋军大败辽军，乘胜追击至五台山时见佛祖有诣，便放弃追杀。

宋太宗与杨业父子便上五台山听五台山白鹿庵住持睿谏法师讲经说法。后来杨业第五子即杨五郎天天拜见睿谏法师，两人谈得很投机，法师见他有心向佛，便说："尘世间生生死死，打打杀杀，不过一场戏耳，五将军日后应好自为之。"法师在杨五郎离开时送给他一个包袱，告诉他遇到危险时方可打开。

后来宋辽交战金沙滩，由于潘仁美设计陷害，致使杨家将大败。杨五郎奋力拼杀，突围到一片树林中，处境十分危险。

此时，他猛然想起睿谏法师送他的包袱，打开一看，便见里面放着一把剃刀、一张度牒、一顶僧帽、一套袈裟。杨五郎想起奸臣当道，潘仁美屡次陷害杨家将，心灰意冷，遂卸下战袍、头盔，自剃须发，穿上僧装，骗过层层敌兵，一路来到五台山的太平兴国寺，拜睿谏法师为师，在五台山当了和尚。

🏍 旅游小贴士

怎么去：北京、天津、上海、成都、南京、西安等地有飞往太原武宿机场的航班，在太原长途汽车东站可乘坐开往五台山的旅游大巴。也可在北京乘坐直达五台山的火车。

观光：周边景点有平遥古镇、大同。

美食：可在景区各寺院内享用斋饭，或到五台山的中心地带台怀镇品尝当地风味小吃和特色菜肴，如㸆香蘑、清炒台蘑、小鸡炖台蘑拨烂子、过油山药等。

world: 世界传世藏书
旅游大百科
游遍中国
八〇六

> 住宿：可选择在台怀镇住宿，宾馆和家庭旅馆的住宿环境不错，价格也十分合理。也可选择入住景区寺院内的客房。
>
> 购物：五台山美食特产有台蘑、台参、金莲花等。另有五台山砚值得购买收藏。

普陀山

普陀山是东海舟山群岛中的一个小岛，南北狭长，面积约 12.5 平方公里。普陀山与山西五台山、四川峨眉山、安徽九华山并称为"中国佛教四大名山"，素有"海天佛国""南海圣境"的美称。

普陀山是全国最著名、最灵异的观音道场、佛教圣地，其宗教活动可追溯到秦代。到了唐朝，海上丝绸之路的兴起，促进了普陀山观音道场的形成，并迅速成为汉传佛教中心，传至亚洲各国。直至清末，全山已形成 3 大寺、88 禅院、128 茅蓬，僧众数千，可以说普陀山是"观音之乡"。

"海上有仙山，山在虚无缥缈间。"美丽的普陀山以其神奇、神圣、神秘，成为享誉全国的旅游胜地。游览普陀山，看海上仙境，在南海观音大铜像下诚心参拜，把心中美好的愿望连同普陀美景一起放在心中，别是一番感受。

普济禅寺又叫前寺，坐落在白华山南、灵鹫峰下，是供奉观音的主刹，寺内有大圆通殿、天王殿、藏经楼等，殿、堂、楼、轩共计 357 间。大圆通殿是全寺主殿，人称"活大殿"，供奉着高 8.8 米的毗卢观音。

普陀法雨禅寺又称后寺，创建于明万历八年（1580 年），因当时此地泉石幽胜，结茅为庵，取"法海潮音"之义，取名"海潮庵"。整座寺庙规模宏大，气势

非凡。不远处的千步金沙空旷舒坦，海浪声日夜轰鸣，北宋王安石曾赞之"树色秋擎书，钟声浪答回。"

慧济禅寺位于佛顶山上，佛顶山又名"菩萨顶"，是普陀山制高点，因寺院处佛顶山中间谷地，俗称佛顶山寺，为普陀山第三大寺。寺院深藏高山密林之中，走出山门不远，便可观幽奇诸峰、缥缈群岛，四周鸟语花香，令人恍若置身天国。寺院主要殿堂分布在条水平线上，显示了设计者利用地形进行设计的高超技巧和卓越智慧。

"莲池夜月"指的是普陀山海印池的月夜景色，海印池也称"放生池""莲花池"，原是佛家信徒放生的池塘，后种植了莲花，就称"莲花池"。莲花池三面环山，四周古樟参天，池水为山泉所积，晶莹透彻。盛夏时节，池中荷叶田田、莲花亭亭，映衬着古树、梵宇、拱桥、宝塔倒影，构成一幅十分美妙的图画。

每当夏季月夜，这里荷香袭人，伴着一轮明月，衬托出宁静的夜色，仿佛处于观世音菩萨的仙宫之中，飘飘欲仙，雅致非凡。

普陀山美丽雄伟，历代许多文人雅士纷纷提笔歌咏之，如楹联"晨钟暮鼓惊醒世间名利客，经声佛号唤回宦海梦迷人"，写到了普陀山的神圣。清代的福坚法师有诗赞道"普陀群峰竞秀，洞天古木潭印月，石堂松雪高士卧；玉瓶溪水萦绕，山路松声风推日，红雨山房逸民居。"写出了普陀山的俊秀。

相传在公元916年，一个日本的遣唐学问僧慧锷对五台山精舍一尊观音像非常喜爱。他恳求寺僧同意他将观音像请回日本，得到寺僧的同意后，他便准备乘船回日本。

可是当他准备起程的时候，观音圣像变得十分沉重，不能抬上船。好不容易起程了，当船经过普陀山时，莲花洋突然涛怒风飞，海水中布满了铁莲花，船寸步难行。慧锷认为观音菩萨不愿意东渡去日本，只愿留在普陀山，于是把观音圣像供奉在当地姓张的居民家中。

姓张的岛民十分感动，便把自己的房宅建成一座"不肯去观音院"，这个不肯去观音便留在了普陀山。

🏍 旅游小贴士

怎么去：可在上海吴淞口码头、宁波客运码头乘轮渡和上海芦潮港码头乘快艇到普陀山。或从北京、上海、南京、青岛、厦门、汕头等地乘飞机抵达舟山普陀机场，再到沈家门渔港乘班船或快艇前往普陀山。

观光：周边景点有桃花岛、东极岛、朱家尖等。

美食：舟山美食以海鲜为特色，主要菜肴有白鲞扣笨鸡、黄鱼鲞烤肉、大烤目鱼、盐焗基围虾、葱油海瓜子、烟熏鲳鱼等。

住宿：普陀山有许多不同档次的酒店和宾馆，很多岛上的居民也提供家庭旅馆。

购物：普陀山特色海产品有黄鱼、墨斗鱼、佛手等，清暑解渴的佛瓜、云雾佛茶、紫竹等都值得购买。

九华山

九华山位于安徽省池州市青阳县，与浙江普陀山、山西五台山和四川峨眉山并称为"中国佛教四大名山"。九华山古称陵阳山，九子山，唐玄宗天宝年间改名九华山。诗仙李白在《改九子山为九华山联句并序》中说："妙有分二气，灵山开九华。"诗豪刘禹锡在游览九华山时也赞叹道："江边一幅王维画，石上千年李白诗。"

九华山

九华山在清朝时被概括成有"九华十景"，而今，随着旅游业的兴起，许多新的景点也陆续被开发出来。再加上隔长江与天柱山相望，又与黄山临近，九华山的游览价值更加突出。九华山以其优美的景致和深厚的历史文化，无愧于"东南第一山"的美誉。

九华山的奇山异水向来为人称道。山间遍布深沟峡谷，垂涧渊潭，流泉飞瀑，气象万千，宛如一幅清新自然的山水画卷。游览九华山，仿佛在山水画中行走，奇趣无穷，既可觅得胜境，又可了解到丰富的地藏文化，收获无穷。

九华山是佛教地藏菩萨的道场，山中多有佛教建筑，大部分与地藏菩萨有关。唐时新罗人金桥觉在九华山圆寂，被视为地藏菩萨的化身，称为"金地藏"。金地藏肉身安葬的地方叫作"地藏塔"，位于九华山上的神光岭，除神光岭外，还有两座肉身殿，分别在百岁宫和双溪寺。

每年农历七月的最后一日是地藏菩萨的诞辰日。在这样一个特殊的日子里，九华山肉身殿将举行隆重的"地藏法会"，历时七天，圆满之日设斋款待大众，广结良缘。

九华山佛教在清代达到鼎盛，香火之盛甲天下。

九华山上高峰林立，最高峰为十王峰，海拔1342米，其次为七贤峰（1337米）、天台峰（1306米）。海拔1000米以上的高峰有30多座，险峰上多峭壁怪石，天台峰西边有"大鹏听经石"，传说是大鹏鸟听地藏菩萨诵经受到感化而化身为石，观音峰上的观音石是一尊酷似动态的观音菩萨。十王峰西有"木鱼石"，钵盂峰有"石佛"，中莲花峰有"罗汉晒肚皮"，南蜡烛峰有"猴子拜观音"，怪石罗列，惟妙惟肖，不一而数。

九华山处于亚热带季风气候地区，泉、池、潭、瀑众多、水流清澈。有龙溪、缥溪、舒溪、曹溪、濂溪、澜溪、九子溪等，逶迤秀丽，给九华山平添了几分灵动的神韵。

九华风景最为出名的当推九华十景：天台晓日、化城晚钟、东崖晏坐、天柱仙踪、桃岩瀑布、莲峰云海、平岗积雪、舒潭印月、九子泉声、五溪山色……要领略其中妙处只有身临其境。

相传，九华山被辟为地藏菩萨道场与新罗国僧人"金地藏"有关。

新罗国（位于今朝鲜半岛南端）王族金乔觉剃发为僧后，于唐玄宗开元年间来华求佛法，登上九华山，在岩洞中修行。当时九华山是青阳县闵员外属地，金乔觉向闵氏乞袈裟大小的一块地，闵员外慷慨地答应了。

金乔觉把袈裟轻轻一抖，竟覆盖了九座山峰。于是闵员外将整座山献给了"菩萨"，并为高僧修建庙宇。金乔觉从此威名远扬，许多善男信女慕名前来朝拜。闵员外父子也先后皈依佛门，九华山圣殿中地藏像左右的胁侍即为闵氏父子。

金乔觉苦心修炼数十年，于九十九岁高龄圆寂，其肉身置函中三年，仍"颜色如生，兜罗手软，罗节有声，如撼金锁"。众僧认定他就是地藏菩萨化身，于是建石塔将肉身供奉起来，并尊称他为"金地藏"菩萨。

🚗 旅游小贴士

怎么去：先乘飞机、火车抵达合肥，在合肥的旅游汽车站乘坐直达九华山的长途汽车。或乘火车抵达池州火车站后，在火车站对面转乘大巴前往九华山。

观光：周边景点有黄山、司空山等。

美食：可以在景区内品尝九华素斋，食材都取自于山区种植的蔬菜。佛家特色菜有"佛珠肉"、素全鱼、素鸡、九华三耳、纯鲜扣菇等。

住宿：可选择在九华山景区内住宿，这里环境清幽、设施齐全，有普通客栈、宾馆、酒店等多种选择。

购物：九华山特产有九华佛茶、九华折扇、竹编工艺品、佛物纪念品等。购买这些纪念品和土特产可前往九华街一带。

天台山

天台山坐落于浙江省中东部，因"山有八重，四面如一，顶对三辰，当牛女之分，上应台宿，故名天台"而得名，以佛教天台宗祖庭、道教南宗祖庭所在地和济公"活佛"的故乡而闻名于世。天台山以"佛宗道源，山水灵秀"而著称，且为"中华十大名山"之一。

天台山

天台于三国时（公元231年）置县，山上寺庙众多，教派互融，形成了佛道共存、三教互融的宗教文化形态。公元570年，南朝梁佛教高僧曾在此建寺，创立天台宗。公元605年隋炀帝敕建国清寺，清雍正年间重修，为中国保存完好的著名寺院之一。而天台山最著名的寺庙是建于隋代、重修于清雍正年间的国清寺，有殿宇14座、房屋600余间，大殿中有明代铸造的重达13吨的释迦牟尼铜坐像，十分庄严肃穆。

天台山景色宜人，风光旖旎，山水神秀，素以"古、幽、清、奇"著称于世。天台山的文化以宗教文化为主体，具有各式各样的特点。游览天台山，体会各种宗教文化在这里交流碰撞，会情不自禁地为天台山博大精深的宗教文化所吸引。

国清寺是我国最完整的大型寺院之一，它是一座有19600平方米、600多间屋宇的大型建筑群。它以四条纵轴为主体，其中包括四殿（弥勒佛殿，雨花殿，大雄宝殿、观音殿）、五楼（钟楼、鼓楼、方丈楼、近塔楼、藏经楼）、四堂（妙法堂、安养堂、斋堂、客堂）、二亭（梅亭、清心亭）、一室（文物室），规模宏大，令人称奇。

国清寺大雄宝殿的释迦牟尼佛像是用青铜铸成的，重达13吨。其左右两旁坐着十八罗汉，是用楠木雕成，外贴真金。佛像后面的"慈航普度"壁画十分精美，体现出高超的壁画艺术。

台州旧时称"赤城郡"，天台县称"赤城"，赤城山由此而来。它也是台州和天台的标志性名山，又名"烧山"，海拔306.5米，山体由水平的中生代红色砂岩、砾岩层叠而成，是典型的丹霞地貌。

赤城山是一座佛道双栖的名山，山上寺庙众多，岩洞罗列，汉代名道葛玄、茅盈于此炼丹，晋高僧昙猷于此建寺，唐天台宗九祖湛然居此讲经，宋"活佛"济公在此读书，宗教文化之繁荣可见一斑。

赤城山美景众多，数不胜数，著名的"赤城霞起"为天台八大景之一，也是赤城山每天都可见到的云霞美景。每当旭日东升或夕阳西下，白云出岫，彩霞栖塔，赤城飞霞互相辉映，流光溢彩，美不胜收。元代曹文晦的《赤城栖霞》一诗"丹壁排空叠彩虹，云破余霞出半峰"就赞美了这一胜景。

相传，女娲补天以后，乘兴巡视四方，查看天下百姓的生活情况。有一天，女娲娘娘来到西北高原的大泽旁，见这里莲花朵朵，随风摇摆，十分美丽。于是，女娲娘娘便伸手摘下三朵美丽的莲花插在发髻旁，想当作头饰。

谁知忽然一阵大风吹过，把三朵莲花一齐吹上了天空，并向东南方飘去，一直飘到东海边才慢慢落下。三朵莲花落到地面后，一朵变成"雁荡山"，一朵变成"金华山"，一朵就变成了"天台山"。这三座山都是浙江的名山，每座山的形状都像是盛开的莲花。

旅游小贴士

　　怎么去：可乘飞机、火车抵达杭州、萧山、宁波，再乘坐高速巴士前往天台山。

　　观光：周边景点有琼台、天台桐柏山、高明寺、紫云洞、石梁飞瀑、龙穿峡等。

　　美食：天台山特色小吃有饺饼筒、水晶蛋糕、猪肉麦饼、蛋清羊尾等。特色菜肴"三老一嫩五野"和烫皮羊肉千万不要错过。

　　住宿：可选择在景区内住宿，这里设施齐全、风景优美，但住宿价格一般较贵。

　　购物：天台山的云雾茶、中药材远销国内外，还有各种手工艺品，如草编、竹编和绣衣也受到各地游客的喜爱。

武当山

　　武当山位于湖北省西北部的十堰市丹江口境内，又名太和山、谢罗山、参上山、仙室山，古有"太岳""玄岳"之称。"武当"之名取自"非真武不足当之"，相传道教信奉的"真武大帝"就是在此得道升天。

　　武当地名源于先秦，汉袭秦制设武当县。武当山上的武当派也是中国古代有名的教派之一。武当山有奇特绚丽的自然景观，也有丰富多彩的人文景观，可以说武当山无与伦比的美是自然之美与人文之美高度和谐的统一，因此被誉为"亘古无双胜境，天下第一仙山"。

　　武当山被世人尊称为"仙山"，"道山"，山上胜景无数，有千峰林立的山峰，

武当山

也有规模宏大的古建筑群，更有名扬天下的武当派。

游览武当山，在宁静中享受大自然的美，或是欣赏一段武当仙乐，陶醉其中，感受"羽化而登仙"。

紫金城是明成祖于永乐十七年（1419 年）敕建，是环绕天柱峰顶端修建的城墙，又名皇城、红城，环绕天柱峰巅，因金殿在其上而得名。这是明成祖朱棣按照自己居住的"紫禁城"，为真武大帝在人间修建的"玉京"，可见明成祖对武当山真武大帝的重视。

紫金城四方各立有一座仿木石建筑天门，象征天阙；但东、北、西三门面临绝壁，只有南天门可通。进入南天门，是灵官殿长廊，幽暗阴森。殿内置锡制小殿，名叫灵官殿，殿旁有御制圣旨石碑数通，具有重要的研究价值。

游览紫金城，便可感受到道家崇尚自然、天人合一的教理，道教文化氛围十分浓厚。

玄岳门位于武当山北麓，是"治世玄岳"牌坊的俗称，为三间四柱五楼式的石建筑。建于明嘉靖三十一年（1552 年），高 12 米，宽 12.81 米，石凿榫卯而成。"治世玄岳"是指用武当山道教及祀奉的真武神来治理天下。

玄岳门的建造代表道教所信仰的"五城十二楼"，即这个地方是等候邂逅神仙的场所，而道家又以人的喉管为"十二重楼"穴道，故又寓意此地是阴阳交界处，

峨眉山风景

冬可鉴银装素裹。去峨秀湖划一叶轻舟，欣赏峨眉美景水中游，更是别处没有的体验。

峨秀湖是人工湖，位于距峨眉山报国寺三华里的峨眉山东麓。湖面如镜，景色秀丽，景区规划建设有多个休闲区，湖上有游艇、水上自行车，快艇等旅游项目供游人观赏峨眉的湖光山色。

说峨秀湖是绝美之景一点也不为过，可以想象在山水之中休闲、度蜜月和聚会是多么的惬意，更可以想象骑着水上自行车在水中游荡看峨眉山如画般的风景，该是多么的畅快！

峨眉金顶，海拔3079.3米，地处高寒地带，来到这里要注意防寒。峨眉金顶山高云低，景色壮丽，可以到舍身岩边欣赏日出、云海、佛光、圣灯四大奇景。若遇天晴，还可远远眺望在百里之外的贡嘎雪山。

来到金顶，可到睹光台欣赏日出。这里的日出因气象条件和季节的不同而千姿百态。当旭日东升，万道金光普照大地时，阳光照在层层叠叠的云层上，显现出明亮艳丽的七彩光环，这便是"佛光"，又名"金顶祥光"。在这里，还可以欣赏峨眉金顶茫茫云海的各种奇妙的变化，或静谧异常，或如万马奔腾。若是在月黑风高的夜晚，还能有缘欣赏到幽谷中那盏神秘的"圣灯"，它在黑夜中独自闪亮，仿佛传说中的奇异灯火一样神奇。

峨眉山就是这样以其独特的佛教文化和独到的迷人风光，吸引着四方信徒和游客。来到金顶的人无一例外地都感受到它带给人们的震撼。

从前，在峨眉县城西门外的西坡寺，住着一位自幼喜欢书画的住持和尚。有一年，一位寄宿的老画家临行时赠送给他四幅画，并题名为《娥眉四女图》，并叮嘱他七七四十九天后才能从箱子里拿出来挂。和尚见四幅画中的女子，大姐穿绿披白，二姐穿红披绿，三姐穿蓝披黄，四姐穿黄披红，极为美丽，觉得不挂出来太可惜了，便把画挂在客堂。

一天，和尚从外边回来，忽然见有四个十分面熟的姑娘坐在客堂说说笑笑，刚要发问，便见四个姑娘笑着往外跑。和尚忽然发现壁上的四幅画上的姑娘不见了，便追上去。四妹跑得慢被住持扯住裙角，她喊三个姐姐救命，姐姐们骂道："这和尚真不害羞！"因为离得远，妹妹只听见"不害羞"三个字，便觉无地自容，立刻变成一座山，接着，三位姐姐也变成了三座山等着她。

后来，人们把娥眉的"娥"改成"峨"，这便是关于峨眉山和《峨眉四女图》的美丽传说。

🏍 旅游小贴士

怎么去：可在成都新南门长途车站乘坐直达峨眉山的大巴，抵达峨眉山后在市区乘坐5路公交车前往景区。或乘火车直接在峨眉山火车站下，之后打车前往景区。

观光：景区内不能错过的景点有一线天、万年寺、清音阁、峨眉山大佛禅寺、大庙飞来殿等。

美食：到峨眉山一定要在山脚下品尝味道浓郁的川味小吃，如叶儿粑、三合泥、四川火锅、雪魔芋、黄焖鸡、黄焖兔、串串香、酸辣粉等。

住宿：峨眉山住宿选择有很多，可选择在山区或峨眉市内过夜。这里推荐小有情调的 3077 青年旅舍，位于报国寺景区灵秀温泉牌坊处。

购物：峨眉山茶叶、中药材和各种佛教工艺品和纪念品都比较受欢迎。

崆峒山

崆峒山位于甘肃省平凉市，是六盘山的支脉，这里风景独特，既有北方山势的雄伟，又兼有南方景色的秀丽，集奇险灵秀的自然景观与古朴精湛的人文景观于一身，历来被人们称为"西来第一山""西镇奇观"，"崆峒山色天下秀"。

据《史记》记载，轩辕黄帝曾经亲自登临崆峒山，向智者请教治国之道和养生之术。秦皇、汉武也曾效法黄帝登临崆峒。很多文人墨客、风流才俊，诸如司马迁、杜甫、白居易，也曾在此留下大量的诗词、华章、碑碣、铭文。

自秦汉时期，亭台楼阁、宝刹梵宫、庙宇殿堂、古塔鸣钟等相继出现在崆峒山上，遍布山上诸峰。到明清时期，崆峒山上已然形成了"崆峒十二景"。近年来，又新修了三十五处，基本上恢复了崆峒山号称"九宫八台十二院"中四十二处建筑群。

崆峒山有十二大美景，历来为世人所称道。来到崆峒山，朝阳洞、聚仙桥、广成丹穴绝对不能错过！

据统计，在崆峒山有 32 个洞穴，大小、深浅各异。而朝阳洞是较为出名的一个，它位于狮子岭东侧绝壁上，前方是一条深深的沟谷。整个朝阳洞并不大，洞口宽 8 米、高 5 米，洞深 5 米。朝阳洞原为道人修炼的地方，后成为信徒们礼佛的场所，所以一直以来都很幽雅清静。

朝阳洞得名于这里的朝阳美景。若是有缘能在早晨太阳升起时置身朝阳洞，便

崆峒山风景

能够欣赏到太阳初升时的美景。朝阳升起时，金光四溢，站在朝阳洞口，看着被美丽的朝阳洗涤过的秀美山峦，心中会涌动起一种异常的激动。

在崆峒山脚下的泾河河谷中，仰望山巅，会发现那些建筑风格差距很大的庙宇道观被融在一起。一山供奉三教，道教、佛教、儒教，三教在此和谐地汇合，融洽地共同镇守着这座西北名山。

道教的活动场所主要在皇城，位于主峰马鬃山之巅，建筑为崆峒山寺观景观之首，是全山保存最为完好的古建筑群，殿宇金碧辉煌，宛如古代帝王的皇宫。殿内供奉着道教众神，壁画、雕塑、碑文四处可见。

若如是雨雾之天，再登临绝顶，顿时眼界开阔，心旷神怡，全山美景尽收眼底，仿佛道家的精华贯通了天鼎穴。

站在皇城向东俯视，不同于皇城的建筑风格又会出现于眼前，最令人惊叹的则是一棵劲松。这棵劲松长在塔顶，据说已有200多年的树龄，枝繁叶茂地生长着，似乎只想冲上云霄。

凌空塔位于塔院内，是佛教活动的主要场所，崆峒佛教已有1500多年的历史，就连唐太宗李世民也曾亲赐崆峒山佛教田宅。崆峒山内梵刹庙宇星罗棋布，佛像神龛多不甚数，气势恢宏、不失庄严，再加上那棵长在凌空塔顶的劲松，似乎昭示着佛教文化世代相传的含义。

相传，在很久以前，广成子前往崆峒山修炼，携一男一女两名玄鹤童子料理生活、协助他完成修炼大业。两位童子每天除了完成交代的事情，就耳鬓斯磨，长此以往，日久生情，做事也不像以前那么认真了，经常对广成子吩咐他们做的事置之不理。广成子从仙境出来，才得知他们还在情意绵绵地说着话。经广成子一番引导后，两人为了求道而将感情稍加搁置。

这一切都被广成子看在眼里。等到仙丹炼成、将要回天宫时，广成子便把他们留在了一个岩洞之内，并向他们提出三个要求，其中有一个便是："对人间的清官、皇帝，你们应亲自出洞迎接。"这对玄鹤应允了下来。从此，他们便结成夫妻，按照师傅的指点在这里幸福地生活着。

所以，我们在全国的5个崆峒山中，只有平凉的崆峒山上才能看到玄鹤洞。在洞内，栖息着一对黑色的仙鹤，但凡贵人游山，它们便双双比翼，飞出洞外，翱翔于天空以示对来客的欢迎。

🐌 旅游小贴士

怎么去：西安、兰州等地有开往平凉的长途汽车，到达平凉后，在市汽车站附近乘坐小巴车前往景点。

观光：周边景点有华亭米家沟、太统山庄、柳湖公园、回山王母宫、庄浪梯田等。

美食：平凉的名菜有红焖肘子、灵台清炖甲鱼；美味的小吃有临洮凉面、华亭核桃饺子、真五香牛肉、静宁烧鸡、平凉酥饼等。

住宿：平凉住宿选择有很多，设施齐全，价格实惠，这里推荐游客常光顾的平凉宾馆，位于平凉西大街86号。

购物：平凉的物产丰富，特产种类很多，如华亭核桃、灵台牛心杏、地毯、漆雕等。

绵山

　　绵山又名绵上，位于山西省，跨介休、灵石、沁源三地，因晋文公名臣介子推携母隐居于此，又称介山。绵山是中国历史文化名山，中国清明节发源地，当地建有寒食清明文化博物馆。

　　绵山地势险要，历来是兵家必争之地。隋末唐初，李世民曾在绵山下的雀鼠谷打败宋金刚，收降尉迟恭；《水浒传》一百二十回也有田虎在此带领农民起义军与官兵对峙的故事。

绵山风景

　　绵山还记载有南宋李武功、李实领导义军抗击金兵入侵的事迹。明末太原武总兵也曾依托绵山收复失地，以图再起。抗战初期，冯玉祥将军所属方振武部在绵山举行了震惊中外的抗日誓师。之后介休县长张德含、牺盟会特派员李志敏在绵山组建抗日民主政府，坚持了长期的敌后游击战，故而绵山又比其他名山多了一道"可藏甲上万，和爱国主义的特殊风景线。

绵山之所以享誉海内外，千百年来登临者络绎不绝，就在于山中步步有景、景景有典。

绵山大罗宫高悬在狮子山崖壁之上，共13层，高110米。自古以来就有不少美妙的传说。相传，现在大罗宫所处位置是春秋时期名臣介之推当年所看到的"大罗仙境"，而大罗宫的意思就是"建在大罗天上的宫阙"，道教上认为这是天界的最上层。

而今，呈现在我们面前的庞大建筑群是近年才复修的，它的主体建筑面积1万平方米，建筑群总面积达3万平方米。复修后的大罗宫巧妙地将明清风格与现代技术融合在一起，整个大罗宫显得古朴典雅、雍容华贵。如此盛况自然吸引了无数的文人墨客，甚至有人撰文赞其"可与布达拉宫媲美"，称其为"天下第一道观"。

有缘来到大罗宫，欣赏这古典风格与现代技术的完美结合，聆听流芳千古的久远传说，任那些从都市带来的烦忧在沉默中慢慢消逝，实在是一种享受。

抱腹岩分上下两层，岩上建有200余间殿宇、馆舍，能容数百建筑的巨岩实属天下"绝无仅有"。在距今1700余年的三国曹魏时期，就奇迹般地在抱腹岩上建造了一座云峰寺，建筑风格与悬空寺有异曲同工之妙。

云峰寺的历史可以简单地从它的名称中看出来，建寺时，因为它建于绵山最大的抱腹岩上，被称为抱腹寺；后来，因为它位于云雾浩渺的绵山峭壁上，而被称为云峰寺，最后，因它所在的抱腹岩大腹能容庙宇近百间，又被称为大岩寺。今天，在经历千年的风霜雨雪之后，云峰寺依然刚毅地屹立在那里。

站在抱腹岩上，望着数百间古老的庙宇，想着关于云峰寺那历经千年回转的寺名，再看看眼前被云雾所缭绕的悬崖，让人不禁感叹岁月流逝，万事无常。

在2000多年前的春秋时代，公子重耳被流亡国外，在他最困难的时候，随臣介子推"割股奉君"，使他有可能在19年后返国为君。成为霸主后，晋文公重赏功臣，却忘了介子推。介子推认为自己已经完成了顺应天命辅君复国的大事，再也不愿同那些邀功争赏之人同朝为宫，便携老母隐居于绵山之中。

晋文公听说后羞愧万分，便亲自来到绵山寻找，却没有结果。无奈之下，便命人放火烧山逼他出来，不想奸臣四面烧山蓄意陷害介子推。直到大火熄灭，晋文公才发现介子推母子俩相拥被烧死在一棵大柳树下。

为了悼念介子推，晋文公下诏，在介子推忌日禁烟寒食。寒食节本来在清明的前一天，到唐朝后期逐渐成为一个节日——这便是"寒食节"的起源。

🛵 旅游小贴士

怎么去：可从太原火车站或汽车站换乘直达介休的长途汽车，之后在介休市内乘坐公交旅游专线前往绵山。

观光：周边景点有张壁古堡、后土庙、祆神楼、王家大院、乔家大院、平遥古镇等。

美食：介休的风味小吃有油糕、擦面、油面、猫耳朵、珍珠粥、刀削面、豆腐脑、拉面、刀拨面、臊子面等。

住宿：介休的云峰墅苑宾馆位于景区内的云峰寺旁，环境清幽，风景怡人，是不错的下榻之处。

购物：介休的特产有各种风味的醋、贯馅糖、洪山陶瓷等。

三清山

三清山坐落在江西省上饶市与德兴市交界处，因玉京、玉虚、玉华"三峰峻拔、如三清列坐其巅"而得名。三清山古为饶、信、衢三州之会，自古享有"清绝尘嚣天下无双福地，高凌云汉江南第一仙峰"的盛誉。

东晋升平年间，著名医学家葛洪在三清山"结庐炼丹"，成为三清山的"开山始祖",也是三清山道教的第一位传播者。三清山风光秀丽,景色清幽,吸引着人们对三清山的探索与开发。直至明景泰、天顺年间,三清山道教建筑完成了大规模的重建工作。

三清山以"绝"惊世,聚"仙"显名,自然风光与人文景观完美地融合在一起。因此,三清山相继成为第二批国家重点风景名胜区、国家地质公园、国家AAAA级旅游区,并于 2008 年 7 月 8 日,被列入《世界自然遗产名录》,成为江西第一个世界自然遗产。

三清山作为道教名山,有着悠久的历史,其自然和人文景观历来为游客所称道。来三清山游览,相信这里的"绝"景,一定会让你大开眼界。

巨蟒出山是由风化和重力崩解作用而形成的一根巨型花岗岩石柱,位于南清园游园步道东北关口处,是三清山绝景之一,其海拔 1200 多米,垂直高度 128 米。巨蟒出山虽经亿万年的风雨洗刷,仍凛然屹立。它顶部扁平,颈部稍细,峰腰最细,峰体突兀,形状酷似一条巨大蟒蛇破山穿地,欲腾空冲天而去,故名"巨蟒出山"。

漫步在巨蟒出山四周,眼前所见移步换形,不同的方位能欣赏到不同的影像,能看到"弯刀石","仙翁顶仙童""白娘子醉酒现原形","定海神针"等多种逼真的奇妙景观。此时便尽享"横看成岭侧成峰,远近高低各不同"的诗画意境!

东方女神又称司春女神,是三清山的标志性绝景。它海拔高达 1180 多米,通高 86 米。东方女神是一座石峰,整个造型像一位秀发披肩的端庄少女,她端坐山巅,默然注视芸芸众生,神态祥和,极显天地造化、鬼斧神工。东方女神与巨蟒出山左右相望、岿然屹立,象征着宇宙天地的阴阳和谐,三清仙道的天人合一,真是惊世绝配。

观此神山,便觉山不是山,它有了生命,有了灵气,让人倍感神圣和亲切。

观音赏曲位于南天门群峰之间,由两座山峰一前一后叠加而成,酷似为观音像和葛洪像。

关于三清山还有一个美妙的传奇故事。相传当年东晋著名的道教学者、炼丹

三清山风景

家、医药学家葛洪到三清山修道炼丹，他看到这里的百姓生活艰辛，深感民间疾苦，于是坐弹琵琶对天倾诉。结果这美妙的琴声吸引了观音菩萨，被琴声感动的观音菩萨下凡聆听赏曲，并将法相留于梯云岭中。

如果游玩到此，一定会有身临此境之感，聆听着高山流水的天籁之音，渐渐入神，仿佛眼前的石峰鲜活起来，一幕幕在眼见掠过，亦真亦幻，令人陶醉。

东晋升平年间，有一身穿麻衣，脚着草鞋的老道士来到金沙。他抬头西望，看前面群峦叠嶂，三座巨峰，劈地摩天，连声赞叹："好山！好山！"又听农夫说山尚无名，且常有异光紫云惊现。于是，老道进入山中，遇见曾在户部供职的李廉山，便邀他一同在此修道，结庐炼丹。

这位老道便是葛洪。某晚他正信步赏月，忽然听得一阵丝竹之声，尔后又见五彩祥云从天上徐徐落在三峰之上，顿时遍野瑞气、群山如昼。葛洪大喜，忙一把拉过李廉山，说："这三峰分明是清微天玉清元始天尊、禹余天上清灵宝道君、大赤天太清太上老君三清列座的仙山！"

葛洪、李廉山朝天拜了八拜，就在玉峰山下结庐定居、炼丹立教。三山自此便得名为"三清山",而葛洪则被尊为开山始祖。

旅游小贴士

怎么去：先乘火车或长途汽车抵达江西上饶或玉山县，再换乘中巴车前往三清山。

观光：周边景点有岚山、江湾、上下晓起、卧龙谷等。

美食：三清山美食有芋饺、苦叶菜、块魔芋、粉蒸野兔、石耳炖肉饼、炖红烧肉、三清山香酥鱼、白玉豆等。

住宿：可选择在景区内入住，这里推荐位于三清山中心景区南清园南天门下的经济型旅馆——日上山庄。

购物：石鸡、野兔、金牌笋干、黄金茶、罗文砚和玉山毛笔等都是游客必买的特产。

龙虎山

龙虎山位于江西省鹰潭市境内，是我国著名的道教仙山。相传这里是东汉炼丹家张陵"张天师"创立道教的地方，龙虎山便因此而得名。《龙虎山志》记载说："山本名云锦山，第一代天师于此炼九天神丹，丹成而龙虎见，因以山名。"

龙虎山不仅是道家之都，还是建筑和文化的奇葩。据《龙虎山志艺文》记载，龙虎山山川秀美，宫宇华丽，仙迹道行天下无双，这里香火之盛可想而知。记载还说，龙虎山历经数代之后，与之相关的诗文饰物，可流传至千年之后。

同时，龙虎山景区还是世界地质公园、国家自然文化双遗产地、国家级风景名胜区，AAAAA级国家旅游区、国家森林公园、国家重点文物保护单位。2009年，龙虎山入围"中国大学生最喜欢的旅游景区"金奖；2010 年 8 月 2 日，龙虎山与龟峰被一并列入《世界自然遗产名录》。

提起龙虎山，便会想起高高的悬崖之上的、连现代人也无法解开的悬棺之谜，会想起拥有丹霞地貌的地质公园，会想起那位炼丹创教的张天师。

龙虎山在道教兴盛时，吸引了大批的天师道士来此修道，一度拥有十大道宫、八十一座道观、五十座道院、十个道庵。在龙虎山上众多宫观中，天师府是唯一能在沧桑变迁后保留下来的一座。

进入道教的发祥地，徜徉在龙虎山鼎盛时期留下来的唯一的道观，聆听着飘荡在耳际的奇幻故事传说，实可乐哉！

江西龙虎山地质公园是我国已发现的 737 处丹霞地貌当中发育程度最好、序列发育最完整的一处，来这里看丹霞地貌奇观是再好不过的选择。

龙虎山地质公园的丹霞地貌，是构造侵蚀加上水流冲刷侵蚀、崩塌残余、崩塌堆积、溶蚀风化崩塌而形成的，呈现出石寨、石墙、石梁、石崖、石柱、石峰等不同的物理形状。丹霞地貌鬼斧神工般地向我们展示了大自然神奇的创造能力，呈现了各种因素影响下大自然的绚丽多姿。

带上一位想象力丰富的朋友，怀着激情和期待来到这里，随着景观的变换，漫步在形态各异，绚彩多姿的丹霞地貌里，走走看看，说说笑笑，该是多么惬意的一件事啊！

在龙虎山上，有记录着古越人埋葬方式的崖墓悬棺群。这些景观在 2600 多年以前就已经镶嵌在这陡峭的石壁上，星罗棋布，实在蔚为壮观。这些悬崖绝壁上的崖墓下是无法行走的深渊，再加上像刀削的绝壁，令人难以想象古越人是如何将重达千斤的棺木放置进去的。这些未解之谜使龙虎山崖墓蒙上了一层神秘的色彩。

来到龙虎山，划着船到崖下，往上看放着悬棺的绝壁，想象着各种可能的悬棺放置方法，不禁对古越人的超人智慧肃然起敬。

张天师的父亲名叫张刚，是一个卖香油的农夫。当时这里住着一家大地主，地主请了风水先生为其先人看坟地，风水先生选了一个很好的阴穴，并告诉大地主

龙虎山风景

说，所选之地好，但凡把先人埋在这里家中必出神人，子孙后代都会从中受益。

大地主命人把坟地挖好，准备择日出殡下葬其先人。哪知当天，张老汉卖油回来，路过挖好的坟地时突然遇到狂风大雨，道路泥泞，滑得很，就误打误撞跌入挖好的坟坑中。张天师的父亲还没来得及从坟坑中爬出来，便被大雨冲刷下来的泥土埋葬了。大雨就这样接连下了数日，天晴后，大地主埋葬先人时已经找不到坟坑，只好另择吉地埋葬先人。

后来，提到张天师的得道之事，人们都会想起这个传说，并对此笃信不疑。

🏍 旅游小贴士

怎么去：北京、上海、广州、重庆、武汉、杭州、厦门、昆明等大城市有直达鹰潭的火车，抵达鹰潭后，在鹰潭火车站广场乘坐旅游专线车直达龙虎山景区。

观光：周边景点有黄山、庐山等。

美食：龙虎山的泸溪活鱼、天师板栗土鸡、上清豆腐味道一绝，值得品尝。

住宿：鹰潭香江国际大酒店、鹰潭龙虎山家乐居酒店住宿环境不错，值得入住。

购物：灯芯糕、土葛糕、贵溪捺菜等都是游客必买的当地特产。

恒山

恒山位于山西省大同市浑源县，距大同市 65 公里。恒山人称"北岳"，与东岳泰山、西岳华山、南岳衡山，中岳嵩山并称为五岳，它们就像五位勇士，坚定地屹立在神州大地上，而恒山就是北方疆土上的一位猛士，持着锋利的刀戟，一夫当关，万夫莫开。

恒山历史悠久，汉代为了避汉文帝刘恒的讳，改"恒山"为"常山"。历代也有很多关于恒山的记载，《尚书》记载舜帝北巡遥祭北岳，封北岳为万山之宗；先后有秦始皇、汉武帝、唐太宗、唐玄宗、宋真宗封北岳恒山为王、为帝，明朝时明太祖又尊北岳恒山为神，可见恒山在历代君王心中的地位。

恒山以道教闻名，据《云笈七签》卷二十七记载，道教三十六小洞天中的第五洞天、茅山道的祖师大茅真君茅盈就曾于汉时入山隐居，修炼数载；相传八仙之一的张果老就是在恒山修炼成仙的。

恒山风景可用"雄、奇"二字概括。恒山之雄，雄在气势壮阔、巍峨难攻；恒山之奇，奇在劲松崖边生，古寺空中悬。历来游览恒山者，无不为恒山的奇山、奇树、奇云、奇庙赞叹不已。

恒山风景

　　悬空寺位于山西浑源县，是国内仅存的佛、道、儒三教合一的独特寺庙。古代工匠根据道家的"不闻鸡鸣犬吠之声"而建造了这座寺院，寺院风格独特，可以用"奇、悬、巧"三个字概括。

　　浑然天成于峭壁，堪称"奇"；"三根马尾空中吊"是为"悬"：依山势而成寺庙，以为"巧"，难怪大诗人李白也赞叹寺庙的壮观呢！

　　金龙峡是位于天峰岭和翠屏峰之间的一条幽深峡谷，谷边悬崖峭壁四立，最窄处不足三丈，由于地势险要，历来为兵家的要冲。恒山之雄也就雄在这里：在金龙峡内，悬崖中腰有古栈道盘绕，名为"云阁"，仿佛云间之梯，环绕着悬崖。

　　除此之外，恒山还有著名的恒山松，人称"四大夫松"的四株唐代古松根部悬于右外，紧抓岩壁，风格别致，形状奇特，令人赞叹。恒山的云也是一大奇景，在后土夫人庙的不远处有一个出云洞，天气晴朗时，出云洞寂寥沉静，每当阴雨来临，洞口便有缕缕白云吐出，让人惊叹不已。

　　恒山作为历史名山，历来吸引了众多文人墨客来此，唐代诗人贾岛的《北岳庙》中有"天地有五岳，恒岳居其北，岩峦叠万重，诡怪浩难测。人来不敢入，祠宇白日黑。有时起霖雨，一洒天地德。神兮安在哉？永康我王国。"的记载，便是咏叹恒山的神奇与险峻。

相传茅氏三兄弟曾经在恒山茅氏窟修仙，修炼时不慎丢掉两粒金丹，金丹掉落后被一只黄山鸡和一只山羊吃掉，鸡和山羊都变成了仙体，茅氏三兄弟便派它们在朝殿西侧的钟楼驻守，看管灵芝仙草。

过了几十年，茅氏三兄弟要南下江南，就让殿里的金龙童子看管洞府。金龙童子年纪幼小，自然贪玩，看管了一段时间后就多日不归，不管洞府之事。

一日，山下来了一个妖道，他听说茅氏三兄弟的山洞里有一只成仙的鸡和一只成仙的羊，就一直想偷到手。他悄悄来到山洞前窥探了很久，见洞里没人，便念起咒语，不一会儿就从北岳大殿的西侧走出一只金光闪闪的大公鸡，紧接着又从东侧出来一只浑身洁白如玉的山羊，妖道抓起公鸡，赶着山羊便匆匆走下山去。山下正好有一群羊在吃草，玉羊一见羊群便钻了进去，道士慌忙寻找，一着急金鸡也从手里飞走了。

这时山下居民见山上金光闪闪，以为庙里失火了，便担着水上山灭火。妖道听见山下人声鼎沸，认为大事不好，便念咒语把金鸡和玉羊变成了石头。金龙童子也因贪玩失职而被贬为木龙，永远固定在了悬崖峭壁之上。

🏍 旅游小贴士

怎么去：北京、太原、西安、银川、石家庄、包头、沈阳等地有通往大同的火车。先从大同等地乘长途车到浑源县城，再从浑源县乘坐中巴到恒山前线（望岳亭停车场）或后线（北岳行宫），或先到悬空寺，也可乘坐恒山一日游旅游车。

观光：景区内必游景点有悬空寺、天峰岭、翠屏峰、金龙峡等，周边景点有栗毓美墓、汤头温泉。

美食：土豆粉制作的凉面、浑源蚕豆、浑源莲花豆、黄芪羊肉汤等。

住宿：浑源县内有不同档次的宾馆，游客可根据需要进行选择。这里推荐位于恒山南路的二星级华泰大酒店。

购物：多品种的恒山白酒，畅销国内外的"圣药"恒山黄芪。

第十三章　神圣寺庙游

大昭寺

传说当年尺尊、文成两位来自信奉佛教国家的公主入藏时，各自带了一尊珍贵的释迦牟尼等身像，作为最贵重的陪嫁。然而藏王松赞干布刚把家业从老家山南迁到拉萨的红山上，没什么像样的房子来安置如此贵重之物。于是在文成公主提议下，藏王下令修建大、小昭寺来安放两尊佛像。

大昭寺

文成公主亲自主持，很快修建了小昭寺，供奉释迦牟尼十二岁等身佛像。但尼泊尔尺尊公主负责的大昭寺在开始动工时困难重重，当时根本建不起墙，修了就倒。这时候谙熟星象和五行学说的文成公主出面了，她夜观天象，日察地形，发现拉萨河谷是一个罗刹女仰卧的形状。此妖不除，难以建寺。而拉萨红山东一公里的地方那个名叫卧塘湖的，正是罗刹女的心脏，池水是罗刹女的血液。于是文成公主提出只有填平池塘，建大昭寺在魔女的心脏部位上才能镇住妖魔，避免灾祸。但是尺尊公主却不太愿意遵循，因为这关系到面子问题。松赞干布也是个聪明圆滑之人，他故意约尺尊公主到卧塘湖边，从公主手上取下一枚戒指，对公主说："这样吧，我将戒指抛向天空，它在哪里落下，就在哪里建寺，让上天决定吧！"结果，戒指没有任何悬念的准确落在了那片湖水中，这就是今天的大昭寺的位置。

大昭寺建成时只用来藏经、供佛，规模并不大。拉萨三大寺的规模都比它大，它也不在著名的藏传佛教六大寺院之列，但其影响与声名却超过六大寺院中的任何一座，特别是公元 1409 年，宗喀巴大师在这里创立拉萨传召大法会，以后每年都有上万僧人聚集大昭寺诵经祈祷、考试、作大法会。大昭寺名气越来越大，释迦牟尼佛像的声望也越来越高了。大昭寺成了西藏大佛事活动的中心。以后许多重大的政治、宗教活动，如"金瓶掣签"、历代达赖或班禅的受戒仪式等都在这里举行。

传说大昭寺里原先一直供奉着尺尊公主带来的那尊释迦牟尼八岁等身像，但后来大昭寺的名望远远超过了小昭寺，这使和文成公主一个娘家的金城公主脸上挂不住了，也不知道她用了什么办法把当年两位公主带来的两尊佛像对调了一下落脚处。从那以后，文成公主带来的佛像就一直供奉在大昭寺。不过，文成公主在西藏的威望确实很高，处处都有她的传奇故事。大昭寺前有一段已枯死的柳树，传说就是文成公主当年亲手栽种的。

去大昭寺最好赶早，在打开大门之前。在喃喃地诵经声中我和藏民一起站在光滑的石板上等候开门的那一刻。然后举着一根哈达和藏民一起从大门拥进去，一直向前走到一楼大殿里的释迦牟尼十二岁等身佛像前，满心虔诚地献上洁白的哈达，然后也用头来磕一磕佛身。这才起身出来，顺着斑驳的石板路在大殿外围布满金色转经筒的转经道转下去，两边墙体上古老精美的壁画栩栩如生地述说着一个个动人的佛教故事。

去大昭寺也可选一个黄昏时分，不必进去，就在大昭寺门口。挑一块靠边的青石板，在乌黑发亮的柱子下坐定，在飘忽的桑烟里久久地看着周而复始的磕长头，在悉悉唰唰的节奏里放飞所有的压力，任精神飞扬，任灵魂游走。直至皎月东升，方才跟在执着的转经人后面，沿着大昭寺外的转经道顺时针归去。路过那个叫玛吉阿米的酒吧，这才感觉饿了，进到楼上，一边吃，一边看，一边等。玛吉阿米的美食很有名，狼吞虎咽里还不忘抬头张望夜幕笼罩的大昭寺，等待着那个不羁的诗人，如一阵风、一场雨般从大昭寺那边悄然而来。

旅游小贴士

怎么去：黄昏时分可在大昭寺二楼顶上欣赏夕阳余晖里金碧辉煌的布达拉宫，可看到光滑发亮的石块道上磕长头的虔诚教徒，还可以清楚地看到被围在大昭寺大门四方墙里的公主柳和三块古碑。公主柳和那三块同盟碑石不对外开放，只能居高临下地看。

清晨或傍晚的特定时间前后，参观大昭寺不用买门票，只是有时候守门的人不让进去。若买了票就可反复出入，只是别太张扬。

大昭寺门口外有一个小空间，里面整整齐齐地点着上千盏酥油灯，很多藏民专门来到这里，往每一盏灯里一一添加酥油。

到达：在拉萨市区可乘多路公交车在冲赛康站下车，然后沿着冲赛康巷就可以走到大昭寺。

周边景点：八廓街、小昭寺

札什伦布寺

城市已遥遥在望，身边是开阔汹涌的雅鲁藏布江，泥黄的河谷水流、绿色的大片灌木丛、路边那粉紫粉红的花簇仍然在告诉游客：你还没有进入日喀则。可是在灿烂的阳光下，那一大片金碧辉煌的建筑已经醒目地灼伤了你的眼睛。你一定会很兴奋地猜出来了，这就是传说中的札什伦布寺。是的，你还没有做好下车的准备，札什伦布寺就如此直观地展现在你的面前，让你迫不及待地想走进它，解读它。

1447 年，格鲁派的祖师宗喀巴的著名弟子根敦珠巴，在当时的后藏大贵族曲雄

札什伦布寺

郎巴·索朗白桑和琼杰巴·索朗班觉的资助下，开始在日喀则的尼玛山下，依山坡建札什伦布寺。整座寺庙历时 12 年始建成，坐北朝南，殿宇依次递接。金顶红墙

的高大主建筑群更是雄伟、深厚、壮观，远处眺望的效果绝佳。根敦珠巴也理所当然地成为第一任法台。后来根敦珠巴被追认为一世达赖，这使得札什伦布寺名气更大。1713 年，清廷册封第五世班禅洛桑益希为"班禅额尔德尼"。至此班禅地位得到确定，札什伦布寺也成为历世班禅大师驻锡之地。按照藏传佛教的仪轨，历世班禅转世灵童的寻访均由札什伦布寺负责。

错钦大殿是札什伦布寺最早的建筑。大经堂前，有个 600 多平方米的讲经场，场院四壁，是石凿而成穴居于洞壁的佛教祖师、四大天王、十八罗汉、形态各异的一千尊佛像、八十位佛教高僧及各种飞天仙女、菩萨。这里就是班禅对全寺僧人讲经及僧人辩经的场所。

在参观强巴大佛殿时我忍不住在高达 26.7 米的如来佛前问：我缘分的晴空在哪里呢？这尊用了黄金八千多两和紫铜二十多万余斤塑造、仅镶嵌在佛像眉间的白毫就用了直径 3 厘米的特大钻石一颗、直径 1 厘米的钻石 32 颗、大珍珠 300 余颗、琥珀、珊瑚、松耳石等一千四百余颗的大佛依旧静默无语，只是，那高高在上的微微笑容，仿佛洞察一切。

四世至九世班禅大师圆寂后，都曾建灵塔保存肉身，并建供放灵塔的金顶祀殿。时光飞逝，转眼间班禅已经传到十一世，在今天这个太平盛世里，还会有什么样的故事在这里延续呢？

旅游小贴士

怎么去：寺内有一块立于 1794 年的青石碑，记述清军于乾隆五十六年（公元 1791 年）在此击败廓尔喀侵略军之战役，对历史感兴趣的游客可去寻找、观赏。

有时间尽可爬到札什伦布寺背后的山上走走，前可观日喀则全景，左可看满山飘满经幡的遗址。

到达：札什伦布寺在日喀则城西，步行即可，也可乘三轮车到达。

周边景点：班禅新宫、宗山遗址

少林寺

少林寺历史悠久，在唐初便已名扬海内。虽在 1928 年时军阀石友三焚毁了许多建筑和经文，但其宗教地位和魅力却从未动摇。

在武侠小说中，我们经常听到这样一句话：天下武功出少林，少林以天下第一名门正派立于武林。作为泰山北斗，少林在武术界享有盛名，其十八般武艺、七十二绝技更是令人闻风丧胆，位于河南嵩山的少林寺一直被认为是少林武术的发源地。同时，少林寺又有"禅宗祖廷，天下第一名刹"的美誉，自达摩祖师面壁修行、传法慧可，并留下《楞伽经》后，少林禅宗便名扬四海。

少林寺

所以，不管是作为武术爱好者，还是禅宗修行者，抑或只是慕名而至的人，在这里都会收获颇丰。据考证，在历史上曾有福建少林寺与嵩山少林寺，被称为"南

到了少林寺，一定要去天王殿看"风、调、雨、顺"四大天王的威武雄姿，以及旁边甬道松柏掩映下的历代石碑，去康熙皇帝御赐"宝树芳莲"的大雄宝殿看十八罗汉的气宇轩昂，去钟楼鼓楼听回荡千古的晨钟暮鼓，去千佛殿看彩绘壁画和佛祖铜像，再到方丈室看绝世珍品《达摩一苇渡江图》……这些确属美事，可另有两处更值得细细一看：一是山门，二是立雪亭。

山门即少林寺大门，始修于清雍正十三年（1735年），于1974年翻修。远远便可看见一对青石巨狮上方的"少林寺"三个闪闪发光的斗大金字，这是康熙御题的黑金字匾额，上刻有"康熙御笔之宝"的印玺。在山门左右皆有石坊，整体庄严肃静，令人精神为之一振。

迈入山门，便可观赏到里面供奉的弥勒佛像。弥勒佛也叫未来佛，他总是展眉束目，袒胸露腹，笑脸迎人。在他背后站着护法韦驮，他身着铠甲，手持宝杵，威武雄风尽在眼前。

看到这里，再听听导游关于山门的种种解说，更觉少林寺是个极为庄严之地，心中不觉生出虔诚之意。

立雪亭始建于明代，于1980年重新修缮。相传这便是二祖慧可向达摩祖师求法的地方。达摩一苇渡江后来到现在的"达摩洞"面壁端坐。当时，慧可在雪地里站着，直到雪过双膝，达摩祖师方才开口说话；而最后慧可自断左臂，他才传其佛法。目前，我们可以看到殿内神龛中供奉着1531年所铸的达摩祖师的铜坐像，龛上悬挂着清乾隆皇帝御笔亲题"雪印心珠"。

在这里，我们可以聆听古时的动人故事，了解佛教禅宗的修行方法，感受那一份为佛缘的执着与无畏。

现今，人们可以看到"少林寺"三个字的雄伟，却对它的来历不尽而知。

相传，清康熙年间，少林寺山门修缮一新后，山门上的匾额却空着，当时的敬斋方丈几经周折都没有写成。后康熙大帝出游到少林，敬斋便心生妙计让康熙题字挂匾。

康熙在文武百官和御林军的陪护下来到少林寺，看到雄伟的山门，禁不住点头称赞。当看到山门高悬的匾额一片空白时，便不住地摇头，好奇地问敬斋这是为何。敬斋便让一老一小来写，"少林寺"三个字被写得歪歪扭扭，大小不一。康熙一看大笑道："这哪里是写字！"敬斋看时机到了，率众弟子齐呼："请万岁御赐！"康熙不便推却，便挥笔写成"少林寺"三个大字。

旅游大百科

旅游小贴士

怎么去：可在郑州市长途汽车站乘坐长途汽车或旅游专线车前往登封市，然后在登封市转乘中巴车直达景点。

观光：周边景点有崇阳书院、三皇寨、白云山、风穴寺、嵩岳寺塔。

美食：可以到少林寺附近的永泰寺品尝素斋。

住宿：景区内没有酒店宾馆，可选择在登封市内住宿。

购物：嵩山有四大特产：烧饼、芥丝、三楂红和中岳仙茶。

塔尔寺

塔尔寺坐落在青海省西宁市湟中县鲁沙尔镇西南隅的莲花山坳中，是我国藏传佛教格鲁派创始人宗喀巴大师的诞生地。塔尔寺，顾名思义，就是先有塔后有寺。这里的"塔"，指的便是大金瓦殿内为纪念宗喀巴大师而建的大银塔。后来，塔尔寺渐渐地由孤立的大银塔发展成现在这样整寺依山，蜿蜒数里的景象。

塔尔寺始建于1379年，距今已有600多年的历史了。同时，塔尔寺的堆绣、壁画、酥油花"艺术三绝"和正月、四月、六月、九月"四大法会"也在这里生根发芽，且声名远播。

塔尔寺依山而建，以大金瓦寺为中心，拥有多达 9300 余座藏汉结合的塔殿建筑，占地面积达 45 万平方米。塔尔寺的各大景点中，宗喀巴的诞生地和"艺术三绝"陈列的殿塔给游客留下最为深刻的印象。

大金瓦殿又被称为大金瓦寺，在藏语中称之为"赛而顿"，就是金瓦的意思。大金瓦殿始建于明嘉靖年间，占地面积多达 456 平方米。殿内下面是藏式的"须弥座"，上边是鎏金瓦顶，俗称"金顶"。在殿外有前伸的阶梯是信徒做礼拜的地方，殿内有一座高达 11 米的大银塔，塔所在的位置便是宗喀巴大师诞生的地方。

大银塔的底座是纯银的，表面镀有黄金，并且镶嵌着无数的珠宝，外层裹着数十层白色"哈达"，高贵华丽。银塔之上有一龛，内塑有宗喀巴像，塔前陈放着各式的酥油灯，银鼓号角，玉炉金幢。梁枋上满是帷、幡、绣佛、围帐及布陈天花藻井，层层哈达，十分珍贵。

塔尔寺

大经堂始建于 1606 年，占地面积将近 2000 平方米，是塔尔寺建筑规模最大的殿堂。大经堂是采用土木结构建设的平顶殿堂，具有浓厚的藏式风格。在堂内，有 168 根大柱支撑，设有可供千余人打坐诵经的佛团垫。堂内陈设尤其考究，饰有黄、红、绿、蓝、白五色的幡、帏和各式天花藻井，令人眼花缭乱。

最值得一提的是，在大经堂内，聚集了塔尔寺"艺术三绝"中的二绝——堆绣和壁画。一进大经堂，除了让人惊叹的盛大排场，便是眼前绝世孤本十八罗汉的堆绣作品。据介绍，塔尔寺所展的十八罗汉堆绣作品幅幅价值连城，因为它们都是不可复制的孤本。塔尔寺的壁画采用的染料是天然石质矿物，所绘作品色泽鲜艳、经久不变，多绘于布幔和墙壁、栋梁之上。塔尔寺的壁画属喇嘛教画派，人物主次多属密乘教义，具有深厚的印藏风味。

酥油花作为塔尔寺的"艺术三绝"之一，声名远播。酥油花是用酥油做原料造出的各种佛像、人物、山水、亭台楼阁、飞禽走兽、花卉树木等艺术精品。艺僧往往要在超低温的环境下进行创作，并不时将手浸入刺骨的雪水中降温，每一尊酥油花都是艺僧用生命和意志换来的。

所以，进入酥油花馆，看着陈列的各式各样的栩栩如生的酥油花作品，欣赏着活灵活现的酥油世界时，别抱怨它的冰凉，那是一种生命的艺术。

传说宗喀巴大师出生后，在剪脐带滴血的地方长出了一株白旃檀树，树上长有十万片叶子，每片上有一尊狮子吼佛像。

后来宗喀巴去西藏学法6年，他的母亲香萨阿切盼儿心切，让人捎去一束白发和一封信，要他回家看看。宗喀巴看到信，意欲孝顺母亲，却迷恋佛学而决意不返，便给母亲和姐姐各捎去自画像和狮子吼佛像，在信里说："若能在我出生地点用10万狮子吼佛像和菩提树为胎藏，修建一座佛塔，就如同见到我一样。"第二年，宗喀巴的母亲便在信徒们的支持下建起"莲聚塔"，也就是今天的大银塔。

后来，大银塔附近不断涌现各式各样的殿塔建筑，直至1612年塔尔寺才成为格鲁派的正规学院。直到今天，宗喀巴与大银塔的美丽故事仍在人们心中留有深深的烙印。

旅游小贴士

怎么去：北京、上海、广州、成都、郑州、南京等地有火车或飞机直达西宁，在西宁市的西门汽车站乘坐中巴车可达塔尔寺。

观光：周边景点有青海湖、青海日月山景区、祁连山风光、金银滩景区等。

美食：青海当地特色美食有抓面、爆焖羊羔肉、杂碎汤、手抓羊肉、清蒸牛蹄筋、肋巴、尕面片等。

住宿：可选择在西宁市区内住宿，这里推荐深受欢迎的青海建银宾馆。

购物：青海特产具有浓郁的地方气息，如桌布、藏毯、绒毛画、玉石雕等。

拉卜楞寺

　　拉卜楞寺位于甘肃省甘南藏族自治州夏河县西郊的凤岭山脚下，始建于1709年。拉卜楞寺的藏语全称是"噶丹夏珠达尔吉扎西益苏奇具琅"，意思是"具喜讲修兴吉祥右旋寺"。拉卜楞寺是藏语"拉章"的变音，意思是"活佛大师的府邸"。

　　作为藏传佛教格鲁派六大寺院之一，拉卜楞寺拥有全国保留最好的藏传佛教教学体系，包括一个显宗学院和五个密宗学院。同时，位于大经堂旁的下续部学院的佛殿是现存唯一的，最古老的第一世嘉木样活佛时候所建的佛殿。

　　总的来说，拉卜楞寺是一个拥有6大学院、48座佛殿和昂欠（活佛住所），以及500多座僧院的庞大建筑群，在安多地区享有盛名，有"卫藏第二"之称。1982年被列为全国重点文物保护单位，1985年成立了甘肃省佛学院，令众人倾倒的

《天下无贼》便是在这里拍摄的。

拉卜楞寺坐落在大夏河北岸，神像般的西北山和苍郁的东南山在遥遥守护着藏族人民心目中的吉祥圣地。大夏河蜿蜒而下，圣洁之意缓缓弥漫……双手合十，静静聆听，那是天籁，那是宁静。

拉卜楞寺共有六个大经堂，是"磋钦措兑"会议的场所，更是全寺的中枢。最大的大经堂在闻思学院，人们口中的大经堂所指的就是这里。大经堂有前殿楼、前庭院、正殿、后殿共数百间房屋，占地多达十余亩，是全寺最宏伟的建筑。所以来到拉卜寺，这里是必游之地。

在大经堂的前殿楼是大屋顶式的建筑，在屋顶有宝瓶、法轮等装饰，楼上供奉着松赞干布的塑像，设有活佛的座席，楼下是本院僧官的座位。在大经堂的正殿，悬挂着由乾隆皇帝御赐的"慧觉寺"匾额，内设嘉木样及总法台的座位，供奉着释迦牟尼、宗喀巴、二胜庄严和历世嘉木样的塑像，装饰得十分华丽。在后殿的正中，供奉着的是鎏金的弥勒佛大铜像和历世嘉木样的舍利灵塔。

大经堂在1985年被火烧毁后重新修建，新的大经堂保持了原有的式样和风格，更增加了先进的技术和材料，是名副其实的现代与古典的完美契合。来到大经堂，不但可以感受拉卜楞寺建筑的大气与别致，体验藏传佛教给心灵带来极大的震撼，更多的是可以在这种清静的奢华中，沿着世界上最长的转经筒长廊，慢慢地将心中的尘埃通通摒弃，进入一个全新的纯净世界。

拉卜楞寺有六大学院，分别是闻思学院、时轮学院、医学院、喜金刚学院、续部上院、续部下院，其中最大的就是闻思学院，也是唯一的显宗学院。在学院中，显宗重视的是理解，要求系统地学习各种佛学原理；而密宗则认为修持更为重要，严格要求学僧能够接受专门的佛学教育。

闻思学院要学习因明部、般若部、中观部、俱乐部、律学部等五部理论。闻思学院的学僧可以攻取坚巴、尕仁巴、多仁巴三种学位。其中，多仁巴的考试非常严格，每年仅录两名考僧。

这样系统而全面的佛学学习场所，这样神圣的地方，学习佛法。再回到尘俗的生活中，便记得"活到老，学到老"的真谛了！

　　据说很久以前，拉卜楞寺附近的龙凤山原是水天一色的茫茫大海。很多年过去了，海上生出了山川和陆地。一天，一只金翅凤凰从天外飞来，落到南面的一座山岳上，口渴难耐，见到大海，于是就一口气吸干了海水。海水干涸，惊起海中的蛟龙，它腾空而起，使凤凰吸水的地方涌出一股水泉。

　　泉水越来越多，汇成了大夏河，蛟龙就化成了龙山，凤凰化为凤山。大夏河就在龙凤两山之间，由西向东缓缓流淌，把山谷冲刷成一个橄榄形的盆地。半圆形的扎西奇滩犹如一只在河滩俯头饮水的雄狮，卧踞盆地北部。"扎西奇"在藏语中是"吉祥"的意思，拉卜楞寺就建在这块吉祥之地上。

🏍 旅游小贴士

　　怎么去：甘南地区不通铁路，游客可乘飞机、火车抵达兰州，在兰州汽车南站乘坐直达夏河的班车，每天7：30和8：30各一班，到夏河后包车前往景点。

　　观光：周边景点有郎木寺镇、西仓寺、扎尕那、尕海湖。

　　美食：可在拉卜楞寺的食堂用餐，为游客提供有奶茶、涮羊肉、蕨麻米饭、藏包等。

　　住宿：可选择在拉卜楞镇住宿，这里推荐拉卜楞寺附近的拉卜楞民航大酒店，从酒店内可俯瞰大夏河、遥望桑科草原。

　　购物：甘南地区的美食特产有牦牛肉、黄麻猪肉、厥麻等，石质细腻、外观精美的洮砚也值得购买。

大慈恩寺

大慈恩寺位于古城西安南郊，是世界闻名的佛教寺院，是唐代长安的四大译经场之一，也是中国佛教法相唯识宗的祖庭，迄今已有 1350 余年历史。

该寺创建于唐太宗贞观二十二年（公元 648 年），是太子李治为了追念他的母亲文德皇后而建。著名的玄奘大师曾经在这里当过住持，并修建了远近闻名的大雁塔。

如今，大慈恩寺作为单位和国家首批 AAAA 级旅游景点，各项基础设施已经建成，又拥有非常便利的交通，已然成为游人涉足西安的必去之地。

大慈恩寺内有钟楼、鼓楼相对立，在寺院的中轴线上有大雄宝殿、大雁塔、玄奘三藏院。游大慈恩寺，此三者不可不观。

大雄宝殿是整个大慈恩寺的核心。在大雄宝殿之内，供奉着三尊释迦牟尼的过去佛、现在佛和未来佛的塑像。这些佛像塑于明朝天启年间，造型极为细腻、传神。一进入大殿，便可看见三尊佛像身披盛装，金光闪闪。

此外，殿内还有两部来自福州的铜绿杰作，那便是 21 世纪初问世的铜铸小仙童。他们头顶一对发髻，两颊露着浅浅的酒窝，一手抱着仙桃，一手托着荷花，天真之余带着一股仙气，传神极了。更有神奇的三圣像，他们就陈列在三世佛的背面。据说，这三圣像是遇火不着，入水不腐，遇阴不潮，因为他们外表贴金，做工极为精细。

怀着虔诚之心来到这样一座宝殿，欣赏精细制作工艺的同时，更多的是满怀敬畏吧。必然也要回忆起自己的过去，忍不住反思自己的现状，想想自己的未来。如此一来，岂不乐哉！

大雁塔始建于公元 652 年，相传是慈恩寺的第一任住持方丈玄奘法师自天竺国归来后，为供奉和储藏梵文经典和佛像舍利而建造的。塔高 64.5 米，共有七层，

大慈恩寺

塔底呈方锥形，底层为边长为 25 米的正方形。在塔内有很多刻画精细的佛像，不仅有唐太宗和唐高宗曾御笔亲书《大唐三藏圣教序碑》和《述三藏圣教序记碑》，还有各种名塔的照片。另外，有钟楼、鼓楼峙立在塔的左右。

来到这里，顺着楼梯登阶览胜，听左右"晨钟暮鼓"，学唐代先人为自己高中得喜的亲朋好友来一次"雁塔题名"，岂不快哉！

玄奘三藏院是为纪念玄奘大师为佛教事业的发展做出诸多贡献而建的。玄奘大师自小有弘扬佛法的大志，潜心于佛学研究。贞观年间，他孤身一人涉险西行，历尽千难万险，途经秦、凉、高昌等地，最终抵达天竺北境，进入现在的印度境内，一直到摩揭陀国。此后玄奘大师留学他寺，归来时带回很多的经像、舍利。

归来后，皇帝对他极为敬重，赐其法号"三藏法师"。玄奘大师一生译经众多，他提倡的忠于原典、逐字翻译的译经新规则被后世称为"法式"译经法。

都说"不识庐山真面目，只缘身在此山中。"若只听得此话，不来大慈恩寺，不到玄奘三藏院来看看，那就真的失去了解玄奘大师、了解佛教发展的大好机会，岂不痛哉？

玄奘大师俗姓陈，名祎，是河南陈留陈惠的第四个儿子。他品格高尚、聪颖而有悟性，很小便喜欢读书。在他八岁那年，学《孝经》学到"曾子避席"时，他忽然整衣而起，父亲问他为何，他便说道："曾子闻师命而避席，我做儿子的今奉慈命，又怎可以坐着不动呢!"

后来，玄奘大师又问父亲什么是"正"，当父亲告诉他正道是古圣人们走过的路时，他便说自己要走圣人们走过的路。从此玄奘便勤奋学习，即使门外锣鼓喧哗、百戏杂集、仕女如云，他也毫不动摇。

就这样，玄奘怀着一颗正直之心，远走他乡，潜心于佛法，赢得了千秋万代的爱戴与尊敬。

 旅游小贴士

怎么去：乘火车、飞机抵达西安后，在市区乘坐23、24、30、521、606等路公交车可达。

观光：周边景点有钟鼓楼、青龙寺、大唐芙蓉园等。

美食：西安小吃十分丰富，BiangBiang 面、羊肉泡馍、凉皮、锅盔、镜糕等都值得一尝。

住宿：西安城的住宿选择很多，这里推荐两家邻近大慈恩寺的酒店：汉庭快捷酒店，汉文武德国际青年旅舍。

购物：西安的民俗特产丰富多彩，各种民族器乐，如娃娃哨；形式多样的编制工艺，如草竹编、毛麻绣等，还有极具陕北特色的木板年画、布堆画和剪纸等。

芮城永乐宫

永乐宫原名"大纯阳万寿宫"，位于山西省芮城县龙泉村，相传是为奉祀"八洞神仙"之一的吕洞宾而建的。永乐宫始建于元代，是一座具有深厚的元代建筑风格的首都宫殿式建筑群。在宫殿内的墙壁上，满是精心绘制的壁画，其中以元代寺观壁画最为引人注目，堪与敦煌壁画媲美。

芮城永乐宫

　　现存的永乐宫主要建筑有"一门三殿"："一门"是指龙虎殿，也就是无极门，"三殿"指的是三清殿、纯阳殿和重阳殿。永乐宫是全国重点文物保护单位，在永乐宫的壁画中，有很多流传甚广的民间故事。

　　永乐宫真不愧为中国寺观壁画之典藏，壁画之多，形式之丰富，实是可叹。从有永乐宫山门之称的龙虎殿，到神像荟萃的三清殿，到满是吕洞宾生活场景的纯阳殿，再到以连环画的形式展现了王重阳传教活动的重阳殿，如此种种，美不胜收，数不胜数。

　　龙虎殿也称山门殿，是元代建筑。此殿便是永乐宫原有的宫门，在大门上方挂有"无极之门"的竖匾，据考证，这竖匾乃是元代书法家元正奉留下的艺术珍品。

　　再看龙虎殿的建筑风格，采用的是传说中的"悬梁吊柱法"，殿堂的空间显得比其他部分宽敞得多。殿顶配以黄、绿、蓝三色琉璃瓦与青灰色脊瓦，古朴而威武。檐下是怒目四射的东青龙、西白虎的彩塑，令人望而生畏。穿过这样的宫门，立即可以感受到道教特有的气息，一股超然出尘的气息扑面袭来。

从外观上看，三清殿极为气派，因为远远便可以看见屋脊上立着的高达3米的鸱兽。为了保护壁画，所有的窗户都被深色的帘子遮住。所以，进入三清殿内会觉得眼前一片漆黑。等适应过来，便可看见殿内东、西、北三面墙壁绘满了高大的神仙壁像，三壁之画连成一气，猛一看很难分辨出眼前竟有三堵墙。

其中有一幅很引人注目的大型壁画，描绘的是群仙朝谒元始天尊的盛大场景。那便是人尽皆知的《朝元图》。全图共有300位神仙，他们朝着同一个方向行进，形成了一道朝圣的洪流，甚是庄严。

纯阳殿又名吕祖殿，是为八仙中的吕洞宾而建的。如今，在殿北的四柱神坛上还供奉着残毁的吕洞宾塑像。纯阳殿内有一幅由三面墙壁、52幅画组成的连环组画《纯阳帝君神游显化之图》，千百年来诉说着关于吕仙人的故事。画与画之间用山石云树相连，每幅画都单独成章，又能通过景色相互衔接。画中的宫廷殿宇、庐舍村塾、茶肆酒楼、田野山川，富有深厚的生活气息，是当时社会的生动写照。

踏入纯阳殿，欣赏活灵活现的连环壁画，便觉得眼前站着一位活生生的吕仙人，看着看着，便向往起他的生活，他生活的时代来。

相传在永乐宫建造之初，附近没有水流，工人只得到三里外的黄河去挑水，以便保证工程建设。当时瘟疫肆掠，挑水的民工总是累得筋疲力尽，许多人感染重病卧床不起。后来，人们听说后崤村有一股清泉，能治百病，就到那里去提水治病。可气的是，那泉水早就被当地的余财主霸占了，想要提水就必须承担高额的取水费，但凡穷人是买不起的。而且，只要发现有人偷水，恶霸便要命人将他的腿脚打断，大家对此恨之入骨。

一日，有一老道不顾财主的阻止，舀上一罐水就跑。他刚走开，便听得一声轰隆响，泉水干了。财主骑马追赶，追到玉泉洞，道人摔了一跤，泉水破罐而出，流到附近的沟底。顿时，那道人腾空而起，脚踏白云飘然仙去，只见得对面崖上留下"后崤水迁玉泉洞，长年流经永乐宫，沿途百姓提清水，医治瘟疫建宫廷"的字句。

从此，泉水便从玉泉洞流出，经过永乐宫门前，人们再也不用为工程去三里之外挑水了。

🚗 **旅游小贴士**

怎么去：乘坐火车抵达芮城，在芮城汽车站乘坐出租车前往。

观光：周边景点有九峰山、芮城寿圣寺砖塔、圣天湖、关帝庙、永济普救寺、广仁王庙等。

美食：芮城特色美食有皮软味鲜的卤肉，被誉为"晋南食品一朵花"的泡泡油糕，拥有悠久历史的石子馍、芮城麻片等。

住宿：芮城县城内住宿选择多种多样，这里推荐位于芮城县洞宾街8号的芮城宾馆。

购物：除了可以购买一些特色小吃外，芮城的成村小磨香油也是有口皆碑，油质清亮，醇香浓郁，被当地誉称"一滴香"。

佳县白云观

佳县白云观是中国著名的道教宫观之一，又被世人称为白云庙。它位于陕西省佳县的白云山上，整个道观以真武祖师殿为中心，依山借势而建。纵览全观，殿、亭、阁、楼台参差错落，星罗棋布，别有一番趣味。

白云观始建于明万历的三十三年（1605年），在清雍正年间曾重修扩建，面积达8万多平方米。观内共有大小建筑400余间，各种殿堂、楼、阁、洞、祠分布其间。观内现存彩色壁画1900余幅，各种碑碣108块，匾额40余块，还有众多的石狮、石钟、浮雕、石刻等珍贵文物，其中包括1588年明神宗颁发的圣旨、赠送的《道经》和御书的"白云胜景"匾额。

几百年来，白云观一直是邻近省区汉、蒙、回等各族人民物资、文化交流中心

佳县白云观

及道教活动的重要场所，至今地位仍然显赫，号称"西北第一道观"。

来到白云观，首先映入眼帘的便是高达 12 米的古朴大气的多层斗拱木结构牌坊。在牌坊背后，便是道观的底层建筑五龙宫，再往上就是道观的主体建筑真武祖师殿。游览白云观，将各式亭台楼阁尽收眼底，欣赏美景的同时也能了解道教文化、启迪心灵，会是一种不错的享受。

五龙宫是白云观的底层建筑，也是进入白云观看到的第一座庙宇。它创建于清康熙年间的 1677 年，在 2002 年被犯罪分子焚烧后壁画全毁，现在所看到的五龙宫正殿，是 2002 年恢复重修的。进入五龙宫的正殿，可见两壁和后墙上绘有很多的壁画，共有一百多幅，它们讲述的是"五龙捧圣"及真武祖师降生和修炼的美丽传说。

五龙宫的正殿与旁边的两厢配殿、倒座观音庙组成一个四合院。两厢配殿的南北祖师殿供奉的是仙气十足的南极、北极祖师坐像，在倒座观音庙内供奉着超凡脱俗的观音菩萨。来到这里，看着殿内精美的雕像，听着传奇的故事，便不觉欣然，仿佛到了另一世外仙境。

真武祖师殿是白云观的主体建筑，屋宇轩昂，金碧辉煌。从北面走向真武殿，首先横在眼前的是青龙、白虎、朱雀、玄武四神祠，这便是四道天门。四天门又称朝圣门，是真武大殿的院门，始建于1606年。大门两侧供奉着东、西、南、北四方天神塑像，甚是威武。在真武殿的前方有钟鼓楼，从楼内传出的钟声就算是隔着黄河也能清晰可辨，这便是有誉"佳县八景之一"的"白云晨钟"。

穿过四大门，真武大殿便豁然呈现在眼前。进入真武殿，便可见院内林立的庙宇、环环相连的回廊、参天的松柏、雄壮的石狮、冉冉升起的紫烟，视野内的一切立即变得古朴典雅，不由得给人以登临仙境、误入天宫的错觉。

相传五龙宫是因真武祖师在武当山修成正果后，又成功通过妙乐天尊的考验而建的。当时妙乐天尊为了试探祖师的诚心，决定以美色引诱他，于是，便派神仙下凡，幻化成美女来戏弄真武祖师。真武祖师无动于衷，美女纠缠不放，祖师拔剑将其赶下崖去。祖师心中又想到自己多年修行，不应该屠杀生灵，愧疚之余毅然纵身跳下悬崖。眼看真武祖师就要命丧崖底，说时迟那时快，只见赤、黑、白、黄、绿五条彩龙将祖师从崖下捧起，妙乐天尊手捧玉旨，五龙宫便也因此得名。

这个传说流传很广，直到现在。如今五龙宫门上雕刻精美的《五龙捧圣图》正是讲述的这段传奇。

🚗 旅游小贴士

怎么去： 北京、西安有直飞榆林的航班，也可乘坐火车和长途汽车抵达榆林，再从榆林乘坐长途汽车到佳县，然后在佳县城内乘小巴前往。

观光： 周边景点有二郎山、红石峡、镇北台、统万城遗址、高家堡等。

美食： 特色风味小吃有佳县马蹄酥、炸豆奶、清涧煎饼、定边炉馍馍等，特色菜肴有小羊羔肉、米脂驴板肠、拼三鲜和榆林豆腐。

住宿： 可选在榆林老城区内住宿，因为旅馆和酒店选择较多，也方便到周围各景点游玩。

购物： 榆林的大红枣和土豆非常有名，红枣皮薄肉厚，汁多味甜。而土豆更是个大肉肥、色泽鲜亮，产量在全国名列前茅，所以榆林被冠以"土豆之乡"的美名。